存在しない女たち

男性優位の世界にひそむ見せかけのファクトを暴く

キャロライン・クリアド＝ペレス
Caroline Criado Perez
神崎朗子 訳

Invisible Women
Exposing Data Bias
in a World Designed for Men

河出書房新社

闘い続ける女たちへ——挫けずに、ひどく手強い存在であれ

◉目次

はじめに 007
イントロダクション　男性が基準《デフォルト》 012

第1部 日常生活

第1章 除雪にも性差別が潜んでる？ 042
第2章 ジェンダー・ニュートラルな小便器？ 061

第2部 職場

第3章 長い金曜日 084
第4章 実力主義という神話 109
第5章 ヘンリー・ヒギンズ効果 132
第6章 片っぽの靴ほどの価値もない 149

第3部 設計《デザイン》

第7章 犂《すき》の仮説 168
第8章 男性向け＝万人向け 181
第9章 男だらけ 195

第4部 医療

第10章 薬が効かない……224
第11章 イエントル症候群……247

第5部 市民生活

第12章 費用のかからない労働力……268
第13章 妻の財布から夫の財布へ……283
第14章 女性の権利は人権に等しい……294

第6部 災害が起こったとき

第15章 再建は誰の手に……320
第16章 死ぬのは災害のせいじゃない……328

おわりに……343
謝辞……354
訳者あとがき……357
原註……419

存在しない女たち

男性優位の世界にひそむ見せかけのファクトを暴く

Invisible Women

Exposing Data Bias in a World Designed for Men

世界の表象もまた、世界そのものと同様に、男の手になるものである。
男は自分たちの視点から世界を描き、それを絶対的な真実と混同してしまうのだ。

シモーヌ・ド・ボーヴォワール

はじめに

人類史の大部分はデータが著しく欠落している。「男性＝狩猟者説」からしてそうだが、歴史の記録を見ても、人類の発展において女性が果たした役割については、文化的にも生物学的にもほとんど言及されていない。いっぽう、男性の生態は人類の生態を代表するものとして扱われてきた。それなのに、もう半分の人類の生態はほとんど無視されたままだ。

こうした無視はあらゆる場所で横行し、私たちの文化全体にはびこっている。映画、ニュース、文学、科学、都市計画、経済学はもちろんのこと、私たちが過去や現在について語り、未来を思い描くストーリーまで。そうしたストーリーはどれも歪曲《わいきょく》され、女性という〝不在の存在〟が男性の陰に隠れている。これが、データにおけるジェンダー・ギャップ［男女の違いにより生じる格差］だ。

データにおけるジェンダー・ギャップは、無視だけの問題ではすまない。こうした無視や格差は、影響をもたらすからだ。その影響は、女性たちの日常生活に表れる。なかにはささいな問題もあるだろう——たとえば、男性にとっての適温に設定されたオフィスの冷房で震えあがったり、男性の身長を基準につくられた棚の上段に手が届かなかったり。そういうのはムカつくし、明らかに不公平だ。だが、命に関わる問題ではない。

しかし、自動車事故に遭った際、安全装置が女性の体格を考慮していなかったとか、心臓発作の兆候があるにもかかわらず、「非定型的」な症例とみなされて診断が下されないとか、そうなると話は別だ。男性のデータを中心に構築された世界で生きていくのは、女性たちにとって命取りになりかねない。

データにおけるジェンダー・ギャップについて最も重要なことは、それが悪意によるものではなく、意図的ですらないことだ。むしろ正反対で、これまで何千年もまかりとおってきた考え方の産物にすぎず、一種の思考停止とも言える。それも二重の思考停止だ――何でも当然のごとく男性を基準に想定し、女性のことはいっさい考慮しない。なぜなら一般的に、「人間」という言葉は男性を指しているからだ。

これはなにも目新しい考察ではない。シモーヌ・ド・ボーヴォワールによるつぎの一節は、1949年の著作、『第二の性』によって有名になった。

「人間とは男のことであり、女は男を基準にして規定され、区別されるが、女は男の基準にはならない。（中略）男は〝主体〟であり、〝絶対者〟である――つまり女は〝他者〟なのだ」[1]

女性はいまだに「他者」であり続けているが、周囲の状況は新たな局面を迎えている。その状況とは、ますますデータに依存し、ビッグデータにとらわれている世界のことだ。巨大なコンピューターを駆使し、膨大なアルゴリズムによる膨大な真実を求めている。しかし、女性の存在を無視しているせいでビッグデータ自体が損なわれている場合、そこから得られるのはせいぜい半端な真実にすぎない。そしてそんなものは、女性にとっては真実でも何でもない。コンピューター科学者たちが言うとおり、「ゴミ《ガー》を入れれば《ベッジ・イン》、ゴミが出てくる《ガーベッジ・アウト》」のだ〔ナンセンスなデータからは、ナンセンスな結果しか出てこないという意味〕。

こうした新たな状況によって、データにおけるジェンダー・ギャップを縮める必要性は、さらに喫緊の課題となっている。人工知能（ＡＩ）が医師たちの診断を助けたり、履歴書をふるいにかけたり、有望な求職者と面接を行ったりすることは、すでに一般的になっている。しかし、ＡＩの訓練に使用される学習データは穴だらけであり、しかもアルゴリズムはライセンスで保護されたソフトウェアの場合が多いため、データの欠落が考慮されているのかどうか、確かめることすらできないのだ。だが、入手可能な証拠を見るかぎり、考慮されているとは到底思えない。

数字もテクノロジーもアルゴリズムも、「存在しない女たち《インビジブル・ウイメン》」のストーリーを語るには不可欠だ。だが、それだけではストーリーの半分しか語れない。データとは情報の言い換えであり、情報には多くの情報源が存在する。統計が一種の情報なのはもちろんだが、人間の経験もまたしかり。だからこそ、すべての人にとって生きやすい世界をつくるには、女性たちも意思決定に参加する必要がある。すべての人に影響を及ぼす決定を下す人たちが、全員、白人の屈強な男性（しかもほとんどアメリカ人）だったら、データが偏るのは当然だろう――医学研究において、女性の体に関するデータを収集していないせいで、データの欠落が生じるのと同じことだ。これから示すとおり、女性の視点を欠くことは、男性中心の考え方が「ジェンダー・ニュートラル」［男女の性差のいずれにも偏らない考え方］としてまかりとおるのを助長することになってしまう。ボーヴォワールが、男性は自分の意見を絶対的な真実と混同していると述べたのは、まさにこのことを指している。

男性が考慮を怠っている女性特有の問題は広範囲に及ぶが、本書を読み進めるうちに、3つのテーマが繰り返し登場することに気がつくだろう。すなわち、女性の体の問題、女性による無償のケア労働、男性による女性への暴力である。いずれもきわめて重要であり、生活のほぼすべての面に関わる問題だ。公共交通を利用する、政治に参加する、職場で働く、手術を受けるなど、ありとあらゆる生活体験に影響を及ぼしている。ところが、男性は女性の体をもっていないから、そういうことには気がつかない。これから見ていくとおり、男性は女性にくらべて、ほんの少ししか無償労働を行っていない。男性も暴力とは闘っているが、女性が直面する暴力の問題とは様相が異なっている。そのため、こうした差異は無視され続け、男性の体とそれに適した生活体験がジェンダー・ニュートラルであるかのように扱われているのだ。これも一種の女性差別である。

本書には、性別とジェンダーという言葉が繰り返し登場する。「性別」は、個体の雌雄を決定する生物学的な特徴を指す。性染色体のXX［女性］とXY［男性］だ。いっぽう「ジェンダー」は、生物学的な事実に押し付けられた社会的な意味を指す——つまり、女性はこうであるという思い込みにもとづいた、女性の扱い方だ。いっぽうは人為的なものだが、どちらも実在する。そしてどちらも、男性のデータにもとづいて構築された世界で生きていく女性たちに、重大な影響をもたらしている。

性別やジェンダーについては本書の全体でふれるが、私はデータにおけるジェンダー・ギャップを包括的な用語として使っている。なぜなら、女性がデータに含まれていないのは性別のせいではなく、ジェンダーのせいだからだ。多くの女性たちの生活に多大な損害を与えている事象を挙げるとすれば、それしかない。ここで根本的な原因を明確にしておきたいのだが、本書に出てくる多くの主張とは裏腹に、問題は女性の体ではない。問題は、女性の体についての人びとの思い込みと、それを明らかにしようとすらしない社会全体の怠慢である。

『存在しない女たち《インビジブル・ウイメン》』は、不在についてのストーリーだ——それゆえに書くのが難しいこともある。女性全体のデータが欠落しているとはいえ（そもそもデータを収集していない場合もあれば、データを収集しても性別で区分していない場合もある）、有色人種の女性や、障害のある女性、労働階級の女性に関するデータに至っては、ほとんど存在しない。データが収集されていない場合もあれば、男性のデータと混在している場合もある——いわゆる「性別に区分されたデータ」になっていないのだ。研究職から俳優業まで、幅広い職業分野における参画に関する統計では、データは「女性」と「マイノリティ」［ある地域・社会における少数民族。英国では非白人種を指す場合が多い］に区分されており、マイノリティの女性に関するデータは、両方に埋もれてしまっている。データがある場合には本書で示したが、ほとんど存在しないのだ。

本書の目的は精神分析ではない。データにおけるジェンダー・ギャップを永続させたい人間たちの本音など、私には知る由もないからだ。よって本書は、データにおけるジェンダー・ギャップが存在する理由について、決定的な証拠を示すことはできない。私にできるのはデータを示すことであり、読者のみなさんに、科学的根拠《エビデンス》に目を向けてもらうことだ。それに私は、男性中心のツールを生み出した人間はやはり性差別主義者なのではないか、といった問題には興味がない。個人的な動機など、ある程度まではどうでもいい問題だ。重要なのはパターンである。本書で示すデータの重要性を鑑みたうえで、データにおけるジェンダー・ギャップはたんなる偶然にすぎないと結論づけることが、はたして合理的と言えるかどうかが重要なのだ。

私は合理的とは思わない。データにおけるジェンダー・ギャップは、人間＝男性と想定するのが当たり前のような思考停止の原因でもあり、結果でもあると言いたい。本書では、そのような偏見がいかに頻繁に、多くの場所で見られるかを示していく。また、そうした偏見のせいで、本来は客観的であるべきデータ、私たちの生活をますます支配しているデータが、いかに歪曲されているかを示していく。さらに、きわめて公明正大なスーパーコンピューターがますます幅を利かせている、きわめて合理的なこの世界においてさえ、女性はいまだにボーヴォワールの「第二の性」に甘んじていることを示していく――軽んじられ、せいぜい男性の亜型《サブタイプ》としかみなされない可能性は、相変わらず現実のものなのだ。

イントロダクション　男性が基準《デフォルト》

人類の進化は男がもたらした?

男性を基準とする考え方は、人間社会の構造の根幹をなしている。古《いにしえ》からの習慣であり、人類の進化論と同じくらい根深い問題だ。すでに紀元前4世紀、アリストテレスは、男性が人間の基準であるのは議論の余地がない事実だと明言している。動物学の研究書『動物発生論』において、「典型《タイプ》からの最初の逸脱は、雄ではなく雌が生まれるということである」と述べたのだ（しかも、そのような逸脱を自然にとっては「つまり存続のためには」必然的だと述べている。）

それから約2000年後、1966年、シカゴ大学は原始時代の狩猟・採集社会に関するシンポジウムを開催した。「男性＝狩猟者説」と呼ばれるものだ。世界中から75名超の社会人類学者たちが集まり、人類の進化と発達における狩猟活動の重要性について議論を行った結果、狩猟活動はきわめて重要であったという結論に達した。[1] シンポジウムの内容をまとめた書籍に掲載されたある論文は、「生物学的にも心理学的にも、さらに社会的習慣の面においても、人類が類人猿とは異なる特徴を備えたのは、すべて太古の狩猟者たちのおかげである」と主張した。大変結構なことだが、フェミニストたちが指摘したとおり、この理論でいくと、女性の進化については問題が浮かび上がってくる。なぜならその本にも明記されているとおり、狩猟は男性たちの活動だからだ。「人間の知性、興味、感情、そして基本的な社会生活は、すべて狩猟活動にうまく適応したことによる進化の産物である」なら、女性の人間性についてはどう説明するのだろう？　人類の進化は男がもたらしたというなら、女は人間じゃないとでも？

人類学者のサリー・スローカムは、いまや古典となった1975年の論文、「女性＝採集者説」において、「男性＝狩猟者説[2]」の第一義的な重要性に異を唱えた。人類学者たちは「男性の行動ばかりを取り上げ、それで説明が果たせると思っている」と指摘し、さらにたたみかけるように素朴な疑問を投げかけた。「男性たちが狩猟で外に出ているあいだ、女性たちはいったいなにをしていたのだろう？」。答えは、採集、授乳、「離乳後も続く子どもたちの世話」だ。いずれも狩猟と同じように、協力が求められたはずである。こうした観点から、スローカムは「人間の基本的な適応行動は、男性の狩猟や殺しに対する欲求のなせる業であるという結論」は、「人間のもつ、ほんの一面にすぎない攻撃性を重要視しすぎている」と反駁《はんばく》した。

スローカムがそんな批判をしたのは40年以上も前のことだが、進化論における男性中心主義はいまだに根強い。2016年、イギリスのオンライン新聞「インディペンデント」には、「人間は本能的に致死的な暴力を振るうようになったことが、研究で明らかに」という見出しが躍った。[3]「ヒトの致死的暴力の系統発生の根」という学術論文を取り上げた記事で、人間はほかの平均的な哺乳類にくらべて、同種の個体に対する暴力行為が6倍も多いことが明らかになったと述べている。[4]

たしかに人類全体で見れば真実だが――実際、対人の致死的暴力は圧倒的に男性の仕業なのだ。スウェーデンにおける30年間の殺人事件を分析した結果、9割が男性による犯罪であることがわかった。[5]この結果は、オーストラリア[6]やイギリス、[7]アメリカ[8]など、ほかの国々の統計とも一致する。2013年の殺人に関する国連の調査では、世界の殺人犯の96％は男性であることが判明した。[9]だとすれば、残忍なのは人間なのか、それとも男性なのか？　女性はほとんど殺人を犯していないなら、女性の「系統発生」についてはどう考えればよいのだろう？

　別段の証拠がないかぎり男性と判定する研究アプローチは、民族学のあらゆる分野に蔓延《まんえん》しているようだ。たとえば、洞窟の壁画は狩猟動物を描いたものが多いため、壁画は男性たちが――すなわち、狩猟者たちが描いたものだと考えられてきた。ところが最近、フランスやスペインの洞窟壁画に見られる数々の手形を分析した結果は、大半の壁画は女性たちが描いたことを示唆している[10]。

　こうした考え方は、人骨にさえ及んでいる。ヒトの骨格のような客観的に見て男性か女性かを判断すべきものに、男性中心の考え方が入り込む余地などないだろうと思うかもしれない。ところが、そうはいかないのだ。１００年以上前から「ビルカの戦士」として知られる10世紀のヴァイキングの骨格は、女性とおぼしき骨盤があるにもかかわらず、男性と判定されていた。というのも、武器一式に加えて、生贄《いけにえ》の2頭の馬がともに埋葬されていたからだ[11]。こうした埋葬物は、墓に葬られた人物が戦士であったことを示している[12]――そして、戦士といえば男性のことだ（ヴァイキングの伝承には女性戦士の話がたくさん登場するが、考古学者たちはそれを「神話を脚色するもの」と決めつけている[13]）。性別を示す骨盤も武器にはかなわなかったが、さすがの武器もＤＮＡにはかなわなかった。２０１７年の検査によって、これらの骨は実際に女性のものであることが確認された。

　ところが、議論はそれで終わらず、思わぬ方向へ展開した[14]。骨が混ざっている可能性がある――つまり何らかの理由で、女性の遺体が埋葬品とともに埋められたのではないか、というのだ。そのような女性戦士説に異を唱える学者たちの主張も、一理あるかもしれない（ただし、墓の埋葬物のレイアウトから考えれば戦士であることは明白であり、反論は的外れであることがわかる）。しかし、反論が起きること自体が偏見を物語っている。同じような状況で男性の骨格が発見された場合は、「同じように疑義が呈されることはない」からだ。[15] 実際に、考古学者たちが墓所を発掘すると、ほぼ例外なく男性の骨のほうが多く見つかっている。それについては人類学者のフィリップ・ウォーカーが、1995年の著作の頭蓋骨の雌雄判別に関する章において、「現存の人口集団の男女比から考えても、つじつまが合わない」と冷ややかに述べている。[16] ヴァイキングの女性たちは財産を所有し、相続も可能で、有力な商人にもなれたことを考えれば、女性の戦士も存在した可能性は、それほどありえないことだろうか？[17]

実際、発見された女性戦士の骨はほかにもたくさんある。ナタリー・ヘインズは『ガーディアン』紙の記事において、「戦傷の痕跡がある複数の女性たちの骨格が、ブルガリアからモンゴルにわたるユーラシアの大草原において発見されている」と述べている。[18] 古代スキタイ人のような遊牧騎馬民族の場合、戦士たちは馬上で弓矢を武器に闘っていたため、男性のほうが有利な点はとくになかった。ウクライナから中央アジア一帯に広がる、1000か所以上ものスキタイ人の埋葬塚から、武器とともに発見された骨格のDNA検査を行った結果、スキタイ人の女性や少女の37％は、現役の戦士であったことが明らかになっている。[19]

総称語のイメージ

別段の証拠がないかぎり男性と判定する考え方がこれほど広く浸透しているのも、そうした考え方が、社会の基本的な構成要素である言語にも組み込まれていることに気づけば、驚くには値しないように思えてくる。スローカムは人類学における男性中心主義を批判した際、男性中心の考え方は「乏しいデータの解釈のしかただけでなく、言葉の用法にも表れている」と指摘した。たとえば「man」という言葉は、「用法が非常に曖昧《あいまい》になっており、男性のことを指しているのか、人類のことを指しているのか、判断がつかなくなっている」。スローカムは、このような言葉の意味の綻《ほころ》びによって、「多くの人類学者たちは、本来は人類を指すはずの〝man〟という言葉を〝男性〟と同義にとらえている」のではないかと考えたのだ。これから見ていくとおり、科学的証拠はほぼ確実にスローカムの主張が正しかったことを示している。

詩人のミュリエル・ルーカイザーの「神話」という詩〔1973年〕において、老いさらばえて盲目となったオイディプスはスフィンクスに尋ねる。「なぜ私は、母のことがわからなかったのだろう？」〔イオカステーとオイディプスは互いに実の母子であるとは知らず、二男二女をもうける。真相を悟ったイオカステーは自殺し、オイディプスは自分の目をつぶしてしまう〕。スフィンクスは、自分が出した謎（朝には四つ足、午後には二つ足、夕方には三つ足で歩くものは？）に対するオイディプスの答えが、じつは間違っていたからだ、と答えた。「そなたはmanと答えた。女性についてはふれなかった」。それに対し、オイディプスは反論する。manという言葉には、「女性も含まれている。そんなことは誰でも知っているではないか」。

だが実際は、スフィンクスのほうが正しくオイディプスはまちがっている。厳密に言えば、「誰でも知っている」にもかかわらず、一般にmanと言うときに女性は含まれていない。過去40年以上にわたる、さまざまな言語に関する多数の研究でも、いわゆる「総称語」（男性を指すheなどの言葉を、女性を含むジェンダー・ニュートラルな総称として用いる方法）は、実際には総称として解釈されていないことがわかっている。[20] 圧倒的に、男性を指す語として解釈されているのだ。

総称語を用いた場合、人びとは女性よりも男性の有名人を思い浮かべることが多い。[21] また、男性優位の職業のような印象を受けたり、[22] 企業や政治の役職に男性の候補者を提案したりする傾向がみられる。[23] 求人広告に総称語を用いた場合は、女性は応募をためらい、面接を受けても実力を発揮できないことが多い。[24] それどころか、総称語は圧倒的に男性を指す語として解釈されるせいで、固定観念さえも覆ってしまう場合がある。たとえば、「beautician（美容師）」という言葉は、従来は女性の職業を指すものだが、求人広告に総称語を用いた場合は、なぜか男性を指すものとして解釈される。[25] さらには、一種のメタ・ジェンダー・ギャップを生むことによって、科学的研究を歪曲《わいきょく》してしまう場合もある。心理学研究における自己申告バイアスを調査した2015年のある研究では、アンケート調査で総称語を用いた場合は、女性たちの回答に影響が生じ、テスト結果の意味に歪みが生じる可能性があることがわかった。[26] 論文の著者たちは、総称語の使用は「女性と男性の違いについて、現実とは異なる様相を描き出す恐れがある。同じアンケート調査でも、ジェンダー・ニュートラルな言語表現や、自然なジェンダー言語を用いた場合は、そのような弊害は見られない」と結論づけた。

このように過去数十年において、総称語はけっして明瞭ではないというエビデンスが示されてきたにもかかわらず、いまだに多くの国々の公用語政策では、総称語を用いるのはたんに慣習上の問題であり、言葉の意味を明瞭にするために、使用を続けるべきだと主張している。2017年、フランス語の絶対的権威であるアカデミー・フランセーズは、「〝包括的な表現〟の逸脱」に断固として反対し、総称語の回避策のせいで「フランス語は重大な危機に瀕している」と主張した。スペイン[27]やイスラエル[28]など、ほかの国々でも同じような騒動が起こっている。

英語には文法上の男女の区別がないため、現代用法では総称語はきわめて制限されている。「doctor（医師）」や「poet（詩人）」といった単語は、かつては総称語だった（女性の医師や詩人は――小馬鹿にしたニュアンスで――doctressやpoetessと呼ばれた）が、現在ではジェンダー・ニュートラルな単語とみなされている。いまだに形式にこだわって総称語を用いるのは、「he」は「he（彼）あるいはshe（彼女）を指す」と主張する、衒学者《げんがくしゃ》たちの書き言葉くらいのものだ。だが、アメリカ人の口語では「dude」「guys」など総称語の復活のような現象が見られ［どちらも男を指すが、男女どちらも指す語として用いられる］、イギリスでも「lads」がジェンダー・ニュートラルとしてみなされている。最近のイギリスの騒動では、男性をデフォルトとする考え方にいまだに固執している人たちもいることが明らかになった。２０１７年、ロンドン消防隊の女性初の消防隊長、ダニー・コットンが、「*fireman*《ファイアマン》（消防士）」という表現をやめて、いまでは標準的な（それに断然、かっこいい）「*firefighter*《ファイアファイター》」と呼ぼうと提案したところ、ヘイトメールが殺到したのだ。[29]

　しかし、フランス語、ドイツ語、スペイン語などの言語には、いわゆる「性別による語形変化」があり、男性と女性の概念が言語そのものに組み込まれている。たとえば、すべての名詞は男性名詞と女性名詞に区別される。スペイン語で、テーブルは女性名詞だから「*la mesa roja*（その赤いテーブル）」となるが、車は男性名詞だから「*el coche rojo*（その赤い車）」となる。人びとを表す名詞については、男性と女性を表す単語がそれぞれ存在するが、標準的なジェンダーはつねに男性形だ。グーグルでドイツ語の「弁護士」という単語を検索すると、「*Anwalt*」と出てくる。厳密には男性弁護士を指す言葉だが、一般的な「弁護士」を指す言葉としても使われる。女性弁護士であることを明確に表現したい場合は、「*Anwältin*」と言う（ちなみに、このように男性名詞を部分的に変更して女性名詞をつくるのも、些末なことながら、女性を男性という類型からの逸脱とみなすことである――ボーヴォワールの言う「他者」と同じだ）。また、総称語は人びとの集団を指す場合にも使われる。性別が不明の場合や、男女が混ざっている場合だ。したがって、スペイン語で１００名の女性の教師たちを指す場合は「*las profesoras*」と言うが、そこに男性の教師がひとりでも加わったとたん、「*los profesores*」となる。男性を基準《デフォルト》とする考え方は、かくも強力なのだ。

　性別による語形変化のある言語では、総称語がいまだに広く浸透している。求人広告には男性形の表現が用いられ、とくにリーダー職の求人の場合はその傾向が顕著だ。[30] リーダー職の求人広告で使用された言語に関する最近のオーストリアの研究では、男性形を用いた広告と、ジェンダー的に平等な広告

（男性形、女性形をともに使用）の割合は、27対1だった。[31] 欧州議会はこの問題に対する解決策として、2008年から、性別による語形変化のある言語では、求人広告の最後に「(m/f)」［男女両方を指す］という文言を追加することを推奨してきた。これはいい思いつきかもしれないが、裏付けとなるデータがなかった。研究者たちが実際にその影響を調べたところ、総称語のみを使った広告と同様に、排他的な効果をもたらすことがわかった。やはり、しかるべきデータを収集してから政策を打ち出すことの重要性を、如実に表している。[32]

こうした言葉の用法について議論することで、現実の世界に変化がもたらされるのだろうか？ 答えはまちがいなく、イエスだ。2012年の世界経済フォーラムによる分析では、性別による語形変化がある、すべての言葉について男女の区別が明確な言語をもつ国々では、男女の不平等が最も顕著であることがわかった。[33] ところが意外なことに、性差のない言語をもつ国々（ハンガリーやフィンランドなど）が、最も男女平等が進んでいるわけでもない。その栄誉にあずかるのは、第3のグループ——つまり英語などの「自然なジェンダー言語」をもつ国々だ。これらの言語では、ジェンダーを示す単語が用いられるが（**female** teacher「女性教師」、**male** nurse「男性看護師」など）、単語自体にジェンダーが組み込まれることはほとんどない。その論文の著者たちは、何らかの方法でジェンダーを示さなければ、「世のなかには女性も存在する」ことを思い出させて、言語に潜んでいる偏見を「正す」ことすらできないと述べている。つまり、何でも当然のごとく男性を基準に想定され、女性のことがまったく考慮されないのが問題なのだ。

「科学者の絵を描く」実験

言語に組み込まれた男性中心主義は、もっと封建的な時代の遺物にすぎないと考えたくなるが、エビデンスはそうではないことを示している。世界のオンライン人口の90％以上に使用され、世界中で「最も急速に普及している言語」は、絵文字である。[34][35] 絵文字は1980年代の日本で発明され、女性たちが最も頻繁に使用していた。[36] 絵文字の使用率を見ても、女性が78％であるのに対し男性は60％だ。[37] ところが2016年まで、絵文字の世界は奇妙なほど男性中心だった。

　私たちのスマートフォンに入っている絵文字は、シリコンバレーを拠点とする「ユニコードコンソーシアム」という、やや仰々しい名称の非営利団体によって選定される。多くの会員企業や団体が協力し、ソフトウェアの世界共通基準を定めているのだ。ユニコードが現在の絵文字に新しい絵文字（たとえば「スパイ」）を加えることを決定した場合は、使用すべきコードが決められる。スマホメーカー各社（およびツイッターやフェイスブックなどのプラットフォーム）は、それぞれの解釈で「スパイ」のデザインを決める。しかし、使用するコードは全社共通であり、異なるプラットフォームのユーザー同士でも、同じことを同じように表現できるようにする。たとえば目がハートの絵文字は、どこのメーカーのスマホでも、目がハートの絵文字として表示される。

　ほとんどの絵文字のジェンダーについては、もともとユニコードが指定したものではない。以前ほとんどのプラットフォームが提供していた、走っている男性の絵文字は、もともとは「男性ランナー」ではなく、たんに「ランナー」と呼ばれていた。同じく警察官の絵文字も、ユニコードによる呼称は「警《ポリ》察官《スマン》」ではなく「警察官《ポリスオフィサー》」だった。このようにもとはジェンダー・ニュートラルな表現をことごとく男性として解釈したのは、各プラットフォームなのだ。

　2016年、ユニコードはこの問題に対処すべく動き出した。ジェンダーに関するそれまでの「中立《ニュー》的な《トラル》」立場を改め、人間を表す絵文字はすべて性別を明確に示すことにしたのだ。[38] たとえば、各社で「男性ランナー」として提供されていた「ランナー」の絵文字については、ユニコードは新たに男性ランナー用と女性ランナー用に別々のコードを発行した。現在では、すべての職業とスポーツについて、男性か女性の絵文字が選べるようになっている。ささやかな勝利ではあるが、意義は大きい。

スマホメーカーやソーシャルメディアのプラットフォームを性差別主義者として非難するのは簡単だが（これから見ていくとおり、無意識にせよ、実際にそうなのだが）、現実には、もし各社が「ジェンダー・ニュートラル」なランナーの絵文字をデザインしたとしても、ほとんどの人はそれを男性ランナーだと思うだろう。なぜなら私たちは、女性であることが明確に示されないかぎり、ほとんどは男性だと思ってしまうからだ。怒れる文法学者たちが歩み寄りを見せ、人間の三人称単数を「he」とせず、「he and she」（あるいはもっと大胆に「she and he」）とすることに対して賛同してくれるのが望ましいが、それだけでは十分とは言えない。それどころか、総称語の使用をやめるだけでは道半ばでしかない。男性中心主義は私たちの心理に深く根差しているため、純粋なジェンダー・ニュートラルの言葉でさえ、男性と解釈してしまうのだ。

２０１５年のある研究では、ヒューマン・コンピューター・インタラクション（ＨＣＩ）［人間とコンピューターの相互作用を研究する分野］に関する２０１４年の数々の論文において、人びとを示す使用頻度の高い単語の上位5つを突きとめたところ、どれもジェンダー・ニュートラルの単語であることがわかった。すなわち、ユーザー、参加者、パーソン、デザイナー、研究者だ。[39] ヒューマン・コンピューター・インタラクションの学者たちのお手柄である。だが（当然ながら）、問題もある。研究の参加者たちは、5つのうちどれかについて10秒間考え、それを絵に描くように指示された。すると、ジェンダー・ニュートラルなはずの5つの単語は、男性だと思った人の割合と女性だと思った人の割合が等しくないことがわかった。男性参加者たちの場合、男性だと思った人の割合が80％を下回ったのは、「デザイナー」という単語だけだった（それでも70％近かった）。「研究者」については、女性だと思った人よりも性別を意識しない人が多かった。女性参加者たちの場合は、性差による偏見《ジェンダー・バイアス》がやや少ないが、全体的にはジェンダー・ニュートラルな単語を男性と判断する傾向が強かった。回答の男女比がほとんど同じ（五分五分）だったのは、「パーソン」と「参加者」のふたつだけだった。

この残念な研究結果は、「科学者の絵を描く」実験の数十年間の結果とも一致する。実験の参加者たちが描いた「科学者」の絵は、圧倒的に男性が多いのだ[40]（この傾向は以前から非常に顕著だったため、最近の論文によって、女性の科学者の絵を描いた子どもたちの割合が28％に達したことがわかると、偉大な進歩だ、と世界中のメディアが大騒ぎした）。さらに頭が痛いことに、２００８年のある研究結果とも一致している。パキスタンの小学生たち（9～10歳）に「わたしたち」の絵を描くように指示したところ、女の子たちの絵を描いた生徒は女子にはほとんどおらず、男子にはひとりもいなかったのだ[41]。

登場人物たちの男女比

私たちが圧倒的に男性を想定することが多いのは、人間の場合だけではない。ある研究では、参加者にジェンダー・ニュートラルな動物のぬいぐるみを見せ、「she」という女性代名詞を使って呼ぶことで、そのぬいぐるみが女の子だと思うように仕向けた。ところが、子どもたちも、保護者や保育士たちも、そのぬいぐるみを「he」という男性代名詞で呼ぶ人のほうが圧倒的に多かったのだ[42]。そこへいくと、どうやら本物の動物は「非常に女の子らしい」ことが、その研究でわかった。論文では「参加者たちの半数近くが、heではなくsheと呼ぶ」と述べている。

公平を期すために言えば、そうやってつい男性だと思ってしまうのも無理はない。実際にそうであることが、あまりにも多いからだ。２０１７年の国際共同研究において、子ども向けテレビ番組に登場する２万５４３９のキャラクターを調査したところ、人間以外のキャラクターで雌が占める割合は、わずか13%だった（人間の女性の場合、少しはましな数字だが、それでも32%と低い）[43]。また、1990年から2005年までに公開された一般向け映画（年齢制限がなく、子どもにも適切）を分析したところ、セリフのある役柄のうち、女性の登場人物はわずか28%だった。さらなる事実を明かせば、何でも男性だと思ってしまうのが当たり前のこの状況において、群衆が登場するシーンに占める女性の割合は、たったの17%だった[44]。

男性のほうが配役が多いだけでなく、スクリーンに映る時間も平均で2倍も多い。男性が主役の場合（大半の映画はそうだ）、その差は3倍近くになる[45]。女性が主役の場合にかぎって、男性と女性がスクリーンに映る時間が同じくらいになる（こんどは女性のほうが多いだろうと思いきや、そうはいかない）。それに、男性のほうがセリフも多い。全体的に、男性のセリフの量は女性の2倍だ。男性が主役の場合は3倍で、男性と女性がともに主役を務める場合は2倍。案の定、女性が主役を張る数少ない映画にかぎって、男女のセリフの量が同じくらいになる。

このような不均衡が見られるのは、映画やテレビの世界だけではない。至るところに存在する。たとえば、彫像もそうだ。私がイギリスの公共記念碑・彫像協会のデータベースに登録されたすべての彫像を数えたところ、ジョンという名の男性の彫像の数だけでも、歴史上の王族以外の女性の彫像の合計数を上回っていた（王族の女性を含めるとジョンに勝てるのは、ヴィクトリア女王のおかげだ。自身の彫像を建てるのにやたらと熱心だった女王に、不本意ながら敬意を表しておこう）。

紙幣もそうだ。2013年、イギリスの中央銀行であるイングランド銀行は、紙幣に採用されている唯一の女性［社会改革家のエリザベス・フライ］の肖像を廃止し、代わりに男性［元首相のウィンストン・チャーチル］の肖像を採用すると発表した[46]（それに対して、私は反対運動を起こし、［ジェイン・オースティンの肖像を採用させることに］成功した。同様の運動はカナダやアメリカなどでも起こった）。

報道機関もそうだ。1995年以来、グローバル・メディア・モニタリング・プロジェクトは5年ごとに、活字媒体と放送媒体における女性の登場率を調査している。最新の2015年の報告書では、「新聞、テレビ、ラジオ等のニュースに女性が登場し、発言や記事が取り上げられたのは、全体のわずか24%であり、2010年からまったく変わっていない」ことがわかった。[47]

学校の教科書もそうだ。ドイツ、アメリカ、オーストラリア、スペインなどの国々において、30年間分の語学と文法の教科書を調査したところ、例文に登場するのは男性のほうが女性よりもはるかに多いことがわかった（平均で約3対1の割合）。[48] またアメリカのある研究において、1960年から1990年に刊行され、多くの高校で採用された18種類の歴史の教科書を調べたところ、名前とともに写真を掲載された人物の数は、男性のほうが女性よりもはるかに多く、約100対18の割合だった。また、索引に掲載された人物名における女性の割合は、わずか9%だった（ある教科書の場合、2002年版でもその数字は伸びていない）。[49] さらに最近では、2017年、10種類の政治学の入門書を分析したところ、各テキストで女性に言及しているページ数の割合は、平均で10・8%にすぎなかった（5・3%しかないものもある）。[50] 同様の男性中心の状況は、アルメニア、マレーシア、パキスタン、台湾、南アフリカ、ロシアの教科書を対象とした最近の分析でも明らかになっている。[51]

このように男性を多く登場させる文化的偏見は広く浸透しているため、SFの古典ゲームシリーズ「メトロイド」の制作者たちは、それを逆手にとって、ユーザーを驚かせることにした。最近のインタビューで、次のように述べている。「どうすればみんなをあっと驚かすことができるか、話し合ったんです。それで、主人公のサムスのヘルメットを外したらどうか、という提案が出ました。そのとき誰かが、『いっそのこと、サムスはじつは女性だったってことにしたら、もっと衝撃的だよね！』と言ったんです[52]」。そこで、最大限の効果を狙うため、サムスにはピンクのビキニを着せ、ヒップを突き出すポーズを取らせた。

そんなメトロイドは、昔もいまもゲーム界の異色の存在だ。２０１５年のピュー研究所による報告書によって、アメリカではテレビゲームをする男女の数は同じくらいであることがわかった[53]が、２０１６年のＥ３（毎年恒例の世界最大のゲーム見本市）のプレス・カンファレンスで注目を浴びたゲームのうち、女性を主人公とするゲームはわずか３・３％[54]だった。フェミニズム団体「フェミニスト・フリークエンシー」によれば、この数字は２０１５年の９％[55]よりも低い。たとえ女性のプレイヤーキャラクター［プレイヤー自身が操作するキャラクター］がゲームに採用されたとしても、その他多くの特色のひとつにすぎない場合が多い。２０１５年のＥ３では、「フォールアウト４」のディレクター、トッド・ハワードは、男女のプレイヤーキャラクターの切り替えがいかに簡単かを実演してみせたが――女性から男性のキャラクターへ切り替えたあとは、最後までずっと男性キャラクターで通した[56]。フェミニスト・フリークエンシーが、２０１６年のＥ３に関するデータを発表した際に述べたとおり、「ヒーローは男性と決まっているのだ[57]」。

ニッチにされる女たち

文化における男性優位がこれほど浸透した結果、男性の経験や視点が普遍的とみなされるいっぽうで、女性による経験は――世界人口の半数を占めるにもかかわらず――いわば、ニッチなものとみなされている。世間はとかく男性贔屓《びいき》であり、ジョージタウン大学の女性の教授が自身の文学講義を「白人の男性作家たち」と名づけたところ、ニュース等で注目を集めたが、「女性作家たち」を取り上げた多くの講座は、話題にもならなかった[58]。

男性に関するものは普遍的（で、女性に関するものはニッチ）だから、イギリスの女性たちが選挙権を求める闘いを描いたある映画は、第一次世界大戦を描いていないという理由で（もちろん、『ガーディアン』紙によって）「ひどく浮世離れしている」と酷評された。情けないことだが、１９２９年のヴァージニア・ウルフによる考察（「戦争を取り上げている本なら重要だ、上流社会の女性たちの感情を描いた本などくだらない、と批評家は決めつける」）は、こんにちにも当てはまる証拠である。[59] だからこそ、イギリスの〔男性〕作家V・S・ナイポールは、ジェイン・オースティンの作風を「視野が狭い」と批判したのだ。だが、レオナルド・ディカプリオ主演の映画『ウルフ・オブ・ウォールストリート』が、「湾岸戦争を描いていない」という理由でケチをつけられたり、ノルウェーの〔男性〕作家、カール・オーヴェ・クナウスゴールは、「自分のことしか書いていない」（あるいは、女性作家をひとりも引用していない）などと文句をつけられたりすることはない。それどころか『ザ・ニューヨーカー』誌は、クナウスゴールは全6巻の自伝的小説『わが闘争』（早川書房）において、「普遍的な苦悩」を描き出した、などと称賛しているのだ。

さらに、ウィキペディアの「サッカーイングランド代表」のページは、男子のイングランド代表チームに関するもので、女子チームのページは「サッカーイングランド女子代表」と呼ばれている。またウィキペディアは２０１３年、作家のカテゴリーを「アメリカの小説家」と「アメリカの女性小説家」に分けた。各国のウィキペディアに関する２０１５年の研究では、女性に関するページでは「woman」「female」「lady」など、女性であることを明記する単語が含まれていたが、男性に関するページでは、「man」「masculine」「gentleman」といった単語は見当たらないことがわかった（男性であることが前提だからだ）[60]。

14世紀から17世紀は「ルネサンス」と呼ばれるが、社会学者のキャロル・タヴリスが１９９２年の著書『女性の測りまちがい（The Mismeasure of Woman）』（未邦訳）において指摘しているとおり、女性にとっては復活《ルネサンス》の時代などではなく、当時まだほとんどの女性たちは、知的生活や芸術界からは締め出されていた。18世紀は「啓蒙時代」と呼ばれ、「男性の権利」が拡張されたいっぽうで、「女性の権利は狭められた。女性は自分の財産や収入を管理することを許されず、高等教育や職業訓練を受けることができなかった」。古代ギリシャは民主主義の揺籃《ゆりかご》とされているが、人口の半分を占める女性たちに選挙権はなかった。

２０１３年、イギリスのテニス選手、アンディ・マリーがウィンブルドンで優勝を飾ると、メディアは「77年間の雪辱」を果たした、と大騒ぎした。だが実際には、１９７７年にヴァージニア・ウェイドが優勝を果たしている。２０１６年には、あるスポーツ記者が「オリンピックでテニスの金メダルを2度も獲得した選手は、あなたが初めて」だ、とマリーを称賛した（これに対し、マリーは「ヴィーナスとセリーナはそれぞれ4回獲得してるよ」と訂正した）[61]。アメリカのサッカー代表チームは、ワールドカップで1度も優勝を果たしておらず、決勝戦にさえ進出していないことは周知の事実となっているが――実際はそうではない。女子代表は、ワールドカップで4回も優勝しているのだ[62]。

こうした男性中心の根強い文化的偏見に対処するため、最近では果敢な取り組みが行われているが、ひどい反感を買う場合が多い。漫画出版社マーベル・コミックが、スーパーヒーローのマイティ・ソーを女性として転生させたとき[63]、ファンたちは猛烈に抗議した。だが、『ワイアード』誌が指摘したとおり、ソーがカエルに転生したときは、「誰も何とも言わなかった」[64]。映画『スター・ウォーズ』シリーズで、女性を主人公とするスピンオフ版が2作続けて公開されると、男性界《マノスフィア》には怒号が響き渡った[65]。イギリスの世界最長のＳＦドラマシリーズ『ドクター・フー』では、エイリアンである主人公のドクター・フーがときおり変身するのだが、最初の12回の変身はすべて男性だった。ところが、２０１７年、ドクターは初めて女性に変身した。すると、かつてドクター役を演じたピーター・デイヴィソンは、ドクター・フー役に女性をキャスティングしたのははたして賢明と言えるのか、と「疑念」を表明した。[66]彼は、ドクターは「少年」であるのが好ましいと考えており、「少年たちのロールモデルが失われた」と嘆いた。憤慨した男性たちはツイッターで『ドクター・フー』を視聴しないように呼びかけ、女性をドクターに配役したのは「政治的に正しい」、「リベラル」な姿勢をアピールして、道徳的倫理観を誇示しているにすぎない、とこきおろした。[67]

しかし、デイヴィソンのあとにドクター役を演じたコリン・ベイカーは、逆の意見だった。「少年たちにはすでに50年ものあいだ、ロールモデルが存在した」と述べ、ロールモデルは同性でなくてはならない決まりでもあるのか、と反論した。「ロールモデルは、人（people）だと考えればよいのでは？」。だが残念ながら、コリン、そうはいかないのだ。これまで見てきたとおり、「人（people）」という言葉は男性と解釈されてしまう。男性をロールモデルとする女性が一定の割合で存在することは、研究によって明らかになっているが、男性は女性をロールモデルにしようとは思わない。女性たちは男性著者による本や男性に関する本を買うが、男性たちは女性著者による本や女性に関する本は買わない（買う人がいたとしても、少ない）。[68] 2014年、フランスのアドベンチャーゲーム「アサシン クリード」シリーズは、新たな協力型のマルチプレイヤー・モードでは、女性の暗殺者《アサシン》としてプレイすることはできないと発表した。この決定に、男性のプレイヤーたちは喜んだ。[69]女のアサシンになるくらいならこのゲームはやらない、と彼らは言った。

それに対し、ジャーナリストのサラ・ダイタムはぴしゃりと反論した。「いいかげんにしてほしい」。あるコラムで、彼女は苦言を呈した。「これまであなた方は、青いハリネズミや、人工頭脳を備えた宇宙船や、まぬけなドラゴン調教師になってプレイしてきた。女性だって精神生活を営む活発な主人公になれるということが、あなた方の想像力の限界を超えているとでもいうのか？」[70]。ダイタムの主張は、論理的には正しい。青いハリネズミになった自分よりも、女性になった自分を想像するほうが簡単なはずだ。だがいっぽうで、ダイタムはまちがっている。なぜなら、あの青いハリネズミには男性プレイヤーたちとの重要な共通点があるからだ。体の構造が似ているよりも、もっと重要なこと――つまり、ソニック・ザ・ヘッジホッグは男なのだ。なぜわかるかといえば、ソニックはピンク色じゃないし、髪にリボンもとめていないし、愛想笑いもしないから。標準的で性別は指定されていないが、非定型的な存在ではない。

「客観的な選考基準」とは

このような女性の登場に対する否定的な反応は、文化のあらゆる面において目撃されている。2013年、イギリスの紙幣に女性の歴史的人物をひとりは採用すべきだ、と私が抗議キャンペーンを巻き起こしたとき、怒り狂った男性たちは、私をレイプしてやる、手足を切断してやる、殺してやる、と脅してきた。もちろん、あのキャンペーンを嫌ったすべての男性たちが、そこまで極端な反応を示したわけではないが、もっと控えめな反応を示した人たちも、私の言い分は不当だと思っているのは明らかだった。ある男性などは、「でも、いまや女性はどこにだって存在するじゃないか！」と言って、私を諫《いさ》めようとしたくらいだ。だが、ひとりくらいは女性も採用すべきだ、と私が抗議運動を始めざるを得なかった状況を考えても、それが事実ではないのは明らかだ。しかし、彼の言いたいことはわかった。彼のような男性たちは、女性の活躍の場がほんの少し広がっただけでも、あるまじき不正だと感じていたのだ。彼らに言わせれば、男女の立場はすでに公平であり、それでも男性ばかりが活躍しているのは、優秀さの証左にほかならないというわけだ。

紙幣に男性のみを採用することについて、イングランド銀行側は実力主義を標榜していた。歴史的な人物たちは「客観的な選考基準」によって選ばれている、と主張したのだ。「歴史上の重要人物」の「栄えある一覧」に加わるには、以下の条件を満たさなければならない。すなわち、優れた肖像画が存在し、物議をかもす可能性がなく、知名度が高く、「世に広く認められ、永続的な恩恵をもたらす、後世に残る貢献」をした人物だ。私はこうした主観的な価値にもとづく選考条件を読んで、銀行がなぜ紙幣に描かれる人物に5人とも男性を選んだのか、その理由がわかった。データにおけるジェンダー・ギャップは大昔から存在するため、そんな〝客観的な〟基準のいずれにも、女性たちは遠く及ばないのだ。

1839年、作曲家のクララ・シューマンは日記にこう記した。「私は以前、自分には創造の才があると思っていたけれど、もうそんなふうに考えるのはやめた。女性は作曲したいなどと思ってはいけないのだ——これまでそんな人はひとりもいなかったのに、なぜ自分にはできるなどと思ったのだろう？」。これが悲劇なのは、シューマンはまちがっているからだ。実際、それ以前の時代の女性たちは作曲をしていた。17世紀と18世紀におおいに活躍し、多くの作品を遺し、影響を及ぼした作曲家たちもいた。[71] ただし、「知名度が高く」はなかった。というのも、当時の女性たちは短命ですぐに忘れられてしまったし、実際には女性の作品でも、世間が男性の作品だと決めつけるせいで、データにおけるジェンダー・ギャップに埋もれてしまうからだ。

フェリックス・メンデルスゾーンは、姉のファニー・ヘンゼルが作曲した6つの曲を自分の名前で発表しているが、2010年にはもうひとつ、それまで彼の作品と考えられていた曲が、じつはヘンゼルの作品であることが証明された。[72] 古典学者たちは何年ものあいだ、ローマ帝政期の詩人スルピキアの名が作者として記された詩の数々は、実際は彼女の作品であるはずがないと主張していた——あまりにも猥褻《わいせつ》なのは言うまでもなく、出来がよすぎるというのだ。[73] オランダで最初に芸術家のギルドへの入会を許可された女性のひとり、ユディト・レイステルは名声を博したが、1660年に亡くなったあと、その名は抹消され、作品は夫のものとされた。２０１７年には、19世紀のカナダの画家、キャロライン・ルイーザ・デイリーの作品が新たに発見されたが、それらは以前、男性らの作品と考えられていたもので、そのうちのひとりは画家でさえなかった。[74]

20世紀初頭、イギリスのヒューズ・メダルを受賞した科学者で、物理学者、発明家でもあるハータ・エアトンは、誤謬《ごびゅう》というのは全般的に「なくすのが難しいのはよく知られていることだが（中略）、実際には女性の業績であるものを男性の業績と決めつける誤謬は、執拗なほど頻繁である」と述べた。まさにそのとおりだ。教科書にはいまだに、性別は環境ではなく染色体によって決定されることを発見したのは、遺伝学者のトーマス・ハント・モーガンだと書いてある。それを証明したのは、同じく遺伝学者のネッティー・スティーブンスによる、ミールワームを用いた実験であるという事実があり、しかも、モーガンがその実験について、スティーブンスに詳細を問い合わせたやりとりが残っているにもかかわらず、だ。[75] 恒星の大部分は水素で組成されていることを突きとめた、天文学者のセシリア・ペイン＝ガポーシュキンによる発見は、彼女の男性教官の功績とされている場合が多い。[76] こうした不当な扱いのうちで最も有名なのは、ロザリンド・フランクリンの功績（X線の実験および単位格子の測定の結果、DNAは2本の鎖とリン酸骨格によって構成されていることを突きとめた）によって、ジェイムズ・ワトソンとフランシス・クリックがＤＮＡを「発見した」とされ、ノーベル生理学・医学賞を受賞し、その名を轟《とどろ》かせたことだろう。

以上の多くの例は、イングランド銀行が女性をわざと除外しようと企てたことを示唆するものではない。客観的に見えるものが、じつはかなり男性中心であることを示しているのだ。この場合、女性の功績を男性の功績とする歴史的慣行のせいで、女性がイングランド銀行の条件を満たすのは、よけいに難しくなってしまった。実際、価値というのは意見の問題であり、意見は文化によって形成される。私たちの文化のように男性中心主義が顕著な場合は、文化そのものが当然のごとく女性を軽視するようになる。

イングランド銀行の主観的な選考基準は、男性を基準とすることがデータにおけるジェンダー・ギャップの原因であり、結果でもある可能性を示している。データにおける歴史的な男女格差を度外視することで、歴史的人物の選考過程においては、男性が活躍する分野での功績が重視された。物議をかもす可能性がない人物という、当たり障りのなさそうな条件でさえ、歴史学者のローレル・サッチャー・ウルリッヒの格言のとおり、「行儀のよい女性が歴史をつくることは稀である」。結果的に、イングランド銀行はデータにおける歴史的なジェンダー・ギャップを是正しなかったばかりか、助長したのだ。

このように客観性を装った、主観的な価値にもとづく指名は、至るところで散見される。2015年、イギリスのジェシー・マッケイブという優秀な学生は、音楽の講義概要《シラバス》に掲載された63曲のうち、女性の作曲家の作品が1曲もないことに気づいた。彼女が試験機関のエデクセルに問い合わせたところ、エデクセルは次の理由でシラバスを擁護した。「西洋の古典的伝統および古典音楽において、女性の作曲家は名声を博したとは言えないため、女性の作曲家を入れることはきわめて稀です」。エデクセルは、女性の作曲家はいないとは言っていない——なにしろ、『女性作曲家国際百科事典』だけでも6000件以上の記載があるのだ。彼らが問題にしているのは「規範《カノン》」、すなわち、一連の作品が西洋文化の形成において最も大きな影響を与えたと、世のなかで広く認められていることなのだ。

規範は、音楽市場における実績の客観的な評価によって形成されているように見えるが、その実態は、不平等な社会におけるあらゆる価値判断と同じく、主観的なものにすぎない。女性たちがずっと規範の外側に追いやられていたのは、女性たちにとって作曲家として成功するのは、ほぼ不可能だったからだ。歴史上のほとんどの時代において、女性たちが作曲を許されたのは、家庭でのプライベートな演奏会のためだけだった。作曲家の名声を築くうえで重要な管弦楽曲などの大作を手がけるなど、女性にはとんでもないことであり、「不適切」とみなされていた。[77] 音楽は女性にとっては「装飾品」であり、職業ではなかったのだ。[78] 20世紀に入っても、作曲家のエリザベス・マコンキー（英国作曲家組合の女性初の組合長）でさえ、レスリー・ブーシーなどの版元に「女性による小曲など取るに足りない」とあしらわれ、出端《でばな》を挫かれた。

女性が作曲するのを許された「小曲」によって、たとえ規範を満たしたとしても、女性たちには作品を後世に遺せるだけの資産も地位もなかった。アンナ・ビアーは著書『音と旋律――クラシック音楽界の忘れられた女性たち（Sounds and Sweet Airs: The Forgotten Women of Classical Music）』（未邦訳）において、17世紀の著名な作曲家バルバラ・ストロッツィ（「その時代、最も多くの作品が楽譜として出版された」作曲家）と、同じ時代の男性作曲家、フランチェスコ・カヴァッリを比較している。ヴェネツィアのサン・マルコ寺院の音楽監督（当時、女性は就任できなかった）であったカヴァッリには、生前に出版しなかった多くの作品を含め、自分の全作品を私設図書館で保管できるだけの財産も権力もあった。カヴァッリは記録係を雇って作品の管理を依頼し、自分の命日には自作のミサ曲を聖歌隊に歌わせるため、金を払って手回しした。このような資産の不平等のせいで、女性であるストロッツィは、彼ほど後世に名を残すことはなかった。ストロッツィのような女性たちを排除してきた規範を、いまもなお重視すべきだと主張するのは、男性中心による過去の不正をさらに助長することになる。

誰にとっての歴史か

文化史に女性が登場しないのと同じことで、子どもたちに教える過去の歴史に男性しか登場しないのは、女性が権力の座に就けなかったからだと主張する人たちもいる。２０１３年、イギリスでは「歴史」とはなにを意味するかをめぐって、激しい論争が起こった。一派の代表は、当時のイギリス教育大臣マイケル・ゴーヴで、自身が新たに提案した、「基本へ立ち戻る」ための国史カリキュラムを引っ提げていた。[79]ゴーヴと彼の支持者らは、いわば21世紀のグラドグラインド〔ディケンズの小説『困難な時代』の主人公で、事実一辺倒〕で、子どもたちには「事実《ファクト》」が必要であり、[80]「知識の基盤」が必要なのだと主張した。

この「知識の基盤」、すなわち子どもたちが知るべき「ファクト」の「基本的」構成要素と銘打ったカリキュラムは、さまざまな格差のなかでもとくに、女性がほとんど登場しないことで有名になった。キー・ステージ2（7歳から11歳）では、テューダー王朝のふたりの女王〔メアリー1世とエリザベス1世〕以外には、女性はひとりも登場しない。キー・ステージ3（11歳から14歳）に登場する女性はわずか5人で、そのうち4人（看護師のフローレンス・ナイチンゲールとメアリー・シーコール、作家のジョージ・エリオットとアニー・ベサント）は、「女性の役割の変化」という見出しでひとくくりにされていた——当然ながらあとは男性しか出てこない、と言っているようなものだ。

2009年、イギリスの著名な歴史学者デイヴィッド・スターキーは、女性の歴史学者たちはヘンリー8世の6人の妻たちにばかり注目し、「本来注目を集めるべき」国王自身に注目していないと非難した。[81]スターキーは、宗教改革をはじめとするヘンリー8世の政治的な功績にくらべれば、私生活の「メロドラマ」など二次的な問題にすぎないし、「ヨーロッパの歴史を正しくとらえようとするなら、それは白人男性による歴史である。なぜなら、権力闘争に参加していたのは白人男性たちであり、そうでないと言い張るのは歴史のでっちあげにすぎない」と主張した。

スターキーの主張は、私生活で起こるできごとは重要でないという前提にもとづいている。だが、それは事実だろうか？　アグネス・ハンティンドン（1320年以降生まれとされる）の私生活は、2度の結婚生活に関する裁判の公文書の抜粋から明らかになった。[82] それを読めば、彼女が家庭内暴力の犠牲者であることや、最初の結婚のときは、彼女が選んだ相手を家族が認めなかったため、諍《いさか》いが起こったことがわかる。1345年7月25日の夜、2番目の夫から暴行を受けた彼女は、家を飛び出した。その夜遅く、夫は彼女の兄の家にナイフをもって現れた。この14世紀の女性への虐待（および選択の自由の欠如）は、私生活の見当違いなことがらだろうか？　それとも女性の服従の歴史の一部だろうか？

世のなかを恣意的に「公」と「私」に二分すれば、どんな場合であれ、ほぼ例外なくまちがった区別になる。そのふたつはつねに混じり合っているからだ。私がゴーヴの教育改革に対する反対運動に深く関わった歴史の教師、キャサリン・エドワーズと話したところ、彼女はアメリカの南北戦争における女性の役割に関する、最近の研究事例を指摘した。私生活は無関係どころか、「女性の役割、そして自分の役割についての女性たちの概念は、南部連合の戦力をおおいに弱体化させた」のだ。

上流階級の女性たちは、「女性は無力だ」という神話を素直に信じて育ったため、働くことは本質的に女性らしくないという考え方から抜け出せなかった。そのため、下士官兵の代わりに働くことがどうしてもできず、戦地の夫に手紙を書いて、どうか軍務を放棄して帰ってきて、家族を守ってほしいと懇願した。貧しい女性たちは、もっと積極的な方法で南部連合を困らせた。「とにかく飢えていて、家族を食べさせなければならない」。女性たちは、南部連合の方針に対して抗議運動を立ち上げたのだ。南北戦争の結果分析において女性たちを除外することは、データにおけるジェンダー・ギャップを生むだけでなく、アメリカ合衆国の成り立ちに関するデータの欠落をもたらしている。それこそ、知っておくべき価値のある「事実《ファクト》」だろう。

人類史、美術史、文学史、音楽史、さらには進化の歴史も、すべて客観的な事実とされている。だが実際には、そうしたファクトは私たちをあざむいている。人類の半分が含まれていないせいで、それらのファクトは歪曲されている――そんなものでは文字どおり、半端な真実しかわからない。こうした失敗のせいで、データの欠落が生じたのだ。人類についての私たちの理解は、歪められている。そのせいで、男性の普遍神話が蔓延してしまった。それが、ファクトというものなのだ。

軽視されるアイデンティティ

この神話は根強く、いまだに私たちの自分に対する見方に影響を及ぼしている。私たちが過去の年月からなにかを学べるとすれば、自分自身をどう見るかはささいな問題ではないということだ。アイデンティティは強大な力であり、私たちは危険を覚悟でそれを無視したり、読みまちがえたりする。トランプや、ブレグジットや、ＩＳＩＳは（とりあえず最近の例を3つ挙げるなら）、世界の秩序を覆した世界的な現象であり、いずれも本質的に、アイデンティティ主導型のプロジェクトだ。だが、私たちがアイデンティティを読み違えたり、無視したりしてしまうのは、まさに男性中心主義がジェンダー・ニュートラルという普遍性を装っているために、見えにくくなっているせいなのだ。

私が一瞬付き合った男性は、私と議論になったとき、君はイデオロギーのせいで目がくらんでいると言って、私を言い負かそうとした。君は世のなかを客観的に、理性的に見ることができないんだ。君はフェミニストで、なにもかもフェミニストの視点で見てしまうから、と彼は言った。そんなのはあなただって同じでしょう、と私が指摘すると（むこうは自由至上主義者《リバリタリアン》を自称していた）、彼はむっとして言った。馬鹿な。そんなのは客観的に見たって常識だろう、と言わんばかりに――まさにボーヴォワールの言う「絶対的な真実」だ。彼にとっては、世のなかに対する自分の見方こそが普遍的であり、フェミニズムは――世のなかをフェミニストの視点から見ることは――ニッチで、イデオロギー的というわけだ。

この男性のことを思い出したのは、２０１６年のアメリカ大統領選挙のときだった。「アイデンティティ・ポリティクス」［ジェンダー、人種、民族、性的指向、障害などのアイデンティティにもとづく集団が、社会的な地位向上を目指して行う政治活動］の弊害を糾弾する、ほぼ白人男性によるツイートやスピーチや論説が、世間を騒がせていたころだ。ドナルド・トランプが勝利を収めた10日後、『ニューヨーク・タイムズ』紙には、コロンビア大学人文学教授、マーク・リラによる記事が掲載された。彼はヒラリー・クリントンを、「アフリカ系アメリカ人、ラテン系アメリカ人、ＬＧＢＴおよび女性の有権者たちに、あからさまに支持を呼びかけた」と批判し、[83]それは「白人の労働者階級を除外するものだった」と主張した。彼は、クリントンの「ダイバーシティ」という修辞《レトリック》は、彼女の言う「大きなビジョン」とは矛盾しているどころか、その「小さな」ビジョンは（明らかに、リラはＶ・Ｓ・ナイポールを読んでいたにちがいない）、大学生のあいだに見られる現象と関連性があると述べた。いまの学生たちは、やたらとダイバーシティに固執するあまり、「階級、戦争、経済、公共の利益といった永続的な問題について、意見ひとつまともに述べることができない」というのだ。

この記事が出た2日後、民主党候補をクリントンと争ったバーニー・サンダース上院議員が、自著のブックツアーでボストンに滞在中、[84]「『私は女性よ！　私に投票して！』なんてやり方には感心しない」と発言した。[85]オーストラリアでは、『オーストラリアン』紙の編集者、ポール・ケリーが、トランプの勝利は「アイデンティティ・ポリティクスに対する反乱」だと述べ、[86]イギリスでは労働党のリチャード・バーゴンが、トランプの就任について、「党中央および左派が経済体制の転換を諦め、アイデンティティ・ポリティクスに頼ったりするから、こんなことが起こる」とツイートした。[87]『ガーディアン』紙のコラムニスト、サイモン・ジェンキンスは、２０１６年という恐怖《アナス・ホリビリス》の年の総括として、マイノリティを「過度に擁護」する「アイデンティティ伝道者たち」が、自由主義を全滅させたと痛烈に非難した。「私は群れたりしない」と彼は述べた。「蔓延するヒステリーに乗じる」気など、さらさらないというわけだ。彼の望みは「1832年の偉大な改革を再現すること」だった——かつてイギリスでは貴族やジェントリのみに与えられていた選挙権が、改革によって一定以上の評価額の住宅を所有する、数十万人の中産階級の男性たちにも与えられたのだ。[88]まさに怒濤《どとう》のような変化だった。

　こうした白人男性たちは、共通して次のような意見をもっている。アイデンティティ・ポリティクスとは、人種や性別に関する運動のみを指している。人種や性別といった問題は、「経済」などの「広範な」問題とは関係がない。女性や有色人種の有権者たちの懸念に対し、具体的に対処しようなどというのは、「一面的」である。労働者階級とは、白人の労働者階級を意味する。ちなみに、アメリカの労働統計局によれば、2016年の大統領選において、（言うまでもなく男性たちの）労働者階級の職業の象徴となった石炭鉱業では、全体で5万3420件の雇用があり、年間の平均所得は5万9380ドルだ。[89]いっぽう、92万4640人超の就労者のうち、女性が圧倒的多数を占める清掃業および家事代行業では、年間の平均所得は2万1820ドルだ。[90]いったいどちらが本当の労働者階級だろうか？

　また、これらの白人男性に共通しているのは、白人であり、男性であること。この点を強調したいのは、彼らは白人男性だからこそ、アイデンティティという言葉が該当するのは、白人男性以外の人間であるという、馬鹿げた理屈を本気で主張したのだ。白人男性が、白人男性であることが問答無用で幅を利かせる世のなかに慣れきってしまえば、白人も、男性も、ひとつのアイデンティティにすぎないことを忘れてしまうのも、理解できるというものだ。

　1977年、フランスの社会学者ピエール・ブルデューは、「絶対的なものが問答無用で通用するのは、喧伝しないからだ。権威ある伝統は、わざわざその由緒を説明したりしない」[91]と述べた。白人であることも男性であることも、暗黙の了解で重要視されている。誰も疑問視しない。それがデフォルトだからだ。アイデンティティが軽視されている人びとや、ニーズや意見が忘れられがちな人びと、自分たちの存在やニーズが認められない世界で動揺するのに慣れてしまった人びとは、この現実から逃れることができない。

このように、白人であり男性であることが、当然のごとく重要視されているのを見ると、私の頭にはデートの嫌な思い出（一度ならずあったと認めよう）がよみがえってくる。なぜなら、それは本質的に、客観性や理性についての一方的な思い込みや、ミシガン大学ロースクール教授、キャサリン・マッキノンの言う、白人男性の観点における「中立性の欠如」に関する問題だからだ。そうした観点は、あくまでも白人男性の物の見方だ、などと明言されることはない（なぜなら、その必要はないから）。世のなかの基準とされているものが主観的であろうはずがなく、客観的で、普遍的であるとさえ思われているのだ。

そんな思い込みはまちがっている。実際は、白人であることや男性であることも、黒人であることや女性であることと同じように、アイデンティティのひとつにすぎない。ある研究では、白人のアメリカ人の意識や大統領候補者に対する支持傾向を調査した結果、トランプの勝利は「白人アイデンティティ・ポリティクス」の盛り上がりを反映していることがわかった。研究者たちはそれを「投票を通じて、白人の集団的利益を守ろうとする企て」と定義した。[92] 白人のアイデンティティは「トランプを好きかどうかについて、強力な予測因子となっている」というのが、論文の結論だ。男性のアイデンティティについても、同じことが言える。トランプ支持におけるジェンダーの影響を分析したところ、「女性に対して敵意を抱いている有権者ほど、トランプを指示する確率が高い」ことがわかった。[93] それどころか、敵対的な性差別は、政党帰属意識と同じくらい、トランプ支持に関する強力な予測因子となっていた。それを知って驚くのは、私たちが男性普遍神話に慣れ切ってしまっているからにほかならない。

男性＝普遍的という推測は、データにおけるジェンダー・ギャップの直接的な結果である。白人であることや男性であることが重要視されるのは、ほかのアイデンティティがどれも軽視されているからだ。だが男性の普遍性は、データにおけるジェンダー・ギャップの原因でもある。女性の存在が目に見えず、忘れられているせいで、そして私たちの知識の大半を男性に関するデータが占めているせいで、男性＝普遍的とみなされるようになったのだ。そのせいで、世界人口の半数を占める女性たちはマイノリティ扱いされ、ニッチなアイデンティティと主観的な視点しかもたない者として扱われている。そんななか、女性たちの存在は忘れられ、無視され、切り捨てられるようにできている——文化からも、歴史からも、データからも。そうやって、女性たちの姿は見えなくなっていく。

『存在しない女たち《インビジブル・ウイメン》』は、人類の半数を考慮しないとどうなるかを描いた物語だ。そして、データにおけるジェンダー・ギャップが、日常生活のなかで常識としてまかりとおり、女性たちにどのような害を与えてきたかを暴露する本でもある。そこには、都市計画や政治や職場も含まれる。さらに病気になったり、洪水で自宅が壊れたり、戦争で避難を迫られたりするなど、万が一のとき、男性のデータにもとづいて構築されたこの世界で、女性たちがどのような目に遭っているかについても論じていく。

しかし、この物語には希望もある。影の存在だった女性たちが、表舞台に飛び出して声を上げるとき、状況は変化するからだ。格差も縮まっていく。だから『存在しない女たち《インビジブル・ウイメン》』の真髄は、変革の呼びかけでもある。あまりにも長いあいだ、女性は人類の典型からの逸脱とみなされてきたせいで、見えない存在に成り下がっていた。いまこそ、物の見方を変えるべきだ。いまこそ、女性たちが表舞台に姿を現すときだ。

第1部

日常生活

第1章　除雪にも性差別が潜んでる？

スウェーデンの除雪政策

きっかけはただのジョークだった。2011年、スウェーデンのカールスクーガ市の市議会議員たちは、男女平等イニシアチブの一環として、すべての政策をジェンダーの視点から再評価することになった。市の政策が一つひとつ精査されるなか、ある残念な議員が、どうやら除雪に関してだけは〝ジェンダーにうるさい人たち〟も首を突っ込んでこないようだな、と笑い飛ばした。ところがこれがとんだやぶへびで、彼の発言をきっかけに、ジェンダーにうるさい人たちは、はたと考え始めた。ひょっとして、除雪にも性差別が潜んでる？

当時、カールスクーガ市では、ほかの多くの自治体と同様に、除雪作業はおもな幹線道路から着手し、歩道や自転車レーンは後回しになっていた。しかし、それによって影響を受ける度合いは男女間で異なっていた。男女では移動手段が異なるからだ。

すべての国について、性別で区分された一貫性のあるデータが存在するわけではないが、存在するデータを見るかぎり、徒歩や公共交通機関によって移動しているのは、どの国でもほぼ例外なく女性のほうが男性よりも多い。[1] フランスでは公共交通機関の乗客の3分の2は女性であり、アメリカのフィラデルフィアでは64%[2]、シカゴでは62%[3]が女性である。いっぽう男性は、世界的に見ても自家用車での移動が多い。[4] 自家用車をもつ世帯で、それをおもに使用しているのは男性であり、[5] その傾向はフェミニストのユートピアであるスウェーデンでさえ変わらないのだ。[6]

こうした男女の差が見られるのは移動の手段だけでなく、移動の理由にも表れている。ほとんどの男性の移動パターンはきわめて単純で、朝夕の通勤だけだ。しかし、女性たちの移動パターンはもっと複雑な場合が多い。女性たちは世界における無償のケア労働の75%を担っており、そのせいで移動の必要性が生じている。典型的な女性の移動パターンの一例は、出勤前に子どもたちを学校まで送る、高齢の親族を病院へ連れて行く、帰宅途中にスーパーで買い物をする、といった具合だ。これは「トリップチェイン」と呼ばれる、複数の小さな移動の連鎖をなす移動パターンで、世界中の女性たちに見られる。ロンドンでは、子どもを学校まで送るのは女性のほうが男性の3倍多く、[7] トリップチェインの割合も25%多い。[8] 9歳以上の子どものいる世帯では、その割合は39%に上昇する。トリップチェインにおける男女差は欧州各国で見られ、共働きの世帯では、通勤途中に子どもを学校へ送り迎えするのは、女性のほうが男性よりも2倍多い。その差が最も大きいのは5歳以下の子どもがいる世帯で、女性がトリップチェインをする割合は54%も上昇する。同じ状況の男性の場合、上昇率は19%にすぎない。[9]

先ほどのカールスクーガ市の問題でも、やはりこうした男女差が見られ、性差とは無関係《ジェンダー・ニュートラル》なはずの除雪のスケジュールが、実際はおおいに関係があることがわかった。そこで、市議会議員たちは除雪の順番を入れ替え、歩行者および公共交通利用者の利便性を優先させることにした。そのせいで費用が増えることはないし、雪が3インチ［7・6センチ］積もったら、雪道を車で通行するよりも、ベビーカー（あるいは車椅子や自転車）を押していくほうが大変に決まっていると考えたからだ。

ところが意外なことに、そのほうがむしろ経費の削減につながるのだ。1985年以来、スウェーデン北部では、負傷による入院のデータを収集している。データの大半を占めるのは歩行者で、滑りやすい、もしくは凍結した路面における負傷者の数は、自動車の運転者の3倍も多く[10]、あらゆる交通事故関連の傷害による入院の半数を占めている[11]。そして、そのような歩行者の大多数は女性なのだ。スウェーデン北部最大の都市ウメオにおける歩行者傷害の研究では、傷害の79％は冬の数か月に起きていること、そして単独事故（事故の相手方がいないもの）の69％は女性が占めていることがわかった。歩行者傷害の3分の2は、凍った路面や雪の積もった路面で滑ったり転んだりしたもので、そのうち48％は、中程度のケガもしくは重傷を負っていた。最も一般的なのは骨折と脱臼で、女性のほうが重傷を負う傾向が見られた。

スウェーデンのスコーネ県でも、5年間の研究によって同じような結果が表れ、歩行者傷害は医療費の上昇や生産性の低下を招くことが明らかになった[12]。歩行者傷害による推定総額医療費は、ひと冬だけで3600万クローネ〔約6億3663万円〕に上ったのだ（これでも控えめな見積もりである。負傷した歩行者の多くは、国の交通事故統計とは関係のない病院を訪れるからだ。かかりつけの医師に診てもらう人もいれば、病院に行かない人もいる。したがって、医療費の上昇も生産性の低下も、実際はもっと大きいはずだ）。

だがこの控えめな見積もりでさえ、凍結した路面による歩行者傷害の医療費は、冬期の道路整備費の約2倍だ。これがストックホルム県のソルナ市では3倍、あるいはそれ以上であるという研究結果もある[13]。数字を突き詰めるのはさておき、歩行者を優先して除雪スケジュールを組むのは、経済的にも有意義であることは明らかだ。

除雪をめぐっては、オルタナ右翼のブログ界でちょっとした騒ぎがあった[14]。2016年、ストックホルム市は男女平等を目指す除雪スケジュールに移行したが、それがうまく行かなかったのをブログで嘲《あざ》笑《わら》ったのだ。というのも、その年は異例の大雪となり、道路や歩道が雪で埋め尽くされ、人びとが通勤できなくなった。早計にも、フェミニスト政策は失敗と決めつけたオルタナ右翼たちは、この政策がすでにカールスクーガ市で3年前から成果を上げていることに、誰ひとり気づいていなかったのだ。

ともあれ、この問題に関する彼らのブログ記事は不正確だった。ニュースサイト「ヒート・ストリート」[15]［2017年8月に閉鎖、現在は「マーケット・ウォッチ」という中道右派・自由至上主義のサイト］は、この政策が失敗である理由のひとつとして、「通院を要する負傷者数が急増したことがわかった」からだと主張したが、「急増した」のは歩行者傷害[16]であることを明記していない。つまり、問題は除雪において歩行者を優先したことではなく、大雪のせいで除雪作業が全体的に滞っていたことなのだ。自動車での移動も困難だったはずだが、それはどんな移動手段でも同じことだった。

翌年の冬は順調だった。私がストックホルム市交通局のダニエル・ヘルデンの話を聞いたところ、合計200キロメートルに及ぶ市内の歩道および自転車レーンでは、現在、特別な除雪機を使用しており、事故が半減したという。「まるで夏みたいに、跡形ひとつなくなります。まさに、すばらしい成果です」

通勤中心の交通計画

カールスクーガ市の従来の除雪スケジュールは、故意に女性を犠牲にして男性に便宜を図ろうとしたわけではない。本書で紹介する多くの例と同様に、データにおけるジェンダー・ギャップの結果として生じたものだ。今回の例では、視点のギャップが問題となった。従来のスケジュールを策定した男性たちは（おそらく男性ばかりだったのだろう）、男性の移動パターンを熟知しており、自分たちのニーズに応じて計画を練った。女性を除外しようとする意図はなく、ただ女性のことが念頭になかったのだ。女性には別のニーズがあるかもしれない、とは考えもしなかった。つまりこの場合、データにおけるジェンダー・ギャップが生じたのは、計画の策定に女性が関わっていなかったせいなのだ。

マドリード工科大学教授で都市計画が専門のイネス・サンチェス・デ・マダリアーガに話を聞いたところ、これは交通計画における一般的な問題だという。運輸業自体が「きわめて男性優位」なのだ。スペインでは、「運輸省は全省庁のうち、政務官職も技術職も、女性職員の数が最も少ない。そのせいで運輸省の職員たちは、個人的な経験からして男性中心になりがちである」。

全体的に、エンジニアたちは「通勤関連の移動を重視している」。労働時間は一定であるため、交通ラッシュのピーク時間帯が生じる。そこで交通計画の担当者たちは、各交通機関が収容できる最大の人数を割り出す必要がある。「ですから、ピーク時間帯の計画には技術的な理由があるわけです」。サンチェス・デ・マダリアーガもそれは認識している。しかし、だからといって、女性の移動パターン（ピーク時間帯にはぶつからない場合が多いため、「最大収容人数への影響はない」）を無視してもよい理由にはならない。

利用可能な研究データでも、典型的な男性の移動パターンを不公平に優遇しているのは明らかだ。国連女性の地位委員会は、交通計画において「男性中心」の傾向が見られること、また「システム構成」がジェンダーの問題に対処していないことを突き止めた。[17] ２０１４年の欧州市民の都市交通に対する満足度に関する欧州連合（ＥＵ）の報告書では、欧州の公共交通システムは女性への配慮が不十分であるとしながらも、男性の移動パターンを「標準」とした。[18] さらに腹立たしいのは、交通計画で一般的に使われる「義務的な移動」などの表現だ。サンチェス・デ・マダリアーガの説明によれば、これは「通勤や通学等に必要なあらゆる移動」を表す傘の概念としてよく使われている。[19] まるで育児や介護に要する移動は義務ではなく、物好きな人たちが「好きに使える時間」でやっていると言わんばかりだ。

こうした傾向は、イギリス政府の財政支出の優先順位にも表れている。『ニュー・ステイツマン』誌の政治記者、スティーブン・ブッシュは、２０１７年７月号の記事において、保守政権は緊縮財政を繰り返し標榜しながら、保守党の大臣たちは２代続けて道路建設は例外とし、巨額の予算を投下した。[20]生活水準が低下し、国内の道路施設は十分に整っている状況下では、もっと賢明な投資先がほかにいくらでもあったはずだが、どういうわけか２度とも、両名とも、道路建設は当然の選択とみなしたのである。いっぽう、全国の地方議会の７割では、バス（女性の利用が最も多い交通手段）への財政拠出を２０１４年までに70％削減しており、２０１３年だけでも１９００万ポンド〔約26億３４２０万円〕の削減となった。そのため、バスの運賃は毎年上がり続けている。[21]

しかし、これはイギリス政府だけの問題ではない。２００７年の世界銀行の報告書では、世界銀行による運輸関連の資金提供の73％は道路および高速道路が対象で、そのほとんどは地方や隣接都市のものだった。[22]道路建設が適切な投資選択である場合でさえ、その計画道路に関する決定は、ジェンダー・ニュートラルにはなっていない。開発プロジェクトにおいては、性別によって細分化されたデータにもとづくことがいかに重要かを物語る例として、世界銀行の報告書の事例をもうひとつ紹介しよう。アフリカ南部のレソト王国のある村では、道路計画をめぐって意見が対立した。女性たちは「日常の用事でいちばん近くの村に行きやすくなるように」、道路を建設してほしいと要望したが、男性たちは「大きな街や市場へ馬で行きやすくなるように」、反対側の方向へ道路を建設してほしいと要望した。[23]

移動のデータにおけるジェンダー・ギャップは、多くの移動調査において、徒歩やそのほかの「自動車以外」の手段による短距離の移動を意図的に除外することで、ますます助長されている。[24]サンチェス・デ・マダリアーガによれば、そうした短距離の移動は「インフラ整備の政策決定には無関係とみなされている」ためだ。男性よりも女性のほうが歩く距離も時間も長いので（育児や介護などのケア労働のため、また経済的にも苦しいため）、自動車以外の移動が無視されてしまうと、その影響を受けるのは必然的に女性たちだ。徒歩による短距離の移動を無視することは、トリップチェインのデータにおけるジェンダー・ギャップにもつながる。トリップチェインには、徒歩による移動が最低でも1回は含まれているからだ。つまり、徒歩による短距離の移動はインフラ政策とは無関係だとみなすことは、女性はインフラ政策には無関係だと言っているのと変わらない。

だがもちろん、無関係なわけがない。男性は単身で移動する傾向にあるが、女性は買い物の荷物やベビーカーで手がふさがれていたり、子どもや介護中の高齢の親などを連れていたりして、身軽に移動できない。[25] ２０１５年のロンドン市内の移動に関する調査では、徒歩での最近の移動について、「道路や歩道に対する女性の満足度は、男性よりも有意に低い」ことがわかった。そこから見えてくるのは、女性のほうが男性よりも徒歩で移動する回数が多いだけでなく、ベビーカーを押している割合も高いため、歩道の整備不足による影響を受けやすいという現実だ。[26] 道幅は狭く、路面はでこぼこで舗装のひび割れもあるうえに、変な位置に電柱や道路標識がある。そのうえ、駅の階段は狭くて急な場合が多く、ベビーカーでの市内の移動は「きわめて困難」になっており、おそらく4倍の時間がかかる、とサンチェス・デ・マダリアーガは考えている。「小さい子ども連れの母親たちは、いったいどうすればいいのだろう?」

歩行者よりも車を優先するのは、避けられない事態ではない。オーストリアのウィーンでは、移動の60%を徒歩が占めているのは、市がジェンダー計画に真摯に取り組んでいるからだ。１９９０年代からウィーン市のジェンダー計画を率いているエヴァ・カイルは、徒歩による移動に関するデータを収集し、以下の改善策を実施した。横断歩道の位置を改善し（さらに40か所を増設）、階段にベビーカーおよび自転車用のスロープを設置。１キロにわたって歩道の道幅を拡張し、歩道の街灯の数を増やしたのだ。[27]

スペインのバルセロナ市長のアダ・クラウも、道路を歩行者のために取り戻す決意を示し、「超《スーパー》街区《ブロック》」計画を実施した。市内に格子状の9つの街区を設け、その内部は居住者などの地元住民の交通のみに限定し、制限速度を設けた。スーパーブロック内の道路は、自動車優先でも歩行者優先でもなく対等である。

もうひとつ、女性の移動パターンに対応するための手軽な改善策として、ロンドン市の取り組みを紹介しよう。2016年、ロンドン市内のバス路線では「ホッパー・フェア」という運賃制度が導入された。[28]それまでは、バスに乗るたびに運賃を支払う必要があったが、新しい制度では、1時間以内ならば1回の運賃でバスが乗り放題なのだ。この改善策は、とりわけ女性たちにとってはありがたかった。以前の運賃制度で、ひどく面倒な思いをしていたからだ。女性のほうがトリップチェインが多いからだけでなく、ロンドンのバス利用者の大半（57％）は女性であり（ほかの交通機関よりも運賃が安く、子どもにやさしいイメージがあるため）、バスを乗り換える回数も多いからだ（以前の制度では、乗り換えのたびに運賃を支払う必要があった）。

女性のほうが乗り換えの回数が多い理由は、世界のほとんどの都市と同様に、ロンドンの公共交通網は放射状になっているからだ。[29]すなわちダウンタウンが定められ、大半の交通ルートはそこへつながっている。さらにダウンタウンを中心に、いくつかの環状ルートが設けられている。全体像は蜘蛛の巣のような感じで、ダウンタウンへ行き来する通勤者にとってはきわめて便利だ。だがそれ以外の人たちにとっては、あまり便利とは言えない。このように利便性をめぐる違いは、男女の違いと見事に符合する。

ロンドンの「ホッパー・フェア」のような施策はひとつの進歩だが、とても世界の標準的な制度とは言い難い。アメリカでは、一部の都市では乗り換えによる追加料金を廃止した（ロサンゼルスでは2014年より廃止）が、まだ追加料金が必要な都市もある。[30]たとえばシカゴでは、公共交通の乗り換えでも追加料金が必要だ。[31] 2016年のある研究によって、典型的な女性の移動パターンにとって、シカゴの公共交通がいかに不便であるかがわかったあとでは、乗り換えで追加料金を取られるのはなおさら理不尽に思える。[32] その研究では、ウーバープール（有名なタクシーアプリ、ウーバーのカーシェアリング版）とシカゴの公共交通を比較した。その結果、ダウンタウンへ行く場合は、ウーバープールと公共交通の所要時間の差はほとんどなく、平均6分ほどだった。ところが近隣の移動においては（たとえば、女性たちが用事やケア労働で移動する場合）、ウーバープールによる移動時間が28分だったのに対し、公共交通による移動は47分もかかった。

女性たちには時間がないことを考えると（有給・無給の労働が合わさって、女性は男性よりも労働時間が長い）、ウーバープールは魅力的に思えるかもしれない。[33] ただし、料金は公共交通の3倍かかり、女性は男性にくらべてお金もないときている。世界的に見ても、家計は女性よりも男性が握っている。そして現在、世界の男女賃金格差は37・8％となっている（国によって大きな差があり、英国では18・1％、オーストラリアでは23％、アンゴラでは59・6％）。[34]

もちろんリソースの問題もあるが、やはりある程度までは、考え方と優先順位の問題なのだ。マッキンゼーの推定によれば、女性たちによる無給のケア労働は、全世界の国内総生産（GDP）に10兆ドルも貢献しているにもかかわらず、[35] いまだに有給の仕事に要する移動のほうが、無給のケア労働に要する移動よりも重要だと考えられている。[36] そこで、私はサンチェス・デ・マダリアーガに、ロンドンやマドリードの事例のような、女性のケア労働の利便性を高める公共交通の提供について、経済的な議論は行われているのか訊いてみたところ、彼女は即座にこう答えた。「もちろんです。女性たちの就業はGDPにとって非常に重要ですから。女性の就業率が1％上昇するごとに、GDPは大きく上昇します。でも女性たちが働くには、市の行政によるサポートが不可欠です」。そのために重要なことのひとつは、女性たちが無給の労働をこなしたうえで、定時に出勤できるような交通システムを提供することだ。

ところがサンチェス・デ・マダリアーガの説明によれば、地下鉄や電車などの固定インフラの場合は、こうした歴史的な偏見に対して、簡単に、あるいは費用をかけずに対処するのはなかなか難しい。「アクセシビリティ［障害者や高齢者を含む、誰もが不自由なく利用しやすいこと］の向上を図る」くらいが関の山だ。いっぽう、バスはもっと柔軟性があって、運行ルートやバス停の位置は「ニーズに応じて調整する」ことが可能であり、そうすべきなのだ。実際、バルセロナ市長のアダ・クラウは、まさにそうするため、新たに直交型のバスルート（蜘蛛の巣状ではなく格子状で、トリップチェインに便利）を導入した。さらにサンチェス・デ・マダリアーガは次のように主張している。公共交通は「車とバスの中間のような仲介サービスを開発する必要があります。メキシコではテルセロスという超小型のミニバスが走っていますし、タクシーの相乗りもできます。こうした交通手段は柔軟性に富み、女性たちの移動のサポートとして開発しやすいため、ぜひとも開発すべきなのです」。

家庭は憩いの場？

かねてから交通計画のデータにジェンダー・ギャップが生じているのは、男性が大半を占める計画担当者たちが、女性には異なるニーズがあることに思い至らなかったせいだが、それとはべつに、もっと弁解の余地がない理由もある。女性たちの行動はどうにも把握しがたいというのだ。「女性たちの行動パターンは男性よりも複雑です」。ケア労働のための女性の移動パターンを調査した、サンチェス・デ・マダリアーガは語った。全体的に言って、交通当局は女性たちの「非定型的な」移動パターンには興味がないのだ。カリフォルニア大学ロサンゼルス校（ＵＣＬＡ）教授で、都市計画が専門のアナスタシア・ルカイトウ＝セダーリスは、私に次のように語った。「交通当局の担当者たちは、人びとのニーズは万人共通だと思っているんです。男性でも女性でも、みんな同じだと。そんなのはとんでもない間違いですよ」。教授は憤慨のあまり苦笑した。「女性の乗客たちの話を聞いてみれば、異なるニーズが山ほど出てきます。現状では対処できていないことばかりです」

さらに悪いことに、交通当局が自分たちの所有するデータを性別で区分していないせいで、データにおけるジェンダー・ギャップに拍車がかかっている。イギリス運輸省による運輸統計報告書[37]には、単一の統計しか掲載されていない（運転免許試験の男女別の合格率は、２０１５年〜２０１６年では、女性が44％、男性が51％となっている）。また、そこにリンクの貼られた政府のホームページには、ジェンダーと徒歩に関する報告書が掲載されている。その報告書では、バスや鉄道の利用者の性別構成にまったく言及していない。だが、そのような情報こそ、すべての利用者の役に立つ交通システムの計画には不可欠なのだ。

インドの公共交通当局もデータを性別で区分していないが、[38]最近のＥＵ報告書では、「この種のデータは欧州諸国の大半において定期的に収集されていない」[39]として、ジェンダーに配慮した運輸データの不足に遺憾の意を表明した。イギリスと同じくアメリカの運輸年間統計報告書でも、女性に言及しているのは運転免許証と徒歩に関する2か所だけだ。[40]だがイギリスの報告書とは異なり、アメリカの報告書では有効な統計データを示しておらず、一般的な記述にとどまっている。

さらに、データに潜むジェンダー・ギャップを生んでいるのは、各国の運輸当局によるデータの作成方法に問題があるためだ。ほとんどの国では、有給の労働に要する移動はひとつの項目にまとめられているが、ケア労働に要する移動は小さな項目に細分化されている。しかも、そのなかの「買い物」という項目はレジャーとしてのショッピングとひとくくりになっている。そのせいで、性別による細分化もしにくくなっているのだ。サンチェス・デ・マダリアーガがマドリードでケア労働関連の移動データを収集した結果、ケア労働に要する移動回数は、雇用労働に要する移動回数にほぼ匹敵することが明らかになった。さらにそのデータを性別で区分したところ、「男性の移動のおもな目的が雇用業務であるのと同様に、女性の移動理由ではケア労働がずば抜けて多い」ことがわかった。すべての移動に関する調査をこの方法で行えば、交通計画の担当者たちも、ケア労働に要する移動を雇用業務に要する移動と同等に重視せざるを得なくなるはずだ、とマダリアーガは主張している。

男性にも女性にも役立つ交通システムを本気で構築しようと思ったら、交通インフラだけを切り離して考えても意味がない、とサンチェス・デ・マダリアーガは警告する。なぜなら女性の移動の問題は、包括的な計画上の問題でもあるからだ。すなわち、「多目的地域」の創設である。多目的地域は、従来の典型的な都市計画とはかけ離れている。多くの国では都市計画《ゾーニング》と呼ばれる方法で、法律によって都市を商業地域、住宅地域、工業地域など、単一の用途別に分けている。

ゾーニングの起源は古代にさかのぼるが（たとえば、城壁を境界線とするなど）、住宅地域と商業地域によって建築可能な建物の種類を法律で明確に区別したのは、産業革命以降のことだ。このような過度に単純化した分類のせいで、世界中の都市構造に男性中心の仕組みが織り込まれてしまった。

都市計画法は、一家の稼ぎ手である異性愛者の既婚男性のニーズにもとづき、それを最優先している。毎朝出勤し、夜は郊外の自宅に帰ってリラックスするというパターンだ。「この業界の意思決定者の大半は、まさにそういう生活を送っているんです」とサンチェス・デ・マダリアーガは語る。そして、家庭は寛ぎの場であるというこの概念が「世界中の都市計画の慣行を下支えしている[41]」。

そのような意思決定者たちにとっては、家庭は「賃金労働から離れた憩いの場」であり「寛ぎの場」かもしれないが、ほとんどの女性にとっては、憩いの場とはほど遠い。世界的に見ても、女性は無給のケア労働を男性の3倍も行っている。[42] 国際通貨基金（ＩＭＦ）の分析でこれを細分化したところ、育児は2倍、家事は4倍こなしている。[43] また世界銀行の調査によれば、ウガンダ南西部のカテベという町では、女性たちは毎日、家事や育児、採掘、炊事、燃料と飲み水の調達などに15時間近くを費やしており、ひと息つける時間は30分ほどしかない。[44] それとは対照的に、男性たちは採掘に費やす時間は女性よりも1時間少ないうえに、家事や育児はほとんどせず、燃料や飲み水の調達もいっさいやらないため、のんびりできる時間が毎日約4時間もある。たしかに男性にとっては、家庭は憩いの場かもしれないが――女性にとってはそれどころではない。

ともあれ、大半の世帯は共働きであり、異性同士のカップルでは、おもに女性が子どもや高齢者の世話をしているため、都市計画法によって家庭と職場が遠く離れてしまうと、生活に大きな支障が生じる。公共交通インフラの乏しい都市周辺部で、子どもや高齢者の送り迎えに困る人たちのことを考慮していないのだ。実際、ほとんどのゾーニング条例には、女性たちの生活が（あるいは男性たちの生活でさえ）反映されていない。

公営住宅のニーズ

家庭を憩いの場と決めつけるような、思慮の欠如がもたらす影響は深刻だ。２００９年、ブラジルは「Minha Casa《ミンニャ・カーザ》 Minha Vida《ミンニャ・ヴィーダ》（私の家、私の人生）」という公営住宅建設計画をスタートさせた。目的は、住宅不足に悩む人びと（当時の推定で５０００万人）への救済措置だ。[45] ただし、結果は必ずしもそうはならなかった。

ブラジルの典型的な貧民街《ファヴェーラ》といえば、落ちぶれたスラム街や、貧困にあえぐ犯罪多発地域、無法地帯――ギャングがうろつく街で、住民たちは脅えながら暮らしているといったイメージだろうか。まったく真実味がないわけではないが、多くの貧民街の住民にとって、実際の生活はそれとはかけ離れている。彼らが住んでいるのは、国が提供できずに地方自治体が賃貸している、低所得者向けの公営住宅だ。公営住宅の数はニーズに応じて増大し、その多くは職場に近くて通勤に便利な場所にある。

ところが、「ミンニャ・カーザ　ミンニャ・ヴィーダ（ＭＣＭＶ）」の公営住宅はそれとは異なり、ほとんどはリオデジャネイロ市西部地域の端に建っている。西部といえば、２０１０年にリオの住宅建設計画の責任者、アントニオ・アウグスト・ヴェリッシモが、求人不足から「休眠地区」と呼んだ場所だ。[46]それどころか、ヴェリッシモはこの地域に公営住宅を建設するのは阻止しようとした。貧民街を増やすことになると危惧したためだ。地方自治体の条例によって、住民たちは元の住居から7キロ以上離れた場所に住むことが定められたが、ロンドン・スクール・オブ・エコノミクス（ＬＳＥ）の研究では、実際にはそれ以上に遠い場所への移住を余儀なくされたことがわかっている。[47]

ルイーザは42歳、以前はリオ市内でも経済的に発展した南部地域の貧民街に住んでいた。中央部や北部と同様に、南部には多くの働き口があった。

「家を出たら、職場はすぐ目の前でした」。彼女はハインリヒ・ベル財団の研究者に語った。[48]「どこへ行くにも交通の便がよくて。バス停まで何マイルも歩く必要なんてなかったんです」

ところが、彼女がいま住んでいるＭＣＭＶの公営住宅は、開発の遅れた西部のカンポ・グランデ地区にあり、以前の住居から50キロ以上も離れている。

近隣には働き口がないため、住民たちは不便きわまりない公共交通機関を使い、最大3時間もかけて、北部か中央地域《セントロ》まで通わなければならない。新しい公営住宅の60％以上は、最寄りの電車や地下鉄の駅から徒歩30分以上もかかる場所にある。[49]市の中心部から郊外へ移住した人びとのために、十分な公共交通手段を用意しなかったという市の失策によって、もろに影響を受けたのは女性たちだった。世界中の例にもれず、リオでも車を独占しているのは男性たちだからだ。自家用車の所有者の71％は男性であり、自家用車での移動率は男性が女性の2倍となっている[50]。

女性への影響がことに大きいのは、無償のケア労働を担っているせいもある。LSEの研究者、メリッサ・フェルナンデス・アリゴイティアから、こんな話を聞いた。彼女がインタビューしたある女性は、MCMVの公営住宅への転居を命じられた直後で、すっかり気が動転していた。2児の母であり、いまも妊娠中の彼女が外で働けるのは、自分の母親が子どもたちの面倒を見てくれるおかげだった。母の家と職場から70キロも離れたところに引っ越したら、いまの仕事を続けるのは不可能だ。しかも新しいMCMVの公営住宅では、もともと保育サービスが不足しており、「新しい住民たちのために保育施設の改築や増築もされていなかった[51]」。

そのうえ、新しい公営住宅の設計自体が状況をさらに悪化させた。公営住宅は典型的な核家族をモデルとして設計されている――しかし貧民街では、核家族はとても標準単位とは呼べない。「貧民街の家庭を訪問すると、3世代が同居していない家のほうがめずらしいんです」。リオを拠点とする都市開発の専門家、テリーザ・ウィリアムソン博士は語る。さらには、「高齢者のひとり暮らしなど見たことがない」と言う。それと同じように、アリゴイティアが取材した家庭の大多数の世帯主はシングルマザーで、子どもたちと高齢の親と同居している人が多かった。しかし、「狭小な」公営住宅の設計は、「多様な家族形態にまったく対応していない」。そのため、貧民街では3世代同居によって子どもの面倒を見ていたのに、新しい公営住宅では、設計のせいでそれができなくなってしまったのだ。

MCMVの公営住宅における公共空間《パブリックスペース》といえば、「巨大な駐車場」（ほとんどの住民は車をもっていないにもかかわらず）と、「お粗末な遊び場」くらいだ。安物の遊具は2、3か月もすれば壊れてしまうが、取り替えもせずに放置されている。また、公営住宅はコミュニティよりもプライバシーを重視して設計されたようだ。しかし、ウィリアムソンの説明によれば、貧民街の人びとは親しい近所付き合いに慣れており、「いつでも誰かしら子どもたちを見守っているから、子どもがある程度大きくなれば、付ききりで面倒を見てやる必要はなかった」。そんな彼らは、プライバシー重視の公営住宅では孤立しがちで、犯罪の恐怖におびえていた。その結果、「子どもたちはあまり外で遊ばなくなり、家にこもってしまう」。そのため、「女性たちは突然、子どもの面倒を見なければならなくなった」。以前とはちがって、保育サービスが必要になったのだ。だが、そんなものはなかった。

これはリソースの問題などではなく、優先順位の問題だ。ブラジルは2014年のサッカー・ワールドカップおよび2016年のオリンピック開催準備のため、公共交通インフラに巨額の資金を投じた。カネはあったが、べつのところに使われたのだ。LSEの都市研究によって、新設された「バス高速輸送システム」（BRT）のコリドー〔専用レーン〕は、オリンピック関連の施設が集中する特別地区の利便性を高めるべく配慮されており、「低所得者層の移住先と都市の中心部を結ぶ、集団輸送システムの問題は（中略）放置されたまま」であることがわかった。[52] さらに、住民らの話によれば、政府による移住計画はよりよい住居を必要とする人びとを支援するためではなく、開催が迫るワールドカップやオリンピックのインフラ開発の推進を最優先するためであるように見えた。

そのツケを払わされたのは、女性たちだ。クリスティーン・サントスは、カンポ・グランデにあるヴィヴェンダ・ダス・パタティヴァス公営住宅への移住を余儀なくされ、リオデジャネイロ州ノヴァ・イグアスでの仕事を失った。「バスを3本も乗り継がなきゃならなかったんです」と本人は語っている。[53] ある女性は、毎日6時間もの車通勤で疲労困憊したあげく、事故を起こしてあやうく命を落としかけた。[54] ほかになす術のなくなった女性たちは、公営住宅の自宅で商売を始め、飲み物やランチプレートを販売したり、散髪をしたりした。しかも、ゾーニング規則を破ることになるので、立ち退きを覚悟のうえでやるしかない。貧民街の暮らしでは、自宅で商売をするのはふつうのことだ――言わば街そのものが無法地帯なのだから。だが、政府の公営住宅ではそうはいかない。住宅地域において、自宅で商売をすることは固く禁じられている。

　要するに、ブラジル政府は女性たちを正規の職場から遠く引き離しておきながら（それに非正規の職場からもだ――ブラジルの７２０万人の家庭内労働者はほぼ女性である）、通勤のための公共交通機関も拡充せず、保育サービスも用意しなかった。[55] その結果、女性たちはしかたなく自宅で商売を始めた。現実的に、それしか手段がなかったからだ。だが、政府はそれを違法とした。

　公営住宅事業がすべてこんなにひどいとはかぎらないが、もっとよい事業を行うには思想が必要だ。１９９３年にウィーン市が新しい公営住宅の建設を決定したとき、公務員たちはまず「居住する人びとのニーズ」を明確にし、それらのニーズを満たすための技術的な解決策を模索した、とエヴァ・カイルは説明している。[56] つまりデータを、それも性別に区分されたデータを収集したのだ。なぜなら、その公営住宅事業が念頭に置いていた「人びと」とは、女性たちだったからだ。

　当時、オーストリア国家統計局がまとめた調査結果によって、女性は毎日、男性よりも多くの時間を家事や育児に費やしていることが明らかになった[57]（最近の世界経済フォーラムのデータでも、オーストリアの女性たちが無償の労働に費やしている時間は男性の2倍であり、有給労働と無償労働を合わせた労働時間は男性よりも長くなっている[58]）。そこで、カイルの説明によれば、ウィーン市は公営住宅「Frauen-Werk-Stadt I」（女性‐仕事‐都市 I、以下ＦＷＳＩ）を、女性たちの育児や介護のニーズに合わせて設計することにした。

　まず重要なのは立地で、女性たちのケア労働が楽になるように慎重に選ばれた。公営住宅の真ん前にトラム［路面電車］の停留所があり、敷地内には保育園を設置している。学校もすぐ近くなので、子どもたちは低学年から歩いて通学できる（サンチェス・デ・マダリアーガの話によれば、女性たちが最も時間を取られるのが「学校、通院、習いごとのための送り迎え」だ）。さらに敷地内には、クリニックや薬局、その他の商業施設もそろっており、近所には大きなスーパーもある。まさに究極の混合利用型の設計だ。

それどころか、ＦＷＳＩの設計は貧民街をモデルにしたようなものだ。コミュニティと共有スペースを最優先している。各棟は接続されており、どの棟でも各階最大4世帯が、中庭を囲むように配置されている。そして緑地と子どもたちの遊び場を備えた中庭は、各戸から見わたすことができる。さらに、階段部分は透明で外からも見えるようになっており、公共空間にも、各棟からしか出入りできない駐車場にも、照明が煌々《こうこう》とついている。すべては安心感をもたらすための設計だ。[59]

ウィーンのべつの公営住宅（Autofreie Mustersiedlung）では、1戸につき1台分の駐車スペースを設けるというゾーニング規則を無視して、駐車場をいっさい設けなかった。[60]その分浮いた予算を共有施設や遊び場の増設に使ったのだ。この公営住宅はとくに女性をターゲットとしたものではないが、女性は男性にくらべて車を運転する人が少なく、子育てに多くの時間を取られていることを考えれば、結果的に女性が暮らしやすく、ケア労働のニーズにも合った集合住宅になったと言える。

ケア労働のニーズは、ＦＷＳＩのオープンフロア型住居のインテリアにも反映されている。各戸ともキッチンが中心に置かれ、どの部屋からも見えるようになっているのは、中庭が中心に置かれ、各戸から見えるようになっている外観の構造と同じだ。そのおかげで、女性たちは子どもから目を離さずに料理や後片付けができるだけでなく、家事を家庭の中心に位置づけることができる。「家事は女性の仕事」という概念に対するささやかな抵抗だ。それにひきかえ、フィラデルフィアの地方公務員の女性からは、まさに対照的な話を聞いた。住宅開発業者《ディベロッパー》は、エレベーターもない一戸建ての3階にキッチンを置こうとする。だからしょっちゅう、「あなたなら、重たい食料品やベビーカーを3階まで運びたいですか？」と指摘しなければならないのだ。[61]

第2章　ジェンダー・ニュートラルな小便器？

トイレの大行列

2017年4月、BBCのベテランジャーナリスト、サミーラ・アフマッドはトイレに行きたくなった。欧州で最大規模の文化施設であるロンドンのバービカン・センターで、ドキュメンタリー映画『私はあなたのニグロではない』を観ていて、休憩時間になったのだ。あのセンターに行ったことのある女性なら、これがどういう状況かわかるだろう。照明が明るくなったとたんに、急いで席を立ってトイレに行かないと、あっというまにロビーまで続く長い行列ができてしまうのだ。

女性たちは、外出先でしょっちゅう並んでいる。イライラするし、せっかくの夜が台無しだ。友人と一緒に映画や舞台を観に来ても、休憩時間に乾杯しながら感想を語り合うでもなく、ただうんざりしながらトイレの列に並ぶだけ。順番待ちの女性たちと、互いにげんなりした顔で目くばせを交わすしかない。

だが、その晩はいつもとはちがった。さらにひどかったのだ——とんでもなく長い行列ができていた。バービカン・センターが女性のことなどこれっぽっちも考えていないのが、滑稽なほどあからさまになった。トイレの「男性」と「女性」のマークを「ジェンダー・ニュートラル小便器」と「ジェンダー・

ニュートラル個室」に置き換え、どちらもジェンダー・ニュートラルなトイレに変更してしまったのだ。その結果、「ジェンダー・ニュートラル小便器」を利用しているのは男性だけで、「ジェンダー・ニュートラル個室」は男性も女性も利用していた。

この方法はトイレのジェンダー・ニュートラルを実現するどころか、たんに男性が利用できるトイレを増やしただけだった。女性が小便器を使うのはほとんど無理だが、男性は当然ながら小便器も個室も使える。しかも「ジェンダー・ニュートラル小便器」のほうにはサニタリー・ボックスもなかった。「わざわざこの映画館に『私はあなたのニグロではない』を観に来て、差別について説明しなければならないという、この皮肉」とアフマッドはツイートし、これを解決するには「男性たちにはジェンダー・ニュートラル小便器を使ってもらうしかない。そうすればこんな行列、絶対にできるわけないんだから。わかってたくせに」[1]。

おそろしく男性中心のバービカンの経営陣は、こんな自明の理すら見落としていたようだが、男性たちだって、以前からのこの行列問題はとっくに承知していたはずだ——行列は大きな化粧室にもおさまり切らず、廊下やロビーにまで延々と続いているのだから。どんなに無関心な男性でも、気づかないはずがない[2]。しかし、その理由を知っている人は、男女を問わずほとんどいないだろう。一般的には、男性中心のデザインよりも（やはり）女性のせいにされることが多い。だがこの場合、問題はまさに男性中心のデザインにある。

男女の公共トイレに同じ床面積を割り当てるのは、一見、公正かつ公平に見えるかもしれない。実際、これまでずっとそうだったのだ。床面積を等分にすることは、配管規則でも定められている。しかし、男性用トイレには小便器も個室もあるため、同時に用を足すことのできる人数を1平方フィート当たりで比較した場合、男性トイレのほうが女性トイレよりも数字はずっと大きくなる。床面積は平等だが、どうやら平等ではないらしい。

ところが、もし男女のトイレの個数が同じだったとしても、問題はまだ解決しない。女性のトイレでの所要時間は、男性の2・3倍にもなるからだ。[3] 高齢者や身体障害者に関しては、トイレでの所要時間はさらに長くなるが、女性の場合はとくに長い。また、女性は高齢者や障害者に同伴するだけでなく、子連れの場合も多い。[4] そして、出産適齢期の女性のうち、つねに20〜25％は生理中であり、タンポンやナプキンを替える必要がある。

いずれにせよ、女性のほうが男性よりもトイレへ行く回数が多い。妊娠すると、膀胱容量が著しく減少する。また、尿路感染症を起こすと頻繁にトイレに行く必要があるが、女性は男性の8倍も尿路感染症にかかりやすい。[5] こうした解剖学的差異を前にしても、（実質ではなく）形式にこだわる平等主義者は、男女のトイレに同じ床面積を割り当てることが公正なのだと言い張るにちがいない。

足りないトイレ、危険なトイレ

男女平等に見えて実際には男性中心になっている状況よりも、さらにひどい状況もある。世界人口の3分の1には、トイレが十分に供給されていないのだ。[6] 国連によれば、女性の3人にひとりは安全なトイレを利用できておらず、[7] 国際NGOウォーターエイドの報告書によれば、大人と子どもを含む女性たちは、用を足す安全な場所を探すために、年間で合計970億時間も費やしているのだ。[8] トイレの供給不足は、男女の別なく公衆衛生上の問題だが（たとえばインドでは、人口の60％はトイレを利用できておらず、[9] 地表水の90％は汚染されている）、[10] 女性にとってはいっそう深刻な問題だ。というのも、男性は「どこでもその辺で」すませればいい、とのんきに構えていられるが、[11] 女性は用を足しているところを他人に見られるのは、恥ずかしくて耐えられない。そのため、女性たちは夜明け前に起きてから日が暮れるまで待ち、比較的、人影の少ない場所を探して排尿や排便をする。[12] そして、これは貧困国だけの話ではない。国際人権NGOヒューマン・ライツ・ウォッチが、アメリカのタバコ畑で働く若い女性たちを取材したところ、彼女たちは「日中はなるべく水分を控えて用を足さないようにしており、そのせいで脱水症状や熱中症のリスクが高くなっている」ことがわかった。[13]

影響は女性たちの有給の労働にも及んでいる。インド人の86%は非公式経済の労働者で、そのうちの91%は女性が占めている。多くの女性たちは市場で行商をしているが、公共トイレがないということは、働いているあいだはトイレに行けないことを意味する。[14] アフガニスタンでは、女性警察官はふたり組でトイレに行く。というのも、更衣室やトイレのある施設（ヒューマン・ライツ・ウォッチの国際アドバイザーが「場所そのものがハラスメント」とコメントした）には覗き穴があったり、ドアの鍵がかからなかったりするからだ。安全なトイレが不足しているために、警察官を志望する女性たちが減ってしまう。その結果、女性や少女に対する犯罪への警察の対応に、重大な影響が出てしまうのだ。[15]

公共衛生施設については、明らかに女性のほうが男性よりも需要が高いにもかかわらず、男性のほうが多く供給されがちだ。インドのムンバイで暮らす500万人の女性たちの半数以上は、屋内にトイレがないばかりか、女性用の公共トイレすらない。ところが、男性用の小便器は何千個もあるのだ。[16] ムンバイの典型的なスラム街では、8000人の女性に対し、トイレは6か所しかない。[17] 2014年以降の政府のデータでは、ムンバイ市全体で「3536か所の公共トイレはすべて男女共用であり、女性専用トイレは警察署や裁判所にすらひとつもない」ことが明らかになった。[18]

2015年の調査では、ムンバイのスラム街で暮らす女性の12・5%は、夜間、屋外で排便していることがわかった。「危険かもしれないが、家から平均58メートルも離れている共用トイレまで歩いていくよりは、ましだと思っている」のだ。[19] だが、屋外で排便するほうが安全とは言い切れない。女性たちがよく用を足しにいく場所の付近や夜道では、男たちが待ち伏せしており、性的暴行の危険が高い。[20] 性的暴行のレベルは、覗き見（自慰行為を見せつけられる場合も含む）からレイプまで幅広く、極端な場合は殺人にいたる。

日常的な行為であるべき排泄のために、女性たちが実際にどれだけ性的ハラスメントや性的暴行に遭っているかについて、正確なデータを収集するのが難しいのは、この問題には羞恥心がからんでいるためだ。「襲ってくれと言っているようなものだ」などと、かえって非難されるのではないかと思いながら、あえて被害を報告しようとする女性など、ほとんどいない。[21] しかし、数少ないデータからもわかるとおり、公共の衛生施設の供給不足がフェミニズムの問題であることは明白である。

２０１６年の研究では、屋外で用を足しているインドの女性たちは、自宅にトイレのある女性たちにくらべて、パートナー以外による性的暴力のリスクが2倍も高いことがわかった。[22] ２０１４年、インド北部のウッタル・プラデーシュで12歳と14歳の少女たちが殺害されると、[23] 女性用トイレの供給不足についての国民の意識がにわかに高まった。２０１４年12月には、ムンバイの最高裁判所はすべての自治体に対し、安全で清潔な女性用トイレを主要道路の近くに設置するよう命じた。[24] 96か所の候補地が選定され、ムンバイの地方自治体は新しいトイレの建設費用として５０００万ルピー（約７１５０万円）の予算を約束した。ところが1年後、女性の権利のためのオンラインマガジン「ブロードリー」は、建設はまったく着手されていないと報道した。[25] やがて２０１６年、予算配分は失効した。[26]

公共トイレを供給しなかった地方自治体は、経費を削減できたと思っているかもしれないが、イェール大学の２０１５年のある研究は、それはかえって不経済であることを示唆している。その論文の著者たちは「性的暴力のリスク、衛生施設の数、女性が公共トイレまで歩いていく時間」の関連性を割り出す数学モデルを開発し、性的暴行事件が発生した場合について、目に見えるコスト（逸失利益、医療費、裁判費、警備費など）と目に見えないコスト（心身の苦痛、殺人のリスクなど）を計算し、新たな衛生施設の設置および管理費用と比較した。

研究者たちはその数学モデルを、南アフリカのケープタウン市内にあるカエリチャという郡区に適用した。そこには人口２４００万人に対し、推定５６００個の公共トイレがある。研究者らの計算によれば、その郡区では1年当たり６３５件の性的暴行事件が発生しており、そのコストは毎年４０００万ドルに及ぶ。ところが、トイレの数を１万１３００個に増やした場合、直接経費は１２００万ドルかかるが、女性たちがトイレまで歩いていく平均距離は半減し、性的暴行も30％減少することがわかった。その数学モデルによれば、社会的費用および警備費の減少によって、トイレの設置による追加コストをまかなえるだけでなく、５００万ドルもの経費が浮くことがわかった。しかも、コスト計算には「財源の限られた都市部の貧困地域で、公衆衛生が向上することによって生じる多くの健康効果」を考慮していないため、これでも控えめな見積もりだという。[27] そして実際に、とくに女性たちには多くの健康効果が生じる。

尿をため込むと、女性は膀胱感染症や尿路感染症にかかりやすい。また、脱水症状や慢性の便秘に悩んでいる人たちもいる。[28] 屋外で排便する女性たちは、骨盤内炎症性疾患、寄生虫感染症、肝炎、下痢、コレラ、ポリオ、水系感染症など、幅広い病気のリスクにさらされている。そのなかには、インドだけで毎年、数百万人の死者（とくに女性や子どもが多い）が出る病気もある。[29]

公共の衛生施設の供給不足によって健康問題が生じているのは、貧困国だけではない。カナダとイギリスの研究によって、尿路感染症の専門医への紹介件数や、膀胱拡張の症状や、泌尿婦人科系のさまざまな症状が、トイレの閉鎖件数に比例して増えていることが明らかになった。また同様に、「トイレが使えないせいで、月経中にタンポンを取り替えられなかった場合」には、生理用品によるレンサ球菌毒素系ショック症候群のリスクが高まることが、研究によってわかっている。[30] そして、使用できるトイレの数は実際に減っているのだ。2007年の研究によって、アメリカではこの半世紀で公共トイレの閉鎖が増えていることが明らかになった。[31] イギリスでは1995年から2013年までに、公共トイレの半数が閉鎖されたり、ロンドンの私の自宅付近にあった公共トイレのように、おしゃれなバーに改装されたりした。[32]

公共空間で脅かされる女たち

女性への性的暴行のリスクを考慮していない都市計画は、明らかに、公共空間に対する女性の平等な権利を侵害するものだ。衛生施設の供給不足のように、ジェンダーへの配慮に欠けた設計によって女性が排除されている例は、ほかにもたくさんある。

公共空間を怖がる女性は多く、その数は男性の約2倍にもなる。そしてやはり、それを裏付けるデータが存在する。都市計画を専門とするアナスタシア・ルカイトウ＝セダーリス教授は、「世界各地の犯罪調査および実証的研究によって、女性の大多数は公共空間にいるとき、暴行の被害に遭う危険性を感じていることが明らかになっています」と語っている。アメリカとスウェーデンの犯罪データを分析した結果、同じような環境条件でも、男性と女性では異なる反応を示すことがわかった。「女性のほうが男性よりも、危険な兆候や社会不安、落書き、だらしない風貌、廃墟などに対して、敏感に反応する」のだ。

イギリス運輸省の研究では、危険認識における著しい男女差が浮き彫りになった。立体駐車場を歩くのが怖いと感じる女性は62％、駅のホームで電車を待っているのが怖いと感じる女性は60％、バス停で待っているのが怖いと感じる女性は49％、バス停や駅から家まで歩いて帰るのが怖いと感じる女性は59

%だったのに対し、男性はそれぞれ31%、25%、20%、25%という結果が出た。[33] 犯罪への恐怖感をとりわけ強く抱いているのは、低所得の女性たちだ。犯罪率の高い地域に住んでいる割合が高いせいもあるが、勤務時間が不規則になりがちで、[34] 夜間に帰宅することが多いせいもある。[35] 同じ理由で、エスニック・マイノリティの女性たちはさらに強い恐怖感を抱いており、人種差別（や性差別）による暴力の危険にもさらされている。

このような恐怖感によって、女性たちの移動や市街地への交通手段の利用が制限されている。[36] フィンランド、スウェーデン、アメリカ、カナダ、台湾、イギリス各国の研究によって、女性たちの行動や交通経路には、恐怖感による影響が出ていることがわかった。[37] たとえば、特定のルートや交通手段や時間帯を避けたり、夜間の移動を慎んだりしている。カナダのある研究では、調査対象の女性たちの半数が「恐怖感のせいで、公共交通機関や駐車場の利用を避けてしまう」と回答した。[38] また世界各国の研究でも、「恐怖感は、女性が公共交通機関の利用を避ける最大の理由」であることがわかっている。[39] そのため、経済的に余裕がある人は自分で車を運転するか、タクシーを利用する。

問題は、多くの人には余裕がないことだ。ほとんどの人びとは「囚われの乗客」、つまり公共交通以外に移動手段がない人たちなのだ。[40] とくに低所得の女性たちには選択肢がなく、インドや南半球の発展途上国の女性たちは、車やバイクなど自家用の移動手段をほとんど利用できないため、[41] 公共交通機関にたよっている人が男性よりもはるかに多い。[42] このような女性たちは、安全のためにまわり道をする、必ず誰かと一緒に出かけるなどの対策を取っている。なかには、思いあまって仕事を辞めてしまう女性たちもいる――これは低所得の女性たちに限った話ではない。[43] 私がツイッターで、公共交通機関における女性たちのハラスメント被害を投稿したところ、ある男性がリプライでこんな話を教えてくれた。彼の知り合いの「非常に知的で有能な女性」は「ロンドンの金融街で人もうらやむような仕事に就いていたが、地下鉄で痴漢に遭うのに耐えきれず、会社を辞めてロンドンから引っ越してしまった」という。

明らかに、こんなことは道理に合わない。だが多くの場合、臆病すぎると責められるのは女性たちのほうで、女性に不安を感じさせる都市空間や交通環境をデザインした設計担当者たちではない。そしてここにもやはり、データにおけるジェンダー・ギャップが潜んでいるのだ。公式統計では、公共交通機関を含む公共空間で犯罪被害に遭っているのは、むしろ男性のほうが多くなっている。ルカイトウ＝セダーリス教授の説明によれば、こうした矛盾のせいで「女性の犯罪に対する恐怖心は非理性的であり、犯罪よりもむしろそのほうが問題だ、ということになってしまった」。しかし、公式統計がすべてを語るわけではない、と教授は指摘する。

公共空間を通るとき、女性たちはさまざまな性行動の危険にさらされる。性的暴行などの重罪とまではいかなくとも、女性は男性との日常的なやりとりにおいて不快な経験をしており、故意による場合も多い。声をかけられたり、ひやかされたり、いやらしい目つきで見られるといったことから、「性的な中傷を浴びせられたり、名前を訊かれたりする」などさまざまだ。いずれも犯罪には当たらないが、度重なるうちに性的な脅威を感じさせられる。[44] まるで監視されているような、身の危険を感じるのだ。そして、そのような行為はエスカレートする可能性があり、実際に危険な目に遭った女性たちはいくらでもいる。へらへらしていた男が突然、「このアマ、なに無視してんだ」と態度を豹変させたり、女性の自宅まであとをつけて暴行に及んだりする。見知らぬ男が「たわいない」ことを言って声をかけてきたら、まちがってもたわいない相手ではない。

しかし、女性たちは被害を報告しない。いったい誰に報告すればいいか、わからないからだ。「エブリデイ・セクシズム・プロジェクト」や「ホラバック！」のような団体が登場して、女性たちが公共空間で日常的に経験している、犯罪とまでは言えないが脅威を感じる迷惑行為について語り合う場所ができるまで、迷惑行為に対する社会の認識はないに等しかった。イギリスのノッティンガムの警察が、女性差別の行為（公衆わいせつ、痴漢、盗撮など）をヘイトクライムとして記録し始めたところ、被害報告件数が急激に伸びた。男性たちが急に狂暴になったわけではなく、女性たちが、まともに取り合ってもらえると感じたからだ。[45]

公共空間で女性に脅威を与える行動が人目につきにくいのは、男性を同伴している女性には、男たちもちょっかいを出さないという事情のせいもある。ただでさえ、男性が怖い思いをすることは少ない。最近のブラジルの調査では、女性の3分の2は移動中に性的ハラスメントや性的暴行の被害を受けた経験があり、その半数は公共交通機関でのできごとだった。いっぽう、男性でそのような被害を受けたのは18％にすぎない。[46]したがって、セクハラや暴行をしたこともなければ、目撃したこともない男性たちは、そんなことが起きていることさえ知らなかった。だから女性から被害に遭った話を聞いても、「そういうの、僕は見たことないな」などと軽く流してしまう。これもまた、データにおけるジェンダー・ギャップだ。

この場合、ジェンダー・ギャップを悪化させているのはデータの収集方法だ。２０１７年のある論文では、「性的ハラスメントが横行していることを示す大規模データが不足している」のは、報告件数が少ないからだけでなく、「そもそも犯罪統計に含まれていない場合が多い」からだと述べている。[47]さらに、性的ハラスメントは「きちんと分類されていない場合が多い」という問題もあり、多くの論文では「ハラスメントの定義も、ハラスメントの種類の体系化も」できていない。２０１４年のオーストラリア研究所の調査では、女性の87％は街なかで、言葉によるハラスメントや、身体的な性的ハラスメントを受けた経験があることがわかった。しかし、「迷惑行為の種類や程度に関するデータは、収集されていなかった」。

女性たちが抱いている恐怖感と、公式統計において女性が経験している暴力のレベルに明らかな不一致が見られるのは、日常的な迷惑行為だけではない。女性たちは、もっと深刻な被害も報告していないのだ。2016年のワシントン市の地下鉄における性的ハラスメント調査では、被害者のうち77%は被害を報告していないことが明らかになった。[48] 女性に対する暴力問題に取り組んでいるメキシコの国家女性庁(INMUJERES)による調査でも、同じような結果が出ている。

ニューヨーク市ではさらに通報数が低く、推定では、地下鉄での性的ハラスメントは96%、性的暴行の86%は通報されていない。[49] 報道によれば、ロンドンの女性利用者の5分の1は、公共交通機関の利用時に暴行を受けたことがある。また2017年のある研究では、「性的嫌がらせを受けた人びとの約90%は通報していない」ことが明らかになった。あるNGOがアゼルバイジャン共和国の首都バクーにおける地下鉄の女性利用者の調査を行ったところ、性的ハラスメントに遭った女性たちで被害を関係当局に通報した人は、ひとりもいなかったことがわかった。[50]

こうなるともう、警察の公式データはこの問題の全貌を示すものではないことは明らかだ。公共空間における女性への性犯罪に関して「具体的な種類や場所や時間」を示すデータは世界的に不足しているが、女性たちが非理性的な態度など取っていないことは、数々の研究によってますます明らかになっている。[51]

ブラジルのリオデジャネイロのバスでは、男たちが女性や少女たちをレイプする事件が起こったが、運転手は不注意にも気づかなかった。[52]「じつを言うと、出かけるときはいつも怖いんです」。メキシコ出身の34歳、ヴィクトリア・ホアレスは語った。メキシコでは10人のうち9人の女性が、公共交通機関の利用時に性的ハラスメントを経験している。[53] 女性の労働者たちは、「バスに乗り下りする女性を連れ去ろうとして」車で待ち伏せしている男たちがいると報告しており、行きも帰りも通勤時がいちばん危ないと語っている。[54]

２０１６年の研究では、フランスの女性の90％は、公共交通機関で性的ハラスメントの被害に遭っていることがわかった。[55] 同年5月には、ふたりの男がパリ市内の電車での集団強姦未遂で投獄されている。[56] また２０１６年のワシントン市の地下鉄調査では、公共交通機関でハラスメントの被害に遭っている女性の数は、男性の3倍にのぼることがわかった。[57] 同年4月には、ある公衆猥褻《わいせつ》事件で特定された容疑者が、その1か月後、こんどは電車の車内で女性をナイフで脅しながらレイプするという暴挙に出た。[58][59] さらに２０１７年10月にも、ワシントンの地下鉄で常習者が逮捕された。その男は同じ被害者を2度も襲おうとしたのだ。[60]

「この特殊な問題に関しては、ありとあらゆる論文においてメッセージは一致している」

都市計画を専門とするスウェーデン王立工科大学教授、ヴァニア・チェッカートは、学術誌『犯罪予防および地域安全』の２０１７年の特集号「交通環境における女性の犯罪被害および安全」のあとがきで述べている。

「移動中の女性に対する性犯罪（凝視する、さわる、痴漢、射精、性器の露出、強姦）は、明るみに出ておらず、実際は膨大な数にのぼる」[61]

なぜ被害は報告されないか

女性が被害を報告しない理由はさまざまだが、社会的な理由もある。不名誉、恥辱。かえって責められるのではないか、話を信じてもらえないのではないか、という不安もある。これについては、当局にできることはほとんどない。変化は、社会のなかから起こるべきだ。けれども、多くの女性が被害を報告しないのは、もっと容易に取り組めるはずの単純な問題のせいなのだ。

まず、女性たちは「どんなことが性的ハラスメントに該当するのかが具体的にわからないし、当局にどんな対応をされるかと思うと怖い」[62]。自分の身に起こったことがまちがっていることだけは確かだが、どこに報告したらいいのかわからない、ということが多いのだ。[63] 世界的に見ても、公共交通機関で性的ハラスメントや暴行に遭った場合はどうすればいいのか、女性に対する明確な情報提供が不足している(不審な荷物を見かけた場合はどうすべきかという案内表示は、ほとんどの交通当局が実施しているようだが)。案内表示がないのは、実際に手順が決まっていないケースもある。[64] そして、それが次の問題につながる――思い切って報告した女性たちが、どんな対応をされるかだ。

2017年、イギリス人女性がバスで男性から性的ハラスメントを受けた、と運転手に報告した。運転手はどうしてほしいのかと彼女にたずねたあげく、「あんたかわいいからね、しょうがないんじゃない?」と言ってのけた。[65] インドのデリーでバスに乗っていた26歳の女性も、同じような体験をしている。「夜9時ごろでした。後ろに立っていた男が私の体をまさぐったんです。私は叫び声をあげ、男の襟首をつかんで、運転手にバスを止めてもらいました。ところが、バスを降りろ、自分で解決しろと言われたんです。ほかの乗客の足止めになるからって」[66]

ロンドンの私が住んでいる区の元議員、サラ・ヘイワードが被害を報告しなかったのも、まともに取り合ってもらえないのではないかと思ったからだ。

「22歳くらいのとき、ぎゅうぎゅう詰めの地下鉄の車内で痴漢に遭いました。あのときの身の毛のよだつような恐怖は、とても口にできません。でも、きっと誰になにを言っても、車内が混雑していたからだと言われるにちがいないと思いました」

皮肉なことに、地下鉄の車内混雑は、彼女が痴漢に遭ったひとつの要因でもある。データによれば、地下鉄が混雑する時間帯と性的ハラスメントが多い時間帯は一致することがわかっている。[67] ヘイワードはいまだに「ラッシュアワーの地下鉄はなるべく避ける」ようにしている、と語った。
性的暴行の報告手順が決まっていない問題は、飛行機でも同じだ。2016年、アメリカのオンラインマガジン「スレート」は、ダナ・Tの体験談を掲載した。アメリカからドイツへ向かう機中で眠っていた彼女がふと目を覚ますと、誰かに胸をぎゅっとつかまれていた。となりの席の男の手だった。乗務員に文句を言ったところ、最初はそのまま元の席に戻るように言われたが、結局、ビジネスクラスの席が用意された。ほとんどの乗務員は同情的だったが、どうすればいいかわからないようだった。着陸すると、その男はふつうに飛行機を降りて、どこかへ行ってしまった。[68] それと同じようなことが2017年にも起きている。アメリカン航空の飛行機に乗っていた女性が、となりの席の男性が自慰をしているのに気づいて、席を替えてほしいと乗務員たちに頼んだところ、断られたのだ。[69]
交通当局（組織のトップから下まで、従業員は圧倒的に男性が占めている）が第1にすべきことは、問題があることを認識することだ。[70] ルカイトウ＝セダーリスが、公共交通機関における女性の安全について、各交通機関の取り組み状況を調べようとしたところ、データにおけるジェンダー・ギャップに突き当たった。1990年代の論文がわずか2件見つかったが、どちらも女性乗客の安全上のニーズを考慮していなかった。いずれにせよ、9・11［2001年のアメリカ同時多発テロ事件］以降、交通機関の安全対策が大幅に変更されたことを考えれば、あまり参考にはならない。もう少し新しいもので2005年の論文もあったが、テロの脅威に対するアメリカの各交通機関の対応がおもな論点であり、「女性ならではの安全上のニーズや不安については、取り上げていなかった」。
そこで、ルカイトウ＝セダーリスは自分で調査を行った。調査対象である交通機関の従業員の大半は男性であり、なかには反発する人たちもいた。ある交通機関の最高執行責任者の男性はこう言った。「あなたは、世のなかは女性にとってあまり安全な場所ではないと思っているようだ」

べつの交通機関の安全・危機管理担当マネージャーの男性は「安全・危機管理における問題や課題は、性別とは関係がない」と言い張った。そして、これこそデータにおけるジェンダー・ギャップがもたらす弊害の最たる例だが、またべつの安全・危機管理担当役員（の男性）は、「当社のシステムによる統計データでは、女性へのリスクがより高いとは示されていない」と主張して、ジェンダーに配慮した計画の必要性に異議を唱えた。

問題があることを認識したら、交通機関の計画担当者が第2にすべきことは、科学的根拠《エビデンス》にもとづいた解決策を打ち出すことだ。ルカイトウ＝セダーリスの調査に回答した131社の交通機関（アメリカの大・中規模の交通機関の半数以上）のうち、「交通機関各社はこの問題に真摯に対処すべきだ」と感じているのは3分の1にすぎず、実際に対策を講じたのは3社だけだった。交通環境における女性の安全に関するデータや研究は、慢性的に不足していることを考えれば驚くには値しないが、ルカイトウ＝セダーリスの調査によってもうひとつわかったことがあった。それは、「女性乗客らにとって必要な望ましい安全・危機管理対策と、交通機関が講じている対策とのあいだには、かなりのずれがある」ことだ。

彼女が調査した交通機関の大半では、バスの車内における危機管理対策が講じられていた。たとえば、監視防犯カメラの設置は80％、警報ブザーは76％、非常用メガホンは73％の導入率だ。しかし、バス停の危機管理対策をすでに講じている、あるいは検討している交通機関は、ほとんどなかった。これはまさに、女性たちが実際に望んでいることとは正反対だ。というのも、女性たちはバスに乗ってからも、暗いなかバス停で待っているときのほうが怖いと感じるからだ。そして実際、そう感じるのも無理はない。ある研究によって、バスや電車の車内よりも、バス停や駅、もしくはその付近のほうが、3倍も犯罪被害に遭いやすいことがわかっているのだ。[71]

交通機関がどのような危機管理対策を講じるかも重要だ――そしてやはり、ここにもずれがある。交通機関の多くは、おそらく費用の問題だろうが、警備員を雇うよりも技術的な解決策を好む傾向にある。車内のハラスメントに対し、防犯監視カメラがどの程度の効力を発揮しているのかを示すデータはほとんどないが、数多くの研究によって、女性たちは防犯監視カメラの効力にはきわめて懐疑的であり、車掌や警備員がいるほうが（つまり、犯罪の予防策として）、ちゃんと作動しているのかどうかわからない遠くの監視カメラの点灯ランプよりも、安心できると感じている。[72] 興味深いことに、男性たちは警備員よりも技術的な解決策を好むようだ――おそらく、男性たちはあまり身の危険を感じるような性的被害に遭わないからだろう。[73]

警備員を常駐させるには費用がかかるというなら（それによって公共交通機関を利用する女性たちが増えれば、十分に見合うはずだが）、もっと安価な対策もたくさんある。[74] ルカイトウ＝セダーリスは私にこう語った。「アメリカのポートランド市のバス停にはデジタル式の時刻表があるので、次のバスが何時に来るかわかるんです」。つまり女性たちは、次のバスが来るのは30分後だとも知らずに、暗いバス停で延々と待っている必要がない。これが画期的な対策として紹介されたとき、私が衝撃を受けたのは認めよう――ロンドンではデジタル式の時刻表のないバス停など、まず見つからないからだ。

ほかにもエビデンスにもとづいた[75]解決策はある。バスの待合所を外部からよく見えるように透明性を高め、照明を明るくするのだ――バス停や地下鉄の駅だけでなく、周辺の道路にもこうした対策を取る必要がある。[76] さらに、バス停の位置も重要であり、「バス停の位置をほんの数メートル、人の出入りの多い建物の前に移動するだけでも」効果は大きい、とルカイトウ＝セダーリスは語る。私が個人的にいいと思っているのは、夜間にバスを利用する女性たちがバス停とバス停のあいだの好きな場所で降りられるよう、リクエスト制度を導入することだ。全体的に見れば、バスの利用客の大半は女性だが、夜間のバスにかぎっては女性の乗客が少ない。このようなばらつきが生じる理由を具体的に示すデータはないが、既存のデータを踏まえれば、やはり危ないと感じているからだと考えるのが妥当だろう。[77]

交通機関の計画担当者への朗報は、警備員や照明を増やすことを除けば、このような対策はいずれもたいした費用はかからないことだ。さらに、ルカイトウ＝セダーリスがロサンゼルスで行った研究によって、ジェンダーにもとづく犯罪が多発しているのは、特定のバス停であることがわかった。したがって、問題の多い地域で重点的に対策を講じることで、全体的な費用を抑えることができる。[78] 交通機関各社に必要なのは独自のデータであり、それを収集する意思だ。だがそもそも、その意思がない。ルカイトウ＝セダーリスの話では、アメリカでは交通機関に対し、データを収集するよう「国が奨励していない」。「データの収集が法令で定められていないため、やらないのです」。予算がないなどというのは、ただの「言い訳」にすぎない、と教授は考えている。

インドでは（首都デリーは２０１４年の「世界で最も危険な公共交通システム」の第４位[79]）、「デリー集団強姦事件」のあと、女性たちが率先してデータ収集を始めた。世界中のメディアで報道されたこの事件は、２０１２年12月16日の午後9時すぎ、デリー南部で起こった。23歳の理学療法実習生ジョーティー・シンと、友人の男性アウィンドラ・プラタップ・パンディは、映画館で『ライフ・オブ・パイ　トラと漂流した２２７日』を観たあと、デリーによくある無認可のバスに乗ることにした。[80] そのまま帰宅するはずだったが――二度と家には帰れなかった。ふたりはまず錆びた鉄の棒で殴打され、つぎに6人の男たちがシンをレイプした。凄惨な暴行（しかも鉄の棒を彼女の体内に突っ込んだ）は1時間近く続き、彼女の腸には穴が開いた。[81] やがて疲れ切った6人の強姦犯は、ふたりが乗車した場所から約8キロの地点で、半ば意識不明のふたりを道路に投げ捨てた。[82] 13日後、シンは重傷のため亡くなった。翌年、3人の女性たちが「セーフ・シティ」というクラウド・マッピング・プラットフォームを立ち上げた。[83]

ハラスメントに遭った女性たちがそれを使って、被害の日時や場所や内容を報告することで、「ほかの人たちもマップを見れば〝犯罪の多発地域〟がわかるようになっている」のだ。これまでに収集されたデータによって、ハラスメントのなかで最も多いのは痴漢であり、ひやかしよりも多く、最も多発しているのは公共のバスの車内であることが明らかになった（おそらく混雑のせいだろう）。

このような革新的な解決策は歓迎すべきだが、やはり専門の調査員によって収集・分析されたデータの代わりを果たせるものではない。そして、そのようなデータは交通だけでなく、都市計画のあらゆる分野において不足している。2016年『ガーディアン』紙は、なぜ私たちは「男性だけでなく女性にもやさしい」都市計画を行わないのか、と問いかける記事を掲載し、「都市部においてジェンダーに関するデータを追跡・分析するためのデータセットが不足しているために、女性のニーズを考慮に入れたインフラ計画の作成が困難になっている」と警鐘を鳴らした[84]。実際にデータの収集を開始しても、ずっと継続できるかどうか保証はない。2008年、イギリスを拠点として、ジェンダーと建築に関する研究データベース「ジェンダーサイト」が開設されたが、2012年には資金不足を理由に閉鎖されてしまった[85]。都市計画において、性別で区分されたデータの収集と利用を怠れば、男性中心の傾向が最も意外な場所にまで忍び込んでしまうのだ。

公園で遊ばない女の子たち

ジムを利用する大半の女性たちは、ウェイトトレーニングをするためのフリーウェイト・エリアに入っていくには、気合いがいる。男性がほぼ独占しているエリアだから、たまに女性が姿を現すと邪魔者や変人を見るような目で見られるのだ。もちろん、理屈の上では誰でも入れるが、そこには男性には無縁の心理的なハードルがあって、堂々と入っていくにはそれなりの覚悟と自信が必要だ。とてもそんな気力が湧いてこない日もある。私の家の近所のアウトドアジムでも同じことで、男性でいっぱいのときには、私は素通りしてしまうことが多い。じろじろ見られたり、場違いな気分を味わったりするのが嫌だからだ。

こんなふうに文句を言うと、女性は繊細な花みたいな振る舞いはやめろとか、フェミニスト的に言えば、女性を繊細な花のように描写するのはやめろ、といった意見が必ず出てくる。もちろん女性のなかにも、いやらしい目つきやマッチョな態度にまったく動じない人たちもいるだろう。しかし、そのような場所を避ける女性たちは、なにも非理性的になっているわけではない。表向きにはジェンダー・ニュートラルな共有のエクササイズ・スペースに女性が入っていくと、男性の敵意を感じるという証言はたくさんある。[86] つまりは交通環境と同じように、ジムも利用機会の平等を建前としながら、じつは男性中心の公共空間の典型的な例なのだ。

だが朗報がある。このような男性中心主義は設計によって取り除くことが可能であり、すでにそのような実績があることは既存のデータからも明らかだ。１９９０年代の半ばにウィーン市の地方自治体による調査によって、女子は10歳以上になると、公園や公共の遊び場で遊ぶ人数が「有意に減少」することがわかった。[87] しかし、ウィーン市の担当者たちはただ肩をすくめて、「女の子たちも、もっとたくましくならなくちゃ」などとは言わなかった。公園の設計になにか問題があるのだろうか、と考えたのだ。

調査の結果は明らかだった。問題は、だだっ広いオープンスペースがひとつしかないことで、場所争いをしなければならない。だが女子は場所争いで男子に勝てる気がせず（社会の条件付けがそうなっている）、黙って場所をゆずるしかなかった。ところが、公園をいくつかの小さなエリアに区分けしたところ、女子の利用率が回復したのだ。さらに、対策は公園のスポーツ施設にも実施された。この施設はワイヤーのフェンスでぐるりと囲まれており、１か所しかない入口のまわりには、男子たちのグループがたむろしていた。女子たちはいじめられるのが嫌で、なかに入ろうとはしなかった。そこで登場するのが、ウィーン版のレズリー・ノープ〔アメリカのコメディ番組『パークス・アンド・レクリエーション』の主人公。市の公園緑地課の担当者〕、クローディア・プリンツ＝ブランデンブルクだ。彼女の提案はずばり、入口の数を増やし、幅を広くすることだった。[88]草っ原のようなオープンスペースだけでなく、各種スポーツのコートも区分けを実施した。バスケットボールのような従来の競技用コートを確保したうえで、女子がよく参加するような、もっとカジュアルなスポーツのための場所も用意した。どれもささやかな変化だが——実際に効果をもたらしたのだ。1年後、公園には女子たちの姿が増えただけでなく、「カジュアルな遊び」の種類も増えていた。現在では、ウィーン市の新しい公園はすべてこの方法で造園されている。

スウェーデン南部の都市マルメでも、従来の「若者」をターゲットとした都市再生計画は男性中心であることがわかった。一般的には、スケート場やクライミング・エリアや落書き用の壁が設けられていた。[89]問題は、そのような活動に参加していたのは「若者」全体ではなかったことだ。市が若者向けに用意した遊び場や娯楽施設の利用者は、ほとんど男子ばかりで、女子は10〜20％にすぎなかった。だがマルメ市の担当者たちも、せっかくの遊び場を利用しないなんて女子はどうかしている、などと思ったりはしなかった。彼らはさっそくデータ収集に乗り出した。

2010年、マルメ市はつぎの再生プロジェクト（駐車場をレジャー施設に転向する計画）に着手するまえに、女子たちの希望を聞いた。[90]その結果、その施設には十分な照明が備えられ、ウィーンの公園のように、さまざまなサイズやスポーツの難易度でエリアを区分けした。[91]そのプロジェクトを担当したマルメ市の交通課職員、クリスチャン・レスボーは私にこう語った。

「あれ以来、女子や若い女性をターゲットとするレジャー施設が2か所、新設されました」

このようなジェンダーに配慮した取り組みの効果を実感したのは、女子たちばかりではなかった。その効果は国庫にも表れたのだ。スウェーデン第2の都市ヨーテボリでは、スポーツ関連のクラブや協会に毎年8000万クローナ［約8億6500万円］の助成金が交付される。当然ながら、助成金は万人に等しく恩恵をもたらすためのものだ。しかし、ヨーテボリ市の担当職員らがデータを調べたところ、実態はそうではないことが明らかになった。[92] 助成金の大半は、男子中心の団体スポーツに割り当てられていたのだ。じつに44種目のうち36種目において、女子よりも男子のほうが助成金の恩恵にあずかっていた。全体では、男子スポーツへの助成金は、女子スポーツへの助成金よりも1500万クローナ［約1億8200万円］も多かったのだ。これがなにを意味するかといえば、女子スポーツのほうが活動資金が少ないだけでなく（割り当てがまったくないところもあった）、女子は自分たちでお金を出さなければならないということだ。つまりは金銭的な余裕がなければ、女子はスポーツができないというわけだ。

ほとんどの読者は驚かないだろうが、その研究は、女子スポーツへの投資を怠った結果、女子のメンタルヘルスの悪化につながったという結論に達した。だが、女子スポーツへの投資は骨粗鬆症《こつそしょうしょう》による骨折にかかる医療費の削減につながるという指摘は、意外に思われるのではないだろうか。若い人たちは運動によって骨密度が増えるため、将来の骨粗鬆症のリスクを減らす効果がある。そして研究が示しているとおり、女子は思春期を迎えるまえに運動を始めることが重要なのだ。

ヨーテボリでは毎年、転倒による骨折が推定で約1000件発生しており（その4分の3が女性である）、その医療費は1億5000万クローナ［約18億2300万円］だ。そのうち女性の医療費は、1億1000万クローナ［約13億3700万円］にものぼる。その報告書が結論で示しているとおり、「市が女子スポーツへの助成金を1500万クローナ増やせば、骨粗鬆症による将来の骨折を14％減らすことができ、投資分は元が取れる」。

計画担当者がジェンダーへの配慮を怠ると、公共空間は当然のごとく男性用になってしまう。だが現実に、世界人口の半数は女性の体をもっている。世界人口の半数は日常的に、わが身に迫る性的な脅威にさらされている。いまのところ、大部分は女性たちが無償で行っているケア労働は、世界のすべての人びとに必要なものだ。こうした問題は、女性だけのニッチな問題ではない。公共空間が本当にすべての人のためにあるならば、世界人口の半分を占める女性たちの暮らしを考慮し始めなければならない。これまで見てきたように、それは公正さの問題だけでなく、単純な経済の問題でもある。

女性のケア労働を考慮した都市計画を策定することで、女性たちは有給の労働に専念しやすくなる——そして、次章で詳しく見ていくとおり、それは国内総生産（GDP）の重要な推進力となる。女性が直面している性暴力の問題に取り組み、男女別の公共トイレを十分に供給するなどの予防策を講じることは、女性への暴力がもたらす多大な経済的損失を抑え、長期的にはコスト削減につながる。また、公共空間の設計や公共活動の計画において、女性の社会参画を考慮することは、女性たちの生涯にわたる心身の健康に寄与することから、やはり長期的なコストの削減につながる。

要するに、世界の半分を占める女性たちが、公共空間から閉め出されるような設計になっているのは、リソースの問題ではない。それは優先順位の問題であり、無意識であろうとなかろうと、私たちの社会は女性を優先させることがない。これは明らかに不公平であり、経済的にも愚策である。女性たちにも公的資源に対する平等の権利があるのだから、設計および計画段階から女性を排除するのはやめなければならない。

第2部
職場

第3章　長い金曜日

女性の休日

１９７５年10月24日。この日がようやく終わるころ、アイスランドの男たちの脳裏には、歴史に残る「長い金曜日」が刻み付けられていた。[1] この日、スーパーでは当時「お手軽なメニュー」として大人気だったソーセージが売り切れた。突然、オフィスに連れてこられた大勢の子どもたちは、いい子にしているんだよ、と買ってもらったお菓子に夢中になっていた。学校や保育園や水産工場はどこも閉鎖されるか、少人数でどうにか対応していた。では、女たちは？　なんと「女性の休日」を取っていたのだ。

国連が１９７５年を「国際婦人年」と宣言すると、アイスランドの女性たちはそれを実現しようと決意した。まず、アイスランドを代表する５つの女性団体の代表者らによる委員会が設立された。そして話し合いの結果、ストライキを決行することになった。10月24日は、アイスランドの女たちは誰ひとり、いっさいの労働をしないこと。無償のケア労働も、料理も、掃除も、子どもの世話もしない。この国をまわすために女たちが毎日こなしている目に見えない労働がなくなったら、アイスランドの男たちはいったいどうすればいいのか、思い知らせてやるのだ。

90％の女性たちがストライキに参加した。レイキャビクの街の広場では、２万５０００人の女性たちが決起大会に集まった（国中でそれまでに起こった20件以上のデモを超える参加者数だった）——当時のアイスランドの人口はわずか22万人だから、じつに驚異的な数字だ。[2] 1年後の1976年、アイスランドでは、職場や学校での性差別を禁止するジェンダー平等法が制定された。[3] 5年後の1980年には、ヴィグディス・フィンボガドッティルが3名の男性候補者に打ち勝って、民選による世界初の女性国家元首［第4代大統領］となった。そして現在、アイスランドの国会は、クオータ制［政治における男女平等を実現するため、議員や閣僚などの一定数を女性に割り当てる制度］を導入しなくても、世界で最もジェンダー平等を実現している。[4] 2017年には、世界経済フォーラムの「グローバル・ジェンダー・ギャップ指数」において、8年連続の1位を獲得した。[5]

また、アイスランドは『エコノミスト』誌の「働く女性《ワーキング・ウーマン》にとって最もよい国」［日本語では「女性が最も働きやすい国」と訳されている］にも選ばれている。[6] それ自体は喜ばしいことだが、『エコノミスト』誌のその表現には異議を唱えるべき理由がある。なぜなら、アイスランドのストライキの成果は、「働く女性」という表現は同語反復《トートロジー》であることを世に知らしめた点にあるからだ。働いていない女性など、ひとりも存在しない。存在するのは、報酬をもらえずに働く女性だ。

世界的に見ても、無償労働の75％は女性が担っており、[7] 女性が毎日3〜6時間を費やしているのに対し、男性は平均30分〜2時間にすぎない。[8] こうした格差は子どものころから始まり（5歳の少女でさえ、兄弟たちよりも家の手伝いをよくする）、年齢とともに差が広がっていく。男性による無償労働時間が最も長い国（デンマーク）の男性たちでさえ、女性による無償労働時間が最も短い国（ノルウェー）の女性たちにくらべれば、無償労働時間は短い。[9]

私が無償労働における男女格差の問題を提起すると、いつもこう言われる。

「でも、少しはましになったでしょう？　男性だって、少しはやるようになったのでは？」

個人レベルで見れば、以前よりは無償労働をするようになった男性たちもいる。だが、全体的にはどうだろう？　じつは、そうでもない。男性が行う無償労働の割合は、依然として変わっていないことがわかっている。オーストラリアのある研究では、家事代行サービスを利用する余裕のある家庭でも、その他の無償労働のほとんどは女性が行っており、やはり、無償労働の男女比は変わらないのだ。[10]

女性の雇用労働における就労率が増えても、それに応じて男性の無償労働が増えたかといえば、そうではない。つまり、たんに女性の全体的な労働時間が増えたのだ。過去20年間の多くの研究によって、女性の稼ぎが世帯収入に占める割合とは関係なく、無償労働の大半は女性が行っていることが明らかになっている。[11]

男性が無償労働をより多く行う場合でも、無償労働の大部分を占めている[12]日常の家事をこなすのではなく、[13]子どもの世話など楽しめることだけをやる場合が多い。平均的に見て、家事の61％は女性がこなしている。たとえばインドでは、女性の1日6時間の無償労働のうち、5時間は家事が占めているが、男性が家事をするのはたったの13分だ。[14]また男性は、もっと個人的で、煩雑で、精神的な疲労をともなう高齢者の世話には、ほとんど手を出さない。イギリスでは認知症患者の介護をしている人の70％は女性で、[15]入浴や着替えやトイレの介助、失禁時の始末などをするのも女性のほうが多い。[16]24時間、付ききりで家族の面倒を見ている、認知症の親族の世話を5年以上も続けているなどのケースでも、女性の数は男性の2倍にのぼる。[17]また、女性が介護をしているケースでは、男性にくらべて周囲のサポートを受けておらず、孤立しがちで、うつ病になりやすい——それ自体が認知症のリスク要因でもある。[18]

いっぽう、男性たちはテレビやスポーツやテレビゲームなど、余暇の時間を楽しんできた。アメリカでは、男性は女性よりも毎日1時間多く息抜きの時間を取っている。[19]イギリスの国家統計局の調べでは、男性の1週間の余暇の時間は、女性よりも5時間多いことが明らかになった。[20]オーストラリアのある研究では、女性はわずかな余暇の時間でさえ、男性のように「まとまった時間が取れず、ほかの用事をすませながらのことが多い」ことがわかった。[21]

要するに、世界中どこでもほぼ例外なく、女性は男性よりも長く働いているのだ。すべての国に性別で区分されたデータがあるわけではないが、存在するデータは明確な傾向を示している。韓国では女性の1日の労働時間は男性よりも34分長い。これがポルトガルでは90分、中国では44分、南アフリカでは48分長い。[22]時間の差は国によって異なるにせよ（世界銀行の推定によれば、ウガンダの女性たちの1日の平均労働時間は15時間だが、男性は9時間だ）、多かれ少なかれ、差があることに変わりはない。[23]

２０１０年のアメリカのある研究では、男性科学者と女性科学者における無償の労働時間の差を調査した。その結果、女性科学者たちは、週60時間の勤務時間に加えて、料理、掃除、洗濯などの家事に10時間費やし、家事全体の54％を分担していた。いっぽう、男性科学者が家事をする時間は約半分で、家事の分担割合は28％にすぎなかった。[24]また、女性科学者たちは子どもの世話の54％を分担していたのに対し、男性科学者たちの分担割合は36％だった。インドでは、女性の労働時間の66％は無償労働に費やされるが、男性の無償労働は12％だ。イタリアでは、女性の労働の61％は無償労働なのに対し、男性の無償労働は23％にすぎない。フランスでは女性の労働の57％は無償労働だが、男性の無償労働は38％だ。

このような無償労働の負担が、女性の健康に悪影響を及ぼしている。女性（とくに55歳以下）は男性にくらべて心臓手術の予後が思わしくないことは、以前から知られていた。やがて２０１６年、ついにカナダのある研究によって、女性のケア労働の負担が、男女の予後の違いをもたらす要因のひとつであることが明らかになった。主任研究員のコリーン・ノリスは次のように説明している。

「以前から気づいていたことですが、バイパス手術を受けた女性たちは、退院直後から育児や介護に追われていました。いっぽう男性の場合は、退院後も面倒を見てもらえるケースが多かったのです」[25]

そう考えれば、独身女性のほうが既婚女性よりも心臓発作からの回復率が高いというフィンランドの研究結果[26]にもうなずける。それを裏付けるように、ミシガン大学の研究では、夫がいる家庭の場合、女性の家事労働時間は週7時間増えることがわかっている。[27]オーストラリアのある研究では、男女の家事労働時間が最も平等なのは独身の男女であり、男女が同居を始めると、「女性の雇用状況にかかわらず、女性の家事労働時間は増加し、男性の家事労働時間は減少する」ことが明らかになった。[28]

女性は男性よりも弱い？

女性による無償労働を「働く」ことに含めなかったのは、『エコノミスト』だけではない。『インク（Inc.）』などのビジネス誌が、「あなたが週48時間以上働くべきでないことは、科学によって明らかになっている」という記事を掲載し、[29]『ガーディアン』紙が、週39時間以上働いている人は「仕事のせいで死ぬかもしれない」と警鐘を鳴らすとき、[30]読者対象に女性は入っていない――そのような条件に当てはまらない女性などいないからだ。女性たちの労働時間は、つねに、そうした基準をはるかに上回っている。そして実際に、死因につながっている。

それはストレスから始まる。２０１７年にイギリスの安全衛生庁（ＨＳＥ）が発表した、職場のストレスに関する報告書によれば、仕事によるストレスや不安症やうつ病の発症率は、どの年齢層においても、女性のほうが男性よりも高いことが明らかになった。[31]全体的な割合では、女性のストレス度は男性よりも53％高かったが、男女差がとりわけ大きかったのは35～44歳の年齢層で、男性は労働者10万人当たりの発症件数が１２７０件であるのに対し、女性は労働者10万人当たりの発症件数が約2倍の２２５０件だった。

ＨＳＥはこのような男女差の原因として、女性たちが働く部門（教育、医療、社会福祉などの公共サービス部門はストレス度が高い）ならではの問題や、「ストレスに対する態度や考え方における男女の文化的な違い」が考えられるという結論に至った。たしかにそれも一理あるだろうが、ＨＳＥの分析には、データにおける著しいジェンダー・ギャップが見受けられるのだ。

１９３０年以来、国際労働機関（ＩＬＯ）は、労働時間は週48時間を超えてはならないと定めているが、その労働とは有給労働のことだ。[32] 労働時間が48時間を超えると健康被害が生じる。だが実態はもっと複雑だろうという認識が広がってきている。

１９９７年から２００４年までのイギリスの公務員に関するデータを分析した２０１１年の研究によれば、労働時間が週55時間を超えた場合、女性たちはうつ病や不安症の発症リスクが有意に高まるいっぽう、男性には有意な影響は見られなかった。[33] だが女性の場合は、労働時間が週41〜55時間でも、メンタルヘルスに問題が生じるリスクが高まることがわかった。これは１９９９年のカナダの研究[34]や、２０１７年のオーストラリア世帯収入労働動向調査の分析結果[35]とも一致しており、いずれも、女性は男性にくらべて有給労働時間がはるかに少なくても、メンタルヘルスの悪化が見られることを示していた。

だが問題は、メンタルヘルスだけではない。スイスの研究では、中程度の時間外労働の状態では、女性は入院率や死亡率が高くなるが、男性にはかえって予防効果が見られた。[36] ２０１６年のアメリカのある論文では、32年間にわたる長時間労働を調査した結果、同じようなジェンダー格差が見られた。[37] やや長時間働いた場合（週41〜55時間）、男性は心臓病、慢性肺疾患、うつ病の発症リスクが低いことがわかった。それとは対照的に、女性の場合は、心臓疾患やがんなど、命に関わる病気の発症リスクが急激に高まることがわかった。こうしたリスクの上昇は、女性の労働時間が週42時間を超えた場合から見られた。女性が平均週60時間労働を30年間続けた場合には、発症リスクは３倍になった。

いったいどういうことだろう？　このような研究結果は、女性は男性よりも弱いという証拠なのだろうか?

　そうではないのだ。それどころか、先ほどのオーストラリアの研究では、平均的に見て、男性は女性よりも労働時間が大幅に増えないかぎり、メンタルヘルスへの悪影響は表れないが、そのようなジェンダー格差が非常に少ないグループがあった。それは「身軽な人びと」、つまりケア労働をほとんどしていない人びとだった。身軽な人びとの労働時間は男女ともに、ＩＬＯが定める国際労働基準の週48時間に近かった。問題は、多くの女性たちは身軽ではないことにある。女性たちのやっている仕事が、見えていないだけなのだ。

　2017年ゴールデングローブ賞の授賞式のスピーチで、ライアン・ゴズリングはパートナーのエヴァ・メンデスの無償の働きに感謝し、彼女の支えがなければ、こうして晴れの舞台に立つことはできなかっただろうと述べて、まれにみる男性として評判になった。[38] 我関せずという態度を決め込んでいる男性のほうが、もっと一般的だろう。2018年、『ガーディアン』のコラムニスト、ハドリー・フリーマンはこんな記事を書いている。

「『私だって子持ちで、フルタイムで働いているがね』。金曜日の休暇を申請した僕の友人に対し、上司はそう言った。『ええ、その代わり奥さんが子どもの世話をするために、フルタイムの仕事を辞めたんですよね』。友人はそう言い返してやりたかったが、言えなかった」[39]

　この上司は、自分の身のまわりで行われている無償労働が目に入っていないのか、あるいは目もくれないのだろう。彼が子どもをもち、そのうえフルタイムで有給の仕事に就いていられるのは、そうした無償労働のおかげだというのに。自分に金曜日の休暇が必要ないのは、自分が職場の女性たちよりも優秀だからではなく、自分とはちがって彼女たちには専業主婦の妻がいないからだ――などとは思いもしないのだ。

広がる賃金格差

もちろん、異性愛の男性上司たちの家庭でも、妻が専業主婦の家庭は多くはないだろう。大半の女性にとって、完全に仕事を辞めるのは経済的に難しいからだ。その代わり、女性たちはパートタイムの仕事に切り替えることで、ケア労働との両立を図っている。イギリスでは42％の女性がパートタイムで働いているのに対し、男性の割合は11％であり、パートタイム労働者の75％は女性が占めている。[40] そして、パートタイム労働はフルタイム労働にくらべて時給が低い。ひとつの理由としては、ハイレベルの職種にはジョブ・シェアリング〔通常はフルタイムの労働者が1名で行う仕事を2名以上で分担する勤務形態〕やフレックスタイム制が導入されていないからだ。したがって、女性たちは自分の能力以下の仕事に甘んじるしかない。その結果、柔軟性のある働き方はできるとしても[41]――自分の能力に見合った報酬はもらえない。[42]

スコットランドでは、2016年の平均時給におけるジェンダー・ギャップは15％だった。ところが、そこにはフルタイムとパートタイム労働間の著しい格差が潜んでいる。[43] フルタイム労働だけで見た場合、男女の時給格差は11％に下がるが、フルタイム勤務の男性とパートタイム勤務の女性では、時給格差は32％に上昇する。2017年、イギリス全国のフルタイム労働者の時給の中央値は14ポンド〔約1885円〕だったが、[44] パートタイム労働者の時給の中央値は9・12ポンド〔約1228円〕だった。[45]

女性たちが低賃金の仕事に移るのを「選択」だと言う人もいる。だが、育児も家事も放棄する以外、現実的な選択肢がほかにいっさいないにもかかわらず、選択と呼ぶのはおかしいだろう。ともかく、アメリカの50年間の国勢調査データ[46]で明らかになったことは、大勢の女性たちが働いている職種は、賃金が安くなると同時に「立派な」職種ではなくなる。[47] すなわち、女性たちが低賃金の職種を選んでいるわけではなく、低賃金の職種には女性しか集まらなくなってしまうのだ。

こうした不本意な選択によって、女性たちは貧しくなっている。最近の経済開発協力機構（ＯＥＣＤ）の研究では、時給におけるジェンダー格差がとりわけ大きいのは、女性の無償労働時間が男性にくらべて大幅に長い国々であることがわかった。[48] イギリスでは、収入が生活賃金を下回る人びとの61％を女性が占めている。[49] 財政研究所（ＩＦＳ）の調査では、時給におけるジェンダー格差は子どもが生まれたあとの12年間で33％にまで拡大することがわかった――女性のキャリアも賃金も伸び悩むのだ。[50] アメリカでは、子どもをもつ女性と既婚男性間の賃金格差は、子どもをもたない女性と男性間の賃金格差の3倍も大きくなっている。[51]

こうした賃金格差は、時間が経つにつれてさらに大きくなる。ドイツでは、子どもをひとり産んだ女性の45歳までの収入は、フルタイムでずっと働き続けた女性の収入にくらべて、最大で28万5０００ドル［約３０７３万円］少ないことがわかった。[52] フランス、ドイツ、スウェーデン、トルコのデータによれば、無償のケア労働における女性たちの貢献に配慮するため、国によっては社会的移転制度［年金をはじめとする社会保障給付］を用いた場合でも、女性の生涯年収は男性の生涯年収にくらべて31～75％少ないことが明らかになっている。[53]

そのため、女性たちは高齢になると極度の貧困に直面する。老後のための貯蓄ができないせいもあるが、政府が年金制度を設計する際に、女性のほうが生涯収入が少ないことを考慮していないせいもある。これはデータの欠落のせいではない。なぜなら、データはほとんど存在するからだ。しかし、データをいくら収集しても、政府がそれを利用しなければ意味がない。そして実際、利用していないのだ。

おもに世界銀行などの国際金融機関のアドバイスに従って、この20年間、世界は公的年金制度から個人年金制度（うまく管理できない場合が多い）へと移行していった。[54] 年金受給者の受給額は、過去の年金保険料の負担額および受給年数に直接的にもとづいている。そうなると、女性はつぎの理由で不利になる。無償のケア労働に時間を取られるうえに、早期退職を余儀なくされ（いまだに国や職業によっては、法律で規定されている）、長生きするからだ。

ほかにも、男性を女性よりも優遇している政策がある。たとえば、オーストラリアが最近行った、年金基金のための税制面の優遇措置（みずから積み立てた年金基金額は、たいてい男性のほうが多い[55]）や、イギリスが最近導入した年金の自動加入制度だ。世界の多くの年金制度と同様に、この制度は、女性たちが有給の労働に使えたはずの時間を無償労働に費やしていることに対する補償をしないという、お決まりの間違いを犯している。その結果、女性たちは「年金の納入機会を大きく逃している[56]」。さらに許しがたいのは、女性たちが有給・無償の仕事を合わせて、複数のパートタイムの仕事をかけもちしている事実が、イギリスの年金制度では考慮されていないことだ[57]。年金の自動加入制度の対象となるには、最低でも1万ポンド［約134万円］の年収が必要だ。多くの女性たちはそれ以上稼いでいるが、パートの勤め先は複数にわたる――ところがこの年金制度は、収入の合算を認めていないのだ。そのせいで、「就業女性の32％もしくは270万人が、年金自動加入制度の恩恵を受けられないのに対し、男性の場合、その割合は14％である[58]」。

それとは対照的なのがブラジル、ボリビア、ボツワナで、「非拠出制年金制度を導入したおかげで」ほぼ皆年金と呼べるものになっており、ジェンダー格差も小さい[59]。ボリビアの女性たちは、子どもひとりの出産につき、上限3人まで、1年分の年金保険料を納入したとみなされる。副次効果として（女性の貧困化に対する長期的な解決策にもなる）、主たる介護者を対象とする年金クレジット制度も、男性による無償のケア労働を奨励し、増やす効果があることが明らかになった[60]。そこで、次の疑問が浮かび上がってくる。女性の無償労働が過小評価されているのは、私たちがちゃんと見ていないからだろうか――それとも、私たちが正当に評価していないから、目に見えないのだろうか？

世界の出産休暇問題

男性優遇の年金制度問題に対処するとともに、政府は女性たちが有給の仕事を続けることを可能とする政策を打ち出し、高齢女性の貧困化に対処しなければならない。まず必要なのは（ほかにもまだたくさんあるが）、十分な有給出産休暇だ。

共働きの親たちに包括的な支援を行っているEUの国々では、女性の就労率が最も高い。[61] 世界中の数多くの研究が示しているとおり、有給出産休暇は女性の雇用労働市場への参加に好影響をもたらす。[62] 女性の就労人数だけでなく、労働時間数や収入にもプラスの影響が表れるのだ。とくに低収入の女性たちへの効果が大きいことが明らかになっている。[63]

ただし、注意を要するのは、すべての有給出産休暇制度が平等とはかぎらないことだ。重要なのは、有給出産休暇の長さと支給額である。もし十分な休暇が与えられなければ、女性たちは就労を完全に諦めるか、[64] パートタイムの仕事に移行する可能性がある。[65] グーグル社は、出産直後の女性たちの離職率がほかの従業員の離職率の2倍にのぼることに気づいた。そこで、3か月で給与一部支給だった有給出産休暇を、5か月で満額支給に変更したところ、離職率は50％も減少した。[66]

アメリカ以外の先進国では、従業員に対し有給出産休暇を保証しているが、[67] ほとんどの国の制度は、支給額や休暇の長さの点において、満足のいくものにはなっていない。そして、両方の点を満たす制度がないことは確かだ。最近のオーストラリアの分析によって、有給出産休暇の最適な長さは7か月から1年であることがわかったが、[68] それだけの長さの十分な有給出産休暇制度のある国は、世界中探しても見つからない。

OECD加盟国中の12か国では、出産休暇中も給与を満額支給しているが、休暇期間が20週を超える国はひとつもなく、平均15週となっている。たとえばポルトガルでは、給与は満額支給だが、休暇の長さはわずか6週間だ。いっぽう、オーストラリアの有給出産休暇は18週間だが、給与は42％しか支給されない。アイルランドでは26週間だが、給与は34％しか支給されない。このような国々では、長く休むことが認められているとはいえ、結果的には非現実的なものとなっている。

イギリスの政治家たちは、1992年の欧州理事会による「妊娠中の労働者に関する指令」で定められた14週間の有給出産休暇よりも、イギリスの有給出産休暇のほうが「より手厚い」と自慢したがる（イギリスのEU離脱の是非を問う国民投票を控えていた時期は、なおさらだ[69]）。理屈の上ではそうだが、だからといってイギリスの女性たちがEU諸国の女性たちよりも得をしているわけではない。EU諸国の有給出産休暇の平均期間は22週間だ。[70]ただし、それはあくまでも平均であり、給与面も休暇の長さも国によって大きなばらつきがある。クロアチアの有給出産休暇は満額で30週間だが、イギリスは平均30％の給与支給で39週間だ。だから2017年の分析では、女性従業員に与えられる「適正な給与支給のある出産休暇」の長さのランキングにおいて、イギリスは24か国中22位（1・4か月）だった。

イギリスはまもなくEUを離脱するため〔原著執筆当時の表現。2020年1月31日に離脱済み〕、EU諸国とイギリスの差はさらに広がりそうだ。EUは2008年から、給与満額の有給出産休暇を20週間に拡大しようとしていた。[71]この提案は何年も停滞したのち、イギリス政府や経済団体の強硬な反対運動などによって、2015年に棄却された。[72]だがイギリスが離脱すれば、EU諸国の女性たちは、この進歩的な有給出産休暇の恩恵を堂々と受けられるようになる。なにしろマーティン・キャラナン〔元ブレグジット担当相〕は、2012年の欧州議会における演説で、「妊娠中の労働者に関する指令」を「人びとの雇用を妨げる」障壁のひとつとして挙げ、「廃案にすべき」だと主張していたのだ。[73]

イギリスでは現実問題として、出産休暇をまったく取得できない女性たちもいる。「妊娠中の労働者に関する指令」は女性政治家には適用されないからだ。イギリスの女性国会議員たちには出産休暇があるが、国会で投票するには登院しなければならない。イギリス議会下院では、出産休暇中の女性議員たちは「ペアリング制度」を利用できることになっている。これは、病気や出産休暇や在外などの事情によって採決で投票できない議員と、対立する立場の議員がともに欠席することを取り決める、下院の慣習だ。しかし、2018年7月、出産休暇中の自由民主党議員ジョー・スウィンソンとペアリングされた、保守党議員のブランドン・ルイスは、EU離脱関連のふたつの重要な法案採決に投票したあげく、ペアリングされていたことを「失念した」と言ってのけた。これらの採決で、政府は僅差で勝利している。

嘆かわしいことだが、地方議会の状況はさらにひどい。1972年のイギリス地方自治法85条によって、「議員が6か月間登院しなかった場合は、欠席することが正式に承認されていた場合を除いて、議席を失う」。正式に承認された欠席には、当然、出産休暇も入っているだろうと思うかもしれないが、女性慈善団体「フォーセット・ソサエティ」によって委託された報告書によれば、イギリス全国の地方議会のうち、正式な出産休暇制度を設けているのはわずか12議会（4％）で、4分の3の議会には何の制度もないことが明らかになった。[74] このように、人口の半数は出産が可能であり、実際に出産する人が多いことをまったく考慮していない制度のせいで、女性たちは失職に追い込まれている。

2015年、シャーリーン・マクリーン議員は早産のあと何か月も入院していた。そのあいだも議会とは連絡を取っており、労働者として通常の権利があると聞いていた。ところがいざ復職すると、不在期間が6か月に及んだため、再選のために立候補しなければならないと言い渡された。この一件のあとでさえ、ニューアム議会は女性特有の体の問題を考慮して規則を変更しなかったどころか、出産予定の女性たちには権利がないことを周知徹底することにした。[75] さらに翌年、バーミンガム市議会のブリジッド・ジョーンズ議員は、妊娠した場合には、児童サービス担当の諮問委員としての職を辞任するよう言い渡された。

世界でも何らかの有給出産休暇を保証していない国は4か国しかないが、そのひとつであるアメリカの状況はさらにひどい。[76] 家庭および医療目的休暇法によって、12週間の無給休暇が保証されているが、その他の制限事項のなかでも、50人以上の従業員のいる組織で12か月以上働いた実績がなければ、その休暇を取得することはできない。[77] その結果、無給休暇でさえ、取得できるのは従業員の60%だけなのだ。[78] 残りの40%に該当するアメリカの女性たちを、解雇から守る手立てはなにもない。そして当然ながら、無給休暇を取得するほど経済的余裕のある女性の数は少ない。そのためアメリカでは、4人にひとりの母親は出産後2週間以内に職場に復帰している。

ところが、アメリカ国内でも州や業界によっては、女性への待遇格差が是正されている場合もある。2016年、バラク・オバマ大統領は、連邦政府の職員らに6週間の有給介護休暇を与えた。[79] また、4つの州（カリフォルニア、ロードアイランド、ニューヨーク、ニュージャージー）とワシントンDCでは現在、従業員の社会保険料を財源として有給家庭休暇を付与している。[80] なかには出産休暇を付与する企業もあり、そんな会社で働いている女性たちはラッキーだ。だが、いくらかましな部分もあるとはいえ、アメリカの女性たちの85%には、いかなる有給休暇も与えられていない。[81]

この問題に関する法令にはさまざまな失敗例があるが、最近では、トランプ大統領が2018年の連邦予算において、出産直後の女性たちに対し、6週間分の失業手当を給付するという提案をした。[82] この法案は通過しなかったが、仮に通過したとしても、休暇の長さも給付金の金額も、女性たちの雇用労働への参加率を押し上げるほど十分ではなかった。だが、それこそまさに、アメリカがおおいに必要としているものだ。他の先進諸国とは逆に、アメリカでは女性の雇用労働市場への参加率は実際に減少している――2013年のある研究では、他の先進諸国と差が生じている原因の約3分の1は、家族にやさしい政策の欠如にあることが明らかになった。[83]

アメリカ政府はこの難題を解決する方法を模索している。しかし、最近の拙速な政策を見るかぎり、またしても、ジェンダーに配慮しない政策がいかに女性差別につながるかを示す一例となるにすぎないようだ。[84] 2018年の本書執筆時、共和党議員たちは、出産休暇手当として社会保障給付金の受給を早める代わりに、コストを相殺するため、退職金の支払いを遅らせるという案で盛り上がっている。この案が魅力的に思える理由は簡単で、少なくとも政府にとっては、コストがかからないからだ。だが女性たちにとっては、コストがかからないどころの騒ぎではない。ただでさえ、男女間の賃金格差に加えて、育児に時間を取られることで、女性の社会保障給付金は少なくなっているのに、この政策は問題をさらに悪化させてしまう。[85] さらに、女性のほうが長生きし、晩年に病気を抱える年数も長いため、男性にくらべて明らかに多くの退職金が必要であり、まちがっても減らされては困るのだ。[86] 結果的に、この政策は女性高齢者の貧困化の問題を複雑化させるだけだ。

父親の育児休暇の効果

アメリカの大学における制度も、ジェンダーに配慮しない休暇制度がいかに女性差別につながるかを示す一例となっている。アメリカのテニュア・トラック制度のポジションに応募した大学教員は、最初に学術的な職務に就いてから、7年程度の任期を経たのち、審査によって適格とみなされた場合、テニュア［終身在職権］を付与されるが、適格とみなされなかった場合は解雇される。この制度は女性にとって不利に働く――とくに、子どもがほしい女性にとってはそうだ。博士課程を修了する時期とテニュアを付与される時期（30～40歳）は、子づくりの時期と重なるからだ。[87] その結果、どうなっているだろうか？　テニュア教員を目指す人たちのなかで、小さい子どもをもつ母親でテニュア・トラック制度のポジションに就けるのは、小さい子どもをもつ父親にくらべて35％少ない[88]。また、テニュアを付与された男性教員のうち、子どものいる既婚男性は70％もいるのに対し、テニュアを付与された女性教員のうち、子どものいる既婚女性は44％だ[89]。

この問題について、大学側はほとんど対策を取っていない――なかには対策を講じた大学もあるが、ジェンダーに配慮していないせいで、かえって問題を悪化させてしまったケースが散見される[90]。1990年代から2000年代の初頭にかけて、アメリカの多くの大学では家族にやさしい制度を導入した。子どもがひとり誕生するたび、親である教員にはテニュア期間が1年延長されるのだ。ただし、この1年を必要としているのは、ジェンダー・ニュートラルな「親」ではない。厳密に言えば、母親だ。ミシガン大学のアリソン・デイヴィス＝ブレイクが『ニューヨーク・タイムズ』紙で皮肉をこめて述べているとおり、「出産はジェンダー・ニュートラルなイベントではない[91]」。延長された1年のあいだ、女性たちがつわりで吐いたり、5分おきにトイレに行ったり、おむつを替えたり、搾乳器を着けたりしているいっぽう、男性たちは自分の研究に没頭できる時間を手にする。この制度は「親」を支援するのではなく、女性の犠牲のもとに男性を支援するものとなった。1985年から2004年のあいだに、アメリカの上位50の大学で採用された准教授を対象とする分析の結果、そうした制度のせいで女性が最初の職でテニュアを付与される確率は22％減少したいっぽうで、男性の確率は19％増加したことが明らかになった[92]。

その分析はある研究報告書で発表されたのだが、調査結果の網羅性については疑問の声があがった[93]――だが、テニュアの付与に関しては、同じ「親」でも女性と男性のあいだで格差が生じているのは事実であり、誰がおもに子どもの世話（妊娠、出産、授乳は言うまでもなく）をしているのかはデータか

ら も明白なのだから、このような制度は子どもを身ごもり、出産後はおもに世話をする女性たちに配慮されてしかるべきだろう。だがこんにちまで、それは実現していない。

なにも父親の育児休暇は重要ではないと言っているわけではない。もちろん、重要だ。公平さの問題を超えて(父親も子どもの人生に関わる権利がある)、父親に適切な有給育児休暇が付与された場合は、女性の就労にもプラスの影響をもたらすことがデータでも明らかになっている。2016年には、スウェーデンの女性就労率はEUで最も高く、80%近くなった。[94] さらにスウェーデンは父親の育児休暇の取得率でも最高レベルにあり、10人のうち9人の父親が平均3~4か月の育児休暇を取得している。[95] それにくらべて、典型的なOECD諸国では、父親の5人にひとりしか育児休暇を取得していない。オーストラリア、チェコ共和国、ポーランドでは50人にひとりだ。[96]

こうした格差は驚くべきものではない。スウェーデンの父親育児休暇は世界で最も手厚い(導入当時は画期的な)制度なのだ。スウェーデンには1995年から父親専用の1か月の育児休暇制度があった(給与の90%を支給)。その1か月を母親に譲ることはできない。父親が必ず利用しなければならず、もし利用しなかった場合は、世帯全体の休業手当から差し引かれてしまう。2002年には期間が2か月に延長され、さらに2016年には3か月に延長された。[97]

スウェーデンでは1974年から父親の育児休暇制度が存在していたが、このような「利用するか損をするか」の制度を導入する以前は、スウェーデンでも男性の育児休暇の取得率は約6%にすぎなかった。言い換えれば、男性たちは政府から強要されるまでは、育児休暇を取らなかったのだ。アイスランドでも同じことが起きており、「パパ・クオータ」〔育児休暇の一定期間を父親に割り当てる制度〕と呼ばれる制度の導入によって、父親の育児休暇取得率が2倍に伸びた。韓国では2007年に父親専用の給付金制度を導入したところ、男性の育児休暇取得率が3倍に跳ね上がった。[98] しかし、データを無視できない証左として、イギリス政府は2015年、男性専用の給付金のない、両親共有の育児休暇制度の導入に踏み切った。だが予想どおり、取得率は「嘆かわしいほど低く」、制度の導入後1年経っても、育児休暇を申請した男性は100人にひとりしかいなかった。[99]

日本で父親の育児休暇制度の導入があまり成功していないのは、男女間の賃金格差も女性特有の体の問題も考慮していない、制度設計によるところが大きい。14か月の両親共有の育児休暇のうち、父親は2か月の休暇を取得できるが、最初の6か月が過ぎると、それまで給与の3分の2だった支給額が給与の半分に減額される。女性は妊娠・出産からの回復や授乳のために時間が必要なため、男性［夫・パートナー］よりも先に休暇を取得して、収入の多いほうが長く働くことで世帯収入をなるべく増やそうとする（日本では、男性のほうが女性よりも平均27％収入が高い）。[100] したがって、丸2か月の育児休暇を取得する男性がわずか2％しかいないのも、驚くに当たらない。[101] 日本の極端な労働文化も影響しているだろう――ふつうに休みを取ること自体にいい顔をされない国では、実際に育児休暇を取得した男性たちは、職場で嫌がらせを受けたり、不利な立場に置かれたりしたと報告している。

それでも、我慢するだけの価値はある。法で定められたとおり、子どもに対する親の責任を平等に果たすことは（何と言っても、ふたりでつくった子どもなのだし）、長期的な効果をもたらすからだ。育児休暇を取得した男性たちは、その先も積極的に育児に関わる傾向にある。[102] それを考えると、2010年のスイスの研究では、父親の育児休暇が1か月増えるごとに、母親の将来の収入が平均7％増加するという結果が出ているが、それもうなずけるだろう。[103]

男に有利な労働文化

当然ながら、エビデンスにもとづいた育児休暇制度がすべてを解決するわけではない。女性の無償労働は、新生児の誕生によって始まるわけでも、終わるわけでもないからだ。典型的な職場は、浮世離れした身軽な労働者に合わせてつくられている。彼は（言わずもがな、男性だ）子どもや高齢者の世話や、炊事、洗濯、通院、買い物で煩わされることもない。子どものケガやいじめに対応し、お風呂に入れて、寝かしつけ――あくる日もまた同じことを繰り返す必要もない。彼の生活は単純明快で、仕事と余暇のふたつしかないのだ。全従業員が毎日同じように出勤するのが当たり前の職場では、出勤・退勤の時間も融通が利かない。学校や保育所や病院やスーパーは、勤務先の近くにまとまっているわけでもなく、みんなばらばらだ。そんな職場は、女性にとって不便でしかない。女性が働きやすいように設計されていないのだ。

だがなかには、典型的な職場や就業日に潜んでいる男性中心主義の問題に対処しようとしている企業もある。キャンベルスープ社は、従業員の子どもたちのための学童保育や夏期プログラムを職場で用意している。[104] グーグル社は、新生児の誕生後3か月間、テイクアウト用の食事手当や補助金付き保育サービスを提供するほか、オフィスの敷地内にクリーニング店などの商業施設を設けており、従業員は平日に個人的な用事をすませることができる。[105] さらにソニー・エリクソン社〔現ソニーモバイルコミュニケーションズ〕やエバーノート社では、従業員にハウスクリーニング費用まで支給している。[106] アメリカの職場では、専用の搾乳スペースを用意するところが増えている。[107] アメリカン・エキスプレス社では、母親が授乳期に通勤しなければならない場合、母乳を家に配達するための費用まで会社が負担している。[108]

しかし、このように女性への配慮を忘れない企業はめったにない。２０１７年、アップル社がアメリカ本社を「世界最高のオフィスビル」だと宣言したとき、その最先端オフィスには医療施設や歯科クリニックや、ラグジュアリーなスパまで備えていたが、保育施設はひとつもなかった。[109] つまりは、男性にとって世界最高のオフィスというわけだろうか？

実際、男性のニーズこそ普遍的であるという思い込みにもとづいた労働文化のせいで、世界中の女性たちはいまだに不利な立場に置かれている。最近の世論調査において、アメリカの主婦や主夫の大多数は（97％は女性）、自宅で働けるなら復職したい（76％）、フレックス勤務で働けるなら復職したい（74％）と回答している。アメリカの企業の大半はフレックス勤務を提供していると主張しているが、[110]実情はやや異なるらしい。実際、２０１５年から２０１６年にかけて、アメリカではフレックス勤務者数は減少しており、大手企業ではリモートワーク制度の撤回が始まっている。[111]イギリスでは半数の労働者がフレックス勤務を希望しているが、求人広告でフレックス勤務を明言しているのは９・８％にすぎない。[112]そして、フレックス勤務を希望する女性たちは、職場で不利な目に遭っている。[113]

企業はいまだにオフィスでの長時間労働を有能さと混同しているきらいがあり、どこの企業でも評価するのは長時間働く従業員であることが圧倒的に多い。[114]おかげで得をするのは男性たちだ。統計学者のネイト・シルバーは、労働時間が週50時間以上の従業員の時給は（70％は男性）、もっと一般的な週35～49時間労働の従業員の時給にくらべて、１９８４年以来2倍の速さで上昇していることを突き止めた。[115]そして、この目に見えない男性優位の傾向は、残業時間は課税対象とならない国々においては、さらに助長されている[116]──まさに身軽な人たちへのボーナスであり、[117]家事サービス利用料の減税を図ったスウェーデンの政策とはまったく対照的だ。[118]

長時間労働の傾向は日本ではきわめて著しく、真夜中過ぎまで働く従業員もめずらしくない。勤務時間の長さや勤続年数にもとづいて、昇進が決定されるせいもあるだろう。[119]そのためなら、「ノミニケーション」への参加もいとわない──日本語の「飲む」と英語のコミュニケーションを組み合わせた言葉遊びだ。[120]もちろん、どれも建前上は女性にもできることだが、実際にはなかなか難しい。日本の女性は1日5時間の無償労働をしているが、男性は1時間だ。遅くまで残業して上司にアピールし、近くのストリップバーでおおいに盛り上がって酒を飲む――そんなことができるのは男女のどちらか、一目瞭然だろう。[121]

日本で女性の無償労働がさらに多いのは、日本の多くの大手企業が採用している総合職（キャリア）と一般職（ノンキャリア）という2種類のキャリア制度のせいもある。一般職はおもに事務職で、昇進の機会はほとんどなく、「ママ」路線とも呼ばれている――「ママたち」は、総合職の人材に求められる労働文化にふさわしくないのだ。[122] 子どもをもつことによって女性の昇進の機会には影響が生じる（勤続年数の長さによって、会社への忠誠心をアピールできるかにかかっている）ため、日本の女性の70％は第1子を出産したのち、勤続10年程度で退職し（アメリカの場合は30％）、そのまま就労しない人たちも多い。[123] また日本はOECD諸国のなかで、雇用における男女格差では第6位、賃金における男女格差では第3位となっているのも、驚くべきことではない。[124]

なにが正当な経費となるか？

長時間労働の文化は学問の世界でも問題となっている。これを悪化させているのは、典型的な男性の生活パターンにもとづいて設計された昇進制度だ。欧州の大学に関するEUの報告書によれば、フェローシップ（特別研究員、特別研究員への奨学金、研究奨励制度）における年齢制限は、女性差別に当たると指摘している。女性の場合はキャリアを中断するケースが多いため、「年齢のわりに、研究者《アカデミ》としての実績年数《ック・エイジ》が少ない」傾向が見られるからだ。[125]『子どもは重要か――象牙の塔におけるジェンダーと家族（Do Babies Matter: Gender and Family in the Ivory Tower）』（未邦訳）の共著者で、ユタ大学教授のニコラス・ウォルフィンガーは、『アトランティック』誌の記事において、大学はパートタイムのテニュア・トラックのポジションを提供すべきだと主張した。[126] 主たる保育者でも、パートタイムならばテニュア・トラックに残ったまま仕事を続けられるし（実質的に試用期間は2倍に延びるが）、都合がつくようになったらフルタイムに復帰すればいい。このような選択肢を設けている大学もあるいっぽうで、その数はまだ非常に少ない。ここにも、ケア労働のためにパートタイム勤務に切り替えたせいで、貧困に陥ってしまう問題が表れている。

この問題にみずから取り組んでいる女性たちもいる。ドイツでは、1995年にノーベル生理学・医学賞を受賞した発生生物学者、クリスティアーネ・ニュスライン＝フォルハルトが、博士課程にいる子持ちの女性たちが、男性にくらべていかに不利であるかに気づき、財団を設立した。[127] こうした女性たちは「熱心な研究者」であり、日中は子どもたちをフルタイムの保育園に預けている。それでも、長時間労働文化のはびこる環境において、平等な条件で働くにはほど遠い。保育園の閉園時間以降は、また身動きが取れなくなってしまうからだ。そのあいだも、男性や子どものいない女性の同僚たちは、「読書や研究の時間を捻出している」。こうして子持ちの女性たちは、熱心な研究者であるにもかかわらず、道半ばで脱落してしまう。

ニュスライン＝フォルハルトの財団は、このような脱落者をなくそうとしている。受賞者には毎月奨学金が支給され、「家事労働の負担を軽減するためなら、ハウスクリーニングサービス、食洗機や乾燥機などの時短家電や、保育園の閉園後や休園日のためのベビーシッター代など、どのように使ってもよい」。ただし、この奨学金の受給者はドイツの大学の修士課程か博士課程の在籍者でなければならない。そして重要なことは、アメリカの大学が育児休暇を取得する教員に適用するジェンダー・ニュートラルなテニュア延長制度とは異なり、ドイツのこの奨学金制度は女性限定なのだ。

男性中心のイデオロギーが見られるのは職場だけではなく、就労規定に関する法律にも織り込まれている。たとえば、どんなものを仕事の経費として認めるかだ。この問題は、おそらくあなたが思っているほど客観的でもジェンダー・ニュートラルでもない。会社が従業員に対して経費精算を認める範囲は、一般的にその国の政府がなにを経費として認めるかに準じている。そして一般的に、それは男性にとって必要なものである場合が多い。制服やツールは経費として認められるが、緊急時の保育費用は認められない[128]。

アメリカの場合、なにが正当な経費として認められるかは、内国歳入庁（ＩＲＳ）によって決定される。「一般的に個人的費用や生活費や家計費は、経費として認められない[129]」。しかし、どんなものが個人的費用に相当するかは、議論の余地がある——そこで、ドーン・ボヴァッソの出番だ。ボヴァッソは、アメリカの広告業界ではめずらしい女性クリエイティブ・ディレクターで、シングルマザーでもある。会社からディレクターズ・ディナーへの招待状を受け取ったとき、ボヴァッソは決断を迫られた。２０0ドルのベビーシッター代を払ってまで、わざわざこのディナーに出席する価値があるだろうか[130]？　ボヴァッソの男性の同僚たちは、そんな計算に頭を使う必要もない。イギリスではひとり親の90％は女性で[131]、アメリカでは80％だ[132]。ボヴァッソの同僚の男性たちは、ただスケジュールを確認して出席か欠席かの返事をすればよく、ほとんどの場合は出席した。それどころか、彼らは会場のレストラン付近のホテルを予約して、飲み直すのだ。彼女が支払うベビーシッター代とはちがって、こうした飲み代は会社の経費で落とすことができる。

ここに不公平さが潜んでいるのは明白だ。会社の経費規程は、従業員の家庭には専業主婦の妻がいて、家事と子どもの世話をするのを前提としている。それは女性の仕事だから、会社が支払う必要はない。ボヴァッソは、つまりこういうことだと言っている。

「遅くまで残業したら（奥さんが留守で、料理をつくってもらえないから）テイクアウトのために30ドルもらえる。したたかに酔っ払いたい気分なら、30ドルでスコッチを飲んでもいい。だが、ベビーシッターを雇うために30ドルはもらえない（奥さんが家にいて、子どもの面倒を見ているんだから）」

結局、先ほどのディナーの件では、ボヴァッソはベビーシッター代を会社に負担してもらうことができた。だが彼女が指摘しているとおり、「あくまでも例外であり、こちらから要求しなければならなかった」。女性はいつもそうだ——つねに例外であり、デフォルトになることはない。

いずれにせよ、すべての従業員にそのような例外的な措置が認められるわけではない。イギリスの女性解放団体フォーセット・ソサイエティによる、イングランドおよびウェールズの地方自治体に関する２０１７年の報告書によれば、「すべての地方議会は、議員が職責を果たすために必要なケア費用（保育・介護費用）のための手当を支給しなければならない」という規程を２００３年から設けているにもかかわらず、実際に支給されたケースはごくわずかだった。[133] なかにはケア費用の払い戻しにまったく応じない議会もあり、払い戻しに応じる議会の大半も「補助金」を支給するだけだ。マンチェスターにあるロッチデール自治区議会の規程には、「これは1時間につき5・０６ポンドを支給するもので、『ケア費用の全額払い戻しではなく、補助金である』と明記されている——ただし、この重要な注意事項は交通費には適用されない」。これはリソースの問題ではなく優先順位の問題だと思われるが、地方議会の大半の会議は夜に開催される（保育の手が最も必要となる時間帯だ）。いまではアメリカやスウェーデンなど多くの国々の議会において、会議への出席や投票がリモート方式でも可能となっているが、イギリスの現行法はこのような安価な代替策を認めていないのだ。

有給労働の文化全体について、抜本的な見直しが必要なのはきわめて明白だ。そのためには、女性たちが従来の職場設計の対象であった身軽な労働者とは異なることを、しっかりと考慮する必要がある。さらに、男性は右にならえで足並みをそろえる傾向が強いとはいえ、そんな働き方は望んでいない男性たちも増えている。結局のところ、企業も含めて私たちは誰ひとり、ケア労働者たちによる目に見えない無報酬労働の世話にならずには、生きていけないのだ。もういいかげん、ケア労働をする人たちを不利な立場に追い込むのはやめるべきだ。私たちは無償のケア労働を認め、正当に評価しなければならない。そして、無償のケア労働に配慮した職場づくりを始めなければならない。

第4章　実力主義という神話

実力主義のまやかし

20世紀のあいだ、ニューヨーク・フィルハーモニックには女性の音楽家はほとんどいなかった。1950年代と60年代には、ごくまれに女性が1、2名雇われたことがあったが、このオーケストラにおける女性の割合はほぼゼロのままだった。ところが突然、異変が起こった。1970年以降、女性の演奏家の数が増え始め、どんどん増え続けたのだ。

オーケストラにおける離職率はきわめて低い。オーケストラの構成は約100名でほぼ固定されており、終身雇用も多く、音楽家が解雇されることはめったにないのだ。そのような状況で、オーケストラにおける女性の割合が10年間で統計上の0%から10%に伸びたのだから、なにか驚くべきことが起きていたはずだ。

そのなにかとは、ブラインド審査だった。[1] ある訴訟のあと、1970年代初めに設けられた制度で、ブラインド審査という名称が示すとおり、審査委員会と演奏者のあいだにスクリーンが設置され、誰が演奏しているかわからない状態で審査を行う。このやり方はたちまち功を奏した。1980年代の初めには、女性が新規雇用者の50%を占めるようになっていた。[2] 現在、ニューヨーク・フィルハーモニックにおける女性の割合は、45％となっている。[3]

スクリーンを置くという単純な方法のおかげで、ニューヨーク・フィルハーモニックの審査プロセスは実力主義になった。ただし、実力主義というのは眉唾物だ――世界中のほとんどの雇用決定において、実力主義は欺瞞《ぎまん》に満ちた神話なのだから。この神話は、画一的な白人男性中心主義の隠れみのとなっている。実力主義などまやかしにすぎないことを示すエビデンスは何十年も前からいくつも示されているが、残念ながら、この神話は揺るがし難い抵抗力をもっている。この神話を滅ぼすには、データを収集しているだけではらちが明かないのだ。

実力主義は神話であるという事実は、あまり知られていない。先進諸国の人びとは、世のなかは実力主義であるべきだと思っているだけでなく、実際にそうだと信じている。[4] アメリカがほかの先進諸国にくらべて実力主義ではないことはエビデンスが示しているが、[5] アメリカ人はとりわけ実力主義を強く信奉しており、過去数十年間の雇用および昇進戦略は、あたかも実力主義が現実であるかのように設計されてきた。ある米国企業調査では、95％の企業が業績考課を行っており（1971年には45％だった）、90％の企業が能力給制度を実施している。[6]

問題は、そのような制度が有効であるという科学的証拠がほとんどないことだ。それどころか、効果はないという確固たる科学的証拠がある。米国を拠点とするさまざまなテクノロジー企業から収集した、248の勤務評価を分析した結果、女性はネガティブな個人的批判を受け取っているいっぽう、男性にはそのようなことはなかった。[7] 女性たちは口の利き方に気をつけ、控えめに振る舞うようにと注意された。また、偉そう、無愛想、きつい、アグレッシブ［ここでは攻撃的の意味］、感情的、非理性的だと批判された。以上の表現のうち、男性の勤務評価にも出てくるのは「アグレッシブ」だけで、しかも「2件とも、もっと積極果敢になってほしいという叱咤激励の意味合い」で使われていた。さらにひどいのは、業績連動型の賞与や昇給に関する複数の研究によって、白人男性は同じ業績の女性やエスニック・マイノリティ［非白人種］の人びとよりも、高評価を受けていることがわかった。ある金融機関を対象とした研究では、同じ職種の業績連動型賞与において、男女間で25％の差があったことが明らかになっている。[8]

実際、アメリカのテクノロジー業界では、実力主義が神話化されている。２０１６年の調査によれば、この業界のスタートアップ企業の創業者たちの最大の関心事は、「優秀な人材を雇うこと」であり、従業員の多様性《ダイバーシティ》を図ることは、ビジネスにおけるトップ10の優先事項のうち7位だった。創業者の4人にひとりは、ダイバーシティにもワークライフ・バランスにも興味がないと語った。[9] つまり、こういうことだ。「優秀な人材」を見つけるために、構造的な偏見に取り組む必要などない。必要なのは、実力主義を掲げることだ。

そして実力主義を掲げていれば、おそらく間違いなく――偏りが生じる。自分は客観的だ、あるいは性差別主義者ではないと思い込んでいる人ほど客観性に欠け、性差別主義者のような振る舞いをしがちなことが、数々の研究によって明らかになっている。[10] 採用決定において、自分は客観的であると思い込んでいた男性ほど（女性には、このような思い込みが見られなかった）、同等の条件のそろった女性よりも男性を採用する傾向が見られた。さらに、実力主義を標榜する組織ほど、男女ともに能力は変わらない場合でも、管理職たちは女性より男性の部下を好む傾向があることがわかった。

ビッグデータの可能性にあれほど夢中なテクノロジー業界が、実力主義を偏愛しているのは皮肉なものだ――この場合、めずらしいことにデータが存在するというのに。実力主義がシリコンバレーの宗教なら、神はハーバード中退の白人男性、使徒の多くも同じだ。テクノロジー業界の従業員のなかで、女性の占める割合は4分の1、役員のなかで女性の占める割合は11％にすぎない。[11] アメリカでは大学生の半数以上は女性で、化学専攻の大学院生の半数、数学専攻の大学院生の半数近くは女性であるにもかかわらず、そんな状況なのだ。[12]

テクノロジー業界では、女性の40％は入社後10年で辞めてしまういっぽう、男性では17％だ。[13] アメリカのシンクタンク「センター・フォー・タレント・イノベーション」の報告書によれば、女性たちが辞めるのは、家庭の事情のせいでも、仕事が面白くないからでもなかった。辞める理由は「職場の待遇」や「やる気を挫くような上司の態度」のせいであり、「キャリアの行き詰まりを感じるから」だった。[14]『ロサンゼルス・タイムズ』紙のある特集記事では、女性たちが辞めるのは何度も昇進を見送られたり、プロジェクトの提案を却下されたりしたからだった。[15] これのどこが実力主義なのだろう？　むしろ慣行化された偏見ではないだろうか？

以上のような統計結果にもかかわらず、実力主義の神話がはびこっているのは、男性というデフォルトが強力である証だ。男性が「person（ひと）」という言葉を聞いたとき、10回に8回は「男のひと」を思い浮かべるのと同じように、テクノロジー業界の男性たちは、もしかしたら自分たちの業界がどれほど男性中心なのか、たんに認識していないだけかもしれない。しかし、実力主義の恩恵を受ける者にとっては、あらゆる功績はすべて実力によるものだと思わせてくれる神話は、彼らにとっていかに魅力的かを示す証拠でもある。実力主義を信奉する傾向が最も強いのは、白人の上流階級の若いアメリカ人だというのは、けっして偶然ではない。[16]

学問の世界の性差別

上流階級のアメリカ人が最も実力主義を信奉する傾向が強いなら、テクノロジー業界と同じく学問の世界にも熱心な信者が多いのは驚くに値しない。学問の世界でもトップの地位は——とくに科学、技術、工学、数学（ＳＴＥＭ）の分野は、白人の中流・上流階級の男性が多数派を占めている。実力主義の神話を培養するには、まさにうってつけのペトリ皿だ。最近の研究では、男性の教員たち（とくにSTEMの分野）は、「学問の世界には性差別は存在しない」と主張する偽物の研究結果を、「学問の世界にも性差別は存在する」と主張する本物の研究結果よりも、高く評価したことが明らかになった。[17] それどころか、実際には性差別は蔓延しており、十分に立証されているのだ。

世界中の数多くの研究によって、女性の場合は学生も学者も、資金援助を受ける機会や、教授との面談の回数や、誰かに相談に乗ってもらえる機会や、就職の機会までもが、男性にくらべて有意に少ないことが明らかになっている。[18] さらに、子どものいる女性は能力を正当に評価されず、報酬も低くなりがちだが、男性の場合は、子どもがいることはむしろ有利に働く場合が多い（このような性差別は、学問の世界に限った話ではない）。[19] 学問の世界は実力主義とは程遠いことを示すデータは十分にそろっているにもかかわらず、大学はまるで学生についても教員についても、男女平等が実現しているかのようなふりをしている。

学問の世界での昇進は、論文審査のある専門誌にその人の論文がどれだけ掲載されたかにかかっているが、女性の場合は男性よりもハードルが高い。多くの研究で明らかになっているとおり、女性著者による論文は、ダブル・ブラインド・レビュー（二重盲査読。著者、査読者ともに相手が誰だかわからない方式）のほうが、受理される確率が高くなり、評価も高くなる傾向がある。[20][21] この点に関してはさまざまな科学的証拠があるにせよ、学問の世界が男性中心主義であることは明白なのだから、このようなブラインド審査方式を採用しない理由はほとんどないはずだ。にもかかわらず、ほとんどの専門誌や会議ではいまだにこの方法を採用していない。

もちろん、女性の学者の論文も掲載されるが、それは前半戦にすぎない。リサーチ・インパクト［研究成果が学術界を超えて社会にもたらす影響］を見きわめるには、被引用数［その論文がほかの論文に引用された回数〕が重要な指標となる場合が多く、それが昇進の決め手にもなるが、女性のほうが男性よりも引用される回数が少ない傾向が見られることが、複数の研究によって明らかになっている。[22] 過去20年間において、男性が自己引用〔被引用数を稼ぐ手段として問題になっている〕をした回数は女性にくらべて70％も多かった[23]——いっぽう、女性は男性にくらべて、ほかの女性著者の論文を引用する回数が多かった。[24] つまり、論文の掲載数における男女差は悪循環のようなもので、女性の論文の掲載数がそもそも少ないことが被引用数における男女差にもつながり、その結果、昇進できる女性の数が少なくなってしまうのだ。しかも、被引用数における男女差は、男性中心の考え方によって助長されている。論文ではフルネーム表記ではなく、著者の氏名のうちファーストネームはイニシャルで表記する慣例となっており、著者の性別が一見してわからない場合もある。そのため、女性の著者を男性だと思ってしまう場合も多い。ある分析の結果、女性著者の論文が男性著者の論文として引用されているケース（たとえばイニシャルPをポーリーンではなくポールだと想定した結果）は、逆のケースの10倍にのぼることが明らかになった。[25]

経済学者のジャスティン・ウォルファーズは『ニューヨーク・タイムズ』紙において、ジャーナリストのあいだにも男性を基準《デフォルト》とする慣習が存在する、と述べた。筆頭著者は女性にもかかわらず、男性の寄稿者が筆頭著者とみなされるケースが多いのだ。[26] 男性を基準として考えることで、メディアの報道においてこうしたずさんな処理がなされるのは許しがたいが、さらに容認できないのは、学問の世界でもそれがまかりとおっていることだ。経済学では共著論文が標準的だが、共著論文にも男性中心主義が潜んでいる。男性は単著論文でも共著論文でも同じように功績が認められるが、女性の場合、共著論文のほかの著者も女性でないかぎり、功績が認められる割合は男性の半分以下だ。だからこそ、あるアメリカの研究が強く主張しているとおり、女性の経済学者たちが男性の経済学者たちと同じくらい論文を発表しても、テニュアを取得できるのは男性のほうが2倍も多いのだ。[27] さらに研究によって、男性の学者たちによる研究とおぼしき場合のほうが「科学的クオリティが優れている」と思われがちなことも明らかになったが、[28]そこにも男性中心の考え方が潜んでいる。これは純然たる性差別の産物かもしれないが、男性こそ普遍的であり、女性はニッチであるという、お決まりの考え方の結果とも言えるだろう。講義概要《シラバス》を見ても女性教員による講義数のほうが少ないことも、これでいくらか説明がつくかもしれない。[29]

だが、このような隠れたハードルにぶち当たるまえに、そもそも女性は研究のための時間を確保する必要がある。どうにかして捻出するしかないのだ。すでに見てきたとおり、女性は有給の仕事以外に無償労働も行っており、研究の能力にも影響が出てくる。さらに、職場における無償労働も負担になっているのは確かだ。精神的な悩みがあるとき、学生たちは男性の教授ではなく女性の教授に相談する。[30]また、課外授業をしてほしい、成績を上げてほしい、規則を曲げてほしい、と頼みごとをする相手も女性教員だ。[31]このような頼みごとの一つひとつは、それほど時間や気力を要するものではない——だが積み重なれば、時間のうえで大きな負担となる。こうした負担に男性教員は気づいてさえおらず、大学側も考慮していない。

さらに、女性教員は男性の同僚にくらべて、あまり評価されない事務仕事を頼まれやすい。[32]もし断れば、「感じが悪い」と言われて立場が悪くなるので、引き受けてしまうのだ（この問題はさまざまな職場で見られる。女性たち、とくにエスニック・マイノリティの女性たちは、家だけでなく職場でも、メモを取る、コーヒーを買ってくる、後片付けをするといった「下働き」をしている）。[33]さらに、女性教員の論文生産能力に影響が出やすいのは、男性教員よりも課外授業を担当させられることが多いせいもある。[34]そして、「肩書きだけの」管理職と同じように、教務は研究にくらべれば重要ではなく、軽視され、価値の低いものとみなされている。そして、ここでも悪循環が生じている——女性教員は教務負担が多すぎてなかなか論文が書けない。そのせいで、ますます教務を負担させられてしまうのだ。

優秀バイアス

価値の低い仕事が女性に押し付けられるという不平等は、評価制度のせいでさらにひどくなる。制度そのものが女性にとって不利にできているからだ。高等教育において、「授業評価表」は広く使用されているが、この場合もデータはきちんと存在するにもかかわらず、まったく活用されていない。多くの国々における数十年間の研究[35]によって、授業評価表は実際の授業の評価には役に立たないどころか有害であり、「女性教員に対して不利に働くことが、かなりの部分で統計的に有意に認められる」[36]。ところが、授業評価表は性差別の評価にはきわめて役に立つのだ。性差別のひとつはおなじみの「男性が人間のデフォルトである」という考え方で、白人男性という主流に属していない女性教員への反発となって表れる。ある学生はつぎのような不満を述べた。

「この授業から得た情報といえば、ジェンダーと人種の紛争くらいしかない」

アメリカ連合国というテーマなのに、なぜ関係のないジェンダーや人種が出てくるんだ、と思ったらしい[37]。

イントロダクションで述べたように、「人びと」には「男性」だけでなく「女性」も含まれていることに気づかないという罠に陥っているのだ。べつの学生はこう文句を述べた。

「アンドレア先生は初日に、人びとの考え方について教えると言いました。だけど授業であんなに北米先住民族や女性の歴史の話ばかりするなんて、聞いていませんでした」

まるでその先生は「北米先住民族と女性の歴史」についてしか語らなかったような印象を受けるが、鵜呑みにしないほうがいいだろう。というのも、教員である私の友人も、政治哲学の授業について、男子学生からフェミニズムの話が「多すぎる」と不満のコメントを書かれたからだ。しかし、彼女がフェミニズムの話をしたのは、全10回の授業で1回だけだったのだ。

それほど優秀ではない男性教員のほうが、はるかに優秀な女性教員よりも、学生からは決まって高い評価を受ける。学生たちは、男性教員のほうが採点結果を早く伝えてくれると思っていることがわかった――そんなことはありえない場合でもだ。どういうことか説明しよう。ある研究で、オンライン講座を実施した。担当講師は1名で、受講生は全員同じ授業を受ける。受講生には講師の性別は判断しようがないが、生徒の半数には講師は男性であると伝え、もう半数には講師は女性であると伝えた。

講師は女性だと伝えられた学生のうち、「あまりやさしくない、親しみやすくない」という印象をもった学生たちは、講師に対してマイナス評価をつけた。ところが、「やさしくて親しみやすい」という印象をもった学生たちも、「威厳がない、プロフェッショナルな感じがしない」という理由で、女性講師に対してやはりマイナス評価をつけた。いっぽう、講師に対して「威厳があって博識そう」な印象をもった学生たちからも、不満の声が上がった。女性教員の一般的なイメージと合わないからだ。[38] これに対し、男性講師だと伝えられた学生たちは、講師に対して親しみやすい印象をもった場合でも、プラスの評価をつけたのだ。

学生が大学・教授・授業を評価するサイト「レート・マイ・プロフェッサーズ」(RateMyProfessors.com)に掲載された1400万件のレビューの分析によれば、女性の教授たちは「意地悪」「手厳しい」「不公平」「厳格すぎる」「うざい」などと書かれることが多い。[39] もっとひどい場合もあり、ある女性教員は「学生たちのコメントはどんどん攻撃的になり、ひどく過激なものもあるため」、大量のレビューを読むのをやめてしまった。カナダのある大学で政治を教えている女性講師は、学生からつぎのような、有益なフィードバックを受け取った。

「先生のブラから乳首が浮き出てる感じがいい。以上」[40]

以来、その講師は必ず「薄手のパッド入りブラ」を着用するようになった。

また、先ほどの授業評価に関する研究では、女性教員は学生たちから「意地悪」だと評価されることが多いだけでなく、男性教授は「優秀」「知的」「頭脳明晰」「天才」などと評価されることが多いことがわかった。では、その男性教員たちは実際に、女性教員たちよりも優れた天賦の才の持ち主だったのだろうか？　それとも、そうしたほめ言葉は見かけほどジェンダー・ニュートラルではないのだろうか？　たとえば、天才はどうだろう？　天才だと思う人物を思い浮かべてみてほしい。おそらく、男性を思い浮かべた人が多いのでは？　驚くことはない――私たちはみな無意識の偏見をもっている。私の頭に浮かんだのはアインシュタインだった。舌をぐっと突き出し、髪がぼさぼさになっているあの有名な写真だ。現実には、こうした偏見《バイアス》（「優秀バイアス」と呼ぶことにしよう）が意味するのは、男性教授たちのほうが博識で、客観的で、才能があると思われているということだ。授業評価にもとづく昇進制度は、この問題に対処していない。

　優秀バイアスが生じる原因は、少なからずデータの欠落にある。歴史上の人物には女性の天才も大勢いるはずなのに、なぜかすぐに思い浮かばない。結局、「優秀さ」が職務要件となっている場合、それが本当に意味するところは「ペニス」なのだ。「優秀さ」や「天賦の才」が成功の要件であると広く（文化的に）認識されている分野（たとえば哲学、数学、物理学、作曲、コンピューターサイエンス）ほど女性の学生や教員の数が少ないことが、複数の研究によって明らかになっている。[41]私たちはなぜか、女性は生まれつき優秀だと思わないのだ。それどころか、女性らしさは知性の対極にあると思われているようだ。最近のある研究では、アメリカの一流大学の科学分野の教授陣（男女含む）の写真を参加者たちに見せた。その結果、男性教員の外見は、その人を科学者らしいと思うかどうかとは関係がないことがわかった。ところが女性教員の場合は、典型的な女性らしい外見の人ほど、科学者らしくないと思われることが明らかになった。[42]

私たちは子どもたちが幼いころから「優秀バイアス」を植え付けている。最近のアメリカの研究では、幼稚園にかよい始めた5歳の女児たちは、5歳の男児たちに負けず劣らず、「すごく頭がいい」女の子になれると思っていることがわかった。[43]ところが6歳になると、変化が起こる。女児たちは、女は男よりも劣っているのではないかと思い始める。そのせいで、自分に限界を設けてしまうのだ。このゲームは「すごく頭がいい子どもたち」のためのゲームです、と言われると、5歳の女児たちは男児たちと同じようにそのゲームをやりたがるが、6歳になると、女児たちはきゅうに興味を示さなくなってしまう。幼いころからそんな調子だから、大学生になって授業評価表を記入するころには、女性教員は能力が低いと決めてかかるのも当然だろう。

学校は男子たちにも「優秀バイアス」を教え込んでいる。イントロダクションで見てきたとおり、児童たちに「科学者の絵を描かせる」研究を数十年にわたって実施したところ、児童たちが描いた科学者像は圧倒的に男性が多かった。ところが最近行われた「科学者の絵を描かせる」研究のメタ分析の結果では、性差別主義的な傾向がいくらか緩和されており、[44]メディアでも広く報道された。1960年代に女性科学者の絵を描いた児童はたったの1%だったが、現在では28%に上昇している。これでも進歩したほうだが、現実とはかけ離れている。じつはイギリスでは、科学を専攻している学生の数は、男性よりも女性のほうが多いのだ。重合体《ポリマー》の分野では女子学生の割合は86%、遺伝学では57%、微生物学では56%となっている。[45]

いずれにせよ、その分析結果は報道記事の見出しよりもはるかに複雑であり、都合の悪いエビデンスを示している――学校のカリキュラムにおけるデータ格差によって、子どもたちに偏見が植え付けられているのだ。就学時には、男児も女児も平均して、男性科学者を描く児童と女性科学者を描く児童の割合は、だいたい半々になっている。これが7、8歳になると、男性科学者を描く児童の数は、女性科学者を描く児童の数よりも有意に多くなる。14歳になると、男性科学者を描く生徒の数は、女性科学者を描く生徒の数の4倍にのぼる。したがって、女性科学者を描く子どもの数が増えていると言っても、増加が見られるのは、教育システムによってデータ格差による性差別を教え込まれるまえの、おもに低学年の児童たちに限られている。

その変化には、もうひとつの顕著なジェンダーによる差異が見られた。1985年から2016年にかけて、女性科学者の絵を描いた女児の割合は、33％から58％に上昇した。いっぽう女性科学者の絵を描いた男児の割合は、2・4％から13％に上昇した。この男女差を見れば、2016年のある研究結果にも納得できる。女子学生たちは仲間の女子学生を実際の能力で評価したのに対し、男子学生たちは、はるかに優秀な女子学生よりも仲間の男子学生のほうが頭がいいと評価した。[46] 優秀バイアスはじつに厄介なドラッグだ。そのせいで教員に対し、あるいは仲間同士で、まちがった評価を下してしまうのは学生だけではない。教員もまた学生に対するまちがった評価を下していることを示す、科学的証拠が存在するのだ。

過去の約10年間で行われた複数の研究によって、雇用における推薦状も、ジェンダー・ニュートラルであるはずが、実態はそれとは程遠いことが明らかになった。[47] アメリカのある研究では、女性の推薦状で見られる表現は、男性の推薦状にくらべて、協調性を示す表現（温かい、親切、面倒見がよいなど）が多く、積極性を示す表現（野心的、自信に満ちた）が少ないことがわかった。そして推薦状に書かれたような協調的な性格の人は、とくに女性の場合、採用される確率は低くなる。[48] いっぽう、男性が推薦状に「チームプレイヤー」であると書かれた場合は、リーダーシップの素質があるとみなされるが、女性が「チームプレイヤー」と書かれた場合は、「追従するタイプとみなされる場合がある」[49]。また女性教員の推薦状では、（重要視される）研究実績よりも、（軽視される）教務実績が強調されている場合が多く[50]、疑念が生じかねない表現が多く含まれ（曖昧な表現や、月並みなほめ言葉など）[51]、「卓越した」「傑出した」などの際立った形容詞が少ないことが明らかになった。女性に対してよく使われる表現では、「勤勉」など「努力家」であることを示すものが多かった。

このように授業評価表と推薦状を、あたかも実際にジェンダー・ニュートラルであるかのように使用している大学の中枢には、データ格差が存在する。だが、実力主義のデータ格差と同様に、これはデータの欠落がもたらした格差ではなく、データの利用拒否がもたらした格差なのだ。エビデンスがそろっているにもかかわらず、推薦状も授業評価表もいまだに重要視され、あたかも信頼度の高い客観テストのごとく、採用、昇進、解雇の判断材料として広く使用されているのだ[52]。イギリスでは、2020年に教育評価制度（TEF）が導入されるため、学生による評価がますます重要になる。このTEFによって、大学が助成金をどれだけ受け取れるかが決まるため、全国学生満足度調査（NSS）は「授業の成功を示す主要指標」とみなされるようになる。この新しい制度の導入は、女性にとってはひどく不利になる可能性がある。

まともな研究が行われてほしいと思うなら、学問の世界で実力主義が通用しないことは、あらゆる人にとって問題となるはずだ。なぜなら、女性教員のほうが男性教員よりも、男性中心の分析の正当性を疑うことが、研究によって明らかになっているからだ[53]。つまり、論文を発表する女性の数が増えるほど、研究のデータにおけるジェンダー・ギャップは縮まっていく。そして私たちは、学術研究の質にこだわる必要がある。これは象牙の塔の住人たちだけに関わる深遠な問題ではない。学術論文は、政府の政策や医療や労働衛生法などに多大な影響をもたらすからだ。つまり学術機関による研究は、すべての人びとの生活に直接的な影響をもたらすのだ。だからこそ、学術の世界でも女性が無視されることがあってはならない。

プログラミングは男の仕事？

子どもたちは学校で優秀バイアスを植え付けられるというエビデンスがあるのだから、植え付けるのをやめるのはきわめて簡単なはずだ。実際、教科書に女性科学者たちの画像が掲載されている場合は、女子生徒の科学の成績がよくなることが、最近の研究で明らかになっている[54]。だったら、女子生徒たちに「女性は優秀ではない」と思い込ませるのをやめるには、女性について不正確な事実を伝えるのをやめればいい。じつに簡単だ。

だがいったん植え付けられてしまった優秀バイアスを正すのは、きわめて難しい。優秀バイアスを植え付けられた子どもたちが大人になって働くようになると、それを助長する側になることも多い。通常の採用活動においても大きな弊害が生じるが、アルゴリズム主導の採用活動が増えていくと、問題はさらに悪化するはずだ。なぜなら、私たちが意思決定を任せようとしているコードそのものに、優秀バイアスが無意識のうちに組み込まれているのではないか、と疑うべき理由が十分にあるからだ。

1984年、アメリカのテクノロジー・ジャーナリスト、スティーブン・レビーは、ベストセラー『ハッカーズ』（工学社）を上梓した。登場するヒーローたちはみな優秀で、ひたむきで、全員男性だった。セックスはほとんどしなかった。

「とにかくハックするんだ。ハッカーの掟に従って生きろ。女にうつつを抜かすのが、いかに効率が悪くて無駄なことかよく知ってるだろう。時間が無駄になるし、やたらとメモリを食うしな」と、レビーは語っている。

「女なんて、いまだにまったくわけがわからないよ」ハッカーのひとりはレビーに言った。「(デフォルトで男の)ハッカーが、あんなできそこないに我慢できるわけがない」

そんなふうにミソジニー［女性嫌悪、女性蔑視］を露わにしたくだりから2段落後、それにしてもなぜハッカー業界はほぼ「男ばかり」なのか、レビーはその理由を説明できずに戸惑っていた。「残念なことに、超一流の女性ハッカーには会ったためしがない」。彼はこう書いている。「その理由は誰にもわからない」

さあ、どうしてかな、スティーブン。ここはひとつ当てずっぽうで考えてみようか。

ハッカー業界の露骨なミソジニー文化と、なぜか女性のハッカーがいない理由との明確な関連性を見出せないレビーは、ハッカーとしての生来の才能に恵まれているのは、男性と決まっているらしいと考えた。現在、このコンピューターサイエンスの分野ほど優秀バイアスにとらわれている業界は、ほかに思いつかないほどだ。

「プログラミングが大好きな女子はいないんでしょうか？」

アドバンスト・プレースメント［飛び級］のコンピューターサイエンスの授業を担当している教師たちを対象とする、カーネギー・メロン大学の夏期プログラムに参加した、ある高校教師が疑問を呈した。「コンピューターが好きでたまらない男子なら、いくらでもいるんですがね」。彼は考えあぐねて言った。「うちの息子はほうっておけば、きっと一晩中プログラミングをしているでしょう、と何人もの親御さんが言っていました。でも、女子でそういうケースはありません」[55]

それは本当なのかもしれない。だが、彼の仲間の女性教師が指摘したとおり、極端な行動に表れていないからといって、女子生徒がコンピューターサイエンスを好きではないとは言えないはずだ。実際、その女性教師は自分の学生時代を振り返って、「大学に入って最初の授業でプログラミングに夢中になった」と語った。でも徹夜はしなかったし、大部分の時間をプログラミングに費やすこともなかった。
「徹夜をするというのは、それだけ没頭して夢中になっているしるしですが、未熟さの表れとも言えるでしょう。女子の場合、コンピューターやコンピューターサイエンスへの情熱はもっとちがうかたちで表れます。徹夜のような強迫的な行動を期待するというのは、典型的な若い男性の行動を期待しているんです。なかにはそういう女子もいますが、ほとんどはちがいます」

これは女子の友だち付き合いを考慮していないし（男子とちがって、女子はみんなと仲よくしないと仲間外れにされる）、コンピューターサイエンスへの適性について、典型的な男性の行動を当てはめようとするのも妙な話だ。じつは、かつて女性たちは元祖「コンピューター」として、軍隊で複雑な計算を行っていた。その後、機械のコンピューターが登場して、女性たちに取って代わったのだ。[56]

おもに男性がコンピューター関連の仕事をするようになったのは、それから何年も後のことだ。１９４６年に登場した世界初の電子計算機、ＥＮＩＡＣのプログラミングを行ったのは6名の女性だった。[57] １９４０年代から50年代において、プログラミング業務を担当していたのは女性たちだったのだ。[58] １９６７年には『コスモポリタン』誌で「ザ・コンピューター・ガールズ」という特集記事が組まれ、プログラミング業務での女性の活躍を促した。[59]

「夕食の準備と同じようなものです」。コンピューター技術者の先駆けであるグレース・ホッパーは語っている。
「まず献立を考え、すべての手順を考え、必要なものはすべてそろえておく。プログラミングには、忍耐力と細かいことに対処できる能力が必要です。女性は生まれつきコンピューター・プログラミングに向いているんです」

かつて、プログラミングは高い技術を必要としない事務仕事と考えられていた。だがちょうどそのころ、企業側もプログラミングの重要性に気づき始めた。タイピングやファイリングとはちがって、プログラミングには高度な問題解決能力が求められる。そして、客観的な現実よりも優秀バイアスが勝ったために（すでにプログラミングを行っていた女性たちには当然、スキルがあった）、業界のリーダーたちは男性を対象にトレーニングを開始した。やがて開発されたのが採用ツールで、これは客観的に見えながら、じつは女性に不利にできていた。現在、大学で広く実施されている授業評価と同じように、採用時に実施されるこれらのテストは、「求職者のステレオタイプな性格分析しかできず、職務への適性については見えてこない」と批判の声が上がっていた[60]。こうした採用ツールができたのは、データにおけるジェンダー・ギャップのせいなのか（探し求めている性格の特徴自体が男性偏重であることに気づいていない）、直接差別のせいなのかはわからないが、実際に男性に有利にできているのは否定しようがない。

「細かいニュアンスに欠け、特定の問題への対処能力」しか測れない多肢選択（マークシート）式の適性テストは、数学の雑学的知識《トリビア》ばかりを問うもので、当時の業界のリーダーたちでさえ、プログラミングとはあまり関係がないのではないかと思うようになっていた。そのようなテストでわかるのは、当時の男性たちが学校で習得した数学のスキルくらいだ。あとは、求職者がどれだけ人脈に恵まれているかもよくわかった。というのも、適性テストの回答は大学の友愛会《フラタニティ》やエルクス・ロッジ（アメリカを拠点とする友愛会）など、男性限定のネットワークで出回っていたからだ[61]。

かくして、典型的なプログラマー像が形成されていった。カーネギーメロン大学の夏期プログラムに参加していた、例のコンピューターサイエンスの教師が想定していたような、オタクの一匹狼で、人付き合いの苦手な、むさくるしい男性。広く引用されている1967年のある論文では、「人びとに対する無関心」や、「人との密接な交流を要する活動」を毛嫌いすることなどが、「プログラマーに顕著な特徴」であると指摘している。[62] その結果、企業はそういう人物を探し出し、そういう人たちが当時のトッププログラマーになった。典型的なプログラマー像は、自己充足的予言となったのだ。

となれば現在、採用プロセスへの導入が進んでいる秘密のアルゴリズムのおかげで、そうした密かな偏見がふたたび増長しているとしても、驚くべきことではない。アメリカのデータサイエンティストで、『あなたを支配し、社会を破壊する、ＡＩ・ビッグデータの罠』（インターシフト刊）の著者、キャシー・オニールは、『ガーディアン』紙の記事において次のように説明している。テクノロジー業界専門のオンラインプラットフォーム「ギルド（Gild）」（現在では投資ファンドのシタデルに買収され、傘下となった）[63] を利用している企業は、求職者の「ソーシャル・データ」を綿密にチェックすることで、履歴書に書かれた以上の情報を入手していると説明した。[64] つまり、求職者たちがオンラインで残した足跡をたどるのだ。このデータは求職者たちを「社会資本」（ここでは、あるプログラマーがそのデジタル・コミュニティにとってどれほど不可欠な存在かを示すもの）によってランク付けするのに使用される。これは「ギットハブ（GitHub）」や「スタック・オーバーフロー（Stack Overflow）」などの開発プラットフォームにおいて、コードの共有や開発にどれだけ時間を費やしたかによって、測定することができる。だが、「ギルド」がふるいにかける膨大なデータから見えてくるのは、それだけではない。

たとえば、ギルドのデータによれば、ある日本のマンガのウェブサイトをよく見ているのは、「優れたプログラミング能力を示す有力な判断材料」となる。[65] したがって、このサイトをよく見ているプログラマーは、高評価を獲得する。なかなか面白いが、オニールも指摘しているとおり、そういうことで高評価を与えるのは、ダイバーシティを重要視している人なら警戒すべき事態だと思うはずだ。これまで見てきたとおり、女性たちは世界の無償労働の75％を担っており、マンガのことでオンラインチャットで盛り上がっている暇はないはずだ。さらにオニールは、「テクノロジー業界の例にもれず、もしそのマンガのサイトの訪問者も男性ばかりで、性差別的な発言が目立っているとすれば、テクノロジー業界の大勢の女性たちは、たぶんそんなものは見ないでしょう」と述べる。要するにギルドは、カーネギーメロン大学のプログラムに参加していた例のコンピューターサイエンス教師が、アルゴリズム化されたようなものなのだ。

もちろん、ギルドは女性を差別するアルゴリズムを意図的に開発したわけではない。彼らが目指したのは、人間の偏見を取り除くことだった。しかし、そうした偏見がどのように作用するかを認識していなければ、そして、データを収集したところで科学的根拠にもとづいた方法を構築しなければ、旧弊かつ不公平な体制を助長してしまうだけだ。女性の生活は男性の生活とは異なることを考慮しなかったことで、ギルドのプログラマーたちはそれとは気づかずに、女性に対する偏見の含まれたアルゴリズムを考案してしまったのだ。

しかし、もっと厄介な問題がある。それは、この問題がいかに深刻かを私たちが認識していないことだ。このようなアルゴリズムの大半は専用コードとして秘匿され、保護されている。つまり、どのように決定されているのか、どのようなバイアスが潜んでいるのか、私たちにはわからない。ギルドのアルゴリズムにおそらくバイアスが潜んでいることがわかったのは、考案者のひとりが口を滑らせたからだ。したがってこの場合、データにおけるジェンダー・ギャップは二重に存在する。第1は、アルゴリズムを考案するプログラマーたちの知識において、第2は、このようなＡＩがいかに差別的になりうるかという問題に関する、社会全体の知識においてだ。

無視されるデータ

図らずも男性に有利に働く採用プロセスは、採用だけでなく昇進においても問題となる。典型的な例はグーグル社で、昇格のために自己推薦をした女性従業員の割合は、男性従業員よりも少なかった。それも驚くべきことではない。女性は控えめであるべきとされ、出る杭は打たれるからだ。[66] だが、この結果にグーグル社は驚いた。そして会社の評判を高めるため、この問題の解決に乗り出した。ところが残念ながら、その解決方法は典型的な男性＝デフォルト思考にもとづいていた。

「女性はこうあるべき」という社会からの押し付けについて、グーグル社がデータを所有していなかったのか、あるいは興味がなかったのかはわからないが、いずれにせよ、彼らが打ち出した解決策は、男性に有利に働くシステムを改善することではなく、女性たちを改善しようとするものだった。2012年、同社の人事管理部門の責任者、ラズロ・ボックが『ニューヨーク・タイムズ』紙に語ったとおり、グーグルの管理職の女性たちは「女性従業員の自己推薦を奨励する」ワークショップの開催を始めた。[67] 言い換えれば、女性たちに対し、男性のような振る舞いを奨励するワークショップだ。しかし、いったいなぜ、男性のやり方や男性の自己評価のほうが正しいなどという考えを受け入れるべきなのだろう？　最近の研究で、女性は自分の知的能力を正しく評価する傾向にあるいっぽう、平均的な知能の男性は、自分の知能は3分の2の人びとよりも優れている、と考えていることが明らかになっている。[68] そういう状況を考えれば、昇格への自己推薦における女性の割合が低すぎたのではなく、男性の割合が高すぎたのではないだろうか。

グーグル社のボックは、ワークショップは成功だったと主張したが（彼は『ニューヨーク・タイムズ』に対し、現在では女性の昇格率は男性と並んでいると述べた）、それが本当なら、なぜそれを証明するデータを示さないのだろう？　2017年、米国労働省がグーグル社の報酬制度を分析した結果、「ほぼ全社で体系的な賃金格差が見られ、女性のほうが低く」なっており、「ほぼすべての職種において、6～7通りの男女間の賃金格差」があることがわかった。[69] だがグーグル社は、報酬に関する完全なデータを労働省に提供することをたびたび拒否し、要求をはねのけるべく何か月も法廷で争った。報酬の男女格差は存在しない、というのが同社の主張だった。

グーグルのようにほぼデータで成り立っている企業が、データの提供を渋ることを意外に思う人もいるかもしれないが、これも驚くには当たらない。ソフトウェアエンジニアのトレーシー・チョウが、2013年以来、アメリカのテクノロジー業界における女性エンジニアの数を調査した結果、「どの企業もデータの隠蔽やごまかしを行っている」ことが明らかになった。また、どの企業も「女性にやさしい労働環境を実現するためのイニシアチブ」が実際に功を奏しているかどうか、評価する気はないようだった。だとすれば、「そのような施策が成功したのか、まねする価値があるのか、判断のしようがない。なぜなら、いずれの施策にも成功の評価基準がないからだ」と、チョウは述べている。その結果、「この問題について率直に語ろうとする人は誰もいない[70]」。

テクノロジー業界が性別に区分されたデータをなぜそれほど恐れているのか、その理由は完全にはわかっていないが、実力主義の信奉と何らかの関係があるはずだ。実力主義を掲げてさえいれば「優秀な人材」を獲得できるなら、データに何の意味があるだろう？　いわゆる実力主義の企業や組織が、そんな主義を信奉するより科学を重視していれば、エビデンスにもとづいた解決策を利用していたはずだ――データはちゃんと存在するのだから。たとえば、ロンドン・スクール・オブ・エコノミクス（LSE）による最近の研究では、雇用におけるクオータ制［一定数を女性に割り当てる制度］はよくある誤解とは正反対に、「不適任の女性の採用を助長することはなく、むしろ能力のない男性を除外する」のに役立っていることが明らかになった[71]。

また企業や組織は、採用プロセスに関するデータを収集・分析すれば、自分たちの採用プロセスが実際にジェンダー・ニュートラルなものであるかどうかを検証できるはずだ。まさにそれを実行したマサチューセッツ工科大学（ＭＩＴ）は、30年間以上ものデータを分析した結果、女性教員たちが「通常の学科ごとの採用プロセス」では不利な立場に置かれていることや、「従来の人事委員会の部門ごとの採用方式では、傑出した女性の候補者はおそらく見つからない」ことが明らかになった。[72] 人事委員会が各学科長に対し、とくに優秀な女性の候補者たちの名前を挙げるよう、具体的な指示を出さないかぎり、学科長らは女性の名前を挙げないのだ。女性の候補者を見つけるために特別な努力が払われた結果、採用された女性たちの多くは、それほど強く推されなければ応募しようとは思わなかったはずだ。ＬＳＥの研究結果と一致するように、そのＭＩＴの研究では、女性を採用するために特別な努力が払われた際には、採用基準を下げるようなことはなかったことが明らかになった。それどころか、採用された女性たちは「男性の候補者たちよりも優秀だったほどだ」。

だが朗報がある。企業や組織がちゃんとデータを確認し、それにもとづいて行動を起こせば、劇的な変化が生まれるのだ。ヨーロッパのある企業が技術職の求人広告に男性のイメージ写真を使用し、「積極果敢さや旺盛な競争心」を強調したコピーを掲載したところ、求職者における女性の割合はわずか5％という結果が出た。そこで、こんどは求人広告に女性のイメージ写真を使用し、「情熱とイノベーション」を強調したコピーを掲載したところ、女性の求職者数が急増し、割合も40％にまで上昇した。[73] また、デジタルデザイン企業のメイド・バイ・メニーでも、デザイン部門の上級職の求人広告のコピーを、押しが強く頑固なリーダーのイメージから、チームワークやユーザーエクスペリエンスを重視するイメージに変更したところ、同じような変化が起きた。職務自体は同じでも、表現《フレーミング》の方法を変えたことによって、女性の求職者数は2倍以上に増加したのだ。[74]

以上はふたつの事例にすぎないが、求人広告のコピー表現によって女性の応募率に影響が表れることを示す科学的証拠は、数多く存在する。ある研究では４０００件の求人広告を調査した結果、女性たちは「積極果敢」「野心的」「粘り強さ」など、いかにも男性的な表現が目立つ求人広告には、応募する意欲がそがれることがわかった。[75] ここで特筆すべきなのは、女性たちはそのような表現にとくに引っかかったわけでも、そういう言葉のせいで意欲がそがれるのをはっきりと認識していたわけでもなかったことだ。その求人広告に魅力を感じない理由を、女性たちは自分なりの理屈で納得していた――つまり、実際に差別を受けていても、差別されていることに気づいていない場合もあるのだ。

テック系スタートアップ企業数社も、ニューヨーク・フィルハーモニックの事例を見習って、ブラインド式採用システムを開発した。[76] ギャップ・ジャンパーズ社（GapJumpers）では、特定の職務に関する課題を出し、その結果、とくに成績の優れている求職者たちを、個人情報をいっさい伏せて採用担当マネージャーのもとへ送った。さて、その結果は？ 選抜された求職者の約60％は、女性やアフリカ系アメリカ人やヒスパニック系など、テクノロジー業界では少数派の人びとだったのだ。

ブラインド式採用システムは雇用には役立つかもしれないが、これを昇格制度に組み込むのは容易ではない。だが、やはり解決策はある――説明責任《アカウンタビリティ》と透明性だ。あるテクノロジー企業では、マネージャーたちに対し、昇給の決定について徹底的に説明責任を果たすよう求めた。そのため、決定を下すのに必要なデータを収集するように指示し、さらに重要なことに、そのデータの管理を委員会に任せることを義務付けた。[77] この制度を導入してから5年後、この企業における賃金格差はほぼなくなっていた。

第5章　ヘンリー・ヒギンズ効果

女性の体をめぐるデータ・ギャップ

　フェイスブック社の最高執行責任者（COO）、シェリル・サンドバーグが最初の子どもを妊娠したとき、彼女はグーグル社で働いていた。「妊娠中は大変だった」とベストセラー『リーン・イン』（日本経済新聞出版社）でも述べている。つわりは臨月まで毎日続いた。お腹が大きくなっただけでなく、全身がむくんでいた。とくに足は、靴のサイズがふたまわりも大きくなるほどむくみがひどく、「自分の目でその不格好な足を見ようと思ったら、コーヒーテーブルの上にでも載せなければならない始末」だった。

　2014年当時、すでに巨大企業となっていたグーグルは、駐車場も巨大だった。全身がむくんでいた彼女には、駐車スペースから遠く離れたオフィスまで歩くだけでも、日ごとにつらさが増していった。何か月も我慢したのち、ついにサンドバーグはグーグルの創業者のひとり、セルゲイ・ブリンのオフィスに乗り込み、「（エントランスにいちばん近い場所に）妊婦専用の駐車スペースを用意すべきだと主張した。それも、いますぐに」。ブリンは「いままでそんなことは考えてもみなかったと言って、即座に同意してくれた」という。サンドバーグ自身、「妊婦には駐車場の配慮が必要だということに、実際に自分が妊婦になるまでなぜ気づかなかったのか」と「困惑」したと述べている。

グーグルにもデータ・ギャップが存在することが、サンドバーグの妊娠によって初めて明らかになったわけだ——男性の創業者たちにもサンドバーグにも、妊娠の経験はなかったから。ところが、トップの女性の妊娠によってデータ・ギャップはたちまち解消された。おかげで、それ以降に妊娠した女性の従業員たちは助かっただろう。

とはいえ、上級役員の女性が妊娠しなくても、グーグルにはこの問題を解決する機会はあったはずだ。妊婦の女性従業員たちは、それまでも存在したのだから。もっと早くこの問題を認識できたはずであり、そうすべきだった。だが現実には、地位の高い女性が巻き込まれないかぎり、問題は解決しない。企業の経営陣はいまだに男性が大半を占めているため、現在でも職場ではこうした問題にはこと欠かない。たとえば、女性には開けにくいほど重いドアや、下にいる人たちにスカートのなかが見えそうな透明な階段やロビーのフロア。ヒールの先端がすっぽりはまってしまう舗道の隙間。もちろん、どれも重大な問題ではなく、ささいなことかもしれないが、イライラの原因になる。

それに、オフィスの標準室温の問題もある。オフィスの標準室温は1960年代に、47歳で体重70キロの男性の安静代謝率を基準として設定することに決まった。[1] しかし、最近の研究によって、「軽度の事務を行う若い女性の安静代謝率」は、同じ職種の男性の標準値よりも「だいぶ低い」ことが明らかになった。つまり、この基準では女性の実際の安静代謝率が実際より35％も高く見積られており、現在のオフィスの室温は、女性にとっての適温より平均で2・8度も低くなっているのだ。だから、真夏のニューヨークのオフィスでは男性たちが軽装で歩き回っているいっぽう、女性たちはブランケットにくるまっているという、奇妙な光景が見られる。[2]

このようなデータ・ギャップは不公平をもたらし、業務にも支障をきたす——職場環境が快適でなければ、従業員の効率は上がらないからだ。だが職場におけるデータ・ギャップは、非快適なオフィス環境や非効率につながるだけではすまない。場合によっては、慢性疾患につながる恐れもある。つまり、女性たちが死ぬ場合もあるのだ。

過去100年間で、職場の安全度は全体的にかなり改善した。1900年代の初めのイギリスでは、労災死亡者数は毎年約4000人だったが、[3] 2016年には137人まで減少している。[4] アメリカでは、1913年の労災死亡者数は（労働人口3800万人のうち）約2万3000人だったが、[5] 2016年には労働人口1億6300万人のうち、労災死亡者数は5190人だった。[6] 致命的な事故の件数が顕著に減ったのは、雇用主と政府に対して安全基準の改善を求めた、労働組合の訴えによるところが大きい。イギリスでも1974年に労働安全衛生法が制定されてから、労災死亡者数は85％も激減した。朗報にはちがいないが、ひとつ言っておきたいことがある。職場における重傷事故は、男性の場合は減少しているいっぽう、女性の場合は増加しているという証拠があるのだ。[7]

女性労働者の重傷事故の増加は、データにおけるジェンダー・ギャップと関係がある。これまで職業研究は典型的な男性中心の業界を対象としてきたため、女性の傷害を予防するための知識に乏しいのだ。建設業で重量物を運搬することは誰でも知っているし、重量制限や安全な方法も周知徹底されている。だが介護における力仕事についてはどうだろう？　そんな女性の仕事に、わざわざ訓練なんか必要ないって？

ベアトリス・ブーランジェは、訓練を受けなかった。高齢者の訪問介護員《ホームヘルパー》としての業務内容は、「すべて現場の仕事をとおして学んだ」という。だが訪問介護では、肥満の人を含めて、重量物を運搬することが多い。ある日、ブーランジェは訪問先で入浴の介助をした女性をバスタブから出そうとしたとき、肩が脱臼してしまった。「関節のまわりが粉々に砕けてしまったんです」。彼女は労働衛生誌『ハザーズ』に対して語った。「上腕骨頭を切断する羽目になりました」

最終的には、彼女は人工肩関節置換術を受けることになった。そして、二度と仕事に復帰できなかった。[8]

そんな目に遭ったのは、彼女ひとりではない。女性の介護士や清掃員は、建設労働者や鉱山労働者よりも重量物を運搬する回数が多い場合もある。[9]

「3年前にようやく、2階にも水道場ができたんです」。フランスのとある文化施設で働く清掃員の女性が、ニュースサイト「イコール・タイムズ」の取材に対して語った。「それまではバケツで水を汲んで2階まで運んでいき、水が汚れたら下に運んで捨てていました。そんなこと、誰も気にかけてくれなかったけど」[10]

しかも建設労働者や鉱山労働者とはちがって、女性たちは家に帰っても休めない。こんどは無償の労働が待っていて、相変わらず重いものを運んだり、床に這いつくばったり、ゴシゴシこすったりしなければならないのだ。

2018年、遺伝学者でケベック大学モントリオール校の生物学教授のカレン・メッシングは、女性の労働衛生の研究に捧げたみずからの生涯を振り返って、次のように記した。「重量物の運搬テクニックにおいて、胸の大きさが腰痛に及ぼす影響に関する生物力学的研究は、いまだに行われていない」[11]。これについてはすでに1990年代に、メモリアル大学のエンジニア、アンジェラ・テイトが、生物力学的研究は男性中心になっていると警鐘を鳴らしていたにもかかわらずだ。さらに、疼痛システムの作用のしかたは女性と男性では異なることを示す研究報告が相次いでいるにもかかわらず、女性たちが訴える筋骨格痛に対しては、いまだに懐疑的な目が向けられている、とメッシングは指摘している。[12] やがて、疼痛に関するほぼすべての研究において、オスのラットが使用されていることが明らかになったのは、つい最近のことだ。

労働衛生における研究格差

労働衛生に関するデータにおけるジェンダー・ギャップが生じるのは、労災関連死は女性よりも男性のほうが多いことが原因とされる場合もある。たしかに重大事故は男性労働者に圧倒的に多いが、それだけでは全貌は見えてこない。労災関連死は、現場で起こる事故だけが原因ではないし、長期的に見た場合、労災関連死の最も多い原因でもない。

毎年、8000人が業務関連のがんによって死亡している。[13] この分野におけるほとんどの研究は男性を対象に行われてきたが、[14] 男性のほうが影響を受けやすいという確かな証拠はない。[15] この50年あまりで、先進諸国では乳がんの罹患率が有意に上昇している。[16] しかし、女性特有の体の問題や、職業や、環境についての研究が不足しているため、乳がん罹患率が上昇した原因を示すデータも不足しているのだ。[17]

「鉱山労働者の塵肺症《じんぱいしょう》のことなら、すべて明らかになっています」。スコットランドのスターリング大学で労働環境政策を研究している、ローリー・オニール教授は私に言った。「ところが、女性の物理的暴露や化学物質への暴露に関しては、とてもそうは言えません」

これは歴史的な問題でもある。オニールはこう語った。

「がんのように潜伏期の長い多くの疾病に関して結論を出すためには、膨大な数の症例が必要です」

これまでの研究では、鉱山労働者や建設労働者など、典型的な男性の業種における症例が数世代にわたって蓄積されてきた。具体的に言えば、男性のみだ。当然ながら、鉱山や建設現場には女性労働者もいたし、男性と同じように暴露していた場合もあったが、「研究からは『交絡因子』として除外されるケースが多かった」。いっぽう、女性労働者が主となる業種については、研究はいっさい行われてこなかった。したがって、いまから研究を始めたとしても、使用可能なデータ量が蓄積されるまでに数十年はかかる、とオニールは語っている。

しかも、研究はいまだに始まっていない。男性対象の研究のデータが女性にも当てはまるかのごとく、使用し続けているのだ。もっと具体的に言えば、25～30歳で体重70キロの白人男性のデータだ。それが「標準人」で、人類全体を代表する万能な存在として扱われている。だが当然、そんなわけがない。

男性と女性では免疫系もホルモンも異なり、ホルモンの吸収のされ方も異なる。[18] 女性は一般的に男性よりも体が小さく、皮膚も薄いため、毒物に対する安全な暴露量も低くなる。このように耐性閾値《いきち》が低いうえに、女性は体脂肪率が高い。なかには脂肪に蓄積しやすい化学物質もあるため、状況はさらに悪くなる。

その結果、「標準人」には安全とされる放射線量も、女性にとっては安全どころではないことが明らかになった。[19] 一般的に使用されている多くの化学物質についても、同じことが言える。[20] にもかかわらず、男性の基準をすべてに当てはめる方法が、いまだにまかりとおっているのだ。[21] 化学物質の使用方法によっては、状況はさらにひどくなる。そもそも化学物質は個別に検査され、暴露回数も基本的に1回と決まっている。しかし、女性たちが家庭（清掃用品や化粧品にも化学物質が含まれている）や職場で化学物質に暴露するときは、そんな具合ではない。

たとえば、ネイルサロンの従業員はほとんど女性で（移民も多い）、毎日のように、「マニキュア液、リムーバー、ジェル、ニス、消毒剤、接着剤など、仕事の必需品に含まれている」さまざまな化学物質に暴露している。[22] こうした化学物質の多くは、がん、流産、肺病との関連性が指摘されている。なかには体の通常のホルモン機能を狂わせてしまうものもある。業務を終えて帰宅してからも、ほとんどの女性は無償労働に追われ、一般的な清掃用品に含まれているさまざまな化学物質に暴露する。[23] このような化学物質が混ざったときの効果はほとんど不明だが[24]、混合化学物質への暴露は、単体の化学物質に暴露した場合よりもはるかに毒性が高いことが、研究によって指摘されている[25]。

化学物質の研究の大半は、経皮吸収による暴露に注目したものだ[26]。男性は女性よりも皮膚が厚いため、吸収率が異なるかもしれないという問題はあるが、ネイルサロンで働く女性たちが化学物質に暴露する方法は、経皮吸収しかない。なかでも揮発性が高い化学物質は、室温でも空気中に蒸発してしまう。それを、アクリルネイルをやすりで削った際に出る大量の塵芥《じんかい》もろとも、吸気と一緒に吸い込んでしまう可能性があるのだ。そのことが従業員に及ぼす影響についての研究は、ほぼ皆無と言っていい。

しかしデータは、欠落は多いものの増えてきている。女性の健康問題を研究しているアン・ローション・フォードは、最近カナダで問題となった件について話してくれた。

「トロントのセントラル・コミュニティ・ヘルスセンター［管轄地域の住民に対し、総合的な医療および保健衛生を提供する施設］のひとつはチャイナタウンの近くにあるのですが、そこのクリニックに、化学物質への暴露による典型的な症状が見られる女性たちが、たくさん訪れるようになったのです」。その女性たちは、全員、ネイルサロンの従業員だった。複数の研究でネイルサロンの空気の状態を調査したところ、職業暴露限度を超えているケースはほとんどなかった。ただし、その職業暴露限度の基準となったデータは、慢性の長期間の暴露による影響を考慮したものではなかったのだ。内分泌かく乱物質（ＥＤＣ）［いわゆる環境ホルモン］については、それがとりわけ問題となる。なぜならほかの多くの化学物質とはちがって、ＥＤＣはきわめて低濃度でも有害となるからだ。しかも、プラスチックや化粧品や洗浄剤など、さまざまなものに含まれている[27]。

ＥＤＣは生殖ホルモンを擬態してその作用を阻害し、「細胞や臓器の機能に変化を引き起こすことによって、体の代謝や成長や生殖過程にさまざまな影響を及ぼす[28]」。ＥＤＣに関するデータや、ＥＤＣが女性に与える影響に関するデータは、限られている。[29] だが、すでにわかっていることだけでも憂慮すべき内容であり、本格的なデータ収集プログラムを立ち上げてしかるべきなのだ。

ＥＤＣは乳がんとの関連性があることがわかっており、美容師はホジキン病、多発性骨髄腫、卵巣がんのリスクがとくに高いことが複数の研究で明らかになっている。[30] 職業衛生研究者のジム・ブロフィーとマーガレット・ブロフィーが、自動車のプラスチック部品の工場で使用されている化学物質を調査したところ、「そこで使用されている化学物質で」乳がんの発がん性物質および／あるいは内分泌かく乱化学物質（ＥＤＣ）の「疑いのないものは、ひとつとしてないことがわかった」。

「キャンプ中に焚き火を囲んでいるときに、誰かがプラスチックのボトルや発泡スチロールのカップを火のなかに投げ込んだら、みんな逃げますよね」。ブロフィーは指摘した。

「臭いだけで有害だとわかります。あの工場で働いている女性たちは、まさに毎日がそんな状態です。彼女たちが扱う成形機では、ペレット〔粒子状のプラスチック〕を加熱するのですが、ペレットにはありとあらゆるＥＤＣが含まれているのです」

女性が乳がんの発がん物質、あるいはＥＤＣに暴露する業務を10年間続けた場合、乳がんの発症リスクは42％も上昇する。しかし、ブロフィーらの研究によって、女性が自動車部品のプラスチック工場で10年間働いた場合は、乳がんの発症リスクは3倍になることがわかった。

「さらに50歳以下の場合、つまり閉経前の乳がんについては、発症リスクは5倍に上昇することがわかったのです」

この業種では1年間働いただけで、乳がんの発症リスクが9％増加するのだ。[31]

世界保健機関（ＷＨＯ）、ＥＵ、アメリカ内分泌学会（ＥＳ）はいずれも、ＥＤＣの危険性に関して主要な報告書を発表している。とくに内分泌学会は、ＥＤＣの使用は先進諸国の乳がん発症率の有意な増加に関連性があると主張した[32]。ところが多くの国々において、EDCの使用規制はほとんど行われていない。EDCを含んでいることが多いフタル酸エステル類は、プラスチックの柔軟化に使用され、「子ども用の玩具からシャワーカーテンまで、幅広い商品に含まれている。さらにマニキュア液や香水や化粧水、薬のコーティング剤、医療機器のチューブにも含まれている」。

カナダでは、EDCの使用が「明確に規制されているのは、子ども用のソフトビニル製品のみで、化粧品産業ではほぼ規制されていない」。EUにおいては、2015年の時点で、許可を受けた目的以外のEDCの生産は認められていないが、EDCを含む製品の輸入は認められている。アメリカでは、メーカーに対して清掃用品の成分表示を義務付けていないが（アメリカでは、家庭の掃除の70%、ハウスクリーニングやホテル清掃の89%を女性が担当しており、清掃員の大半はエスニック・マイノリティの女性たちだ）、最近の報告書によって、「安全」とされている清掃用品にもEDCが含まれていることが明らかになった[33]。また、2014年に生理用ナプキン「オールウェイズ」の検査を実施した結果、「スチレンやクロロフォルムやアセトンなど、発がん性物質および生殖や発達を阻害する毒物が数多く含まれていることが明らかになった[34]」。

女性の化学物質への暴露については、明らかにもっと大量の良質なデータが必要だ。とくに必要なのは、性別で区分・分析された、生殖に関する健康状態を含むデータである[35]。さらに、胎児や新生児への使用を禁止するだけでなく、女性たちの体への影響を測定する必要があるが、現時点ではほとんど実施されていない[36]。研究者たちには、つぎのふたつのことを理解してもらう必要がある。女性たちは無償労働が負担となって有給の仕事を辞めたあとは、複数のパートタイムの仕事をかけもちしている場合が多いこと（それがローリー・オニールの言う〝暴露のカクテル〟につながる）。だからこそ、女性たちの現在の単独の仕事状況を調査するだけでは、データにおけるジェンダー・ギャップが広がるだけだということを。[37]

労働衛生調査のデータにおけるジェンダー・ギャップが、女性たちの死亡につながっているのは疑いの余地がない。そして、女性たちの体が職場でどのような影響を受けているかについて、体系的なデータ収集をいますぐに始める必要がある。ただし、それだけでは話は終わらない。なぜなら、実力主義の神話が根強いことからもわかるとおり、データにおけるジェンダー・ギャップを縮めることは、第1のステップにすぎないからだ。第2の重要なステップでは、政府や組織が実際にそのデータを活用し、それにもとづいて施策を打ち出す必要がある。だが、いまだその兆しは見えていない。

カナダでは、化学物質への暴露に関する性別で区分されたデータが存在するにもかかわらず、政府は「多くの化学物質について、性別に関係なく1日摂取量しか示していない」[38]。イギリスでは、毎年2000人の女性がオルタナティブ・ワーク〔正規雇用に対し、多様で柔軟な働き方を指す〕に関連性のある乳がんを発症しているが、「オルタナティブ・ワークによって引き起こされる乳がんは、国の定める疾病一覧には含まれていない」[39]。子宮がんに関連性のあるアスベストも、国際がん研究機関（IARC）による発がんの危険度ランキングではトップとなっている。しかも、卵巣がんはイギリス人女性に最も多い婦人科系のがんであるにもかかわらず、やはり国の定める疾病一覧には含まれていない。それどころか、アスベストに関連性のある卵巣がんの症例については、衛生安全委員会事務局による追跡調査も、集計も行われていないのだ。

「標準的なユーザー用の」仕事道具

このように典型的な女性中心の業界においてリスク認識ができていないのは、こうした業種が家事の延長のように扱われているせいもある（もっと大変だからこそ、有償なわけだが）。しかし、このようなデータにおけるジェンダー・ギャップは、女性中心の業界だけの問題ではない。これまで見てきたとおり、男性中心の業界で働く女性たちは「交絡因子」として除外されており、女性労働者のデータは収集されてこなかったのだ。

その結果、衛生や安全に関する記録がきちんと残されている業界でも、女性たちはひどい目に遭っている。アメリカでは、2007年には約100万人の女性農場経営者がいたにもかかわらず、「アメリカで市販されている農機具や道具はほぼすべて男性用か〝標準的な〟ユーザー用にデザインされ、サイズや重さや強度などの点において、ことごとく標準的な男性向けになっていた[40]」。そのせいで女性には重すぎる、あるいは長すぎる機具や、バランスの取りにくい道具や、握りづらいハンドルや取っ手（女性の手は男性の手よりも平均で約2センチ短い）や、女性にはコントロールしにくい耕運機（たとえば、トラクターのペダルが運転席から離れすぎているなど）などが製造された。

建設業における女性労働者の傷害に関するデータはほとんどないが、ニューヨーク職業安全衛生委員会（NYCOSH）は、建設業組合を対象とした研究では、手首や前腕の捻挫や筋肉損傷、神経系疾患を含む負傷率は、女性のほうが男性よりも高いという結果が出ていると指摘している。データが不足しているため、原因について確かなことは言えないが、少なくとも原因の一部は、男性の体格に合わせてつくられた機具のせいだと考えるのが妥当だろう。

イギリスのウィメンズ・デザイン・サービス（WDS）の元ディレクター、ウェンディ・デイヴィスは、セメント袋の標準サイズに疑問をもっている。男性には楽にもち上げられるとしても、あの大きさでなければならない理由はないはずだ、とデイヴィスは指摘する。

「もう少し小さかったら、女性でももち上げられるのに」

また、レンガの標準サイズも問題視している。

「(成人の)娘がレンガをもっている写真があるんですが、大きくて片手ではもてないんですよ。でも(娘の夫の)ダニーはしっかりと片手でもっています。なぜレンガはあのサイズに決まってるんでしょう? べつにあのサイズじゃなくてもいいのに」

さらに、建築士が使っているA1サイズのポートフォリオも、男性は楽にもち運びできるが、女性の腕には収まらないとデイヴィスは指摘する。それについても、娘とその夫の写真で証明できるという。NYCOSHも同じように、「レンチのような標準的な大工道具は、女性の手には大きすぎてしっかり握れない」と指摘している。[41]

軍隊の女性たちも、男性の体格に合わせてつくられた装置の影響を受けている。いろいろと調べていくうちに、私はこんなものを見つけた。「触覚状況認知システム(TSAS)」という、ものものしい名称のついた空軍パイロット向け胴衣《ベスト》で、32個のセンサーが装着されており、パイロットが自分の(her)ポジションを修正すべきときに振動で教えてくれる。つまり、パイロットが空中で自分の位置を見失って、上下の方向がわからなくなったときに役立つのだ。私がここでherと書いたのは、「触覚状況および人間触覚インターフェース」のレビューには、「TSASによって、パイロットは地面に対する自分の(his)位置を知ることができる」と、さりげなく書いてあったからだ。[42] 男性の代名詞を使ったのは、どうやら意図的のようだ。なぜなら、レビューのあとのほうにこんなくだりが出てくる。

「振動をよく感知できるのは、皮膚に毛の生えた骨ばった部分であり、柔らかい肉付きのよい部分では感知しにくい」

アメリカ空軍における女性の割合は20%で、[43] 女性の胸には乳房があり、毛むくじゃらとは言い難いことを考えれば、このベストを女性が着用した場合は、機能的に問題があるのではないだろうか?

軍が女性の体格を考慮していないせいで生じる問題は、女性兵士が装置をうまく使えないだけではなく、負傷につながるケースもある。イギリス陸軍では、「健康状態や体力は同じにもかかわらず」、女性は男性よりも筋骨格損傷が7倍も多いことがわかった。さらに、股関節および骨盤の疲労骨折は10倍も多い。[44]

女性のほうが骨盤疲労骨折が多いのは、私が命名した「ヘンリー・ヒギンズ効果」と関連性がある。1956年のミュージカル『マイ・フェア・レディ』で、言語学者のヘンリー・ヒギンズ教授の居丈高な叱責に何か月も耐えてきた、哀れな弟子のイライザ・ドゥーリトルは、ついに教授にくってかかる。面食らった教授は、思わずこんな文句を言う。

「なぜ女は男のようになれないのだろう？」

ありがちな文句だ――それに対する解決の常套手段は、女性たちを改善すること。とにかく男性が普遍的で、女性は「非定型的」と決めつけられる世界では、驚くべきことではない。

そして、陸海空のイギリス軍の上層部は、昔からヘンリー・ヒギンズだらけだった。2013年にイギリス空軍の3名の女性兵士が（そのうちひとりは4回の骨盤骨折を経て、医学的見地から除隊となった）[45]、軍の慣行に異議を唱えて法廷で争うまで、イギリス軍の女性兵士たちは、男性兵士の歩幅に合わせることを強要されていた（男性の歩幅は平均的に女性の歩幅よりも9〜10％広い）[46]。オーストラリア軍では、女性兵士の歩幅を約76センチから約71センチに減らしたところ、骨盤疲労骨折の件数が減少した。男性と同じ歩幅を女性に強要するのをやめたからといって、軍紀が乱れるような事態には陥っていないわけだ。

兵士たちが重荷を背負うことも、状況をさらに悪化させている。負荷が大きくなるほど、女性兵士の歩幅は狭くなるいっぽう、男性兵士の歩幅には「有意な変化」は見られない。[47] アメリカのある研究では、女性は体重の25％以上の負荷がかかると、ケガのリスクが5倍も高くなるという結果が出ているのだが[48]、それもうなずけるだろう。背嚢《はいのう》が女性の体格に合わせてつくられていたら、重い荷物を背負っても大事には至らなかったかもしれないが、残念ながらそうではない。「男性を対象とする人体測定学にもとづいてデザインされた」背嚢は、女性にとっては安定感に欠け、ピストルベルトも体にフィットせず、背嚢のストラップの位置も合っていない。[49]「パッド入りのヒップベルトがあれば、荷重を臀部《でんぶ》にうまくずらせる」ため、女性はもっと強い脚の筋肉を使って重荷を運ぶことができることが、複数の研究によってわかっている。[50] 男性の上半身の強さは平均で女性よりも50％高いが、下半身の強さを比較した場合、その差は約半分の25％程度だ。ところが、女性たちは男性の上半身の強さを基準につくられた背嚢を背負うことによって、首を伸ばしすぎ、両肩が前に出すぎるせいで、ケガにつながるだけでなく、歩幅が狭くなってしまう。

女性の体格を考慮してつくられていないのは、背嚢だけではない。米国陸軍士官学校において、女性の胸囲やヒップ周りを考慮した制服がつくられたのは、女性の入学が許可されてから35年後の２０１１年のことだった。[51] その他の改善点としては、女性のほうが一般的に脚の長さが短いため、ひざパッドの位置をずらしたこと。そして、おそらく最も画期的なのは、ズボンの股当てを変更したことだ。女性用の制服では、ユニバーサルな前部のファスナーの代わりに、女性がズボンを脱がなくても小用を足せるようにしたという。このように米国陸軍が女性の体格をいくらか考慮し始めたとはいえ、まだ問題は残っている。女性の足は一般的に幅が狭く、アーチ部分が高くなっているが、それに合ったブーツがないのだ。『ワシントン・タイムズ』紙によれば、米国陸軍は「熱帯気候、寒冷地気候、山岳地帯、砂漠地帯、雨天用など用途別のブーツ」を購入している。[52] ないのは、非定型の女性用だけだ。

屋外で長時間を過ごす女性たちにとって、どうやって用を足すかは悩ましい問題だ。イギリスでは、沿岸警備隊員は全員、支給されたオーバーオールを着用し、その上に悪天候用のウェアや、ライフジャケット、クライミングのハーネスなどの個人用保護具（ＰＰＥ）を装着する。前面にファスナーがふたつあるオーバーオールは男性には便利だが、イギリスの労働組合会議（ＴＵＣ）の２０１７年報告書において、ある女性が述べているとおり、女性にとっては「小用を足すのもひと苦労」になってしまう。ＰＰＥを全部取り外してから、オーバーオールも脱ぐ必要があるからだ。その女性はこう述べている。「沿岸警備隊が捜索に当たるケースは、通常、何時間もかかります。そのため、女性隊員たちがどんな不便を味わっているかは想像がつくでしょう。上層部に対し、オーバーオールの代わりにツーピースの制服を支給し、上着を脱がずにズボンだけ脱げるようにしてほしいという提案も上がっており、上層部もなかなかいい考えだとは思ったようですが、実現のめどはまったく立っていません」[53]

アラスカで気候変動を研究している女性科学者も、男性用につくられたオーバーオールに悩まされていた。[54]極寒地気候ではオーバーオールの着用が最も理にかなっているように思えるが、やはりファスナー式なのだ。屋内トイレでも、小用のためだけに上着から全部脱ぐ必要があるので、時間がかかる。屋内トイレがない場合は凍傷の恐れがあるため、問題はもっと深刻だ。そこで、その女性はゴム製のじょうごを買ってペニスに見立て、用を足そうとしたが――その結果、びしょ濡れになってしまった。なぜ女は男のようになれないのだ？

イギリスでは、雇用主は従業員に対し、保守点検されたＰＰＥを無料で提供することを法律で義務付けている。しかし、ほとんどのＰＰＥは欧米の男性の体型的特徴に合わせてつくられている。雇用主の多くは、法的要件を満たすには、女性従業員のために小さめのサイズを買うしかないと考えていることが、ＴＵＣの調査で明らかになった。[55]女性エンジニア学会による２００９年の調査では、ＰＰＥの74％は男性向けであることがわかっている。[56]またプロスペクト・ユニオンが、救急サービス、建設業、エネルギー業界などの幅広い分野で働く女性たちを対象に実施した２０１６年の調査では、女性向けのＰＰ

Eを着用している女性たちは29パーセントにすぎなかった。[57] いっぽう、TUCによる2016年の調査では、「女性向けのPPEを着用している女性たちは、エネルギー業界では10%未満、建設業では17%しかいない」ことがわかった。[58] ずばり、鉄道業界の女性はこう述べている。

「小さいサイズはめったになく、男性用のSサイズしかない」

PPEの「男女共用」は「重大な問題」につながる恐れがあるとTUCは警告している。胸囲、ヒップ周り、腿周りの寸法が合っていないせいで、安全ハーネスのストラップがしっかりフィットしないのだ。防塵マスクも、ハザードマスクも、アイマスクも、米国人男性の「標準的な」顔型を基準につくられているため、ほとんどの女性にはフィットしない（また、黒人男性やマイノリティの男性にもフィットしない場合が多い）。さらに、安全靴（ブーツ）にも問題がある。ある女性警察官は、女性の犯罪現場捜査官用の安全靴を探したときの経験をTUCに語った。

「支給されたPPEの安全靴は男性用と同じものでした。女性の足にはフィットせず、重すぎるし、アキレス腱に圧迫感がありました。でも、制服店は取り合ってくれなかったんです」

これは履き心地だけの問題ではない。女性たちの体に合っていないPPEは業務の妨げとなり、皮肉にも、それ自体が安全を脅かすものになってしまう。ニューヨーク職業安全衛生委員会（NYCOSH）は、「作業着や手袋がゆるい場合は、機械に巻き込まれる可能性があり、靴が大きすぎる場合はつまずく原因となる」と指摘している。[59]『プロスペクト』誌の2016年の調査では、PPEが「ときに、もしくはかなり業務の妨げになることがある」と回答した人は57%、[60] 女性エンジニア学会の調査でも60%にのぼった。鉄道業界のある女性労働者は、支給された通常の13号の手袋は「機関車の乗り降りには危険」だったので、上司に不満を伝えた。上司が彼女の手に合ったサイズの手袋を注文するまで、どれくらい時間がかかったのか、その女性は明らかにしていない。だが同じように、13号の手袋を支給されたべつの女性は『プロスペクト』誌に対し、上司を説得して適正なサイズの手袋を発注してもらうまで、2年もかかったと語っている。TUCの2017年報告書では、PPEのサイズが合わない問題が最も深刻なのは救急サービスで、PPEのせいで業務に支障を感じたことはない、と回答した女性は5％にすぎず、防護服も防刃ベストやジャケットも、いずれも不適切であると指摘された。[61]これはどうやら世界的な問題らしく、2018年、スペインではある女性警官が、支給された男性用の防弾ジャケットのサイズが合わず、自分で購入したもの（約6万円もする）を着用していたせいで懲戒処分を受けた。[62]民間警備協会の女性事務局長ピラール・ヴィラコルタは『ガーディアン』紙に対し、女性警察官のジャケットのサイズが大きすぎた場合は、二重の意味で無防備になってしまう、と語った。体をきちんと覆っていないうえに、「銃や手錠や警棒をさっと手に取れない」からだ。[63]

現場で働く職員にとっては、体に合っていないPPEは命取りになることもある。1997年、イギリスの女性警察官が水撃ポンプを使ってアパートに侵入しようとしたところ、刃物で刺されて死亡した。防護服を着たままだと水撃ポンプをうまく操作できないため、防護服を脱いでいたのだ。その2年後、ある女性警察官は、防護服の着用によって健康被害が生じたため、乳房縮小手術を受けたことを明らかにした。この報道のあと、700名の女性警察官が声を上げ、標準支給される防護ベストについて苦情を申し立てた。[64]それから20年以上のあいだ、苦情はつねに上がっていたが、対策はほとんど取られていない。またイギリスの女性警察官たちは、ガン・ベルトのせいで痣《あざ》ができたと報告している。また、防刃ベストの胸部がきつすぎるせいで、理学療法を受けるはめになった人も多い。防刃ベストが体に合わないのは、着心地が悪いだけでなく、胸部が持ち上がるせいで丈が短くなり、無防備な部分ができてしまうのだ。だったら、そもそも着用する意味などないではないか。

第6章　片っぽの靴ほどの価値もない

ワイルド・ウエストばりの労働環境

ビスフェノールA（BPA）に対する不安が一気に高まったのは、2008年のことだった。この合成化学物質は、1950年代から透明で耐久性のあるプラスチックの製造に使用されており、哺乳瓶や食品の容器から主給水管まで、無数の消費財に含まれている。[1] 2008年には、世界で毎年270万トンのBPAが製造されるようになった。その浸透ぶりはすさまじく、6歳以上のアメリカ人の93％の尿からBPAが検出されているほどだ。[2] ところが米国連邦健康機関は、私たちが日常生活で摂取しているBPAは、がん、染色体異常、脳異常、行動異常、代謝異常を引き起こす可能性があると発表した。さらに重要なのは、暴露量の規制基準より低いレベルでもこのような症状が表れるという。当然、世間は大騒ぎになった。

BPAをめぐる騒動は、女性の医療データを無視するとどうなるかを示す教訓とも言えるだろう。BPAが女性ホルモンのエストロゲンを擬態する可能性があることは、すでに1930年代半ばにはわかっていた。そして、合成エストロゲンは女性の体内で発がん性をもつ可能性があることも、遅くとも1970年代には明らかになっていた。1971年には、30年間にわたって何百万人もの妊婦に処方されてきたべつの合成エストロゲン、ジエチルスチルベストロール（ＤＥＳ）が禁止された。胎児のとき、母親の子宮内でＤＥＳに暴露した若い女性たちに、まれな膣がんが発症したという報告が相次いだためだ。[3] しかし、ＢＰＡはその後も膨大な数のプラスチック製品に使用され続けた。１９８０年代には、アメリカにおけるＢＰＡ生産量は「ポリカーボネートがＣＤやＤＶＤ、水筒や哺乳瓶、実験器具や医療器具などの新しい市場を獲得したことによって、毎年約45万３０００トンにまで急増した」[4]。

だが、ＢＰＡの問題にはジェンダーだけでなく階級も関わってくる。あるいはジェンダーおよび階級の問題と言うべきかもしれない。ほとんどの哺乳瓶メーカーは消費者による大規模なボイコット運動を恐れて、自社製品におけるＢＰＡの使用を自主的に中止した。アメリカではＢＰＡは有毒ではないというのが公式な見解だったが、ＥＵやカナダは全面禁止に向けて動き出した。しかし、法令はあくまでも消費者を対象としたもので、職場における暴露に関しては規制基準がまったく定められていない。[5] 労働衛生の研究者、ジム・ブロフィーは次のように語っている。

「皮肉なのは、妊婦や出産直後の女性への危険性はさんざん指摘されているいっぽう、哺乳瓶を製造している女性たちへの危険性についてはまったく言及されないことです。こうした女性たちの暴露レベルは、通常の環境ではありえないほど高くなっています。それなのに哺乳瓶の製造現場で働いている妊婦たちのことは、話題にもならなかったのです」

こんなことはまちがいだ、とブロフィーは語る。公衆衛生において労働衛生が最優先されるべきなのは、「労働者は社会に危険を知らせるカナリアの役割を果たしているから」だ。プラスチック産業における女性労働者の乳がん発症率が高いことがきちんと報告され、認識されていたなら、そして「合成化学物質を毎日使用している労働者の健康状態に、どんな変化が起こっているかを注視していたら」、これほど広範な製品に使用認可は下りなかったはずだ」。そうすれば、「公衆衛生にも大きな効果」をもたらしたにちがいない。

だが、社会は注視していない。カナダでは、1990年代から5か所の女性健康研究所が開設されており、女性健康研究者のアン・ローション・フォード自身も、そのうちのひとつを運営しているが、いずれも2013年に助成金が削減された。同じくイギリスでも「公的研究資金は大幅に縮小されている」、とローリー・オニールは語っている。そのため、「はるかに潤沢な資金を有する」化学業界とその関連業界は、何年も規制に抵抗することができ、政府による禁止や制限にも逆らった。化学業界は、合成化学物質の一部については自主的に使用を中止したと主張したが、無作為の検査結果では依然として検出されていた。それでも、化学業界は自分たちの製品が健康に悪影響を及ぼすことを示す研究やその他の証拠を、ことごとくはねつけたのだ。[6] 1997年から2005年のあいだに、世界各地の研究所ではBPAに関する115件の研究が行われた。政府の資金提供によって実施された研究の90％では、BPAの暴露量は基準用量以下であるという結果が出た。いっぽう化学業界の資金提供による11件の研究では、健康への悪影響は1件も報告されなかった。[7]

その結果、職場は危険なままだ。ブロフィーから聞いた話では、彼が視察したほとんどの自動車プラスチック部品の工場では、換気設備は「天井の扇風機くらいしかなかった。そのため、煙は呼吸ゾーンを通過して天井まで上っていく。真夏の暑い時期には煙が目に見えるほどで、そういう時期はドアを開放している」。カナダのネイルサロンも同様だと、ローション・フォードは語る。

「まるで開拓時代の米国西部《ワイルド・ウエスト》ですよ。ネイルサロンは誰でも開けます。つい最近まで、営業許可証すら必要なかったのです」

規制はいまでも「相当ゆるい」という。換気や実習に関する要件もなければ、手袋やマスクの着用を義務付ける法律もない。必要最低限の要件についても、苦情が出ないかぎり検査も入らない。

だが、ここでもうひとつの問題にぶち当たる。いったい誰が苦情を申し立てるのか？　従業員ではないことは確かだ。ネイルサロンや自動車のプラスチック部品工場など、さまざまな危険な場所で働く女性たちは、社会で最も弱く無力な立場にある。労働者階級の貧しい人びとであり、とくに移民の場合は在留資格が危うくなるようなことはできないため、つけ込まれて搾取されがちになる。

自動車のプラスチック部品の工場は、フォードのような巨大な自動車メーカーの傘下にはない。多くは小規模の納入業者《サプライヤー》で「組合もないため、雇用基準に違反していても処罰を免れていることが多い」とローション・フォードは私に語った。カナダの自動車産業の中心地であるオンタリオ州ウィンザーは、国内で最も失業率が高い。そのため、もっとよい雇用条件を要求したくても、「そうか、じゃあ辞めてもらおう。君の仕事を欲しがっている女性が10人もいるんだから」と言われるのがおちだ。「工場労働者たちが、実際にそう言われたと話してくれたんです」とローション・フォードは語る。

それ自体が違法に思えるだろうか。実際、そうかもしれない。過去１００年ほどのあいだに、従業員の権利の枠組みが確立された。国によっても異なるが、多くの場合は有給の疾病休暇や出産休暇の権利や、規定の労働時間に対する権利や、不当かつ（もしくは）突然の解雇からの保護が保証されている。けれども、このような権利が適用されるのは被雇用者だけだ。そして、それ以外の労働者はますます増えている。

多くのネイルサロンでは、ネイリストと雇用契約ではなく請負契約を結ぶ。そのほうが雇用主にとっては好都合なのだ。顧客の需要に左右される事業のリスクを、労働時間の規定もなければ雇用の保証もない労働者に負担させればいいからだ。きょうはお客さんが少ない？　じゃあ、君は出勤しないでくれ、給料出せないから。ちょっとした事故に遭った？　君はクビだ。解雇手当なんか、もちろんないよ。

２０１５年、『ニューヨーク・タイムズ』紙は、47歳のネイリスト、キン・リンの体験談を報道した。

リンは、顧客が履いていたプラダのパテント・サンダルに除光液を少しこぼしてしまった。[8] 弁償を求められた上司は、顧客に270ドルを握らせた。だがその金はリンの給与から差し引かれ、彼女は解雇された。「私には片っぽの靴ほどの価値もない、ってことです」と彼女は言った。リンの体験談は、『ニューヨーク・タイムズ』のネイルサロン潜入調査の特集記事で紹介された。従業員たちが味わった「ありとあらゆる屈辱」を暴いた記事で、店内に設置されたカメラでオーナーにつねに監視され、言葉による虐待や身体的な虐待を受けているケースもあった。[9] ニューヨークで提訴された訴訟では、あるサロンがネイリストたちに時給1・5ドルで週66時間労働を強制し、飲料水の料金まで徴収したうえに、客の入りの悪い日には給与をいっさい支払わなかったなど、数々の疑惑が持ち上がった。

『ニューヨーク・タイムズ』の潜入調査記事が掲載されたのち、ニューヨーク州では営業免許制度が導入された。労働者には最低賃金を保証することや、ネイルサロンには「権利章典」を数か国語で表示することが義務付けられた。[10] しかし、アメリカのほかの州や世界の各地には、恵まれていない労働者がたくさんいる。イギリスでは、ネイルサロンの規制や免許はほぼ任意的なものであり[11]――つまり実際のところ、ないも同然だ。2017年の報告書では、労働者の大半を占めるベトナム人の女性労働者たちのことを「現代の奴隷制度の犠牲者」だと表現している。[12]

不安定労働の現実

ネイルサロンは、規制がきわめてゆるいさまざまな業種の氷山の一角にすぎず、法の抜け穴を利用している企業や雇用主は数知れない。ゼロ時間契約〔週当たりの労働時間が明記されない契約〕も、短期契約も、人材派遣会社経由の契約も、すべてシリコンバレーの「ギグ・エコノミー」〔インターネットを通じて単発・短期の業務を請け負う働き方〕を響きのよい名称に変えただけで、あたかも労働者に利益をもたらすかのように見える。だが実際、ギグ・エコノミーは、従業員の基本的な権利を雇用主が保証しないですむための方法にすぎない。アルバイト契約は悪循環を生む——そもそもアルバイトの立場は弱いため、労働者たちは自分たちが持っている権利のためにすら、闘おうとして声を上げない。その結果、持っている権利まで損なわれてしまうのだ。ＥＵで最も急速に不安定労働が増加したイギリスでは、[13] アルバイト契約が急増したせいで労働者の権利が不法に損なわれていることが、労働組合会議の調査で明らかになっている。[14]

当然ながら、国際労働組合総連合（ＩＴＵＣ）が「驚異的な増加」と述べた不安定労働について、ジェンダーによる分析はほとんど行われていない。ＩＴＵＣの報告書では、女性の不安定労働が急増したことは、「公式統計にも政府の政策にもほとんど反映されていない」。なぜなら、「労働市場動向の測定に用いる標準的な指標やデータ」は、ジェンダーに配慮しておらず、そもそもデータ自体が性別で区分されていないため、「女性の総数を把握するのが難しくなっている」からだ。そのため、結果的に「不安定労働における世界的な女性の総数は不明となっている[15]」。

しかし、地域や業界ごとの研究データは、不安定労働において「女性の割合が過剰であること」を示している。イギリスでは、２０１４年には低賃金労働者の約3分の2を女性が占めるようになり、[16] その多くは「休業時の収入を補うために、不安定契約の仕事を複数かけもちしている」ことが、労働組合ユニゾンの調査によって明らかになった。[17] また最近のフォーセット・ソサエティの報告書によれば、イギリスの女性労働者の8人にひとりはゼロ時間契約で雇われており、[18] ロンドンでは、その割合は3分の1近くにもなる。

不安定労働は「格式」が低い労働市場の話だと思うかもしれないが、実際にはあらゆる業界や職務レベルで増えてきている。[19] イギリスの大学組合、ユニバーシティ・アンド・カレッジ・ユニオン（ＵＣ

U）によれば、エリートの職業とされている高等教育は、アルバイト労働による雇用が2番目に多い分野となっている。[20] UCUのデータは性別で区分されていないが、イギリスの高等教育統計局によれば、短期契約や有期契約は男性よりも女性のほうが多く、[21] ドイツおよびヨーロッパの統計でも同様の結果が出ている。[22]

さらに広く見れば、この10年間でEU全域において女性の雇用が増加したのは、パートタイム労働と不安定労働によるものだ。[23] オーストラリアでは男性労働者の20％がアルバイト雇用であるのに対し、女性労働者の場合は30％だ。日本では非正規労働者の3分の2を女性が占めている。[24] ハーバード大学が2005年から2015年に増加した「オルタナティブ・ワーク」を研究した結果、女性の割合が「2倍以上」に増えていたことがわかった。つまり、「女性のほうが男性よりもオルタナティブ・ワークの雇用形態が多くなっている」のだ。[25]

これが問題なのは、不安定労働は誰にとっても理想的とは言えないが、とりわけ女性たちには深刻な打撃をもたらすからだ。まずは、性別による賃金格差がさらに悪化している可能性がある。イギリスでは、ゼロ時間契約の労働者は正規労働者にくらべて34％も時給が低い。この割合はアルバイト契約では39％、人材派遣会社経由の契約では20％となっている。公共サービス部門の業務委託化が進むなか、こうした契約はいずれも増加傾向にある。[26] しかし、それによって女性たちがどのような影響を受けているか、突き止めようと思った人はいないようだ。あるヨーロッパの賃金政策の分析では、業務委託化は「性差による影響をほとんど、あるいはまったく考慮せずに実施されてきた」と批判している。[27] 実際に既存のデータを見れば、性差による影響が如実に表れている。

第1に、派遣業務において「団体交渉の余地が小さくなってしまう」。これはすべての労働者にとっての問題だが、とりわけ女性には由々しき問題になりうる。なぜならエビデンスが示しているとおり、女性にとっては団体交渉が（個別の賃金交渉とは反対に）とりわけ重要だから――女性はとかく控えめな態度が要求されるからだ。結果的に、団体交渉の余地がない派遣業務が増加すれば、性別による賃金格差を縮めようとする動きに悪影響を及ぼしてしまう。

だが、不安定労働が女性に及ぼす悪影響は、予想外の副作用だけではない。ギグ・エコノミーの特徴である立場の弱さも問題だ。イギリスでは、女性が出産休暇を取得できるのは、被雇用者である場合だけだ。「労働者」の場合、つまり短期契約やゼロ時間契約の場合は、出産休暇が付与されないため、いったん仕事を辞め、出産後にふたたび求人に応募しなければならない。また労働基準法にもとづく産休手当が支給されるのは、直前の66週間のうち26週間以上勤務しており、週賃金が116ポンド以上の場合に限られる。

そこで厄介な問題が生じる。イギリスのある大学の研究員であるホリーは、元の仕事に復帰できず、出産後は給与等級がふたつも下がってしまった。[28] 同じく大学の研究員であるマリアは、出産予定日の6週間前に突然、なぜか勤務時間を半分に減らされた。これは大学側には好都合で、出産手当の金額もそれに応じて減額となった。パブレストラン勤務のレイチェルの身にも、同じことが起こった。妊娠したことを雇用主に告げたところ、いきなり勤務時間を減らされたのだ。彼女の場合、出産手当がまったくもらえない可能性もある。

出産後、マリアはべつの大学と契約を結んだが、週3時間以下の勤務という条件だった。もちろん代講を引き受けるのは可能であり、実際に引き受けているが、代講の打診は直前にくる場合が多い。ここで、とりわけ女性労働者にとって第2の大きな問題にぶつかる――予想不可能な直前のスケジュール変更への対応だ。

これまで見てきたように、世界中の無給のケア労働の大半は女性が担っており、とくに育児をしている場合は、不規則な勤務への対応はきわめて難しい。これもまた、データがあるのに活用していない例とも言える。イギリスの保育サービスは、女性たちの勤務実態に見合っていないのだ。現在、イギリスの低所得世帯および中間所得世帯の75％は標準労働時間以外にも働いているが、正式な保育サービスは、いまだに午前8時から午後6時までしか利用できない。しかも事前の予約と支払いが必要なため、子どもを預ける日時があらかじめわかっていないと難しい。これはひとり親にとっては（イギリスでは90％が女性[29]）とりわけ厳しい問題だ。ちなみに、ひとり親は短期労働者の27％を占めている。[30]イギリスの保育費はヨーロッパで最も高いこともあり、時間外労働のための保育費も高くついてしまう。[31]

スケジュールの問題をさらに悪化させているのが、ジェンダーに配慮していないアルゴリズムだ。「ジャスト・イン・タイム」というスケジューリング・ソフトを導入する企業がますます増えている。販売パターンなどのデータを利用して、いつ、何名くらいの従業員が必要になるかを予測するのだ。リアルタイムの売上分析にも対応しており、消費者需要が低いときはマネージャーに通知があって、従業員を帰宅させる。

「まるで魔法ですよ」。クロノス社の営業開発担当の副社長は、『ニューヨーク・タイムズ』紙にそう語った。[32]

たしかに、同社のソフトを利用して収益増大を目指し、営業上のリスクを労働者に押し付けている企業にとっては、魔法みたいに思えるかもしれない。また、要員計画の効率性にもとづいて報酬が支払われるマネージャーも増えているため、マネージャーたちにとってもありがたいはずだ。だが、働く身にとっては――とくに子育て中の労働者にとっては、いい迷惑だろう。サンディエゴのスターバックスで働くバリスタのジャネット・ナヴァーロは、アルゴリズムが作成したスケジュール表を『ニューヨーク・タイムズ』紙に見せた。[33]金曜日の夜11時まで勤務したあと、土曜日は朝4時に出勤、日曜日も朝5

時に出勤というスケジュールだった。スケジュールが3日前より早く知らされることはめったになく、彼女は子どもの預け先を見つけるのに苦労するだけでなく、経営学の準学士号もなかなか取得できずにいた。これもまた、データにおけるジェンダー・ギャップが甚だしい世界にビッグデータを導入すると、既存の差別がさらに拡大し、加速化することを示す例と言えるだろう。このソフトの設計者たちが、女性による無償のケア労働に関するデータを知っていたか、あるいは気にかけていたかはともかく、このソフトは明らかに、女性労働者のことを考慮せずに設計されたものだ。

スターバックスの広報担当者は『ニューヨーク・タイムズ』に対し、ナヴァーロの件は「あくまでも例外で、通常は1週間前に勤務スケジュールを連絡しており、従業員が定例シフトを希望する場合は、それも可能」だと述べた。しかし、記者たちが現在のスタッフと元スタッフに取材をしたところ、「アメリカ各地のスターバックス17店舗において、1週間前に勤務スケジュールの連絡があると回答したのは2名だけで、なかには前日に連絡を受けたというケースも散見された」。雇用主が労働者に割り当てる勤務シフトについて、最低限、何日前までに連絡すべきかを法令で定めた都市もいくつかあるが[34]、アメリカ全土に適用される法令は存在しない。イギリスを含む、ほかの多くの国々も同様である。到底、十分とは言えない。有給の仕事に加えて、(おもに)女性たちが(ほぼ)無償で行っているケア労働は、オプションの仕事などではない。社会にとって不可欠な仕事だ。その都合をまったく考慮していないジャスト・イン・タイム方式のスケジューリングを押し付け、どちらの仕事もこなせと言うのは、どだい無理な話なのだ。私たちにはふたつの選択肢がある。女性による無償のケア労働に替わるサービスを、公的資金によって国が無料で提供する。もしくはジャスト・イン・タイム方式のスケジューリングを廃止するかだ。

性的ハラスメントと暴力

女性は不安定な雇用に身を置いて、権利を侵害されるべきではない。不安定労働や非正規雇用の女性たちは性的ハラスメントのリスクが高いことがわかっている[35]（おそらく同僚や雇用主などハラスメントの相手に対し、断固たる態度を取りにくいからだろう）。[36]しかし、#MeToo《ミートゥー》ムーブメントがソーシャルメディアで盛り上がるにつれ、もはやセクハラが問題視されない業界などほとんどない、という現実から逃れるのは困難になってきている。

だがここでも、データが欠落している。イギリスの労働組合会議は「職場における性的ハラスメントに関する最新の定量的データが不足している」と警告しているが、これは世界的な問題と思われ、公式統計はほとんど入手できない。国連の推計では（推計しかないのだ）、EU諸国の女性たちの50％は職場でセクハラに遭っている。[37]中国では推計80％、[38]オーストラリアのある研究では、女性看護師の60％がセクハラに遭っていることがわかった。[39]

問題の深刻さは業界によって異なる。男性中心の業界や、トップが男性中心主義の職場では、セクハラの被害が多い傾向がある。労働組合会議による２０１６年の研究では、製造業で働く女性の69％、ホスピタリティおよびレジャー業界で働く女性の67％が、「何らかのセクハラを経験している」ことがわかった。いっぽう、全業界の平均は52％である。[40]それと同様に、２０１１年のアメリカの研究では、セクハラが最も多いのは建設業、ついで運輸・公益事業の業界であることが明らかになった。また、シリコンバレーの女性上級職を対象とした調査では、性差別的な行動を目撃したことがある人は90％、男性の同僚から下品なことを言われた経験がある人は87％、意に反して性的な誘惑を受けた人は60％という結果が出た。その60％のうち、一度ならず性的な誘惑を受けた人は半数にのぼり、65％は上司からの誘惑だった。調査対象の女性たちの３人にひとりは、身の危険を感じたことがあると回答した。[41]

ハラスメントの最悪のケースは、一般の人びとと密接に関わる職種の女性たちの身に起こっている。こうした例では、ハラスメントから暴力に発展することが多い。

「その男性は彼女の体をかつぎ上げ、部屋中に投げ飛ばし、顔を殴打したため、あたり一面が血だらけになった」

「その人は私をつかんでグラスで殴りました。私が床に倒れたあとも、まだ殴り続けたんです。(中略)必死に抵抗しながら、廊下の端まで追い詰められました。私のひじや顔から流れ出た血が、壁についていました」

あなたの職場の日常風景とはかけ離れているとしたら、医療従事者でないことを感謝したほうがいい。看護師は「警察官や刑務所の看守よりも暴力に遭うことが多い」ことが研究で明らかになっている。[42] 2014年、カナダのオンタリオ州の調査では、医療分野において、職場での傷害によって休職を要した件数は「調査対象のほかの業種よりもはるかに多い」ことがわかった。また最近のアメリカの研究でも、「医療従事者が暴力に遭って休職するケースは、ほかの理由による休職の4倍にのぼっている」ことが明らかになっている。[43]

ジム・ブロフィーは同僚の労働衛生研究者のマーガレット・キースと共同研究を行った結果、カナダの医療分野は「我々が見たなかで、最も劣悪な労働環境のひとつ」であるという結論に達した。カナダの医療従事者が直面している暴力に関する2017年の研究において、ブロフィーらはフォーカスグループの人びとの言動に注目した。「その人たちはまるで当たり前のように『毎日職場に行くたびに、こんな目に遭っています』と語った」。そこでブロフィーらが「毎日」というのは誇張で、ときどきという意味ですよね？　と確認すると、「きっぱりと否定された。『いいえ、毎日です。もう仕事の一部ですよ』と言うのだ」。ある看護師の話では、患者が「頭の上に椅子を振り上げて」、「ナースステーションで椅子を叩きつけ、暴れ回ったことが2、3度あった」。ほかにも病室用の便器や、皿や、外れた建具などをつかんで、看護師に殴りかかってくる患者もいた。

医療現場での暴力は、これほど横行しているにもかかわらず、「ほとんど報告されずに蔓延《まんえん》するいっぽうで、根強い問題として堪忍され、見て見ぬふりをされてきた」。その理由のひとつは、研究が行われてこなかったせいだ。ブロフィーらの研究によれば、2000年の時点では、医療従事者に対する暴力はほとんど議題にものぼらなかった。2017年に彼らが医学学術文献データベース「メッドライン」で「看護師に対する職場での暴力」を検索したところ、「世界中で155件の論文が見つかり、そのうち149件は2000年から検索時点までに発表されたものだった」。

しかし、女性が職場で直面する性的ハラスメントや暴力に関して、世界的にデータが不足しているのは、研究が不足しているせいだけではない。大多数の女性が被害を報告していないせいでもある[44]。それは、この問題に対処するための適切な手続きを定めていない組織にも責任がある。女性たちが被害を報告しないのは、報復を恐れているため、そして、どうにもならないと思っているからだ——多くの業界では、無理もない話だろう[45]。ある看護師はブロフィーらに言った。

「だから叫ぶんです。私たちには叫ぶことしかできないんです」

女性労働者が直面している、このようなハラスメントに対処するための手続きが整備されていないのは、それ自体がデータ不足の結果であるとも言える。どの業界でも、経営陣は男性が中心であり、また男性は現実問題として、女性のように肉体的・精神的な攻撃にさらされていない[46]。したがって、グーグルの経営陣が妊婦専用の駐車スペースの設置を思いつかなかったのと同じように、多くの組織はセクハラや暴力に対処するための適切な手続きを設ける必要性に考えが及ばないのだ。こうした事例もまた、トップの人間たちが多様な経験を有することが、いかに組織の全員にとって重要であるか——真剣にデータ不足をなくそうと思ったら、それがどれほど重要であるかを示している。[47]

看護師たちの過酷な日常

さらにブロフィーらは、「医療業界における暴力の分析」には、「ジェンダーによる分析が基本的に（中略）欠けている」と警告している。これは残念なことだ。国際看護師協会によれば、「医療従事者のなかで、看護師は最も危険にさらされている」――そして看護師の大多数は、女性だ。ジェンダー分析が行われていないということは、性的暴力の報告件数は慢性的に過小になっていることを、考慮していないことを意味する。ブロフィーらの研究では、性的暴力を報告した女性労働者はわずか12％だった。「何度も体をつかまれた」ことがあるという。

しかし、「報告しないのが当たり前になっているせいで、性的暴力の報告件数はきわめて過小になっていると思われる」という認識は、公式データである報告書には記されていない、とブロフィーは私に言った。こうしてメタデータ・ギャップは注目されないままだ。

看護師たちが職場で直面する暴力は、従来の病院設計では防ぐのが難しい。長い廊下のせいで看護師たちは孤立しがちだ、とブロフィーは説明する。ある看護師はブロフィーに言った。「廊下は本当に怖いんです。スタッフ同士の距離が離れているので、コミュニケーションも取れません。だから、病棟は円形のほうがいいと思います」

それもひとつの改善策だとブロフィーは指摘する。スタッフの助け合いが促進されるからだ。「病棟が円形だったら、遠く離れた場所で作業することもありません。スタッフが2名しかいなくても、なにかあれば物音で気づくはずです」

ほとんどのナースステーションには飛散防止ガラスのバリアもなければ、後部出口もなく、看護師たちは攻撃から身を守ることができない。ある看護師はブロフィーに、同僚の看護師が患者から性的暴行を受けた際のことを語った。

「検査官はナースステーションにガラスのバリアを設けるように推奨しました。でも病院側は反対したんです。患者さんたちを悪者扱いするようなまねはよくないと言って」

ブロフィーが取材をした看護師たちも、アメリカ労働衛生安全局も、従来型の病院設計において安全上の懸念となる点をいくつか指摘している（「安全対策が不十分な出入口、冷暖房の不備、神経にさわる騒音レベル、安全管理が不十分な備品」など）が、いずれの問題も、誰も悪者にしなくてもすむ方法で対処できるはずだ。また政府は、病院の慢性的な人手不足を招いている政策の転換を図ることもできる。この問題に関しては、ブロフィーが「いつ、どこで話を聞いても」問題点として挙がったと述べている。患者が長く待たされるのが「引き金」となって、看護師への暴力につながるというのが看護師たちの見解だ。

「患者さんが困ったとき、すぐにスタッフが駆けつけないと――ずっと待たされていると――乱暴な態度がエスカレートしてしまうのです」と、ある看護師は語った。

病棟のレイアウト変更も、スタッフの増員も、安上がりにはいかない。しかし、看護師たちが医療施設内での暴力による傷害やストレスによって休職に追い込まれていることを考えたら、コスト面でも見合うのではないだろうか。残念ながら、これに関するデータは「適切に収集」されていない、とブロフィーは私に言った。しかし、「病院はきわめてストレス度の高い職場環境であること、そして看護師たちへの要求は増えるいっぽうで、それを制御する術がないことは、疑いのない事実だと思う。このままでは、看護師たちはいずれ燃え尽きてしまうのを待つだけだ」と彼は語った。

そうすると、辞めてしまう人材にかかった研修費用等のコスト問題も浮上してくる。ブロフィーが実施したフォーカスグループの話し合いでも、よく話題にのぼった。

「25年、30年という勤続年数の看護師たちが、『私は清掃員になることにした』とか『もうこれ以上耐えられないから、厨房で働く。もう無理だよ。サポートも得られず、毎日危険におびえて、怖い目に遭わされるうえに、こっちの言い分は否定されて、助けてもらえないんだから』なんて言うんです」

しかし、そこまで長期的な問題としてとらえなくても、コストのかからない対策もたくさんあり、なかには驚くほど単純な方法もある。患者の暴力行為はつねにチャートに記録し、警告を与えること。報告手続きをもっと簡便にすること――そして実際に、上司らに報告書を読ませること。アラーム音の種類を目的別に分けることなどだ。

「たとえば、患者が使用するナースコール、入浴介助を求めるベル、呼吸停止や心臓停止の緊急事態のベル、スタッフが使用する緊急アラームなどが、ナースステーションでは全部同じ音で鳴るんです」（1970年代のイギリスのテレビドラマのファンなら、コメディ番組『フォルティ・タワーズ』でこのアラーム問題はおなじみのはずだ）。

張り紙などによって、受け入れがたい行為を明示するのも費用はかからない方法だ。

「病院内のコーヒーショップに、〝暴言お断り〟って張り紙が貼ってありました」。ある女性看護師はブロフィーに言った。

「でも、うちの病棟にはそんな張り紙はありません。（中略）配偶者を亡くした人や孤独な人のためには、独身者専用のウェブサイトがあります、なんて張り紙はあるのにね。看護師のために〝暴力お断り〟って張り紙は貼ってくれないんですかね」

最も単純きわまりない方法は、ブロフィーの研究に参加した看護師たちの提案だろう。「名札には姓を記載せず、ファーストネームのみとする。これは安全対策として雇用主側が用意する」

そうすれば、見舞客が看護師にこんな暴言を吐けなくなる。

「初めまして、〇〇〇・〇〇〇〇さん。名札に名字まで書いてあるから、あなたがどこに住んでるのか、調べればすぐにわかるね」

女性はずっと働いてきた。無償でも、給料が低くても、感謝されなくても、目に見えなくても、女性たちは働き続けてきた。だが現代の職場は、女性たちが働きやすい職場ではない。勤務地も、労働時間も、規制基準も、男性の生活を基準として考案されたものであり、もはや目的にかなっていない。労働環境を整えるには、法令、設備、文化を含む、大規模な再設計が必要である。そして再設計は、女性特有の体の問題や女性の生活に関するデータにもとづいて行わなければならない。女性たちがこなしている仕事は、余計なことでもなければ、やらなくてすむ仕事でもない。女性たちの仕事は、有給・無給にかかわらず、私たちの社会と経済を支えている。私たちはそれに対し、正当な評価を始めるべきだ。

第3部

設計《デザイン》

第7章　犂《すき》の仮説

農業のデータ・ギャップ

　歴史的に犂《すき》を使用してきた社会では、そうではない社会にくらべて、ジェンダーの平等が進んでいないという「犂の仮説」を打ち出したのはデンマークの経済学者、エスター・ボーズラップだ。比較的女性に適している耨耕《どうこう》農業（鍬《くわ》や掘り棒などの手道具を使う）と犂耕《りこう》農業（牛馬など力の強い家畜に犂を引かせる）を比較して、前者のほうが女性にやりやすいという考え方だ。[1]

　やりやすさが性別によって異なるひとつの理由は、男女の体格の違いにある。犂耕の場合、「犂を引くにも家畜を操るにも、大きな力が必要であり、上半身の強さと握力の強さが欠かせない」ため、体格的に男性のほうが有利だ。[2]上半身の体重は、男性のほうが女性よりも75％多い。[3]女性の場合、上半身における除脂肪体重の割合が低いため、[4]結果的に、男性の上半身の強さは女性よりも平均で40～60％も高くなっている[5]（下半身の強さの差はもっと小さく、男性のほうが女性よりも平均で25％高い）。[6]握力に関しては、女性のほうが男性よりも平均で41％低い。[7]この男女差は年齢に従って変化するものではなく、平均的な71歳の男性のほうが、平均的な25歳の女性よりも握力が強い。[8]また、この性差は訓練すれば縮まるものでもない。ある研究では「高度な訓練を受けた女性アスリート」と「訓練を受けていない、もしくは特別な訓練を受けていない男性」の握力を比較したところ、女性アスリートたちの握力は「男性たちの握力の50％を超えることはほとんどなかった」[9]。実験全体では、女性参加者の90％（この場合、訓練を受けていない女性たちも含む）は、男性参加者の95％よりも握力が弱いことが明らかになった。

しかし、鍬耕農業と犂耕農業では女性にとってのやりやすさに差があるのは、ジェンダーによる社会的役割の結果でもある。畑を鍬で耕すのは、始めるのも手を止めるのも簡単なので、育児をしながらでもできる。だが、家畜に重い犂を引かせる場合は、そうはいかない。また、鍬で耕すのに必要なのは体力だが、犂耕には資本が必要だ[10]。女性たちには働く時間はあっても、お金はない。その結果、犂耕を行う地域では男性が農業を支配するようになり、男性が権力と特権を独占する不平等な社会を生み出した、とボーズラップは主張している。

２０１１年のある論文では、ボーズラップのこの仮説を精査した[11]。その結果、伝統的に犂耕農業を行う社会で育った子孫たちは、移民としてほかの国々で暮らすようになっても、性差別的な考え方をする傾向にあることが明らかになった。さらに、性差別的な考え方は、鍬耕農業よりも犂耕農業に適している地質学的な条件とも、関連性があることが明らかになった。つまり、犂耕農業が選ばれたのは根強い性差別主義のせいではなく、もとは風土条件のせいであったが、結果的に性差別的な考え方が生じた可能性を示唆している。

犂の仮説を誹謗中傷する人たちもいる。２０１４年のエチオピアにおける農業分析では、この国では農業は男性がするものと決まっており（「エチオピアの実質的な公用語であるアムハラ語のほぼすべての民話」に出てくる農民は、すべて男性だ）、とくに犂耕農業は男性しか行わないが、ここでは上半身の強さの問題ではない。というのも、エチオピアでは軽い犂が使用されているからだ（ただし、資本や育児の問題は考慮していない）[12]。さらにこの分析では、犂の仮説に異議を唱えた１９７９年の論文を引用している。異議の根拠は、「犂耕が導入されなかった地域、とくに北アフリカのクシ語派の一部で農業を行うのは男性である」ためだ。

だが、本当にそうだろうか？　そう言い切るのは難しいはずだ。なぜなら、お察しのとおり、実際に農業に従事している人びとに関するデータは、穴だらけだからだ。報道や論文や報告書[13]でも、数字にいくらか幅はあるものの、「女性たちは、アフリカ大陸における農業労働の60~80%を占めている」という主張は枚挙にいとまがないが、科学的根拠に欠けている場合が多い。こうした統計は1972年の国連アフリカ経済委員会から始まったもので、必ずしもまちがっているとは言い切れないが、いずれにせよ、データ不足のため証明できないのだ。

ひとつの理由としては、農業では男女が一緒に作業する場合も多いため、最終的な農産物ができるまでに、男女のどちらがどれだけの労力を費やしたか、正確に突きとめるのは難しいせいもある。国連食糧農業機関（FAO）の報告書において、経済学者のシェリル・ドスは、「食糧」をどのように定義し、評価するかによっても変わってくると指摘している。すなわち、カロリー値（主要作物がトップとなる）か金銭的価値（コーヒーがトップだろうか）だ。女性たちは「主要作物の生産に大きく関わっていることが多い」ため、カロリー値で比較した場合には、「女性が生産に関わる割合は、おそらくかなり大きくなる[14]」。

この「おそらく」が重要なのは、全国調査の報告書では、農業従事者の性別に関する記載がないからだ[15]。あるいは、実際にデータが性別で区分されている場合でも、不注意な調査方法によって、女性の労働が過小に報告されてしまう恐れがある。つまり、女性たちは「家事」をしているか、それとも「仕事」をしているかと質問された場合——あたかも両者は相互排除的であるかのような（あるいは、家事は仕事ではないかのような）表現だが——「家事」と答える傾向がある。自分たちがやっていることの大半は、家事に当てはまるからだ。[16] このような乖離は、「収入を生む活動を強調する」ことによってさらに拍車がかかり、その結果、おもに女性たちが行っている自給作物の生産は、過小評価されることが多い。また、国勢調査では農業を「畑仕事」と定義することが多く、女性たちが行っている「小さな家畜の養育や、家庭菜園の手入れ、収穫後の作業など」は実際よりも過小評価される傾向にある。男性中心の考え方がデータにおける大きなジェンダー・ギャップにつながることを示す、顕著な例と言えるだろう。

さらに、研究者らが用いる「一次」と「二次」という労働分類によっても、同様の問題が発生する。そもそも二次労働に関するデータは、調査では必ずしも収集されない。収集された場合でも、女性たちは労働者数にカウントされていない場合がある。こうした男性中心の考え方のせいで、女性たちの有給の仕事が目に見えにくくなってしまう。[17] 女性たちが調査への回答の際、自分たちの有給の仕事を二次活動として挙げることが多いのは、無償労働に費やす時間があまりにも多いからだ。でもだからといって、女性たちが1日のうちでそれなりに多くの時間を有給の仕事に費やしている事実に変わりはない。結果的に、労働力統計のデータには、ジェンダー・ギャップがかなり含まれていると言えるだろう。[18]

こうした男性中心の傾向は、ドスが前述の60〜80%という統計の数値をチェックするために使用するデータにも含まれている。ドスは、世界の農業労働人口に占める女性の割合は半分以下であるという結論を下したが、彼女が使用しているFAOのデータでは、「農業労働人口として個人をカウントするのは、その男性あるいは女性にとって、農業がおもな経済活動として報告されている場合に限る」のだ。つまり先ほど述べたとおり、そうなると、女性の有給労働のかなりの部分が除外されることになってしまう。公正を期すために述べておくが、ドスもこの方法に関する問題点は認識しており、ラテンアメリカ諸国において、女性が農業労働人口に占める割合が16%というのは、あまりにも低すぎると批判している。ラテンアメリカの農村の女性たちは、「本格的に農業に従事していても、自分のおもな仕事は〝家のこと〟だと答える傾向にある」と、ドスは述べている。

このように女性の農業労働力の集計に当たっては、データにおけるさまざまなジェンダー・ギャップが存在する。そうした問題に対処しようと思っても、食卓にのぼる食べ物のうち、どれだけの量が女性によって生産されたかを正確に把握することはできない。なぜなら、女性がどれだけ労力をかけても男性の生産量には及ばないからだ――農業における女性の生産性は、全体的に男性よりも低い。これは女性のほうが労働量が少ないからではない。労働量のわりに女性の生産量が低いのは、農業そのものが(機具から科学的研究、開発イニシアチブまで)男性のニーズを中心に設計されてきたからだ。実際、女性に課されたさまざまな制約を考えたら(土地の入手が困難で、クレジットも新しいテクノロジーも利用しにくいうえに、無償労働の負担が大きい)、「食用作物の総生産量の半分以上を女性が生産できたら、驚くべきことだ」と、ドスは述べている。

採用されなかった改良品種

FAOの推計では、女性が男性と同じように生産資源を利用できたら、女性の農業生産量は最大で30%増加する。[19]だが、現実はそうではない。かつての犂の導入と同様に、現代の「労力節約型」機器は、正確に言えば「男性の労力節約型」機器なのだ。たとえばシリアの2014年の研究では、農業機器の導入によって男性の労働需要は実際に減少し、男性たちは「農業以外にも、もっと収入のよい仕事を探す」ための余裕ができた。そのいっぽうで、「移植、草取り、収穫、加工など、女性たちの人手を要する作業」の労働需要は増加した。[20]それとは逆に、トルコでいくつかの農作業を機械化したところ、農業労働における女性の参加率は減少した。「男性たちが農業機器を独占するいっぽう、女性たちは及び腰だった」からだ。これは教育の欠如や社会文化的な規範のせいもあるが、「機器自体が女性向けにつくられていない」せいでもある。[21]

女性を犠牲にして男性に利益をもたらすのは、機器類だけではない。たとえば「農業普及事業」と呼ばれる教育プログラムがある。生産性を向上させるため、科学的根拠にもとづいた農作業を教えるものだ。こうした普及事業は昔から、女性が利用しやすいようにできていない。1988〜1989年のFAOによる調査（性別で区分されたデータを有する国々に限定）では、すべての普及事業のうち、女性向けのものは5％しかないことがわかった。[22] 当時にくらべれば少しは改善しているものの、[23] いまだに女性を考慮していない開発イニシアチブは多く[24]――役に立たないどころか、女性に大きな不利益をもたらす場合もある。

データ2X（ヒラリー・クリントンによって設立された国連主導の組織で、世界のデータにおけるジェンダー・ギャップをなくすためのロビー活動を行っている）による2015年の分析では、多くの介入策が女性たちに届かないのは、女性たちは働き詰めで、どんなに役に立つ教育内容であっても、そのために使える時間の余裕がないからだ。[25] さらに開発計画者は、女性は身軽に移動できないことも考慮しなければならない。育児や介護などを抱えているせいもあるが、移動手段が乏しい、ひとりでの移動がしにくいといった問題があるからだ。

それから、言語やリテラシーの問題がある。多くのプログラムはその国の公用語で実施されているが、女性は男性にくらべて公用語の教育を受けていない。世界的にも女性の教育水準は低いため、読み書きのできない女性も多く、教科書類も役に立たない。このようなごく基本的な問題は考慮されてしかるべきだが、いまだに看過されているのは、多くの証拠によっても明らかだ。[26]

多くの開発イニシアチブにおいて女性が対象から外れてしまうのは、最小規模の土地を所有していること、農家の世帯主であること、農地の所有者であることなどの参加要件のせいだ。ほかにも、新しい技術を導入するための十分な資金を有する農家を対象とすることで、女性が除外されてしまうケースもある。こうした参加要件は、農業従事者のなかでも男性にとって有利なものだ。なぜなら、農業に従事している女性たちは貧しく、小規模農業を営んでおり、農地を所有している人など皆無に等しいからだ。[27]

実際に女性の役に立つ介入策を計画するには、まずデータが必要だ。だが、そもそもデータを収集する意思がないように見える場合も多い。ビル＆メリンダ・ゲイツ財団の２０１２年の報告書には、主要作物の改良品種の育種および流通を図ろうとした、ある匿名の組織の話が出てくる。[28]だが、その「改良」というのは、あくまでも育種を担当した農家の視点で見た場合だ。しかも試験栽培を行った際、この組織が意見を訊いた農業従事者は男性ばかりだった。男性たちは、最も重要なのは生産量が多いことだと言い、今回の新しい品種はまさにその特徴を備えていると回答した。ところが驚いたことに、実際には、この品種は多くの農家で採用されなかったのだ。

そもそも、男性の意見しか訊かなかったのがおかしいだろう。データ・ギャップが大きいとはいえ、女性たちはかなりの割合で農業に従事している。発展途上国における女性の経済活動人口の79％、そして世界における女性の経済活動人口の48％は、農業が主たる経済活動であると回答している。[29]そして、その地域の女性の農業従事者たちは、生産量が最も重要な特徴だとは思っていなかった。女性たちにとって気になる点は、土壌の整備や雑草取りなど、その穀物を育成するに当たってどれくらいの手間がかかるかだった――そういう手間のかかる仕事は、女性の仕事だからだ。さらに最終的には、その穀物の調理にどれくらいの時間がかかるかも重要だ（それも女性の仕事だから）。この新たな生産量の多い品種は、育成や調理に時間がかかることがわかった。そのため当然ながら、女性たちはこの品種を栽培しようとは思わなかったのだ。

「無公害《クリーン》」な調理ストーブ

開発計画担当者がこのような落とし穴を避けるには、女性たちの話を聞けばすむことなのに、どういうわけか抵抗があるようだ。女性たちの意見も訊かずに新たな穀物の品種改良を行ったのはまちがいだったと思うなら、発展途上国における「無公害《クリーン》」な調理用ストーブの開発をめぐる話も聞いてほしい。

人間は（ここではおもに女性を意味する）新石器時代から、3つの石で火を囲んで料理をしてきた。中心に鍋を置けるように3つの石をバランスよく配置し、その下に燃料（木の枝など）を入れて火をおこすのだ。南アジアでは、いまでも75％の世帯がバイオマス燃料（木材などの生物体燃料）を光熱源として使用しており[30]、バングラデシュでは90％にものぼる[31]。サハラ以南のアフリカでは、7億5300万人がバイオマス燃料を調理のおもな熱源として使用している[32]。じつに現地人口の80％だ。

昔ながらの調理用ストーブの困った点は、きわめて有毒な煙を排出することだ。換気の悪い部屋で、このようなストーブを使って料理をする女性は、1日100本のタバコの煙にさらされているのと変わらない[33]。2016年の論文によれば、ペルーやナイジェリアなどの国々では、調理用ストーブから出る有毒な煙は、WHOの指標による基準の20～100倍に相当する[34]。この有毒な煙による死亡者数は、世界全体で毎年290万人にのぼり[35]、マラリアによる死亡者数の3倍となっている[36]。この問題を悪化させているのが、旧型調理用ストーブの燃料効率の悪さだ。このストーブで料理をする女性たちは、1日3～7時間も有毒な煙に暴露している[37]。世界的に見ても、屋内汚染物質は女性の死亡率における最大のリスク要因であり、5歳以下の子どもの主要な死因となっているのだ[38]。さらに屋内汚染物質は、世界疾病負担におけるおもな要因の第8位で、呼吸器損傷や心血管損傷を引き起こすとともに、結核などの感染症や肺がんにかかりやすくなる[39]。しかし、おもに女性が影響を受ける健康問題ではよくありがちなことだが、「このような健康への悪影響に関しては、総合的かつ科学的に厳密な方法による研究は行われていない」[40]。

開発機関は1950年代から「無公害」調理用ストーブの導入を図っていたが、成果にはばらつきがあった。最初のきっかけは森林破壊の問題に対処するためで[41]、女性の無償労働の負担軽減や、旧型の調理用ストーブの煙による健康被害に対処するためではなかった。やがて、環境災害の原因は農地開拓のための森林伐採であり、女性たちによる燃料集めが原因ではないことが明らかになると、開発業界はクリーンな調理用ストーブの普及計画のほとんどを中止した。ロンドンの東洋アフリカ研究学院（SOAS）の人類学者エマ・クルーの説明によれば、無公害のストーブは「エネルギー危機の解決策としては失敗であり、ほかの開発地域には関係がないとみなされた」のだ[42]。

しかし、無公害のストーブの必要性はふたたび議題にのぼり、2010年9月、ヒラリー・クリントンは世界無公害調理用ストーブ同盟の設立を宣言し、無公害で燃料効率のよい調理用ストーブを、2020年までに新たに1億世帯に導入することを提唱した[43]。それ自体はすばらしい目標だが、それが実行に移され、女性たちが改良型の調理用ストーブを実際に使用したとしても、未解決の問題は多く、とくにデータ収集については問題が残っている。

2014年の国連の刊行物では、水と衛生に関するデータと比較して、燃料効率のよい調理用ストーブの利用率に関する各国のデータは「僅少」であり、国のエネルギー政策や貧困削減戦略報告書では、それより電力化を重視していると述べている[44]。世界銀行の2005年の報告書によれば、エネルギー利用率に関するデータ収集に関しては、政府は開発プロジェクトがもたらす社会経済的影響よりも、新規の系統接続件数などを測定する傾向にある[45]。また、政府は開発プロジェクトに着手するまえに、利用者の実際のニーズ（飲料水用ポンプ、食品加工、燃料集めなど）に関するデータを収集していない。このようなデータ不足の結果、無公害な調理用ストーブは、現在に至るまでほぼまったく利用されていない。

1990年代、ストーブの技術者たちはエマ・クルーに対し、新しいストーブの導入率が低いのは、利用者である女性たちが「保守的な文化」の出身だからだと説明した。[46] 新しいストーブを正しく使用するには、「教育」が必要だというのだ。こうやって、女性たちは21世紀になっても非難されている。2013年のウォッシュプラス（WASHplus）およびアメリカ合衆国国際開発庁（USAID）の資金提供による研究報告書によれば、バングラデシュにおいて5台の調理用ストーブのユーザー体験テストを実施したところ、5台とも以前よりも調理に時間がかかるうえに、目が離せないという声がいくつも寄せられた。[47] 旧型ストーブでは料理をしながらほかの用事をこなせたが、それができなくなったために調理方法を変えなければならず──仕事が増えただけだった。にもかかわらず、その報告書では、重要なのはストーブを改良することではなく、女性たちを教育することだとしつこく強調した。平均15時間に及ぶ女性の労働時間をこれ以上増やさないためには、ストーブの設計者らを教育する必要があると説くのではなく、この「改良型」ストーブがどれだけ優れた製品かを女性たちに教えてやる必要があるというわけだ。[48]

学者やNGOや外国人技術者らの意見がどうであれ、問題は女性たちではなく、ストーブだ。開発者たちはストーブを利用する女性たちのニーズよりも、燃料効率などの技術的パラメーターをつねに優先してきた、とクルーは説明する。[49] そして、低利用率は何十年も前から問題だったにもかかわらず、開発機関はいまだに問題を解決していない。[50] その理由はきわめて単純で、最初にユーザーである女性たちの意見を訊いてから製品設計を行うのではなく、自分たちの独断的な設計による製品を押し付けているからだ。[51]

また、インドのプログラムが失敗したのは、新しいストーブは実験室ではうまく作動したものの、旧型のストーブにくらべてメンテナンスに手間がかかるためだった。設計者たちは、通常のメンテナンスは当然「家庭」で行うものだと考えていた。[52] ところが、インドのオリッサ州では修理のたぐいは一般的に男がやるものと決まっている。妻はまだ旧型ストーブも使えるのだから、新しいストーブのメンテナンスは急がなくてもいいだろう、と男たちは考えた。そのため、女たちはふたたび有害な煙を出す旧型のストーブを使い始め、新しいストーブは台所の隅でほこりをかぶることになったのだ。

優先順位が男女によって異なる問題は、家計の支出にも影響を及ぼす。場合によっては、そのせいで新しいストーブを導入できない場合もある。バングラデシュでは1980年代から、さまざまな無公害ストーブを導入するために試行錯誤が繰り返されたが、農村部人口の98%以上は、いまでも昔ながらのバイオマス燃料ストーブを使用している。2010年の研究でその理由を調査したところ、女性は「改良型のストーブ、とくに煙突で煙を屋外に出す健康によいストーブを、男性よりも好む傾向が見られ」、夫が目の前にいない場合は、新型ストーブを注文する確率が高かった。ところが、4か月後、研究チームが新型ストーブを届けに行ったところ、女性たちはやっぱり旧型でいい、と言うようになっていたのだ。[53]

女性たちが結局、無公害のストーブを導入できなかったのは、たんに購買決定権がないからだということが、2016年のある報告書で明らかになった。その報告書では、「世帯主が女性の家庭のほうが、世帯主が男性の家庭よりも、無公害タイプの調理器具の導入率が高い傾向が見られた」[54]。いっぽう、2012年のイェール大学の研究では、回答者の94%は「旧型ストーブによって屋内に排出される煙は有害だと思っている」が、「とりあえず調理ができれば間に合うので、旧型のストーブを使っている」ことがわかった。それでもイェール大学は、研究のプレスリリースにはあえてこんな見出しをつけた。「変革の取り組みも虚しく、バングラデシュの女性たちは有害な調理用ストーブを使いたがる」[55]

購買決定権がないから買えないのではなく、ただ頑迷だから買わないと思わせるような書き方だ。バングラデシュの貧困よりも、大気汚染から抜け出せない愚かでどうしようもない女たちのほうが、いい見出しになるとでも思ったのだろう。

このように女性たちのニーズを考慮した新型ストーブの設計および導入計画が、何十年たっても進まないことは、健康を脅かす災害である。そして状況はさらに悪化している。気候変動による土壌侵食や砂漠化のせいで良質の燃料がますます減少するなか、女性たちはさらに有害な煙の出る葉っぱや藁《わら》、糞などを使わざるを得ない。無公害ストーブが間違いなく女性の生活を著しく向上させるとわかっていながら、こんなふざけた話はない。2011年のイエメンの研究では、水道やガスストーブを利用できない女性たちは、有給の労働に使える時間が24%しかないのに対し、利用できる女性たちの場合は、この数字は52%にまで増加した。[56] インドにおけるストーブの利用状況に関する2016年の報告書では、女性たちが実際に無公害のストーブを導入した場合（たとえば、安価で運びやすい「アナギ2」という製品を使うと、調理にかかる時間が大幅に短くなることがわかった）、女性たちは家族と過ごす時間が増え、社会活動や地域の集まりに参加できる時間も増えた。[57] また無公害ストーブを導入した家庭では、子どもたちを学校に通わせる日も増えたことが明らかになった。[58]

いくらか希望も見えてきている。2015年11月、インドの研究者たちは、「3つの石を並べた炉に置くだけの安価な装置（米ドルで1ドル）」を使った現地試験に成功したと発表した。[59] この単純な装置によって、薪の使用量や煙の排出量を「もっと高価で燃料効率のよい調理用ストーブと同じくらいのレベル」に削減することができた。この画期的な成果は、長年のデータ不足を補った結果としてもたらされた。じつは、インド政府は20年も前から、高熱効率調理用ストーブ（HECs）の農村部への導入を試みていたが、うまくいっていなかった。そこで、研究者たちは原因を突きとめることにしたのだ。

現地の女性たちの話を聞いてみたところ、原因が明らかになった。ＨＥＣｓには「大きな薪は入らないので、割らなければならない」のだ。前述のバングラデシュでの5台のストーブを使った２０１３年の研究では、この問題を取り上げていなかった。だが今回の現地試験におけるインドの研究者たちは、料理に関することは、燃料も含めて、すべて女性たちの仕事であることを理解した。薪を割るのは「女性たちにはかなり困難」なので、女性たちが「ＨＥＣｓを使うのをやめて、薪の大きさを気にしなくてすむ、伝統的なチュルハ（泥とレンガでできたストーブ）」に戻ったのは、きわめて当然のことだったのだ。

以上の調査結果にもとづき、研究者たちは女性たちのニーズに合わせてストーブを改良することにした。「一種類のＨＥＣｓをあらゆる伝統的なストーブの代用品として用いるのは難しい」ことに気づいた研究者たちは、「薪の使用量を有意に減少させるには、世界各地で、それぞれの土地に合わせた解決策が必要となる」という結論に達した。こうしてデータ主導の方法によって設計されたのが「メワ・アンギティ（ＭＡ）」というシンプルな金属装置で、「伝統的なチュルハの内部に設置することで、ＨＥＣｓと同様の通気メカニズムを実現できる」ものだった。

またコストを下げるため（これもユーザーにとっては大事な問題だ）、研究者たちはこの装置の材料には、座金の製造過程で出るスクラップ金属を使用した。地元のマーケットで見つけたもので、「金属板の4分の1のコスト」ですむ。そして、「ＭＡは金属を曲げただけの単純な設計なので、個々のチュルハに合わせて設置することが容易となっている」。その後、ケニア[60]やガーナ[61]でも同じ装置を使って研究を実施したところ、同じような成果が上がった。この事例はまさに、データにおけるジェンダー・ギャップをなくすことを前提として設計を行えば、成果が上がることを示している。

第8章　男性向け＝万人向け

大きすぎるスマートフォン

1998年、ピアニストのクリストファー・ドニソンはこう記した。

「世のなかには大きく分けて2種類の人たちがいる。手が大きい人たちと、手が小さい人たちだ」

ドニソンは男性としては平均よりも手が小さく、長年、従来のピアノの鍵盤で苦労してきた。だが彼の記述は、女性の立場から書いたものとしても通用する。女性のほうが平均的に男性よりも手が小さいことは、多くのデータからも明らかになっている。[1] ところが、まるで「男性向け」は「万人向け」だと言わんばかりに、器具の設計はいまだに平均的な男性の手の大きさを基準に行われている。

性差とは無関係なはずの製品が、男性向けの汎用品のように設計されることで、女性たちは不利益を被っている。女性の平均的な手の幅は7〜8インチ〔約17・8〜20・3センチ〕で、[2] 標準的な48インチ〔約122センチ〕の鍵盤を使うのはなかなか大変だ。標準的な鍵盤の1オクターブの幅は7・4インチ〔約18・8センチ〕であり、ある研究では、成人の女性ピアニストの87%は、この鍵盤では不利になることが明らかになった。[3] また2015年のある研究では、473名の成人のピアニストたちの手の幅と「名声のレベル」を比較したところ、国際的名声を獲得している12名のピアニストたちは全員、手の幅が8・

8インチ〔約22・4センチ〕以上であることが明らかになった。[4] この名誉ある12名のなかに入った2名の女性のうち、ひとりは手の幅が9インチ〔約22・9センチ〕、もうひとりは9・5インチ〔約24・1センチ〕だった。

標準的なピアノ鍵盤のせいで、女性は男性にくらべて名声を獲得しにくいだけでなく、健康上の影響も受けている。1980年代から90年代にかけて、楽器の演奏家を対象に行われた一連の研究によって、女性の音楽家は仕事に関連するケガが「不釣り合いなほど多い」ことや、そのなかでも鍵盤楽器の演奏家たちが「最もリスクが高い」ことが明らかになった。さらに複数の研究によって、女性ピアニストは男性ピアニストにくらべて、疼痛やケガのリスクが約50％も高いことがわかった。また、ある研究では反復運動過多損傷（ＲＳＩ）を発症している人は、男性ピアニストでは47％であるのに対し、女性ピアニストでは78％にのぼった。[5]

これも手の大きさに関連がありそうだが、1984年の男性ピアニストのみを対象としたある研究では、「有名なソロピアニストで、国際コンクールの優勝者」と定義した、26名の「成功した音楽家」を選出した。さらに「問題症例」と定義した、べつの10名を選んだ。すなわち、「テクニカルな問題やケガの問題に長いあいだ悩まされてきた」人たちだ。[6] 前者のグループの人たちの手の幅の平均は9・2インチ〔約23・4センチ〕で、後者の「問題症例」の平均は8・7インチ〔約22・1センチ〕だった——それでも女性の平均よりはかなり大きい。

クリストファー・ドニソンが、スタインウェイのコンサート用グランドピアノで、「もう何千回となく弾いてきた」、ショパンのバラード第1番ト短調のコーダ〔最終部分〕を練習していたときだった。彼はふと思った。僕の手が小さすぎるんじゃなくて、鍵盤のサイズが大きすぎるのだとしたら？　その発想が、手が小さい人のための新しい鍵盤づくりへとつながった。ドニソンが設計した7／8ＤＳ規格鍵盤は、本人いわく、彼の演奏を一変させた。

「ついに正しい指使いで弾くことができた。分散和音も、両手を使わずに片手で弾けるようになった。（中略）ロマン派の音楽で多用される、幅の広い流れるような左手のアルペジオも、弾けるようになった。それで僕はようやく、同じパッセージをひたすら繰り返し練習するのではなく、自分の求める音をじっくりと追求できるようになった」[7]

多くの研究でも、従来の鍵盤を使用することによって生じる職業上および健康上の損害は、7／8DS規格鍵盤の使用によって解決できることが明らかになり、ドニソンの経験に対する裏付けとなった。[8]ところが、ピアノの世界には不思議なことに（ここにも性差別が潜んでいることにピンとこなければの話だが）、この鍵盤の導入に躊躇する人たちがいるらしい。

男性の大きな手にしか合わない設計に妙なこだわりをもつのは、よくある傾向のようだ。携帯電話にしても、2000年代の初めごろは小ぶりのタイプがもてはやされていた。ところが、アイフォーン（iPhone）や類似品の登場によって、状況は一変した。突然、スクリーンの大きさにこだわるようになり、大きければ大きいほどいいということになった。現在、平均的なスマートフォンの大きさは5・5インチ［約14センチ］だ。[9]いまでは明らかに大きいスクリーンがもてはやされているが、それが世界人口の半分を占める女性たちの手に合うかどうかは、別の問題だろう（それに女性の服にはポケットがほとんど、あるいはまったくない）。男性たちはスマホを片手で楽にもつことができる——だが女性の手は、スマホとくらべてそれほど大きくない。

これは明らかにおかしい——アイフォーンの所有率は男性よりも女性のほうが高いという研究結果が出ているのに、[10]アップルのような企業にしては愚策に思える。だが、この問題に対する解決策がすぐに見つかるとは思わないほうがいい。大きいスクリーンに固執することに関しては、どのスマートフォン会社もなぜか頑なにコメントを避けるからだ。どうしても答えが知りたかった私は、『ガーディアン』紙のテクノロジー担当記者、アレックス・ハーンに意見を訊いてみた。だが、彼にも答えられなかった。「たしかに、以前から気になっている問題ですが、率直な回答を得られたためしがないですね」。ハーンは言った。いろいろな人に非公式に訊いてもみたが、「よくある回答」は、スマホはもはや片手で使用するようには設計されていない、というものだった。また、多くの女性たちは「ハンドバッグに入れて持ち歩いている」せいだろうが、大きなスマホを好む傾向にあるという話も聞いたという。ハンドバッグにケチをつける気はないが、そもそも女性たちがスマホをバッグに入れているのは、女性の服には大きなポケットがないからだ。ポケットに入るサイズではなく、ハンドバッグに入るサイズのスマホを設計するなんて、ふざけるにもほどがある（詳しくはあとで述べる）。いずれにせよ、多くの受動追跡（パッシブ・トラッキング）アプリは、ユーザーがスマホをポケットに入れるなどしてつねに携帯することを想定しており、バッグに入れっぱなし、デスクに置きっぱなしでは意味がないはずだ。なのに、女性の場合はバッグに入れて持ち運ぶように設計されているというのは、妙な話ではないか。

つぎに、私は敏腕テクノロジー・ジャーナリストで作家のジェイムズ・ボールの意見を訊いた。大きなスクリーンへの執着について、彼にはべつの持論があった。一般的に、男性は高性能のスマホを好むと言われているが、女性にはそのような傾向は見られない。もしそれが本当なら、アイフォーン所有者は女性のほうが多いという調査結果にもかかわらず、アップルがいまのようなアプローチを採用しているのは、筋がとおらないだろう。けれども、この分析に関しては、私にはもっと根本的な不満がある。これもまた、問題があるのは男性中心の設計ではなく、女性のほうだと言っているからだ。女性たちが高性能スマホの購入に積極的ではないのは、女性はスマホに興味がないというより、スマホが女性を考慮して設計されていないからでは？

でも、明るい話もある、とボールは言った。おそらく、スマホの画面はこれ以上は大きくならない。もうすでに「男性の手でぎりぎり持てる大きさ」に達しているからだ。

男性にとっては朗報かもしれないが、モトローラのモトg（moto g）の第3世代を使っている、私の友人のリズのような女性たちにとっては、うれしくも何ともないだろう。私がいつものようにスマホの大きさのことで文句を言ったとき、彼女がこんな話をした。

「そういえば、私もこのあいだ、スマホのカメラのズーム機能が使いにくいって、男友だちに愚痴をこぼしたの。そしたら、僕のは使いやすいよ、って言うから機種を訊いてみたら、なんと私のと同じだった。これってやっぱり、手の大きさの問題なんじゃないかと思って」

ほぼまちがいなく、そうだろう。ノースカロライナ大学の研究者ゼイナップ・トゥフェックチーは、2013年、トルコのイスタンブールのゲジ公園で起きた抗議デモに対して、催涙ガスが使用された証拠を映像に残そうとしていた。ところが、彼女のスマホ、グーグル・ネクサス（Google Nexus）の大きさが仇になったのだ。[11] 6月9日の夕方、ゲジ公園には大勢の人びとが集まっていた。子連れの親たちもたくさんいた。やがて、催涙ガスのスプレー筒が点火された。政府は「催涙ガスを使用するのは、破壊行為や暴力行為による抗議活動に対してのみ」だと主張しているが、実際の様子を記録しておこうと思ったトゥフェックチーは、スマホを取り出した。

「そのとき、まわりの地面に催涙カプセルがいくつも落下し、肺や目や鼻に焼けつくような痛みを覚えた。私は思わず悪態をついた」

彼女のスマホは大きすぎた。片手で写真を撮れなかった――「もっと手が大きい男性たちは、しょっちゅう片手で撮っているのに」。

その日、トゥフェックチーが現場で撮った写真は、どれも使いものにならなかった。彼女はこう記している。「理由はただひとつ——高機能スマートフォンは、男性の手に合わせて設計されているからだ」

標準的な鍵盤と同じで、男性の手に合わせて設計されたスマートフォンも、女性の健康に悪影響を及ぼしている可能性がある。これは比較的新しい分野の研究だが、スマートフォンが健康に及ぼす影響についての実際の研究例では、好ましい結果は出ていない[12]。しかし、女性の手は男性の手よりも明らかに小さく、女性のほうが筋骨格の疾患や障害が多いことがわかっているにもかかわらず[13]、大きなスマートフォンが手や腕に与える影響についての研究も、やはりデータにおけるジェンダー・ギャップを免れない。私が見つけた研究事例では、実験の参加者に女性の占める割合が有意に低く[14]、さらにほとんどの研究では、データが性別で区分されていなかった[15]。参加者に適切な割合の女性が含まれている研究でさえ、例外ではなかったのは[16]、じつに残念だ。なぜなら、それらの研究では、スマホの大きさが女性の手と腕の健康状態に及ぼす影響について、統計的に有意な性差が認められることが報告されているからだ[17]。

男性中心にできた音声認識ソフト

女性の手には大きすぎるスマートフォンの問題に対する解決策は、明らかだろう——もう少し小さめの機種を設計することだ。もちろん、市場にはこれまでもアップルのアイフォーンSE（iPhone SE）など小さめの機種もいくつか存在した。しかし、SEは2年間もアップデートされておらず、標準的なアイフォーン・シリーズ（こちらは大きいサイズしかない）にくらべれば低級品であるうえに、すでに販売中止になっている。中国には、女性や手の小さい男性向けに、キークーK1（Keecoo K1）という機種がある。女性の手のサイズにも合うよう、六角形のデザインなのだ[18]——すばらしい。だが処理能力が低いわりに、美顔修正機能が内蔵されているのだ——よろしくない。最悪だ。

スマホの使用による反復運動過多損傷に対する解決策として、音声認識も提案されているが[19]、これも女性にとってはあまり役に立たない。音声認識ソフトはひどく男性中心にできているものが多いのだ。2016年、ワシントン大学の言語学の主任研究員、レイチェル・タットマンは、グーグルの音声認識ソフトは女性が話す言葉よりも、男性が話す言葉のほうが、正確に認識する確率が70％も高いことを突きとめた[20]――それが現在、最も優秀な製品なのだ[21]。

女性が使ってもまともに機能しない製品に対し、男性と同じ代金を支払えというのは明らかに不公平だろう。しかも、安全上の懸念もある。たとえば、自動車の音声認識ソフトはドライバーが注意散漫になるのを防ぎ、安全運転を促進するためのものだ。しかし、まともに機能しなければ、かえって逆効果になる。そして実際に、とくに女性の場合は、まともに機能しないことが多いのだ。自動車関連のウェブサイト「オートブログ」に、2012年型のフォードのフォーカスを購入した女性の話が出てくる。車に搭載された音声認識システムは、助手席に座っている夫の声しか認識できないことがわかったのだ[22]。べつの女性は、ビュイックの音声作動式の電話システムがうまく機能しないため、メーカーに電話で問い合わせた。すると、「担当者の男性は、たぶん私の声には反応しないだろうと言ってのけた。誰か男性に設定してもらうといいですよ、と言うのだ」。

このくだりを執筆した直後、私は母の運転するボルボのクロスカントリーに乗った。母は音声認識システムで叔母に電話をかけようとしたが、なかなかうまくいかない。5回も失敗したのを見かねて、もっと声を低くしてみたら、と私は提案した。すると、ようやく成功したのだ。

音声認識ソフトは、性能が向上するにつれ、医療を含むさまざまな分野で使用されるようになった。だがエラーが発生した場合、医療では深刻な事態につながる可能性がある。2016年のある研究では、救急担当医が音声認識ソフトを使って音声入力した情報をテキスト化したメモのなかから、無作為に選ばれた100件の内容を分析した。すると、エラーのうち15％は重大なミスであり、「誤解によって、患者への処置に影響が出る可能性がある」ことがわかった。[23] 残念ながら、この論文の著者たちはデータを性別で区分していないのだが、性別で区分したデータを掲載している複数の論文では、男性よりも女性の声のほうが、変換ミスが有意に多いことが明らかになっている。[24]

ある医療用ディクテーション研究論文の筆頭著者であるサイード・アリ博士は、自分たちの研究結果から見て取れるとおり、「(音声認識) システムをうまく作動させるためには」、女性は男性よりも「やや努力が必要となる」という見解を示した。[25] レイチェル・タットマンも同じ意見で、「男性が使ったほうがうまくいくというのは、女性が使いこなすには苦労するということだ。ひとつのミスを修正するのは1秒ですむとしても、それが何日も何週間も続けば、大きな時間のロスにつながる。男性はソフトに足を引っ張られて、時間を無駄にしなくてすむのに」と述べている。

ありがたいことに、世界中で苛立っている女性たちのため、カーナビゲーションシステムの供給会社ATXの音声技術担当の副社長、トム・ショークは、「女性の音声認識に関する多くの問題」に対する斬新な解決策を思いついた。[26] 彼に言わせれば、女性たちに必要なのは「じっくりとトレーニングをすること」――ただし、腰をすえて取り組む「覚悟があれば」の話だ。だが残念ながらそうではない、とショークは言う。車を購入する女性たちは、音声認識ソフトを使いこなせないという自分たちの問題を棚上げにして、女性でもうまく使いこなせる製品を開発すべきだと思っているのだ。なぜ女は男のようになれないのだろう?

問題は女性の音声を認識できないテクノロジーではなく、女性の音声にあるという意見を、レイチェル・タットマンは一蹴している。女性のほうが「発話の明瞭度が有意に高い」ことは、研究でも明らかになっているからだ。[27] その理由は、女性のほうが母音を長く発音するのと、[28] 男性よりもややゆっくり話すからだと考えられているいっぽう、[29] 男性は「吃音の割合が高く、単語の発音がやや短く、発音がはっきりしない（ぞんざい）な傾向にある」[30]。そう考えると、音声認識システムは本来ならば男性の音声よりも女性の音声のほうが認識しやすいはずだ。実際、タットマンは「女性の音声データを使って分類システムを訓練したところ、難なく成功した。おあいにくさま」と述べている。

当然ながら、問題は女性の音声ではない。問題はここでもやはり、データにおけるジェンダー・ギャップなのだ。音声認識テクノロジーは、発話録音を集めたコーパスという大規模データベースを使って訓練する。ところが、そのコーパスの大部分を男性による発話録音が占めているのだ。そして多くの場合、コーパスの発話録音の性別による割合は公表されておらず、それ自体がデータ・ギャップとも言える[31]。コーパスに含まれている発話録音の男女の割合をタットマンが調査したところ、男女の割合を明示していたのはＴＩＭＩＴ（「言語データコーソシアム（ＬＤＣ）」で使用されている、いちばん有名な発話コーパス）のみで、男性の割合が69％だった。しかし、女性の発話録音を見つけられないわけではない。ブリティッシュ・ナショナル・コーパス（ＢＮＣ[32]）のウェブサイトによれば、ＢＮＣの発話録音は男女のバランスが取れている[33]。

男性中心のアルゴリズムを生み出しているのは、男性中心の音声コーパスのデータベースだけではない。テキストコーパス（小説から新聞記事や法律の教科書まで、多種多様な例文を大量に集積したもの）は、翻訳ソフトや履歴書スキャン用ソフトの訓練や、ネット検索のアルゴリズムに使用されているが、そこにもやはり、データにおけるジェンダー・ギャップが潜んでいる。私が実際にＢＮＣで検索してみたところ[34]（20世紀後半の幅広い分野における1億語を収録）、女性代名詞は男性代名詞の約半数しか出てこなかった[35]。5億２０００万語収録のコンテンポラリー・アメリカン・イングリッシュ・コーパス（ＣＯＣＡ）も、比較的最近の２０１５年の例文を含んでいるにもかかわらず、代名詞の男女比率は2対1だった[36]。こうしたデータ・ギャップのあるコーパスで訓練されたアルゴリズムのせいで、この世界は実際に男性に支配されているような印象が生まれるのだ。

アルゴリズムが増幅する偏見

さらに画像《イメージ》データセットにも、ジェンダー・ギャップの問題があるようだ。２０１７年のある分析では、「ウェブ上から集積されたさまざまなシーンに説明を添えた10万件以上のイメージ」が掲載された、ふたつのデータベースを調査した結果、男性の画像のほうが女性の画像よりもはるかに数が多いことがわかった。[37] またワシントン大学の研究でも、グーグルの画像検索で45種類の職業について調べた結果、女性の画像数のほうが少ないことがわかった。なかでも、現実の割合との乖離が最も大きかったのは「ＣＥＯ」で、アメリカには女性のＣＥＯが27％いるが、グーグル画像検索に占める女性ＣＥＯの割合は11％だった。[38] また、「著者」の検索結果においても同様の乖離が見られ、実際にはアメリカの著者における女性の割合は56％なのに対し、グーグル画像検索における割合は25％だった。さらにその研究によって、このような現実との乖離は、その職種のジェンダー比率に対する人びとの認識に、少なくとも短期的には影響を及ぼしていることが明らかになった。アルゴリズムの場合は当然ながら、その影響はもっと長期的になる。

このようなデータセットは、女性の占める割合が少ないだけでなく、女性に関する事実を不正確に伝えている。一般的なテキストコーパスを対象とした２０１７年の分析によれば、女性に関する名詞や単語（「woman（女性）」「girl（少女）」など）は、仕事よりも家族と関連付けられていたが、男性の場合は逆だった。[39] グーグルニュース（Google News）にもとづき、広く一般に公開されたデータセットに関する２０１６年の分析では、女性に関連する職業の第1位は「専業主婦」で、男性に関連する職業の第1位は「巨匠《マエストロ》」だった。[40] その他、性別に関係のある職業のトップ10には、哲学者、社交界《ソーシャライト》の著名人、キャプテン［機長、大尉などさまざまな意味をもつ］、受付係、建築家、乳母《ナニー》などが入っている――どれが男性でどれが女性かは、ご想像にお任せしよう。さらに、2017年の画像データセットの分析では、画像に含まれる活動や物には「有意な」ジェンダー差別が含まれていることがわかった。[41]担当研究者のひとり、マーク・ヤッツカーは、このようなデータセットで訓練されたロボットは、キッチンでの役割分担に迷ったあげく、「相手が男性ならビールをもっていき、女性ならば皿洗いを手伝う」ような未来が訪れるのではないかと想像した。[42]

このような文化的なステレオタイプは、すでに広範囲で使用されている人工知能（AI）でも散見される。たとえば、スタンフォード大学のロンダ・シービンガー教授は、スペイン語の新聞に掲載された自身のインタビュー記事を、「グーグル翻訳（Google Translate）」と「シストラン（Systran）」というふたつの翻訳ソフトを使って英語に翻訳してみた。すると、いずれの場合も、スペイン語の原文では profesora（女性教授）という性別を明示する単語が使われているにもかかわらず、英語に訳す際には、教授を示す代名詞にたびたび男性形が使われていることが明らかになった。[43]またグーグル翻訳では、トルコ語のジェンダー・ニュートラルな代名詞を、英語ではステレオタイプに変換してしまう。たとえば、トルコ語で「O bir doktor」は、「彼女／彼は医師です」という意味だが、英語では「He is a doctor（彼は医師です）」と訳されてしまうのだ。また、トルコ語で「O bir hemşire」は「彼女／彼は看護師です」という意味だが、英語では勝手に「She is a nurse（彼女は看護師です）」と訳されてしまう。さらにこの研究では、フィンランド語、エストニア語、ハンガリー語、ペルシャ語から英語へ翻訳する場合にも、これと同じ現象が起こることが明らかになった。

それでも、現在ではこのようなデータが存在するのは朗報だ――ただし、プログラマーたちが男性中心のアルゴリズムを修正するために、このデータをきちんと使用するかどうかはまだわからない。ぜひともそうしてもらわないと困るのは、機械には人間の偏見が反映されるだけでなく、偏見が著しく増幅される場合もあるからだ。2017年の画像データセットに関する研究では、料理の写真に関連付けられるのは、男性よりも女性のほうが33％以上多いことがわかった。また、このデータセットで訓練されたアルゴリズムは、キッチンの写真の68％を女性に関連付けることもわかった。さらにこの研究によって、元のデータにおける偏見が強いほど、増幅効果も強くなることも明らかになった。そう考えれば、キッチンの調理用ストーブの前に立っている、はげ頭の恰幅のいい男性の写真を、アルゴリズムが「女性」に分類《ラベリング》してしまうのもうなずけるだろう。「はげ頭＝男性」よりも「キッチン＝女性」という偏見のほうが、増幅されているのだ。

そのことが示す重大性を、スタンフォード大学の生物医学の准教授、ジェイムズ・ズーが説明している。たとえば、あるデータセットでは「コンピューター・プログラマー」という用語を女性よりも男性に関連付ける傾向があるとする。そのデータセットで訓練されたプログラムで、「コンピューター・プログラマー」を検索するとしよう。[44] すると、そのデータセットのアルゴリズムは、女性プログラマーのウェブサイトよりも、男性プログラマーのウェブサイトのほうが関連性が高いと判断する――「たとえそのふたつのウェブサイトが、名前や性別を表す代名詞以外の点においては、まったく同一の内容であったとしても」だ。このように、データにおけるジェンダー・ギャップを含むコーパスで訓練された、男性中心のアルゴリズムのせいで、女性は仕事のチャンスを獲得できない可能性がある。

だがウェブ検索などは、アルゴリズムが意思決定に及ぼしている影響のほんの表層にすぎない。『ガーディアン』紙によれば、アメリカでは履歴書の72％は人間の目に触れることがなく、[45] ロボットはすでに面接にも導入され、「業績トップの従業員たち」の姿勢、表情、声のトーンといったデータセットで訓練されたアルゴリズムが使用されている。[46] たいしたものだ――だが、もしそのデータにジェンダー・

ギャップがあったとしたら？　その「業績トップの従業員たち」のなかには、性別的にも民族的にも、多様な人びとが含まれているのだろうか？　そうでない場合、アルゴリズムに多様性が確保されていないことを考慮しているのだろうか？　さらにアルゴリズムは、声のトーンや顔の表情における社会的な性差を認識できるように訓練されているのだろうか？　このような製品を開発する企業は自社のアルゴリズムを公表しないため、私たちには知る由もない——だが、入手可能なエビデンスから考えても、そうした対策はまず講じられていないだろう。

ＡＩシステムは医学の世界にも導入され、診断補助に利用されている。ゆくゆくは医療に恩恵をもたらす可能性はあるが、いまは時期尚早に思える。[47]医療データには、とくに女性に関するデータには、慢性的な欠落があることは十分に裏付けられているが、診断補助としてのＡＩの導入においては、それがほとんどまったく認識されていないようなのだ。[48]これは大惨事につながる恐れがある。それどころか、機械学習では既存の偏見が増幅されることを考えれば、命取りになりかねない。医療知識がますます男性の体に適したものになっていくほど、ＡＩは女性には適さないどころか、まちがった診断を下す可能性がある。

ところが、いま現在、この重大な問題に気づいている人はほとんどいない。前述の２０１６年のグーグルニュースに関する研究論文の著者たちは、言語連想ソフトウェアのアプリケーションに関する「何百件もの論文のなかで」、それらのデータセットがいかに「露骨なまでに性差別的」であるかを認識している論文は、１件もなかったと指摘した。それと同じように、ＡＩによる画像ラベリングに関する論文の著者たちも、「体系的な予測モデルが偏見を増幅させることを示したのも、この増幅効果を軽減させる方法を提示したのも、我々が最初である」と述べている。

製品設計の現在の方法は、女性に不利益をもたらしている。私たち女性はそのせいで効率よく仕事ができないばかりか、仕事を獲得できないことすらある。私たちの健康や安全も脅かされている。なかでも最悪なのは、アルゴリズム主導の製品によって世界がますます不平等になっていくことだ。しかし、私たちが問題をしっかりと認識すれば、解決する方法はある。「女性＝専業主婦」の問題に関する論文の著者たちは、新しいアルゴリズムを考案し、ジェンダーに関するステレオタイプ化（たとえば、「彼」という単語を「医師」に、「彼女」という単語を「看護師」に結びつける）を、3分の2以上も減らすいっぽうで、ジェンダー的に適切な連想（たとえば、「彼」と「前立腺がん」、「彼女」と「子宮がん」）は確保することに成功した。[49] さらに、2017年の画像解釈に関する論文の著者たちも、新しいアルゴリズムを開発し、偏見の増幅を47・5％も減少させることに成功している。

第9章　男だらけ

男性は男性を支援する

2013年、テック系スタートアップ「ナイア・ヘルス」の社長、ジャニカ・アルヴァレズが資金調達において苦労したのは、投資家たちがまともに取り合ってくれないことだった。あるミーティングでは、「投資家らが当該製品をグーグル検索したところ、ポルノサイトにたどりついた。彼らはそのサイトをながめながら冗談を言い合っていた」。そのようすを見ていたアルヴァレズは、「まるで女ひとり、友愛会《フラタニティ》に紛れ込んでしまったような気分だった」[1]。また、投資家のなかには「気味悪がって製品に手もふれない人や、なにが何だか見当もつかないふりをする人もいた」。ある男性投資家などは「手に取るのは遠慮するよ、ぞっとする」とまで言った[2]。アルヴァレズが売り込もうとしている、その気味の悪い、「ぞっとする」ような、わけのわからない代物とは、いったい何なのだろう？　答えは、搾乳器だ。

妙な話だが、搾乳器業界はシリコンバレー流に言えば、「創造的破壊《ディスラプション》」のときを迎えている。搾乳器市場はアメリカではとくに巨大ビジネスなのだ。出産休暇が法律で定められていないため、アメリカの女性たちが医師の推奨どおり、最低6か月は赤ちゃんを母乳で育てようとすれば、搾乳器を使うしかない（それどころか、米国小児科学会は12か月間は母乳を与えることを推奨している）[3]。

その搾乳器の市場を独占しているのが、メデラ社だ。『ニューヨーカー』誌によれば、「アメリカとイギリスにおける病院の80％ではメデラの搾乳器を常備しており、医療費負担適正化法が成立したあとは、2年間で売上が34％も増加した。授乳サービスもこの法律の対象に含まれたことで、搾乳器も保険適用となったのだ。ただし、メデラの搾乳器にはちょっとした問題がある。ジェシカ・ウィンターは『ニューヨーカー』の記事[4]のなかでメデラの搾乳器について、「固くてちゃんとフィットしない搾乳口に、ボトルがぶら下がっている」と述べている。それが「まるでタフィー［やわらかいキャンディー］のように乳房をぐいぐい引っ張って母乳を吸い取るのだが、あいにくタフィーとはちがって乳房には神経末端がある」[5]。この搾乳器を手でもたずに使える女性もまれにはいるが、ほとんどの場合はうまくフィットしないため、手を添える必要がある。そんなわけで、1日に何度もへんてこな搾乳器を胸に当て、手を添えたまま、20分もじっとしていなければならないのだ。

要するに、搾乳器市場は専属市場（現在、推定7億ドル市場、さらに成長の余地が見込める）[6]でありながら、主力商品は消費者のニーズに応えられていない。なぜそこに投資家たちが飛びつかないのだろう？

権力や影響力のある地位に就いている女性が少ないという問題に対処することは、それ自体が有益であるとされている。もちろん、そのとおりだ。これは公平性の問題であり、能力が匹敵するならば、成功のチャンスは女性にも男性にも平等に与えられるべきである。しかし、女性の参画というのは、特定の個人が仕事に就けるかどうかといった問題を超えて、データにおけるジェンダー・ギャップの問題でもある。妊婦専用の駐車スペースをめぐるシェリル・サンドバーグの体験談でもわかったとおり、女性のニーズのなかには、男性には縁がないせいでまったく思いつかないこともある。ニーズをもっていない相手に対して、そうしたニーズが実際に存在することを理解させるのは、必ずしも容易なことではない。

女性のための健康テクノロジー企業、キアロ社の創設者であるタニア・ボーラー博士は、投資家たちが女性主導の企業をなかなか支援しないのは、「男性は優れたデザインや卓越したテクノロジーを好むが、女性はそうではないという固定観念」のせいもあると考えている。だが、その固定観念は現実に即しているだろうか？　ひょっとしたら、問題はテクノロジーに明るくない女性たちではなく、女性のことをわかっていない投資家たちから資金提供を受けた、女性のことをわかっていないテック業界が創り出した、女性のことをわかっていないテクノロジーのせいなのでは？

テック系スタートアップの大部分は、ベンチャー投資家の資金提供を受けている。銀行とちがって、ベンチャー投資家はリスクを取れるからだ。[7] 問題はベンチャー投資家の93％が男性であることで、[8]「男性は男性を支援する」のだと、オールブライト（AllBright）の共同創設者、デビー・ウォスコウは説明する。オールブライトは会員制クラブであり、アカデミーであり、女性主導のビジネスを支援するファンドでもある。

「小切手を切る女性たちがもっと必要なんです。そして男性たちは、女性たちを支援するのはすばらしい投資になると認識する必要があります」

ウォスコウは、友人でハースト・マガジンの元ＣＥＯであるアナ・ジョーンズとともに、オールブライトの設立準備をしていたときの話をしてくれた。

「男性たちときたら、困ったもので」。男たちはふたりに向かって「何度も」こう言ったという。「それはすばらしい。君とアナが慈善団体を立ち上げるとは」

それに対し、ウォスコウはぴしゃりと言い返した。

「慈善団体じゃありません。大きな経済的利益を上げる女性たちを支援する、ファンドを立ち上げるんです」

彼女がまちがっていないことは、データでも明らかだ。2018年にボストン コンサルティング グループが発表した研究では、女性経営者が受ける投資額は、平均的に、男性経営者が受ける投資額の半分以下にもかかわらず、2倍以上の収益を上げている。[9] 女性経営者のスタートアップは、資金1ドル当たりにつき78セントの収益を出しているのに対し、男性経営者のスタートアップでは31セントだ。さらに、女性経営者のスタートアップは長期的な業績も好調で、「5年間で10%以上の累積収益を上げている」。

その理由のひとつには、女性のほうが「男性よりもリーダーシップに適している」からだろう。[10] ノルウェー経営大学の研究はそのような結論に達し、成功するリーダーに必須の5つの特徴（情緒の安定、外向性、新しい経験を積極的に受け入れる姿勢、同調性、誠実性）を挙げている。その研究では、5つの特徴のうち4つにおいて、女性たちは男性たちよりも高スコアを獲得した。だがべつの理由として、成功した女性たちの企業は、データにおけるジェンダー・ギャップを埋めるのに貢献しているからかもしれない。いくつもの研究で明らかになっているとおり、経営陣に多様性がある企業ほど、革新性が高いからだ。[11]

女性のほうがもともと革新的だからという理由も考えられるが、もっと可能性が高いのは、経営陣が多様な視点をもつことで、顧客について幅広い情報を入手できるからだろう。革新性はまちがいなく、財務実績とおおいに関連性がある。

革新性のない女性向け家電

女性向けの家電製品に関しては、革新《イノベーション》がひどく欠けている、とボーラーは語る。

「女性向け家電の分野では、ほとんどイノベーションが起こっていません。ピンク色にする、アクセサリーっぽいデザインにしたりするなど、非常に表面的な見てくれにこだわっているだけです。テクノロジーによって女性たちが抱えている問題を解決できるという事実に、向き合おうとしていません」

その結果、いつまでたっても投資不足で、「女性向け医療機器に使用されているテクノロジーも、1980年代の名残のようなものにすぎない」。

2018年の初めに私が取材したとき、自社開発の搾乳器の発売が迫っていたボーラーは、既存の市販製品を酷評した。

「ひどいものですよ」。彼女はにべもなく言った。「痛いし、うるさいし、使いにくいし。恥ずかしいったらありません」

私は授乳中の義理の妹とおしゃべりするところを想像してみた――ソファーに座った彼女が胸をあらわにして、乳房には搾乳器がぶら下がっているようすを。

「もっとましなものにするのは、難しくないはずです」。ボーラーはさらに言った。「1日に何時間もこんな機械につながれてじっとしているのは不便だから、ほかのことをしながら搾乳できるようにしたら便利だ」という考えは、「基本的な要件」であるべきだ、と。だがこれまで、実際にはそうなっていなかった。どうしてだと思いますか、と私が尋ねたところ、ボーラーは、それはやはり私自身が女性だから、これまでとはちがう発想が得られたのだと思う、と答えた。

「私もひとりの女性として、『どんな搾乳器だったら、便利に感じるだろう?』と考えたんです」

このように女性たちのニーズに関するデータ・ギャップは、女性たちの話を聞くことで簡単に解決できるとしても、ほかにもまだ、もっと慢性的な原因がある。それは、女性の体に関するデータそのものだ。ボーラーが最初に開発した自社製品は、「エルヴィー」という骨盤底筋トレーニング器具だった。

そのきっかけは、女性のあいだで骨盤底の障害が「ひそかに蔓延《まんえん》している」のに気づいたことだった。女性の37％は骨盤底に問題があり、10％の女性は骨盤臓器脱によって臓器が膣に下垂し、膣外に出てしまうため、どこかの時点で手術を受ける必要がある。その確率は50歳以上の女性では50％に上昇する。

「こんなのはまちがっていると思いました」。ボーラーは言った。

「これは女性にとっては大問題ですから、日ごろから自分でも気をつける必要があります。でも、そのためには情報とデータが必要です」

ボーラーがこの問題を調べ始めたとき、データはまったく存在しなかった。

「膣にフィットする製品を設計するために、まずは単純な疑問に対する答えを見つける必要がありました。膣の大きさはどれくらいで、年齢や人種、出産によってどのように変わるのか、といった基本的なことです。それなのに、データがまったくなかったのです。（中略）全人口の半数は膣をもっているというのに」。ボーラーは言葉を続けた。

「膣に関しては、学術論文がほとんどないのです。3年前に私が見つけたのは、何十年も前の4つの論文でした」

しかも、そのうちのひとつは「男性が石こうで膣内部の模型をつくって、膣には4つの形状があると結論づけたんです。マッシュルーム型、コーン型、ハート型……」。ボーラーは苦笑した。

骨盤底の障害は予防可能であり、骨盤底筋トレーニングが効果的であることを示す科学的証拠は「非常に有力」だとボーラーは語る。

「最も効果的な予防策であり、英国国立医療技術評価機構（NICE）のガイドラインでも推奨されています」

しかし、ボーラーが病院での治療法について調べ始めたところ、「投資がまったく行われていませんでした。非常に時代遅れで、信頼性が低く、有効性もなかったのです」。骨盤臓器脱の現在の治療法（膣にメッシュを挿入する）をめぐっては、イギリスでは騒動が続いている。何百人もの女性たちが、「野蛮な」治療のせいで、[12] 深刻な消耗性の痛みに襲われているのだ。スコットランドでは女性が1名死亡している。

月経トラッキングアプリを開発した「クルー」の創設者イーダ・ティンは、従来の避妊法への代替案を探していたときに、同じ問題に直面した。「月経は体の生命徴候《バイタルサイン》のひとつです」。ティンは言った。「心拍数や呼吸や体温と同じように、チェックする必要があります」

しかし、「生理について語るのはタブー視する傾向があり、誤った情報も氾濫している」。家族計画に関しては、「1950年代にピルが登場して以来、ほとんどイノベーションは起こっていません。テクノロジーの歴史を考えても、いかに長いこと進歩していないかわかるでしょう」

ティンがクルー社を設立したのは、「女性たちが自分の体と人生をコントロールできるようにするため」だ。同時に、その動機は個人的なものでもあった。多くの女性と同じように彼女もピルを試してみたが、副作用が出てしまったのだ。

「まだ子どもを産んでいなかったので、避妊リングは望ましい方法ではありませんでした。だから15年間、コンドームを使っていました」

業を煮やしたティンは、特許データベースを検索してみた。だが、「どれもすべて体内にホルモンを投入する方法だったんです」と彼女は私に言った。

「問題に対して、データ主導の解決法になっていないと思いました。それで、腹が立ってきたんです。なぜ誰もこの問題を真剣に考えて対処してこなかったんだろう？　人類にとってきわめて基本的なニーズなのに」

ティンが月経トラッキングアプリの着想を得たとき、すでにあったのはふたつの生理トラッキングアプリだけだった。

「どちらもまさに第1世代製品でした——ただの28日周期のカレンダーです。でも私たちの体は、それほど単純ではありませんから」。ティンは笑った。それから10年、彼女はアプリ開発に携わってきたが、科学的なデータがいまだに不足しているという。月経の問題は「看過されてきただけでなく、基本的に無視されてきました。この分野はデータ不足のために学術的に空白の部分が多いので、科学機関と共同研究することが多いのです。たとえば思春期の女性の場合、正常な経血パターンはどのようなものか、といった問題をスタンフォード大学と研究しています。なにが正常なのか、科学的にまだわかっていないのです」。

ベンチャー投資家の大半が男性であることを考えれば、とりわけ女性向けのテクノロジーに関しては、データ不足は深刻な問題になりうる。ティンはつぎのように説明した。

「十分なデータがなければ、その人たちには関係のないことがらについて、問題があるのだと訴えても、なかなか実感してもらえないでしょう」

それについては、ボーラーも同じ意見だ。

「実際に、私たちも何人かのベンチャー投資家と話しましたが、エルヴィーのことを興味深い提案だとは思ってもらえませんでした」

女性が投資を得ようとするときに直面するもうひとつの問題は、「パターン認識〔膨大なデータから一定の特徴や規則性を選別して取り出す処理〕」だ。[13] これは、「カルチャー・フィット〔企業文化への適合性〕」が重要視されているせいもある。パターン認識はデータ主導のように思えるが、基本的には〝過去にうまくいったなにかに似ているもの〟を耳当たりのよい表現で言い換えているだけにすぎず、その「なにか」というのは〝ハーバード中退の白人男性で、パーカー姿の起業家〟だったりする。これは実際の話だが、私は以前、スタートアップで働いている男性とデートをしたことがある。その人も投資を募るときはやはりパーカー姿がお約束だと言っていた。パーカー姿は実際に効果的なのだ。典型的な男性のパターン認識は、テクノロジー分野は生まれながらの「天才」（これまで見てきたとおり、決まって男性と結びつけられる）[14]であることが、努力よりもはるかに重要だ、というありがちな思い込み（だからハーバード中退者を偏愛するのだろう）によって、ますます強調されてしまうのだ。

どうもがいても、解決策は見つからないように思える。女性たちが女性であるがゆえに不利な立場に置かれる分野では（だからこそ、男性の「パターン」にフィットするはずもなく）、女性起業家にとってはとりわけデータが重要だ。ところが、その肝心のデータを入手できる見込みはほとんどない。なぜなら、女性起業家たちがつくろうとしているのは女性向けの製品なのに、女性に関するデータが不足しているからだ。

それでも、画期的な製品をつくった人たちもいる。ティンもボーラーも資金調達に成功した（ボーラーはオールブライトの共同創設者、ウォスコウからも資金提供を得た）。彼女たちが取り組んでいる分野のデータ・ギャップは解消され始めている。キアロ社は骨盤底筋トレーニング器具を発売するまえに、150人の女性たちを対象にテストを行った。ボーラーは私に語った。

「現在では、100万回以上ものトレーニングのデータを蓄積しています。骨盤底の健康状態に関しても、さまざまな測定数値データをもっています。以前はまったくなかったものです」

ボーラーは言った。それこそが「ウェアラブル・テクノロジーのすごいところです。自分の体に関する情報をきちんと知ることで、人びとは十分な情報にもとづいた意思決定ができるようになるのです」。

テック業界は男だらけ

しかし、ボーラーやティンの製品のおかげで、女性たちが自分の体に関する情報を以前よりは入手しやすくなったのは確かだとしても、ウェアラブルであれ、その他の形態であれ、新しいテクノロジーのすべてに同じことが言えるわけではない。テクノロジーの世界では、男性が人間のデフォルトであるという暗黙の了解は、いまも絶対的だ。2014年、アップルは健康管理アプリを大々的に発売し、「包括的」なヘルストラッカーだと豪語した。[15] 血圧や歩数、血中アルコール濃度のほかにモリブデン濃度や銅摂取（どちらもいらない）まで測定できる。ところが、当時多くの女性たちが指摘したように、アップルは重要なものを忘れていた——生理トラッカーだ。[16]

アップルがユーザーの半分を占める女性たちのことをまったく考慮しなかったのは、このときだけではない。ＡＩのSiri《シリ》を発売したときも、Siriには売春婦やバイアグラの販売業者は見つけられても、堕胎医は見つけられなかった。[17] 心臓発作が起きた場合は役に立つが、もしあなたが「レイプされた」とSiriに言っても、Siriは「『レイプされた』の意味がわかりません」と言うだけだ。[18] このような基本的なエラーは、開発チームに適切な数の女性が含まれていたら——つまり、データにおけるジェンダー・ギャップのないチームだったら、当然気づいていたはずだ。

男性優位のテクノロジー業界には、ジェンダー・ニュートラルと言いながら、じつは男性向けの製品があふれている。女性の手首には大きすぎるスマートウォッチや、[19] 最速ルートは表示されるが、女性が知りたい「最も安全なルート」は表示されない地図アプリ。おまけに「iThrust」[20] や「iBang」[21] など、「セックスがどれくらい上手かを評価する」アプリまで存在する（よいセックスについての考え方が名称に表れている［thrustは突く、bangは激しい動きを指す］）。そしてテクノロジー業界には、女性のことが考慮されていないテクノロジーがあふれている。ヴァーチャル・リアリティ（VR）のヘッドセットは女性の頭の平均サイズには大きすぎるし、ハプティック・ジャケット（体に触覚フィードバックを提供するウエアラブルデバイス）は男性の体にはぴったりだが、女性が試着したところ「冬用の分厚いコートの上から着用すればぴったりかも」。拡張現実（AR）機能の搭載されたメガネは、レンズの間隔が女性には開きすぎていて、画像に焦点が合わず、「フレームもすぐに顔からずり落ちてしまう」。私自身の経験から言っても、たとえばテレビ番組への出演時や、公開講演のときに使用するマイクセットを装着するには、ウエストバンドに取り付けるか、大きなポケットに入れるしかないが、女性の服はそんな状況に対応できるようにデザインされていない。

男性をデフォルトとする傾向は、スポーツテクノロジーではとりわけ顕著のようだ。最も基本的なトレッドミルのカロリーカウンターは、じつは誰が使用しても正確な数値は出にくいのだが、最も正確な数値が出るのは平均的な男性の場合だ。なぜなら、男性の平均体重にもとづいて計算するからだ（ほとんどのエクササイズマシンのカロリーカウンターのデフォルト設定は、体重約69・85キロの人を基準としている）。もちろん体重設定は変更できるが、それでもカロリー燃焼率は男性の平均値にもとづいて計算される。一般的に、女性は男性よりも体脂肪率が高く、筋肉量が少ないのに加えて、さまざまな筋繊維の割合も男性とは異なっている。つまり基本的には、体重の差を考慮しても、平均体重の男性は同じ体重の女性よりも、カロリー燃焼率が8％も高いのだ。しかし、トレッドミルのカロリー計算ではこの差異が考慮されていない。

ウェアラブル端末の登場によって、この状況が改善されたと考えるべき理由はなにもない。ある研究において最も一般的なフィットネスモニターの12機種を調べた結果、家事をしているときの歩数は、実際よりも最大74％も少なく計測されていることが明らかになった（74％というのはオムロンの製品だが、通常のウォーキングやランニングに関しては、誤差は1％未満だった）。さらに、家事によるカロリー燃焼も実際より34％も低く計算されていた。[22]ちなみに、活動量計「フィットビット」では、ベビーカーを押すなど、最も一般的な女性の活動が考慮されていないようだ（男性もベビーカーを押すだろうが、世界の無償のケア労働の75％を担っている女性たちにくらべれば、はるかに少ない）。また、参加者における女性の割合がほぼ50％という異例の高さを確保したある研究では、フィットネス機器によるカロリー燃焼率は、実際よりも有意に高く表示されることが明らかになった。[23]残念ながら、その研究ではデータを性別で区分していないため、性差があったかどうかは確かめようがない。

技術開発者たちは、潜在顧客の大多数が女性である場合でさえ、女性のことをまともに考慮していない。アメリカでは65歳以上の人口の59％は女性であり、ひとり暮らしの76％も女性である。すなわち、転倒検知デバイスなどの支援技術に対する潜在的なニーズが大きいということだ。[24]データでも明らかになっているとおり、女性は男性よりもよく転倒するだけでなく、転倒時にケガをするのも女性のほうが多い。[25]アメリカで1か月間の緊急外来受診データを分析したところ、転倒による患者2万2560人のうち71％が女性だった。女性の骨折率は男性の2・2倍、入院率は男性の1・8倍だった。[26]

このように女性のニーズのほうが大きいことは、ほぼ確実にもかかわらず（女性の場合、転倒のしかたも、理由も、場所もさまざまであることが研究でも指摘されている）、転倒検知の技術開発では、ジェンダー分析を行っていない。転倒検知デバイスに関する53件の研究を対象としたメタ分析の結果、参加者たちの性別が明記されていた研究は半数しかなかった。性別で区分されたデータが使用されていなかったのは、言うまでもない。[27]さらにべつの研究でも、「高齢者の転倒に関する医学文献は大量に存在するが、性別特異的なリスク要因についてはほとんど明らかになっていない」と指摘している。[28]

インテリジェントデータ工学および自動学習の2016年国際会議の会報では、「高齢者が転倒検知デバイスを装着するのを拒否するおもな理由は、サイズのせいである」と指摘し、その解決策としてスマートフォンの使用を提案している。[29] ただし、この方法は女性にとっては解決策にはならない。なぜなら、その報告書の著者たちも述べているとおり、女性はスマホをバッグに入れっぱなしにする傾向があり、「その場合は、転倒検知のアルゴリズムはおそらく機能しない。このアルゴリズムは、体幹の近くに装着された加速度センサーによって転倒を検知するように訓練されているからだ」。

この問題を認識しただけでも、この著者たちは目の付け所がちがう。ハーバード大学バークマンセンターの研究者、ホイットニー・エリン・ボーゼルは、「数字による自己認識」を目指す「数量化された《クオンティファイド・》自己《セルフ》」コミュニティのメンバーでもある。ここで言う数字とは、スマホの受動追跡アプリによって収集された数値のことで、典型的な例では1日の歩数などだ。だが、これを実行するにはポケットのサイズの問題がある。

「こういう会議で、必ず男性が言うんです。スマホはつねに携帯しているものですから、って」ボーゼルは『アトランティック』誌に対してこう語っている。[30]

「そのたびに私は立ち上がって発言します。『あの、つねに携帯しているとおっしゃるスマホのサイズですが。これが私のスマホ。で、見ておわかりのとおり、これが私のパンツです［スマホが入るポケットなんかどこにもない］』」

スマホの受動追跡アプリは、ユーザーがスマホをつねに身に着けていることを前提として設計されているのが長年の問題だが、これには単純な解決策がある。それは、「女性の服にも適切な大きさのポケットを設けること」（こう書きながら、彼女は怒っている。小さなポケットからスマホが床に落ちたことが、数えきれないほどあったからだ）。だが当面は、女性たちはほかの解決策を取るしかない。このように女性たちが不便を味わっていることを開発者たちが認識しなければ、開発はきっとしくじるだろう。

南アフリカ共和国のケープタウンのテクノロジー企業は、コミュニティ・ヘルスワーカー［プライマリ・ヘルス・ケアを医療従事者に代わって提供する地域住民］がＨＩＶ陽性患者の健康状態の観察に使用するアプリの開発において、まさにこの落とし穴にはまった。そのアプリは「すべてのユーザビリティ要件を満たしていた。誰にでも使いやすく、現地語にも対応しており」、懸案の問題も解決した。コミュニティ・ヘルスワーカーたちも「これを使えるようになるのを楽しみにしていた」[31]。ところが実際に運用を開始してみると、アプリの利用率が極端に低いことがわかった。なぜうまくいかなかったのか見当もつかなかったが、このプロジェクトを引き継いだ新しいチームが、ついに原因を突きとめた。新しいチームには女性が1名入っており、「たった1日で問題点を突きとめた」のだ。コミュニティ・ヘルスワーカーの女性たちは、患者たちが住む地域までの通勤中、治安が悪いため、貴重品を下着のなかに隠していた。だがスマホは大きすぎてブラのなかに入らず、ほとんど持ち歩いていなかったのだ。

グーグルのシニア・リサーチ・サイエンティスト、マーガレット・ミッチェルは、ジェンダーはこのような問題に影響するという。彼女は『ブルームバーグ・ニュース』に対し、ＡＩの開発者をひとつのジェンダーに限定することによって、企業は「近視眼的になってしまう」と語っている[32]。マイクロソフトの元ユーザーエクスペリエンス担当取締役、ゲイナ・ウィリアムズも同じ意見だ[33]。「あなたのソフトウェアは、本当にジェンダー・ニュートラルか？」というブログ記事において、ウィリアムズは、あらゆる製品設計は解決すべき問題点を突きとめることから始まると説明している。そして、それは認識の問題だった――ＮＡＳＡの科学者たちは、火星移住計画での活用が期待されている人型ロボット「ヴァルキリー」に胸の膨らみをつけることを決めたとき、どんな問題点を解決することを念頭に置いていたのだろう[34]？

セックスロボットの話題に関しては、たとえ男性がすべての人に関わる問題を提示したとしても、女性の意見を訊きもせずに正しい解決策が見つかるわけがない。アレック・ミナシアンは、自分が勝手にセックスできると思い込んでいた女性から拒絶された「腹いせ」に、トロント市内でレンタカーによって10名を轢き殺した。『ニューヨーク・タイムズ』紙は「セックスの再分配」という見出しのコラムを掲載し、女性に相手にしてもらえずに切羽詰まっている男性たちにとっては、セックスロボットが解決策になるのではないかと主張した。フェミニストたちは、そんな解決策は、男性の性欲はつねに満たされるべきだという思い込みを増長させるだけだ、と主張するかもしれないが。

私たちのポケットに収まるテクノロジーに関しては（ぜひ実現してほしい）、問題は誰が意思決定を行うかにかかっている。そしてベンチャー投資家の世界と同じで、テック業界も男性に支配されている。マーガレット・ミッチェルはこれを「男だらけ」の問題と呼んでいる。[35] この5年間で、彼女が一緒に働いた女性はわずか10人だったのに対し、男性は何百人もいた。アメリカでは全業種における女性の割合は57％なのに対し、「コンピューター専門職」における女性の割合はわずか26％だ。[36] イギリスでもSTEM［科学、技術、工学、数学］分野の業種における女性の割合は14％しかない。[37]

セックスロボットの登場と同じく、男だらけの世界では「巨大ロボットリサーチプロトタイプPR2」などという製品が誕生する。コンピューター科学者でロボット工学会社の共同創立者、テッサ・ローは、ロボットの研究開発会社ウィローガレージで働いていたとき、PR2に出合った。重量が「ゆうに100キロ超で、小柄な女性よりはるかに大きく、両腕も長い。見るからに恐ろしくて、ちゃんと制御されていないかぎり、そばにいるだけでも嫌だった」。

2年前、ロボット研究家のアンジェリカ・リムに取材をしたときも、彼女がスロベニアの会議で見たロボットについて、同じような話を聞いた。そのロボットに向かって手を振ると、こちらへやってきて握手するという。身長約176センチの車輪付きのロボットにリムが手を振ったところ（アメリカ人女性の平均身長は約164センチ）、ロボットはゆっくりと向き直り、手をぐっと伸ばしたかと思うと、リムのほうへ「突進してきた」。びっくりした彼女は後ろへ跳びはね、叫び声をあげた。

ジャーナリストのアディ・ロバートソンが、VRのヘッドセットを試着したときの体験談も紹介しよう。[38] ヘッドセットは目の動きをとらえるようにできているが、彼女の場合はなぜかうまくいかなかった。やがて従業員に、もしかしてマスカラをつけていますか、と声をかけられた。

「数分後には完璧に調整され、私は驚いてしまった——今度はうまくいったからではなく、メイクが原因だと気づいたのがすごいと思ったのだ」。ロバートソンはさらにこう記している。

「ちなみに、この会社は私が取材したなかでも数少ない、女性創立者によるVRスタートアップだった」

VRと性差の問題

ほとんどのVR企業の創立者は女性ではないため、VR体験はおのずと男性中心のものになりがちだ。オンライン業界の例にもれず、VRゲームには性的ハラスメントの問題があるようだが、VRゲームの開発者はほとんど男性なので、この問題はまともに考慮されてこなかった。[39]

作家でゲーマーのジョーダン・ベラミアがクイヴァー（QuiVr）というVRゲームをマルチプレイヤー・モードで試したとき、彼女はBigBro442というユーザーからひどいセクハラを受けた。[40]「ヴァーチャル」というと、いかにも本物ではない感じがするが、ベラミアは実際にセクハラを受けたように感じた。それも当然だろう。VRはその迫真性が特徴であり、脳もだませるほど効果が高いため、心的外傷後ストレス障害（PTSD）や恐怖症、幻肢症候群［存在しない手足が存在するかのように感じること］の治療法としても開発が進んでいるほどだ。[41]

公正を期すために言えば、クイヴァーの開発者の男性たちは、ベラミアのブログ記事に対して積極的に善処した。彼らはただちに「パーソナル・バブル」という機能（ほかのプレイヤーの手が自分の顔に近づいてきたら、相手の手を消すことができる）を再設計し、顔だけでなく体に手が近づいたときも、相手の手を消せるようにしたことで、痴漢行為をできないようにした。だが設計者たちも認めているとおり、「変なプレイヤーが、ほかのプレイヤーの目を手で覆ってゲームの邪魔をする可能性」は最初から想定していたものの、パーソナル・バブル機能は体も対象とすべきだとは思いつかなかったのだ。彼ら自身、「なぜこれほど当然のことを見逃していたのだろう？」と述べている。[42]

率直に言って、開発者のヘンリー・ジャクソンやジョナサン・シェンカーは明らかに善意のある男性たちで、女性を締め出そうなどとは夢にも思っていない。だが、グーグル社のセルゲイ・ブリンが妊婦専用の駐車スペースの必要性に気がつかなかったのと同じで、どんなに善意のある男性でも、女性の体を好き勝手に振る舞えるゲームセンターみたいに思っている連中がいる世のなかで、女性が生きていくのがどんなに大変か、わかるわけがない。ジャクソンやシェンカーも実生活でそういう嫌な目に遭うことがないのだから、「これほど当然のことを見逃していた」のも驚くべきことではない。

女性がＶＲの世界から締め出されている原因は、男性からの暴力だけではない。ヘッドセットからして大きすぎるし、ＶＲによって乗り物酔いが起きるのは、男性よりも女性のほうがはるかに多いことが研究で明らかになっている。[43] また、空間認識を要するタスクを行うに当たって、狭いコンピューターディスプレイは男性に有利に働くのも事実だ。[44] つまり、このプラットフォームも女性には使いにくいようにできている——だからＶＲの世界には女性が少ないのだ。

ＶＲの使用時に女性のほうが乗り物酔いになりやすい理由はまだわかっていないが、マイクロソフトの研究者、ダナ・ボイドが行った研究は考えられる理由を示唆している。[45] 人間の目は、「運動視差」と「陰にもとづく復元法」によって奥行きを測定する。運動視差とは、物体と自分との距離によって、その物体が大きく見えるか小さく見えるかが決まることを意味する。いっぽう陰にもとづく復元法は、自分が動くにつれて陰のできるポイントが変わることを意味する。３ＤのＶＲでは、運動視差はうまく再現されるが、陰にもとづく復元法の再現に関しては、「じつにお粗末」なのだ。

この乖離《かいり》によって、ＶＲの効果に性差が生じてしまう。ボイドが発見したように、奥行き知覚において、男性がおもに運動視差に頼っているいっぽう、女性は陰にもとづく復元法に頼っているからだ。つまり３Ｄ環境では、奥行き知覚に関して、女性よりも男性にとって有利な情報信号が送られていることになる。問題は、これまでの３ＤのＶＲ開発において、陰にもとづく復元法の再現だけがなぜ後れを取っているかだ。そもそも最初から、男女同数でテストをしてきたのだろうか？

ミネソタ大学の運動生理学の教授、トム・ストッフレジェンは、女性のほうが男性よりもＶＲで乗り物酔いになりやすい理由について、まったく異なる持論を展開している。彼の説明では、従来の理論は「ほぼ感覚刺激にのみ注目している」。すなわち、内耳で感じることと目で見ていることが合致しなくなる、ということだ。

「それはそうなんですが」ストッフレジェンは語った。

「影響はそれだけではありません。従来の理論が触れていないのは、体のコントロールのしかたにも影響が表れることとです」

日常生活で立ったり、座ったり、歩いたりするとき、体は安定を維持するため、つねに微調整を行っている。ところが、船や車など動いている環境では体が不安定になるため、体の安定を保つ方法も変わってくる。ストッフレジェンはこう説明する。

「いつもとはちがう方法で体の動きを微調整する必要がありますが、体はいきなり順応できません」。そして船や車に乗ったときと同様に、VRを使うと体は不安定な状態になる。だから、乗り物酔いが起きるのだ。

VR業界はいまのところ、ストッフレジェンの研究にほとんど関心を示していない。

「これが深刻な問題であることは、彼らも理解しています」

だが、彼らはまちがった解決方法を取ろうとしている、とストッフレジェンは語る。

「VRの開発者たちは、目の前に置く物体、つまりヘッドセットのことしか考えていません。目以外の体のほかの部分は関係ないと思っているんです」

しかし、VR開発者たちは「目の前にただスクリーンを置くだけではすまないことを、ちゃんと理解すべきなのです。認めたくなかろうが、知らなかろうがね」。

さらに、VR開発者たちは体系的にデータを収集し、性別で区分する必要がある。

「VRによる乗り物酔いに関するデータの大半は、体験談にすぎません」。ストッフレジェンは説明する。

「それも自社でVRを使用している企業の従業員たちや、コンピューター・テクノロジーのシンポジウムの出席者らの体験談です。だからまったく体系的なものではないし、体験者のほとんどは男性なんです」

ストッフレジェンの理論で最も説得力が高いと思ったのは、私が自分で車を運転しているとき以外は、必ず車酔いをしてしまう理由を解き明かしてくれた部分だ。すべては、コントロールの問題だったのだ。歩いているとき、あなたは自分の体の動きをコントロールできている。つぎの動きを予測できるからだ。ところが、船や車の場合は、自分が操縦や運転をしているのでないかぎり、動きをコントロールしているのは他者だ。

「車の運転者は、車がどんな動きをするかをわかっているから、事前予測によって自分の体を安定させることができます」。ストッフレジェンは説明する。

「いっぽう車に乗っている人は、車がどんな動きをするか、定量的に正確に知ることはできません。したがって、体のコントロールは補正的になります。そして事前予測的コントロールのほうが、補正的コントロールよりも優れているわけです。ちっとも難しい理屈じゃありません」

　では、性差はどうして生じるのだろう？

「女性のほうが男性よりも乗り物酔いになりやすいのは、この分野の研究者なら誰でも知っています。基本的に、昔からそうなんです」。ストッフレジェンは語る。

「まったく議論の余地がない事実です。そういうものなんです」

　しかし、それについて研究した人たちはほとんどおらず（彼はその少数派のひとりだが）、理由を突きとめる努力すらしていないという。やはり、本質は変わらない《プリュ・サ・ションジ》のだ。

　しかし、2010年、ストッフレジェンはあることを発見した。

「論文を読みあさっていたとき、自分は知らなかった研究結果を見つけたんです」

　それは、身体の揺れには性差があることだった。

「ごく微細な差です。ただ体を見ていても気づかないくらい。しかし、微細な定量的な動きとして、体は前後に揺れているのですが、そこにはたしかに性差が存在します。その論文を読んだ瞬間、そうか、わかったぞ、と思いました。これで、乗り物酔いに男女差がある理由を説明できる。乗り物酔いに関する私の理論はすべて、体のコントロールに関連しているわけですから」

　さらにその後、ストッフレジェンは「女性の姿勢の傾きは月経周期によって変化する」というエビデンスも発見した。これが重要なのは、「女性の乗り物酔いのかかりやすさも、月経周期によって変化するから。まさかと思うでしょうが、姿勢の傾きと月経周期には関連性がある」のだ。

自動車事故の死亡率

データにおけるジェンダー・ギャップはなおも著しい。女性の体の揺れがどういう場合にどのように変化するのかについては、まだわかっていない。だが、ひどい乗り物酔いに悩んでいるひとりの女性として、私はストッフレジェンの研究結果にはわくわくすると同時に、怒りを覚えた。なぜならこれは、私が調べているもうひとつのデータにおけるジェンダー・ギャップの問題——すなわち、車の設計にも関わってくるからだ。

座っているときでも、体は揺れている。

「スツールに座っている場合は、ヒップのあたりが揺れています」ストッフレジェンは説明する。「椅子に背もたれがある場合は、首の上にある頭が揺れています。揺れを取り除くにはヘッドレストを使うことです」

その瞬間、私の頭に疑問が浮かんだ。もしヘッドレストの高さや角度や形状が体に合っていなかったら、いったいどうなるんだろう？　女性はただでさえ乗り物酔いをしやすいのに、車が男性の体格に合わせて設計されているせいで、車酔いがよけいにひどくなるのでは？　私はストッフレジェンに疑問をぶつけた。

「そうですね、おおいにありうるでしょう」。彼は答えた。

「ヘッドレストの高さなどが合っていなければ、安定性の質がね……そういう例は初耳ですが、いかにもありうる話だと思います」

だがここでまた、データにおけるジェンダー・ギャップにぶつかる。車のヘッドレストが女性の体格を考慮して設計されているかどうかを確認できる研究は、どうやら皆無のようなのだ。だが、それも予想外ではなかった。自動車の設計には、長年にわたって女性を無視してきた恥ずべき歴史があるからだ。

男性は女性よりも自動車事故に遭う確率が高い。つまり、自動車事故における重傷者の大部分は男性だ。ところが女性が自動車事故に遭った場合は、身長、体重、シートベルト使用の有無、衝突の激しさなどの要素を考慮しても、重症を負う確率は男性よりも47％高く、中程度の傷害を負う確率は71％高い。[46][47]さらに、死亡率は17％高い。[48]これらはすべて、車がどのように、そして誰のために設計されたかに関係がある。

運転するとき、女性は男性よりも前のめりになりがちだ。その理由は、女性のほうが平均的に身長が低いからだ。

両脚がペダルに届くように前に出す必要があるし、ダッシュボードを見渡すには背筋を伸ばして座る必要がある。[49]しかし、これは「標準的な座席の位置」ではない。女性たちは「適所を外れた」ドライバーなのだ。[50]標準から外れているということは、正面衝突の際に内臓損傷を負うリスクが高くなるということだ。[51]短い脚をペダルへ伸ばすことで、ひざやヒップの角度も損傷を負いやすくなる。[52]基本的に、すべてがまちがっているのだ。

さらに追突に関しても、女性のほうが負傷のリスクが高い。女性は首や上半身の筋肉が男性よりも少ないため、むち打ちに弱いのだが（最大で3倍も弱い[53]）、車の設計のせいで、さらに負傷しやすくなる。スウェーデンの研究では、いまの車の座席は固すぎて、衝突の際に女性の体を保護していないことが明らかになった。女性のほうが体重が軽いため、椅子の背もたれが機能せず、女性の体は男性よりも速いスピードで前方に投げ出されてしまうのだ。[54]こんなことが起こってしまう理由は単純だ。自動車の衝突安全テストに用いられるダミー人形は、「平均的な」男性の体格にもとづいているからだ。

衝突安全テストにダミーが初めて導入されたのは1950年代のことで、それから数十年のあいだ、約50パーセンタイル［100人中、下から数えて50位くらい。つまり平均的］の男性にもとづいていた。最も一般的なダミーは、身長177センチ、体重76キロ（どちらも平均的な女性をかなり上回っている）で、筋肉量比率や脊柱も男性にもとづいている。1980年代の初めには、研究者たちのあいだで、規制試験においては50パーセンタイルの女性ダミーを含むべきではないかという意見も出たが、その提案は無視された。[55] アメリカの衝突安全テストで女性のダミーの使用がようやく始まったのは、2011年のことだ。[56] ただし、これから見ていくとおり、そのダミーが「女性」と呼べるものかどうかは疑わしい。

2018年、スウェーデン国立道路交通研究所の交通安全部門の研究部長、アストリッド・リンダーは、韓国で行われた五大陸道路安全会議で、EUにおける衝突安全テストの要件をまとめた論文を発表した。[57] EUで自動車を市場に出すためには、5種類の試験に合格しなければならない。すなわち、シートベルト試験、2種類の正面衝突安全テスト、そして2種類の側面衝突安全テストだ。このうち、人体測定学的に正確な女性の衝突安全テスト用ダミーの使用を要件としている試験は、ひとつもない。ところがシートベルト試験、正面衝突安全テストの片方、そして側面衝突安全テストの両方においては、ダミーの50パーセンタイルは男性ダミーを使用することを規程で定めている。そこで、リンダーが世界各国の規制試験を調べてみたところ、「地域によって若干の差」があるとはいえ、規制試験では「全成人人口を代表して」50パーセンタイルの男性ダミーを使用していることがわかった。

EUには、女性人口を含めるために、5パーセンタイル［体格の順位が100人中、下から5位］の女性ダミーの使用を要件とする規制試験がある。つまり、このダミーよりも背が低い女性は、成人女性の5％しかいないのだ。ところが、ここにも甚だしいデータの欠落が見られる。第1に、この女性ダミーは助手席でしか試験をされないため、女性ドライバーが衝突時にどのような影響を受けるかについては、データがまったくないのだ。女性の運転姿勢が「適所を外れた」ものならば、なおさら問題とすべき点であるはずだ。第2に、この女性ダミーは女性とは言えない。たんに男性を縮小しただけのダミーだからだ。

消費者試験はこれよりはやや厳しい。私がユーロNCAP（EU圏内の自動車の安全評価を消費者に公表する組織）に話を聞いたところ、2015年から両方の正面衝突安全テストにおいて、男性と女性のダミーを使用しており、女性ダミーは人体測定学的データにもとづいているとのことだった――ただし、「入手可能なデータに限って」の話だ。それこそ注意が必要だ、とリンダーは語る。彼女の知るかぎり、そのようなデータが衝突安全テスト用のダミーに応用されたことは「ほぼ皆無のはず」なのだ。ともかく、ユーロNCAPも縮小型の男性ダミーを実際に使用することは「まあまある」ことは認めている。しかし、次章で詳しく見ていくとおり、女性は縮小型の男性ではない。筋肉量比率も男性とは異なるし、骨密度も男性より低い。頸椎の間隔も性別によって異なる。ストックレジェンが述べているとおり、身体の揺れも男女によって異なる。自動車事故の負傷率に関しては、こうした差異はすべて重要な要素となる。

妊婦をめぐる状況はさらにひどい。妊婦のダミーは1996年から製造されているが、アメリカでもEUでも、政府は衝突安全テストにおける妊婦ダミーの使用を義務付けていない[58]。それどころか、自動車事故は母体外傷による死産の原因の第1位であるにもかかわらず[59]、妊婦に有効なシートベルトさえ開発されていないのだ。2004年の研究は、妊婦も標準型シートベルトを装着すべきだと示唆しているが[60]、妊娠後期の妊婦の62％には標準型シートベルトはフィットしない[61]。また3点式シートベルト［腰の左右と片方の肩の3点を支えるもの］を妊婦が大きくなった腹部（妊娠子宮の膨らみ）を横切るかたちで装着した場合は、1996年の研究で明らかになったとおり、腹部の下の、腰骨のできるだけ低い位置でベルトを装着した場合にくらべて、力伝達が3〜4倍に上昇するため、「致命傷のリスクも上昇する」[62]。また標準型シートベルトは、妊婦以外の女性たちにもあまりよくない。女性は胸の隆起があるため、多くの場合は装着のしかたが「不適切」になり、負傷リスクが上昇する（だからこそ男性の縮小型ではなく、ちゃんとした女性のダミーを設計すべきなのだ）[63]。さらに、妊娠によって変化するのは腹部だけではない。胸のサイズも変化するため、適切な装着はますます難しくなり、シートベルトの有効性は低減してしまう。この問題もやはり、女性のデータがあるにもかかわらず、無視され続けている典型的な例だ。必要なのは、完全なデータを使用して自動車を徹底的に再設計することだ。そのためにも、実際の女性の体格にもとづいてダミーを製作すればよいのだから、簡単な話だろう。

以上のようなデータ・ギャップはあるとはいえ、アメリカでは2011年に衝突安全テストに女性ダミーを導入したことによって、自動車の安全性の星評価が急落した。『ワシントン・ポスト』紙の記事によれば、ベス・ミリトーと夫は、4つ星の評価が決め手となって、2011年型のトヨタのシエナを購入した[64]。ところが、思わぬ誤算があった。ミリトーは「家族で外出するときは」助手席に座ることが多いのだが、助手席の安全評価は2つ星だったのだ。前年モデルでは、助手席（男性ダミーでテストされた）は最高評価の5つ星だったが、助手席のダミーが女性ダミーに切り替わったことで、時速約56キロの正面衝突の場合、助手席の女性の死亡もしくは重症リスクが20〜40%になることが明らかになった。『ワシントン・ポスト』によれば、このクラスの自動車における平均死亡率は15%である。

米国道路安全保険協会の2015年報告書では、「自動車設計の改善により死亡率低下」という見出しが躍っている——喜ばしいことだ。新しい法律の効果だろうか？　それはありえないだろう。報告書には、まぎれもなくつぎの一文が存在する。

「ほかにも乗車人員がいたかどうかは不明のため、死亡率はドライバーのみの死亡率である」

これはデータにおける甚だしいジェンダー・ギャップだ。男女が一緒に車に乗るときは、男性が運転することが多い。[65] したがって、運転席以外のデータを収集しないのは、女性のデータを収集しないのと同じことだ。

すべてが腹立たしいほど皮肉なのは、男性は運転席、女性は助手席というのが当たり前になりすぎて、衝突安全テストでは運転席には男性ダミー、助手席には女性ダミーを設置するのがいまだに一般的であることだ。したがって、運転者の死亡率しか含まれていない統計データには、衝突安全テストに女性ダミーを導入した効果はまったく表れていない。結論として、あの見出しはもっと正確にこう書くべきだろう。

「自動車設計の改善によって、男性が座ることが多い運転席における死亡率は低下したが、女性が座ることが多い助手席における死亡率については不明である。ただし、自動車事故における死亡率は、女性のほうが17％高いことはすでに明らかになっている」

歯切れがやや悪くなるのは否めないが――。

傷害防止および安全促進の研究を行うセーフティ・リット（SafetyLit）財団のデータベースの責任者、デイヴィッド・ローレンス博士に話を聞いたところ、彼は私に言った。

「アメリカのほとんどの州では、警察の事故報告書は研究材料としては使いものになりません」

運転者以外に関するデータは、ほとんど収集されていないのだ。警察の事故報告書は、書面で「データ入力のため契約会社に渡される」ことが多い。

「データの品質チェックはめったに行われませんが、実際に行われたケースでは不備が指摘されています。たとえばルイジアナ州では、１９８０年代の自動車事故の場合、車に乗っていた人たちの大半は１

950年1月1日生まれの男性。事故車のほぼすべては1960年型でした」

もちろん、そんなはずはない。デフォルト設定のままだったのだ。

ローレンスの話では、この問題は「ほかにも多くの州で」明らかになっている。にもかかわらずデータが改善されていないのは、「データ入力の慣行を変えていないから。アメリカ政府は各州に対し、警察の事故報告書を米国運輸省道路交通安全局（NHTSA）に提供するよう要請しているが、データの品質についての基準も、粗悪なデータを送った場合の罰則も示していない」のだ。

アストリッド・リンダーは衝突安全テスト用の女性ダミーの開発に取り組んでいる。女性の体格を正確に表現した初めてのダミーとなる予定だ。現段階ではまだ試作品だが、彼女はすでにEUに対し、衝突安全テストにおいて人体測定学的に正確な女性のダミーを使用することを、法律で規定するよう要求している。厳密に言えば、これは実際に法律ですでに規定されている、とリンダーは主張する。法的拘束力のある欧州連合機能条約（TFEU）の第8条には、こう記されている。

「欧州連合はすべての活動において、不平等を撤廃し、男女間の平等を促進することを目指すものとする」[66]

自動車事故の重傷リスクが女性のほうが47％も高いことは、これまで看過されてきた不平等の最たるものだ。

ある意味では、なぜとっくの昔に衝突安全テストにおいて適切な女性ダミーが開発され、その使用が法的に義務付けられなかったのか、理解しがたいものがある。だがいっぽうで、これまで見てきたとおり、設計と計画において、女性や女性の体格がことごとく無視されてきたことを考えれば、まったく驚くには値しない。

スマートフォンの開発から医療技術や調理用ストーブまで、さまざまなツール（モノであれ、金融ツールであれ）が女性のニーズをまったく考慮せずに開発された結果、女性たちに大きな被害を与えている。さらにそのような被害によって、女性の生活には甚大な影響が表れている——女性たちは貧困や病気に苦しめられ、自動車事故では命を落としかねない。設計者たちは、すべての人の役に立つ商品をつくっていると信じているかもしれない。だが現実には、おもに男性向けの商品をつくっているのだ。もういいかげん、女性のことも考えて設計をすべきである。

第4部

医療

第10章　薬が効かない

遅れた診断

　ミシェルが診断を下されるまで、12年かかった。

「症状が出始めたのは14歳くらいのときでした」彼女は私に言った。「でも恥ずかしくて、病院には行けなかったんです」

　痛みをともなう急な排便に悩み、ときに血便もあったが、ミシェルは2年間も誰にも言わなかった。だがある晩、あまりの激痛に襲われ、とうとう隠しておけなくなった。

「バスルームの床で胎児みたいに丸まって、動けなくなりました。死ぬかと思いました」

　そのとき、彼女は16歳だった。

　両親は大急ぎでミシェルを救急外来に連れていった。すると医師が（両親の目の前で）、妊娠している可能性はありますか、とたずねた。いいえ、ありません、と彼女は答えた。性交は未経験だったし、痛いのは腸なのだ。

「車椅子で検査室へ連れていかれ、何の説明もなしに診療台に乗せられ、両脚を開かされました。そしていきなり、冷たくて大きな金属の検鏡を膣のなかに押し込まれたんです。あまりの激痛に跳ね起きたら、看護師に体を押さえつけられました。そのあいだに医師が検査して、妊娠していないのを確認したんです」

そのあげく、「高いお金を払って痛み止めをもらい、1日よく休むように言われて」、家に帰された。

それから10年、ミシェルはべつの2名の医師と、2名の（男性の）消化器専門医の診察を受けた。だがどの医師も、彼女の場合は頭——つまり精神的な問題で、不安やストレスを緩和する必要があると述べた。やがて26歳のとき、ミシェルは女性の総合診療医に紹介され、結腸内視鏡検査を受けたところ、結腸の左側全体に疾患が認められた。診断結果は、過敏性腸症候群と潰瘍性結腸炎だった。ミシェルは言った。

「ふざけた話です。頭のなかに腸があるわけないのに」

こうして適切な診断と治療を受けるのが遅くなったせいで、彼女は結腸がんのリスクが高くなってしまった。

こういう話を聞くと、彼女をひどく扱った医師たちに対し、怒りを覚えずにはいられない。だが実際には、彼女が出会った医師たちだけが、ろくでなしのヤブ医者だったわけではない。彼らは組織的に女性を差別する医療制度の産物なのだ。そのような医療制度のもとで、女性たちはつねに誤解され、治療ミスや誤診の被害に遭っている。

問題は医師たちの訓練方法から始まっている。昔から、男性と女性の体には、体格と生殖機能以外には根本的に異なる点はないと考えられてきた。そのため、医学教育では男性が「基準」とされ、そこから外れるものはすべて「非定型」ないし「異常」とされた。[1]「典型的な体重70キロの人[2]〔英語のmanには人の意味もある〕」という表現は、まるで男女両方を指すかのように多用されている（だがある医師が指摘したとおり、70キロは男性の標準体重とも言えないのではないか）。めずらしく女性に言及する場合は、標準的な人間に対する変種のごとき扱いだ。医学生たちは生理学を学び、ついでに女性の生理学を学ぶ。人体の構造を学び、ついでに女性の体の構造を学ぶ。心理学者のキャロル・タヴリスが1992年の著書『女性の測りまちがい（The Mismeasure of Woman）』（未邦訳）において述べているとおり、「男性の体の構造こそ、人体の構造なのだ」[3]。

このように男性を基準とする考え方は、少なくとも古代ギリシャまでさかのぼる。女性の体を「男性のできそこない」とみなすことは、この時代から始まった（アリストテレスのせいだ）。女性の体は、男性の体の「外側と内側が逆になったもの」だというのだ。卵巣は女性版の精巣（17世紀まで卵巣という名称すらなかった）、子宮は女性版の陰嚢《いんのう》とされていた。女性の場合、卵巣や子宮が（人類の典型である男性とはちがって）体の外側ではなく内側に入っているのは、女性は「生命維持に必要な体温」が不足しているためだと考えられていた。男性の体こそ、女性がなりそこねた理想形だったのだ。

もちろん、現代の医師たちは、女性のことを男性のできそこないとは言わない。だが〝男性の体＝人体〟という考え方は、いまだにはびこっている。「ヨーロッパ、アメリカ、カナダにおける20の名門大学」が推薦している教科書を対象とした2008年の分析の結果、「性別に関係のない体の部位」を描いた1万6329のイラストのうち、男性の体のイラストは女性の体のイラストの3倍も多いことがわかった[4]。またオランダの複数の大学の医学部が推薦する教科書を対象とした2008年の研究では、性差があることが以前から実証されている事象（たとえば、うつ病やアルコールが体に及ぼす影響など）に言及した部分でさえ、性別に関する情報は掲載されていなかった。また、臨床試験の結果は、対象に女性が含まれていなかった場合でも、男女ともに有効なものとして示されていた[5]。性差に言及している数少ない例は「索引を使っても見つからず、レイアウト上も見つけにくい」うえに、「女性の場合は、非定型的な胸部の不快感を覚えることが多い」など、曖昧な一文にすぎなかった（だがこれから見ていくとおり、心臓発作を発症した女性のうち、男性に典型的な胸部の痛みを覚えた人は、8人にひとりにすぎない。したがって、この記述は曖昧なだけでなく、不正確でもある)。[6]

2017年、私はこうした状況が改善したかを調べるため、ロンドンで医学書を大々的に扱っている大型書店に行った。だが、状況は変わっていなかった。『人体解剖学』と銘打った書籍の表紙を飾っていたのは、いまだに筋骨隆々の男性の体のイラストだった。男女に共通する特徴のイラストにも、無意味なペニスがついていた。「耳、鼻、喉」「神経系」「筋肉組織」「血管系および内臓」と題されたポスターには、いずれも男性の人体の大きなイラストが使用されていた。ただし、血管系のポスターの端のほうには「女性型骨盤」もちょこんと載っており、私も、私の骨盤も、このお情けをありがたく思った。

このように医学の教科書に見られるジェンダー・ギャップは、典型的な医学部のカリキュラムにも存在する。2005年のオランダのある研究によって、性差やジェンダーに関する問題に関しては「カリキュラム開発において体系的に取り組んでいない」ことが明らかになった。[7] また、「カーミット(Curr MIT)」というアメリカの医学部専用オンラインデータベースを対象とした2006年のレビューでは、このデータベースにデータを提供している95校のうち、「女性の健康講座」と呼べる授業を行っているのは、わずか6校にすぎないことがわかった。[8] さらに、それらの授業のうち、必修科目はふたつ(第2学年もしくは第3学年で行われる、産科と婦人科の授業)だけだった。女性にとって最大の罹患率や死亡率をもたらす症状に関してさえ、性別に特有の情報は組み込まれていないのだ。10年後のべつのレビューでは、アメリカの医学部においては、性差やジェンダーにもとづく医療は依然として「最小限」で「場当たり的」なものにすぎず、疾病の治療法や薬剤の使用法に関するアプローチにおいて、情報不足がとくに顕著であることが明らかになった。[9]

こうした情報不足が重大なのは、これまで何千年も信じられてきたこととは正反対に、実際には、性別による違いが大きいからだ。人体のあらゆる細胞組織や臓器には性差があるとともに、[10]人間の一般的な疾病の大部分における「罹患率、経過、重篤度」にも性差があることが、研究でも明らかになっている。[11]心臓の基礎的な機械的動作にも、性差は存在する。[12]身長によって標準化した場合でも、肺活量には性差は存在する[13]（実際、タバコを吸う本数が男女で同じ場合でも、女性のほうが20〜70％も肺がんを発症する確率が高いことも、このことに関係があるかもしれない）。[14]

自己免疫疾患の罹患率は全人口の8％だが、[15]発症率は女性のほうが3倍高く、罹患者の約80％を占めている。[16]その理由は完全にはわかっていないが、研究者たちは、女性は子どもを産む性であることと関連があるのではないかと考えている。すなわち、女性は「胎児の成長と新生児を守るために、免疫反応がとりわけ迅速かつ強力に発達した」という理論だ。[17]そのせいで過剰反応が起こり、体を攻撃してしまう場合もある。[18]さらに、ワクチンに対する反応の男女差にも、免疫系の作用が関係しているのではないかと考えられている。女性のほうが抗体反応が強く出るため、ワクチンに対して強い拒絶反応が起こるケースが男性よりも多いのだ。[19]２０１４年のある論文では、男性用と女性用のインフルエンザワクチンを開発することを提唱している。[20]

性差は細胞にまで表れる。自閉症のバイオマーカーである血清にも、[21]タンパク質にも、[22]疼痛信号を送るための免疫細胞にも、[23]脳卒中後の細胞の死滅のしかたにも、[24]性差は存在する。また最近の研究でも、「薬物代謝に対して重要な遺伝子の発現」においても、有意な性差があることがわかった。[25]パーキンソン病、脳卒中、脳虚血（脳への血流不足）の発症や予後における性差も、もとをたどれば細胞にたどり着く。[26]血管の老化においても性差があることを示す証拠がますます増えており、「健康問題や検査や治療方法に必然的に関連するものである」。[27]２０１３年の『ネイチャー』誌の記事において、エリザベス・ポリッツァー博士は、ある研究で、オスとメスのマウスの細胞はストレスに対して異なる反応を示したこと、そして人間の細胞においても、男女では「代謝物の濃度が大きく異なる」ことを指摘した。さらに、「性別にかかわらず、性ホルモンへの暴露歴によって細胞の反応は異なる」ことを示す「科学的証拠が数多く存在する」と指摘した。[28]

医療データにおけるジェンダー・ギャップはいまだに甚だしいが、この20年間で明確に証明されたのは、女性は男性の縮小版ではないということだ。男性と女性の体は、細胞レベルまで異なっている。なぜ医学部ではそのことを教えていないのだろう？

治験からの除外

性別特有の情報を教科書に取り入れるには、性別特有のデータを入手する必要がある。しかし、女性は大部分の医学研究から除外されてきたため、性別特有のデータは著しく不足している。きわめて基本的な性決定においてさえ、性差によるデータ・ギャップが存在するのだ。１９９０年の画期的な論文において、Ｙ染色体の性決定遺伝子が突きとめられてからというもの、女性は皮肉にもデフォルトとみなされてきた。ただし、ここで言うデフォルトとは、女性を基準として注目したという意味ではない。それどころか、研究では睾丸の発達を「能動的」過程として注目するいっぽう、２０１０年に生殖腺の卵巣化における能動的過程の研究がついに始まるまでは、女性の性的発育は受動的過程とみなされていた。[29]

心血管疾患に関する初期の研究のほとんどは、男性を対象として実施されていた。女性の参加率は低く、１９８７年から２０１２年までに行われた31件の重要な臨床試験において、女性の参加者はわずか25％だった。[30] 発展途上諸国において、女性はＨＩＶ陽性の成人患者の55％を占めており、[31] アフリカおよびカリブ諸国の一部では、5～24歳の女性は同じ年齢層の男性にくらべて、ＨＩＶ陽性率が最大で6倍も高くなっている。[32] さらにＨＩＶでは、女性の場合は臨床症状や合併症も異なることもわかっている。

にもかかわらず、女性の参加率に関する2016年のレビューでは、抗レトロウイルス薬の研究における女性の参加者はわずか19・2%、ワクチン研究では38・1%、治療法研究では11・1%にすぎないことが明らかになった。[33]

治験において女性はつねに除外されてきたため、妊婦への対処法に関する確かなデータも大幅に不足している。WHOは、多くの疾病は「とりわけ妊婦に重大な影響を及ぼし、胎児に害を与える」可能性があると警告しているが、疾病の始まり方や予後についてもよくわかっていないことが多い。[34] インフルエンザウイルスのなかには（2009年H1N1インフルエンザを含む）、「妊娠中はとりわけ重篤な症状」を引き起こすものもある。また妊娠中は、重症急性呼吸器症候群（SARS）はさらに重篤な症状につながる可能性を示す科学的証拠もある。妊娠中の女性たちが医学研究への参加を躊躇するのはもちろん理解できるが、だからといって、ただ手をこまねいて無知のままでいていいわけがない。妊婦の健康状態に関するデータは定期的かつ体系的に追跡し、記録し、照合する必要がある。ところが、やっていないのだ——中国で2002年から2004年に起きたSARSのパンデミックのときでさえ、妊婦の健康状態は体系的に追跡されなかった。「したがって、SARSによって妊娠中にどのような経過と予後をたどるかを完全に把握することは不可能である」とWHOは指摘している。[35] これも、簡単に防げたはずのデータにおけるジェンダー・ギャップの一例だ。必要なデータを収集しなかったために、次のパンデミック発生時に備えることができないのだ。

解剖学の教科書に女性に関する情報を掲載しないのと同様に、治験の参加者に女性を含まないことも、男性の体を人体の基準とみなすことがもたらした歴史的な問題である。この根深い偏見は1970年代にいっそう強化され、女性の健康に甚大な被害をもたらした。医学界における20世紀最大の不祥事が起こったのだ。[36]

1960年代、医師たちはつわりで苦しんでいる妊婦に対し、サリドマイドを処方するようになった。1950年代の後半から多くの国々で低刺激性の鎮静剤として市販されていた薬で、開発者によれば「ラットの致死量に到達しない」[37]ため、安全とみなされていた。たしかにラットは死ななかったが、胎児の発達に影響があった（製薬会社は1959年の時点で、この事実をすでに知っていた）[38]。サリドマイドが1962年に市場から回収される前に、世界中で1万人以上の子どもたちがサリドマイド関連の障害をもって生まれていた。[39]この不祥事を受け、1977年、米国食品医薬品局（FDA）はガイドラインを発表し、妊娠の可能性のある女性たちを治験の対象から外すこととした。この慣行は無条件に継続され[40]、男性を基準とする方針も当然のごとくまかりとおっていた。

こんにちでも、その状況は依然として変わっていない。多くの科学的証拠がそろっているにもかかわらず、生物学的な性別は重要ではないと主張し続ける研究者たちもいる。ある公衆衛生の女性の研究者は、2件の助成金申請に際してこんなことを言われたという。

「性別云々などやめて、まっとうな科学に戻ったらどうか」

「私はこの分野で20年やってきたが、こんなこと（生物学的性差）は重要ではない[41]」

しかも、このようなコメントは匿名ですらなかった。2014年の『サイエンティフィック・アメリカン』誌の論説は、男女両性で実験を行うのはリソースの無駄遣いであると苦言を呈した。[42]また、米国科学アカデミーによる2015年の公式科学雑誌の論説では、「前臨床段階において性差に注目することは、男女の健康格差への対処にはつながらない」と主張した。[43]

性差は重要ではないと主張する研究者たちとはべつに、こんな研究者たちもいる。性差は重要かもしれないが、昔からのデータ格差によって比較可能なデータが存在しないため、いまさら研究対象に女性を含むことは得策ではないと主張しているのだ（これでは泣きっ面に蜂ではないか）[44]。女性の体（人間であれ、動物であれ）はあまりにも複雑で、変動性が高く、[45]試験対象とするには手間がかかりすぎるという議論もある。研究に性やジェンダーを取り入れるのは「負担が大きい」というのだ。[46]「ジェンダー問題は広がりすぎている」[47]ため、それを除去するのは「単純化」[48]のためだというわけだ。だがそんなことを言うなら、マウスを使った最近の研究では、多くのマーカーにおいて、オスのほうが変動性が高いという結果が出ている。[49]複雑なのはいったいどちらなのか？

女性の体は、変動の多い「非定型的」ホルモンのせいで研究対象としてたんに不便だという主張に加えて、研究者たちは、治験において女性の参加者が少ないのは、女性は集めにくいからだとも言っている。たしかに、女性はケア労働に時間を取られるため、子どもの学校の送り迎えの合間に病院に行くのはなかなか難しいかもしれない。しかし、だからといって女性を除外するのではなく、治験のスケジュールを女性たちの都合に合わせればすむ話だ。ともかく、女性の参加者を本気で探す気があるなら、見つかるに決まっている。ＦＤＡによって義務付けられた医薬品治験のレビューでは、血管閉塞用デバイス（出生後、胎児が呼吸を始めると自然に閉じるはずの動脈管が閉じない場合に用いる）の治験における参加者のうち女性は18％で、[50]冠状動脈ステントの研究においても女性の参加者は32％にすぎなかった（ちなみに、このデバイスを用いた場合、女性のほうが男性よりも予後の経過が悪い）。[51]いっぽう、顔のしわ取りおよび歯科用品の治験では、参加者における女性の割合は、それぞれ90％と92％となっている。

男性にだけ効く薬

医学研究において女性の参加者が少ない問題に対するもっと斬新なアプローチは、問題などなにもない、女性もちゃんと参加している、と開き直ることだ。２０１８年2月、英国薬理学会の機関誌『ブリティッシュ・ジャーナル・オブ・ファーマコロジー』において、「臨床登録試験における性差について

――実際の問題は存在するか」と題する論文が発表された[52]。「FDA承認済みで広く処方されている薬剤について、公開されている登録関連書類を横断的かつ体系的に調査した結果」、著者が全員男性であるこの論文は、「実際の」問題はなにもないと結論を下した。

なにが実際問題に該当しないかという哲学的な問題はさておき、この著者たちの結論は不可解だ。まず、薬の治験データは28％しか公開されていないため、サンプルに偏りがないかを判断することはできない。研究者たちが実際に入手したデータにおいても、治験の4分の1強に含まれていた女性参加者の数は、米国においてその薬が効くはずの病気の罹患者における女性の割合と合致していない。さらにこの研究は、米国における処方薬の80％を占めるジェネリック医薬品の治験を対象としていない[53]。FDAはジェネリック医薬品を「すでに市販されている先発医薬品と同じ効力をもつ後発医薬品」と定義しており、先発医薬品の特許が切れたあとに発売される。ジェネリック医薬品の治験は先発医薬品の治験ほど厳密ではなく、先発医薬品と同等のバイオアベイラビリティ（生物学的利用能）が確認できればよい。そして、治験は「ほぼ若い成人男性のみ」を対象に実施される[54]。これが重大なのは、活性成分が同じであっても、非活性成分や製造技術が異なれば、医薬品の効力に影響する場合があるからだ[55]。案の定、2002年には、FDAの医薬品評価研究センターは「先発医薬品とくらべて、大部分のジェネリック医薬品の場合、バイオアベイラビリティにおいて統計的に有意な男女差」があると指摘しているのだ[56]。

にもかかわらず、この論文の著者たちは、治験における女性の参加者数が少ないという体系的な証拠はないと主張した。その根拠は、第Ⅱ相試験（フェーズⅡ）と第Ⅲ相試験（フェーズⅢ）における女性の参加率は、それぞれ48％、49％であるからだという。しかし、彼ら自身が述べているとおり、第Ⅰ相試験（フェーズⅠ）における女性の参加者は、わずか22％なのだ。そして、彼らの結論とは逆に、第Ⅰ相試験の女性参加者数が少ないことには、重大な問題がある。FDAによれば、女性に最も多い薬害反応の第2位は、男性には明らかに効く薬が女性には効かないことだ。男女に大きな性差があることを考えれば、もしかしたら女性には効果があるかもしれない薬が、第Ⅰ相試験で男性には効果がなかったというだけの理由で、いったいどれだけ排除されていることだろう？

数字を細かく見ていくと、あの論文の著者たちがまったく取り上げていない問題があった。それは、各医薬品の治験は、月経サイクルのそれぞれ異なる段階にある女性たちを対象として行われたか、という問題だ。ほとんどの場合はそうではないので、あの論文に出てくる治験もそのように行われてはいないだろう。女性が治験に参加する場合は、月経サイクルにおける卵胞期前期の場合が多い。ホルモンレベルが最も低い――つまり表面的には、男性に最も近い状態なのだ。その目的は、「エストラジオール［卵胞ホルモンの一種］やプロゲステロン［女性ホルモンの一種］が及ぼす実験結果への影響を最小限にする」ことにある。[57]だが現実は実験とは異なり、実際の生活にはそうした厄介なホルモンの影響が表れる。これまでにも抗精神病薬、抗ヒスタミン剤、抗生物質治療、心臓病薬において、月経サイクルの影響が表れることが明らかになっている。[58]抗うつ剤のなかには、月経サイクルの時期によって、女性たちに異なる影響が表れるものもある。つまり、時期によっては投薬量が多すぎたり、少なすぎたりしてしまうのだ。[59]また、女性は薬物誘発性の不整脈（心拍リズムの異状）が生じやすい傾向にあり、[60]月経サイクルの前半はそのリスクが最も高い。[61]当然、命取りになる可能性もある。

最後に指摘しておきたいのは、女性には効果があるかもしれない薬剤が、細胞実験と動物実験の段階で排除されてしまい、人体実験が一度も行われていないケースがこれまでに何件あったかについて、あの論文の著者たちがまったく考慮していないことだ。おそらく相当な数にのぼるだろう。過去の約50年間、動物における性差はつねに報告されてきたが、薬理学の論文の90％では男性のみを対象とした研究しか取り上げていないことが、２００７年の論文によって明らかになった。[62]また、動物実験のうち22％

では動物の性別が明記されておらず、明記されている場合には、実験に用いられた動物の80％はオスであることが、2014年の論文によって明らかになった。[63]

データにおけるジェンダー・ギャップの観点から最も腹立たしいのは、女性に多い疾病の動物実験においてさえ、雌性動物が含まれていないという事実だろう。たとえば、うつ病の発症率は女性のほうが男性よりも70％も高いが、脳障害の動物実験ではオスのほうがメスの5倍も使用されている。[64] 2014年の論文では、女性に多い疾病に関する動物実験で、動物の性別を明記している実験（44％）のうち、実験動物に雌性動物も含まれていたのは、12％しかないことがわかった。[65] 実験動物にオスもメスも含まれている場合でも、その実験のデータが性別で区分される保証はない。オスとメスの両方を用いた研究でも、そのうち実験結果を性別によって区分したのは3分の2だけであることが、ある論文によって明らかになったのだ。[66] このことが重大なのは、次のことからもわかる。動物実験に関する2007年の分析の結果、オスとメスの両方のラットあるいはマウスを用いた数少ない研究のうち、54％の実験において性依存的な薬物効果が明らかになったのだ。[67]

このような性依存的な薬物効果は、極端に表れる可能性もある。サーカディアンリズム（概日《がいじつ》リズム）が心臓病に及ぼす影響を研究しているタミ・マルティーノ博士は、2016年の生理学会の講演において、最近の驚くべき発見について語った。博士がチームとともに研究を行った結果、心臓発作が起きた時間帯によって生存率が左右されることを突きとめたのだ。日中の時間帯に心臓発作が起きると、数ある症状のなかでも免疫反応が強く表れる。とりわけ好中球反応が強くなり（好中球は白血球の一種で、ケガをしたとき真っ先に殺菌作用を果たす）、それが生存率の高さと関連している。このような研究結果は長年にわたって、さまざまな動物を用いた実験で繰り返し再現され、「医学文献において、生存率に関する究極の判断基準」となっている、とマルティーノは説明する。

だからこそ、マルティーノの研究チームは「あっと驚いた」――2016年のある研究で、日中の時間帯の心臓発作は強い好中球反応を引き起こすが、それが生存率の低さと関連していることがわかったのだ。正反対の結果に、マルティーノらはすっかり困惑して考え込んでいたが、やがて従来の研究と今回の研究の根本的な相違点に気づいた。従来のすべての研究ではオスのマウスを使用していたが、新しい研究ではメスのマウスを使用していたのだ。つまり性差によって、正反対の結果が表れたのである。

細胞の研究に関しては、10の心臓血管専門誌を対象とした2011年のレビューによって、細胞研究のうち69%は雄性細胞しか使用していないことが明らかになった。[68] だが、「性別が明記されていた場合に限る」という但し書きは重要な意味をもっている。というのも、2007年の分析で明らかになっているとおり、645件の心臓血管の臨床試験のうち(どの論文も著名な医学雑誌で発表されている)、性別に特有の実験結果を明示しているのは24%にすぎないからだ。[69] また、5つの主要な外科専門誌を対象とした2014年の分析では、細胞研究の76%では性別を明記していないことがわかった。また、性別を明記した研究の71%では雄性細胞しか使用しておらず、性別にもとづく研究結果を報告した研究はわずか7%しかないこともわかった。[70] そしてやはり、女性に多い疾病の研究においてさえ、研究者たちはXY細胞のみを研究対象としていることが明らかになった。[71]

動物実験や人体実験と同じく、細胞実験でも性別による分析を行った結果、著しい差異があることが明らかになっている。長いあいだ、研究者たちにとって、筋肉由来の幹細胞を移植した場合、その後の経過を予測することは困難だった(病変した筋肉を再生する場合もあれば、何の効果もない場合もある)。だがついに、研究者たちは謎を解き明かした――雌性細胞は再生を促進するが、雄性細胞にはその効果がないことを発見したのだ。女性の健康にとってさらに緊急の問題は、2016年に発見された、エストロゲンに対する雄性細胞と雌性細胞の反応に見られる性差だろう。研究者たちが[72]雄性細胞と雌性細胞をエストロゲンに暴露させたのち、両方をウイルスに感染させたところ、雌性細胞だけがエストロゲンに反応してウイルスを撃退した。この興味深い実験結果から浮かび上がってくるのは、つぎの疑問点だ——これまで雄性細胞のみを対象に行われた試験で効果が確認されなかったために、女性はどれだけ多くの臨床試験の機会を逃してきたのだろう？

性差を無視する研究者たち

こうした科学的根拠を踏まえれば、研究者たちが「性差は重要ではない」などと臆面もなく主張できるのは理解しがたいことだ。それに対し、カナダのマギル大学の神経科学者、ジェフリー・モーギルの主張は正しかった。彼は性差学会（OSSD）に対し、研究の「最初の段階から」雌雄の両性を対象に含まないことは、「科学的にも愚行で、資金の無駄遣いであるだけでなく、倫理的な問題でもある」と述べた。[73] それでもなお、医学研究における女性の参加率はいまだ低く、性別の治験を行っている場合でさえ、女性の参加率が適切であるとは期待できない。2015年に発売されて噂を呼んだ「女性用バイアグラ」[74]が、アルコールと反応すると悪影響が生じることが判明したとき（多くの読者はおそらくご存じのとおり、男性と女性ではアルコールの吸収率が異なる）[75]、製造元のスプラウト・ファーマシューティカル社は、当然ながら治験を行った。ところが同社が集めた参加者は、男性23名に対し女性はわずか2名。[76] しかも、データを性別で区分しなかったのだ。

このような失態は、同社に限ったものではない。過去10年間に主要な専門誌で発表された論文を対象とする複数のレビューがいずれも指摘しているのは、研究結果が性別に区分されていない、あるいは性差による影響を無視した理由を説明していないものが多いことだ。[77] 2001年にアメリカの政府説明責任局（GAO）がFDAの記録資料の監査を行ったところ、約3分の1の資料では試験結果が性別で区分されておらず、資料の40％においては、実験の参加者らの性別すら明記されていないことがわかった。監査者たちは、ＦＤＡは「医薬品開発における性差に関するデータの発表や分析について、効果的な監督業務を果たしていなかった」と結論づけた。[78] ＦＤＡに提出された新薬承認申請に関する２００７年の分析においても、申請に関するデータ分析のための基準を定めていないとして、ＦＤＡの不備が指摘されている。[79] ２０１５年、ＧＡＯは、各研究において性差をきちんと検証しているかどうかについて、国立衛生研究所（ＮＩＨ）は定期的な確認を怠っていると批判した。[80] 研究の大半を占めている、政府出資以外の臨床検査においては、状況はさらにひどい場合も多い。心臓血管の臨床試験における性差分析に関する２０１４年の調査の結果、ＮＩＨ出資による61件の治験のうち、試験結果を性別で分析しているのは、約半数の31件であることがわかった。ところが、ＮＩＨ以外の出資による臨床試験では、５６７件のうち試験結果を性別で分析しているのは１２５件しかなかったのだ。[81]

性別で区分されたデータが不足することで、女性たちは医療上の的確なアドバイスを受けられなくなる。２０１１年、世界がん研究基金は、男性も女性も対象に含まれた、食生活ががんに及ぼす影響に関する研究のうち、データを性別で区分しているのは50％しかないと苦言を呈した。[82] たとえば、女性は年齢を重ねるにつれて筋肉量が低下するため、男性よりもタンパク質を多く摂取すべきなのだが、「高齢女性の筋タンパク質合成を促進するための、１食当たりの適切なタンパク質摂取量は定められていない」のだ。[83]

試験対象にせっかく両性を含んでおきながら、結果データを性別で区分しないのは不可解であり、スタンフォード大学のロンダ・シービンガー教授が述べているとおり、「資金の無駄遣いであり、研究自体が将来のメタ分析の役に立たない」[84] ことは言うまでもない。そして臨床試験における女性の参加率が非常に低いために、メタ分析のやり方によっては生死を左右する可能性がある。

2014年、両心室ペーシング機能付植込み型除細動器（CRT－D、基本的にはペースメーカーがさらに複雑になったもの）の臨床試験に関する、FDAのデータベースを対象としたレビューを行った結果、臨床試験の参加者に女性が20％しか含まれていないことが明らかになった。[85] 個々の研究における女性の参加者数が非常に少なかったため、データを男女で区分しても、統計的に有意な結果はなにひとつ表れなかった。しかし、レビューの著者たちがすべての臨床試験の結果を統合し、統合したデータを性別で区分したところ、驚くべき発見をした。

CRT－Dは心臓の電気信号の遅れを修正するための機器で、心不全の既往症がある場合に移植される。Dは除細動器（defibrillator）を意味する。この除細動器（医療ドラマなどで大がかりな装置を見たことがある人も多いだろう）が行うのは、心臓のハードリセットのようなもので、心臓の不規則なリズムに衝撃を与えることによって、再び正しいリズムに戻すのだ。私が話を聞いた医師はCRT－Dのことを「症状コントロール」と表現した。治癒することはできないが、多くの早期死亡を予防できる。心臓が電波を完全に送るのに150ミリ秒以上かかる場合は、CRT－Dを植込んだほうがよい。いっぽう150ミリ秒未満の場合は、植込んでも効果はない。

ただし、メタ分析で明らかになったとおり――女性でなければ、だ。150ミリ秒という閾値《いきち》は男性には有効であるいっぽう、この基準は女性にとっては20ミリ秒ほど高すぎることがわかったのだ。たいした差ではないと思うかもしれないが、女性の場合は130～149ミリ秒であっても、心不全や死亡が76％低減し、CRT－Dの植込みによる死亡が76％低減することが、メタ分析によって明らかになったのだ。しかし、ガイドラインによって、閾値よりも低い女性にはCRT－Dは植込まれない。臨床試験においても男性の体が基準とされ、女性は添え物のような扱いだったせいで、何百人もの女性たちが予防できたはずの心不全を発症し、死亡したのだ。

女性に対して効果が表れない医療技術はＣＲＴ－Ｄだけではない。２０１４年の分析では、承認後の医療機器に関する研究のうち、性別を主要な評価項目に含んでいたのは14％のみで、女性参加者たちのサブグループの分析結果も含んでいたのは、わずか４％だった[86]ことを考えれば、驚くには値しない。２０１０年の論文では、「女性の場合は、年齢や植込まれた機器の種類に関係なく、最初のペースメーカーの植込み時に急性合併症が起こるリスクが高い」ことが明らかになった[87]。２０１３年には、画期的な効果が期待される人工心臓が開発されたが、女性には大きすぎた[88]。現在、設計者たちは小さめのものを開発しており、それ自体は喜ばしいが、その他の人工心臓と同じで[89]、女性版ができるのが、基準である男性版が登場してから何年も後になるというのは驚くべきことだ。

病気にならないためにはどんな運動をすればよいか、という基本的なアドバイスでさえ、男性中心の研究にもとづいている。筋力トレーニングには心臓病のリスクを低減させる効果があるかどうかを調べると、血圧が高い場合は、筋力トレーニングを控えるように注意を促している論文がいくつも見つかる[90]。おもな理由は、筋トレにはエアロビクスほど血圧を下げる効果がないことと、動脈壁硬化を増加させるリスクがあるためだ。

ただし、それがすべて該当するのは男性の場合だ。例によって、男性は研究の参加者の大部分を占めている。女性を対象に行われた研究によって、このアドバイスは男女どちらにも当てはまるものではないことがわかった。たとえば２００８年のある論文では、筋トレは大部分の女性に対して血圧低下の効果があるだけでなく、女性の場合は男性のように動脈壁硬化が増加しないことが明らかになった[91]。このことが重要なのは、女性は年を取るにつれて、同じ年齢の男性よりも血圧が高くなる傾向にあり、女性の場合は男性にくらべて、高血圧が心血管疾患による死亡率に直結しているからだ。それどころか、女性の冠動脈疾患による死亡リスクは、血圧が正常時のレベルから20水銀柱ミリメートル上昇するごとに、男性の2倍も高くなる。さらに、一般的に使用されている降圧剤は、女性の場合は男性ほど血圧を下げる効果が表れないことが明らかになっている。[92]

つまり要約すれば、女性にとっては（男性を研究対象とした）降圧剤はあまり効果がないが、筋トレには効果があるということ。これまでそのことが知られていなかったのは、すべての研究が男性を対象としていたからだ。女性の場合、閉経後は骨減少や骨粗しょう症のリスクが高くなるが、筋トレはその予防にも効果があることも、最近、明らかになった。

男性中心のアドバイスはほかにもあり、糖尿病患者に対する高強度インターバルトレーニング（ＨＩＩＴ）の推奨もそのひとつで、女性にはあまり効果がない[93]（理由はよくわかっていないが、女性は運動中、糖質よりも脂肪を多く燃焼するせいかもしれない）[94]。また、「同様のスポーツをしている男女を比較した場合、脳震とうの発症率は女性のほうが男性よりも高く、男性よりも回復に長い時間がかかる」にもかかわらず、脳震とうに対する女性の体の反応についても、ほとんど明らかになっていない。[95][96]女性にアイソメトリック・エクササイズ［筋肉を収縮させずに力を加えることで筋力を高めるトレーニング］による疲労が少ない（受傷後のリハビリと関連性がある）のは、男性と女性では各筋繊維の割合が異なるからだ。にもかかわらず、「その違いに対する理解がきわめて限られている」のは、「発表された論文の数が不十分」だからだ。[97]

氷嚢《ひょうのう》の使い方といった単純なことでも、性別による影響を考慮する必要があるならば、スポーツ医学の研究にも、男性と同じ割合で女性が参加すべきなのは明白だ。[98]しかし、そうはなっていない。[99]研究結果は女性にもそのまま当てはまると言わんばかりに、いまだに男性を対象とした研究が行われている。

２０１７年、イギリスのラフバラー大学による研究[100]に、国中のメディアが騒然となった。入浴には運動と同じくらい、抗炎症作用や血糖反応への効果があることが証明されたのだ。[101]医学雑誌『テンパラチャー』に掲載されたこの論文は、「代謝性疾患への治療法となりうるか？」というサブタイトルがついていたが、研究対象には女性がまったく含まれていなかった。

男性と女性では代謝系が異なることがわかっている。この研究結果への関連性が最も高い糖尿病がもたらす影響も、男性と女性では異なることがわかっている。[102] そして、糖尿病は男性よりも女性にとって、心血管疾患の大きなリスク要因となる。[103] 以上の事実にもかかわらず、この論文の著者たちは、自分たちの研究に性差が関連していることをまったく認識していない。彼らが引用した動物実験は、すべてオスの動物を対象に行われたもので、最もショッキングなのは「現在の調査は限定的」であることを明記したくだりで、著者たちは男性しか対象としていないことが欠点となる可能性については言及せず、「参加者数が比較的少ない」としか述べていないのだ。

ますます拡大する格差

医学研究において、女性参加者の適切な割合を確保することを強制する動きもいくつかあった。アメリカでは1993年に国立衛生研究所（NIH）再編法が施行されて以来、政府資金による臨床試験の参加者に女性を含まないことは違法となっている。オーストラリアでも、主力出資機関が資金を提供する研究に関して同様の規則を定めた。[104] EUはさらに一歩踏み込んで、前臨床段階の動物実験においても、両性を対象とすることを要件として定めた。アメリカでは2016年1月にようやくこの要件が成立した。[105] 時を同じくして、NIHが出資する臨床試験のデータは、（特段の理由がないかぎり）性別に区分し、分析することが定められた。[106]

その他の前向きな動きとしては、ドイツ疫学会はすでに10年以上前から、研究対象に片方の性しか含まれていないにもかかわらず、研究結果が両性に影響する可能性がある場合は、正当な理由を説明するように要求している。[107] カナダ健康研究所においても、2012年に同様の制度を導入するとともに、臨床試験デザインにおいて性差やジェンダーを考慮しているかについて、質問への回答を必須とした。学術誌のなかにも、そこで発表する予定の論文には、臨床試験の参加者らの性別等の情報を提供するよう求めているものもある。[108]

最も後れを取っているのがイギリスで、主力出資機関は「研究デザインおよび分析においてジェンダーを考慮すべき点について、実質的な言及もしておらず、要求もしていない」[109]。さらに、女性のほうが罹患率および死亡率が高いにもかかわらず、[110] 男性の冠動脈疾患の研究費は、女性のための研究費よりもはるかに多額になっている。イギリス国内ではジェンダーにもとづいた臨床研究がこのとおり不足しているため、インペリアル・カレッジ・ロンドンの名誉教授アニタ・ホールドクロフトは、心血管疾患の治療に関しては、「このような問題の調査が進んでいる北米やヨーロッパの研究例を用いたほうが適切である」と述べている。[111]

イギリスの状況は惨憺《さんたん》たるものだが、他国も深刻な問題を抱えている。まず、これまで見てきた臨床試験における女性の参加率に関するエビデンスのとおり、これらの方針は厳格に施行されていない。それこそまさに、アメリカのNIHの分析によって明らかになったことだった。NIHが医薬品の治験の参加者に女性を含むことを要求した、最初の方針を発表してから4年後、GAOは報告書において、NIHは「NIH出資による研究における参加者の構成比率を示したデータを公開していない」と批判し、そのせいでNIHが参加者に女性を含む方針を徹底させているのかどうか、判断するのは不可能となっていると指摘した。[112] GAOは2015年の時点でも、NIHは「治験の参加者には両性を含むものとする規則を、まともに施行できていない」と報告している。[113]

アメリカの製薬会社にも、規則の抜け穴はたくさんある——彼らは複雑なホルモンをもった、厄介な女性たちを加えるコストや手間をかけずに、治験を滞りなく済ませたいのだ。規則が適用されるのはNIH出資による治験だけであるため、独立系の製薬会社はやりたいようにできる。そして実際、そのとおりにやっているのは、エビデンスによっても明らかだ。2016年のある論文によれば、「製薬会社の4分の1は医薬品の治験において、適切な数の女性参加者を故意に集めなかった」ことが、製薬業界の調査によって明らかになっている。[114] FDAはジェネリック医薬品に関しては、規則ではなく「ガイドライン」しか定めていない。そして、これまで見てきたとおり、そのようなガイドラインはことごとく無視されている。しかも、治験に女性参加者を含むことを定めたNIHの方針は、細胞研究には適用されないのだ。

それからもちろん、遺産薬剤《レガシードラッグ》［処方が始まってから少なくとも25年以上が経ち、安全性と効果が認識されている薬剤］の問題もある。不安症からてんかんまで幅広い症状のために、ジアゼパムを服用している女性は年間200万人以上にのぼる。これまで何十年ものあいだ、女性に対して積極的に販売されてきた薬だ。[115] ところが、2003年のある論文は、[116] この「マザーズ・リトル・ヘルパー」［ザ・ローリング・ストーンズによる、抗不安症薬がやめられない母親の歌。ここでは抗不安症薬を指す］は、女性の参加者らを対象とするランダム化臨床試験を一度も行っていないと指摘した。政府説明責任局（GAO）（米国議会の監視機関）による1992年の調査では、性差の分析が行われているのは、市販の処方薬の半分以下であることが明らかになった。[117] 2015年のオランダの論文では、「既存の膨大な数の医薬品が女性に及ぼす具体的な効果については、まったくわかっていない」とまで断言している。[118]

道のりはまだ遠く、私たちはデータにおけるジェンダー・ギャップの問題に対し、喫緊の課題として取り組む必要がある。このままでは、女性たちは（アメリカでは薬剤の約80％は女性が服用している）[119] どんどん死んでいくばかりだ。心臓発作の直後に血栓を破壊するための薬は、「女性の場合は大量の出血障害が生じる」[120]可能性がある。また、広く処方されている高血圧の治療薬は、男性の場合は心臓発作による死亡リスクを下げる効果があるが、女性の場合は心臓関連死のリスクが高くなることがわかった。[121]心臓病の予防策として、世界中で一般的に処方されているスタチンは、これまで男性をおもな対象として治験が行われてきた。ところがオーストラリアの最近の研究では、高用量のスタチンを服用している女性は、糖尿病のリスクが高くなる可能性があることがわかった。[122]それは男性よりも女性にとって、心血管疾患の高リスク因子となる。[123]２０００年、ＦＤＡは製薬会社に対し、多くの市販薬の成分であるフェニルプロパノールアミンを、すべての製品から除外するよう指示した。脳内出血や脳組織の周辺における出血のリスクが高いことが報告されたためだが、この症状は女性にのみ表れ、男性には見られなかった。[124]薬物性の急性肝不全も、女性のほうが多いことがわかっている。[125]また、ＨＩＶの薬のなかには、薬物有害反応（ＡＤＲ）が起こる確率が、女性のほうが男性の6〜8倍も高いものがある。[126]

２０１４年、ＦＤＡは、２００４年から２０１３年のＡＤＲ報告書のデータベースを公開した。それによって、女性のほうが男性よりもはるかに薬物有害反応を起こしやすいことが明らかになった。報告件数は男性が１３０万件未満であるのに対し、女性は２００万件を超えていたのだ。[127]薬物有害反応による死亡数は男女とも同じくらいだが、薬物有害反応のなかで最も多い症状のうち、死亡は、女性の場合は第9位であるのに対し、男性の場合は第1位となっている。女性に多い薬物有害反応の第2位は（第1位は吐き気）、薬がまったく効かないことだが、薬が効かなかったことが原因である死亡数に関するデータは、存在しない。しかし、薬物有害反応を起こしたあと、女性のほうが入院する確率が高く、[128]しかも一度ならず入院を繰り返す傾向があることもわかっている。[129]２００１年のアメリカの研究では、市場から回収された薬品の80％は、女性のほうが薬物有害反応を起こす確率が高いことが明らかになった。[130]２０１７年の分析では、ＦＤＡの指示により市場から回収された「膨大な数」の薬品と医薬機器は、女性に対する健康上のリスクが大きいと指摘している。[131]

さもありなん、としか思えない。明らかに性差があるにもかかわらず、麻酔薬や化学療法剤[132]を含むほとんどの薬は、いまだに投薬量が男女共通であり、[133]女性は過剰摂取のリスクにさらされている。[134]最も基本的なこととして、女性は男性よりも体脂肪率が高い。さらに、女性の場合は脂肪組織への血流量が多い（男性の場合は、骨格筋への血流量が多い）ことが、一部の薬品の代謝［薬物を分解・排出しやすくすること］に影響する場合がある。[135]たとえば女性の場合、アセトアミノフェン（多くの鎮痛剤の成分）の代謝率は男性の60％程度しかない。[136]薬物代謝に性差があるのは、女性のほうが除脂肪体重が少ないため、基礎新陳代謝率が低いせいもあるが、[137]要因はほかにもある。たとえば、腎臓酵素における性差、[138]胆汁酸組成における性差（女性のほうが少ない）、[139]腸内酵素活性[140]などだ。消化管通過時間も男性は女性の約半分だ。つまり、空腹時に服用すべき薬の場合、女性は食事をしたあと、胃が空っぽになるまで長時間待つ必要がある。[141]腎臓濾過のスピードも男性のほうが速いため、腎臓で排出される薬剤（たとえば心臓薬のジゴキシンなど）の一部については、「投薬量の調整が必要と思われる」[142]。

これまで何千年ものあいだ、医療は、男性の体が人体の代表であるという前提で行われてきた。その結果、女性の体に関するデータは歴史的に不足している。医学研究の対象に雌性細胞、雌性動物、人間の女性を含むことが急務であることを、研究者たちがいまだに無視し続けている現状において、データにおけるジェンダー・ギャップはますます拡大している。21世紀になってもこんなことがまかりとおっているのは、まさに不祥事であり、世界中のニュースが大々的に取り上げるべきことなのだ。女性たちは次々に死亡しており、医学界はその死に加担している。いいかげん、目を覚ますべきだ。

第11章　イエントル症候群

心臓発作のリスク

1983年のミュージカル映画『愛のイエントル』で、監督および主演のバーブラ・ストライサンドは、ポーランドで暮らす若い女性、イエントルを演じた。イエントルはユダヤ教の聖典タルムードを学ぶため、男装して男性になりすます。やがて医学界では、この映画にちなんで「イエントル症候群」という言葉が誕生した。女性の病気や症状は、男性の病気や症状と一致しないかぎり、誤診や誤った治療を受ける可能性が高いことを指したものだ。イエントル症候群によって、命取りになる場合もある。

「心臓発作で苦しんでいる人を想像してください」と言われて、あなたが思い浮かべるのは、おそらく中高年の男性ではないだろうか？　太った男性が苦しそうに胸をぎゅっと押さえている姿。グーグルの画像検索で出てくるのも、まさにそんな感じだ。女性を思い浮かべる人は少ないだろう。心臓病は男性のものというイメージが強いからだ。そんな思い込みが誤解を広めている。北米、ヨーロッパ、アジア、オーストラリアの2200万人のデータに関する最近の分析では、低所得層の女性は同じ低所得層の男性よりも、心臓発作を起こす確率が25%高いことが明らかになっている。[1]

1989年以来、心血管疾患は、アメリカ人女性の死因上位において、第1位の心臓発作に次ぐ第2

位となっており、死亡率は女性のほうが男性よりも高い。[2] このような死亡率の男女差は1984年から確認されており、とくに若い女性たちのリスクが高い。2016年、『ブリティッシュ・メディカル・ジャーナル』(The BMJ) は、女性の入院中の死亡率は男性の約2倍となっていると報告した。[3] その原因のひとつは、女性患者が危険な状態にあることを医師たちが認識していないせいかもしれないのだ。2016年、米国心臓協会は、急性冠症候群〔心臓発作・心筋梗塞・不安定狭心症〕の患者に対して「一般的に用いられている」リスク予測モデルについて、懸念を提起した。なぜなら、そのリスク予測モデルが開発された際の患者集団は、男性が3分の2を占めていたからだ。[4] 女性を対象としたリスク予測モデルがどのようになるかは、「まだ確立されていない」。

一般的な予防法も、女性にはあまり効果がない場合もある。アセチルサリチル酸(アスピリン)には、男性の初回の心臓発作に対する予防効果があることがわかっているが、2005年のある論文によって、45～65歳の女性には「有意な効果は見られない」ことが明らかになった。[5] この論文の著者たちは、この研究以前には、「女性に関する同様のデータはほとんど存在しない」と述べている。もう少し最近の2011年の研究では、アスピリンは女性には効果がないだけでなく、「〔女性〕患者の大部分には」有害となる可能性があることがわかった。[6] さらに2015年のある研究では、がんや心臓病の予防として1日おきに低用量のアスピリンを服用することは、「大部分の女性にとって、一次予防としては効果がない、もしくは有害となる可能性がある」ことが明らかになった。[7]

しかし、心臓発作後の女性の死亡数が増えている最大の要因は、医師によって心臓発作の兆候が看過されたせいなのだ。イギリスの研究では、心臓発作後、女性が誤診を受ける確率は男性にくらべて50%も多いことが明らかになった(ある種類の心臓発作については、60%近くにもなる)。[8] その理由のひとつとして、女性の場合は、医療従事者らが「ハリウッド型心臓発作」と呼んでいる、胸部と左腕の痛みを伴う発作が少ないからだ。[9]女性（とくに若い女性）の場合は、胸痛の症状がまったく表れず、胃痛や息切れ、吐き気、疲労感などの症状が表れる場合が多い。[10]これらの症状は「非定型的」とみなされることが多い。これに対し、『ブリティッシュ・メディカル・ジャーナル』は２０１６年の記事において、「非定型的」という決めつけは「こうした症状に関連するリスクの過小評価につながる恐れがある」として、異議を唱えた。[11]２００５年のアメリカの研究では、「複数の専門分野における医師たちのなかで、心血管疾患による毎年の死亡数は女性のほうが男性よりも多いことを認識しているのは、５人にひとりだけだった。また医師たちの大半は、性別に特化した心血管疾患の治療は得意ではないと回答した」。[12]これなどはまさに、リスクの過小評価という言葉で説明がつくだろう。

非定型的かどうかはともかく、特定の種類の心臓発作については、胸痛の症状が表れない女性（とくに若い女性）たちは死亡リスクが高くなる。[13]だが困ったことに、現在のＮＨＳ（国民保健サービス）イングランドのガイドラインでは、患者に「急性心臓性測深胸痛」の症状が見られることを、一次経皮的冠動脈インターベンション（ＰＰＣＩ）を受ける基準として定めている。ＰＰＣＩは心臓発作中の血流を回復させるための緊急治療であり、イギリス国内でも有数の24時間体制の心臓発作センターでしか受けることができない。[14]ある医師から聞いた話では、「救命や予後の改善にきわめて有効」だが、心臓発作センターでしか受けられないこともあり、この治療を受ける患者の75％は男性だ。[15]

医師たちが患者の症状を見きわめるための検査も、心臓発作後の女性の死亡率を高めている原因となっている可能性がある。心電図検査や身体的ストレステストなどの標準検査は、女性患者の場合は、決定的な判断基準にならないことが多いことが明らかになっている。[16]２０１６年の『ブリティッシュ・メディカル・ジャーナル』のある論文では、最近のエディンバラの研究に言及し、トロポニン（心臓障害のときに血中に分泌されるタンパク質）の「標準的な」診断閾値は、女性にとっては高すぎる可能性があることがわかった、と述べている。[17] このように、バイオマーカーの「基準」レベルは女性にとっては不適切であることを認識するだけでなく、女性特有のバイオマーカーを新たに確立する必要がある。[18] バイオマーカーとは、たとえばトロポニンなどの生物学的特性のことで、それが表れることが特定の病気の診断基準となる。２０１４年の性差研究に関する文献レビューでは、女性特有のバイオマーカーは有益な研究分野になりうると指摘している。[19] ただし残念ながら、これまでの研究があまりに限定的であるため、女性特有のバイオマーカーが見つかるかどうかについては、何とも言えないと述べている。

女性の心臓発作は症状が異なるだけでなく、メカニズムが異なる場合もあるため、検査のために開発された技術が女性の心臓には合っていない可能性もある。[20] たとえば心臓発作は従来、閉塞動脈がある場所を示す血管造影図によって診断される。[21] しかし、女性には閉塞動脈がないケースもあり、その場合は造影図でも異常が見つからない。[22] そのため、狭心症（胸痛）で入院した女性たちは「非特異性胸痛」と診断を下され、とくにこれといった病気はありません、と言われる。[23] ところが、実際はそうではないのだ。血管造影図で異常が見つからなかった多くの女性たちは、退院直後に心臓発作や脳卒中を発症している。[24]

ある女性の場合は、運よく心臓病の診断が下されたとしよう。だが彼女を待ち受けているのは、男性向け治療の障害物レースだ。「医学の一般的通念」においても、臨床ガイドラインにおいても、性差は勘案されていないからだ。[25] たとえば男性と女性のそれぞれが、大動脈が腫れていると診断されたとする（大動脈は心臓から胸、胃に通じる主要な血管）。その男女の腫れの程度は同じだとしても、リスクは同じではない。女性のほうが破裂のリスクが高く、死亡率も65％と高い。[26] にもかかわらず、オランダの臨床ガイドラインでは、手術を決定するための閾値は男女で変わらないのだ。[27]

診断されない女性の病

男性の体を基準とする診断検査によって、女性にとってさらにリスクの高い医療領域でも問題が生じている。女性は男性よりも右側結腸がんのリスクが高く、このがんは浸潤性が強い場合が多い[28]。しかし、結腸がんの検査として一般的な便潜血検査では、女性の場合は男性にくらべて検出されにくいことが多い[29]。そして、女性の結腸は一般的に男性よりも長く、幅が狭いため、結腸内視鏡検査をしても不完全な場合がある[30]。そこへWHOが「頻繁なミス」と呼んでいる問題が追い打ちをかける――たとえばデング熱における膣からの出血など、女性にしか見られない症状の重大性を過小評価してしまうことだ[31]。男女に関係なく、患者に見られる症状を頻度の高い順に並べていけば、女性特有の症状は実際よりも重大ではないように見えてしまう恐れがある。

このようなデータにおけるジェンダー・ギャップの影響は、雪だるま式に増大する。たとえば結核の場合、女性の社会的役割のせいで、結核が女性にとってさらに重大な病気になりうることを考慮しないことに加えて、性別で区分されたデータを収集していないせいで、恐ろしい結果につながる可能性がある[32]。男性の場合は潜伏性結核が多いが、女性の場合は活動性結核が多い[33]。さらに、発展途上国の女性たちは、換気の悪い部屋でバイオマス燃料を使って料理をしているため（本書でも見てきたとおり、そのような女性たちは何百万人にものぼる）、免疫系の働きが低下しており、バクテリアに対する抵抗力が弱まってしまう[34]。その結果、世界中で結核によって死亡する女性の数は、ほかのどの感染症よりも多い。毎年、結核で死亡する女性の数は、あらゆる原因による妊産婦死亡者数よりも多いのだ[35]。それでもなお、結核は「男性の病気」とみなされることが多く、女性に対して検査が行われないことが多い。

女性が実際に検査を受けた場合でも、結核と診断されることは少ない[36]。女性の場合、結核に対する免疫反応が男性とは異なるため、症状も異なる場合が多い[37]。女性に誤診が多い理由を探ったある研究では、女性は結核による肺病変の症状が重くない場合があることがわかった。[38] さらに、一般的な検査の感受性にも性差があるという科学的証拠も存在する。[39] 結核の簡便な検査法では、喀痰《かくたん》（患者が吐き出した痰）を顕微鏡で検査する。[40] しかし、結核の女性たちは痰をともなう咳の症状がない場合が多く、たとえ症状があった場合でも、女性の喀痰検査では陽性にならないことも多い。[41] また、喀痰検査は社会的な理由で問題になる場合もある。パキスタンの研究では、女性たちは検査のために痰を吐き出すことに抵抗を感じた。なぜそんなことをする必要があるのか、きちんと説明をされなかったため、結局、女性たちは痰を吐くのを拒否したという。[42]

女性の社会的な性役割意識を考慮していない医療の在りかたは、予防医学においても深刻な問題となっている。ＨＩＶ感染を防ぐためにコンドームの使用を推奨する従来の方法は、男性に対する立場が弱いために、コンドームを使ってほしいと主張できない多くの女性たちにとっては、実践的なアドバイスではない。エボラウイルスも、精子中に最大6か月も残存するため同様の懸念がある。こうした問題に対処するためジェルが開発されたが、[43] サハラ以南のアフリカの一部の地域には「ドライセックス」という習慣があり、このジェルが使えない。[44] ジェルは潤滑剤としての役割も果たすが、この地域の女性たちは、自分が貞淑であることを示すため、薬草で膣の湿り気を取らねばならないのだ。

また、女性の社会的な性役割意識を考慮していないせいで、女性の行動障害は何十年も診断が下されないケースもある。自閉症を抱えているのは男子のほうが女子の4倍も多いいっぽう、女子には重度の自閉症が多いというのが、長いあいだの通説だった。[45] ところが、新しい研究によって、女子は人付き合いをうまくこなすため、男子よりも自閉症の症状が表れにくいこと、そして、自閉症の女子は従来の認識よりも、実際はかなり多いことが明らかになった。[46] この歴史的な失敗の一部は、自閉症の診断基準が「ほぼ男子のみ」を対象とした研究データにもとづいているせいだ。[47] ２０１６年のマルタ共和国の研究では、女子の誤診が起こる重大な原因は、「全体的に、診断方法および臨床上の思い込みが男性中心であること」だという結論を下している。[48] また、拒食症の女子のなかには、実際の原因は自閉症であるケースがあるが、拒食症は男子には一般的な症状ではないために看過されてきたことが、研究によって明らかになってきている。[49] イギリスで唯一の国立特別支援女子寄宿学校、リンプスフィールド・グレンジ・スクールの校長、サラ・ワイルドは、『ガーディアン』紙に対し、「診断チェックリストおよび診断検査は、男子や男性向けに開発されてきました。しかし、女性や女性の症状はまったく異なるのです」と述べている。[50] ところが、NHSが最近発表した自閉症に関するガイドラインの内容は、女性の異なるニーズにはまったく言及していない。[51]

注意欠陥多動性障害（ADHD）やアスペルガー症候群についても、同じように診断上の問題がある。イギリス自閉症協会による2012年の調査では、6歳までにアスペルガー症候群と診断された子どもは、男子が25％なのに対し、女子は8％にすぎないことがわかった。11歳までに診断された子どもは、男子が52％、女子が21％だった。[52] 推計によれば、ADHDの女性の4分の3に対しては診断が下されていない。『ADHDの女の子を理解する（Understanding Girls with ADHD）』（未邦訳）の著者、エレン・リットマン博士は、このような男女差が生じているのは、ADHDの初期の臨床研究が「過活動の白人男子」を対象に行われたからだと主張している。女子の場合は過活動よりも、整理整頓ができない、注意散漫、内向的といった症状が表れることが多い。[53]

一般的に、女性は人付き合いがうまく、「順番に会話を交わしたり、謙遜したり、親しみやすく友好的な振る舞いを示したり」できるので、医師による従来の面談形式では、効果的な診断を下すための情報を得ることができない可能性がある。[54] だがときには――いや、しょっちゅう、女性たちは情報を提供している。ただ、信じてもらえないのだ。

アメリカのニュースサイト「シンク・プログレス」(ThinkProgress) に、キャシーという女性の体験談が掲載された。彼女は月経の症状が重く、あまりにもつらくて、立っていられないほどだった。[55] ところが診断をめぐって、キャシーは第10章に出てきたミシェルと同じ目に遭った。4人の医師にかかったが、どの医師も、問題は彼女の頭にあるとし、「不安症を患っており、重度の精神疾患の可能性もある」と指摘した。一次医療《プライマリケア》の医師は、こうまで言い切った。

「あなたの症状は、すべて気のせいです」

もちろん、気のせいなどではなかった。結局、キャシーは「命に関わる恐れのある子宮筋腫で、外科的介入を要する」ことが、彼女が要求した超音波検査によって、ようやく判明した。彼女は不安症ではなく(頭がおかしいと9か月も言われ続けたのだから、不安症になってもしかたないほどだが)、貧血を起こしていたのだ。

レイチェルも、気のせいだと言われた。彼女はつらい生理痛と重い症状を10年間も薬で抑え込んできたが、あるときコンサート会場で倒れてしまった。彼女は病院で鎮痛剤を処方され、ストレスと診断された。次に倒れたとき、彼女は消化器科に入院した。

「6泊のあいだ、ずっと点滴をしていました。向かい側のベッドの女性が大腸がんで死にかけていて、とても怖かった」

医師たちは腎臓結石を疑い、泌尿器系の検査をいくつも行った。だが、結果はいずれも陰性だった。血液検査もした。どの検査でも陰性の結果が出るうちに、レイチェルは医師たちの対応が変わってきたのを感じた。

「私が言っていることを信じてもらえない、と感じました。全部、私の気のせいだと思っているようでした」

痛みを訴えるレイチェルに対し、ついにコンサルタントが首を振った。

「退院していただきます。どこも悪いところがないんですから」

だが、そうではなかった。結局、レイチェルは子宮内膜症と診断された。本来は子宮の内側にしか存在しないはずの子宮内膜組織が、子宮以外の場所で増殖や剥離を繰り返す病気で、激しい痛みをともない、不妊症になる場合もある。この病気が診断に至るまで、イギリスでは平均8年、[56]アメリカでは10年かかっており、[57]現在のところ治療法がない。10人にひとりの女性が罹患すると考えられている（世界中では1億7600万人）[58]にもかかわらず、英国国立医療技術評価機構（ＮＩＣＥ）が子宮内膜症の治療を行う医師へのガイドラインを初めて発表したのは、２０１７年のことだ。そのおもな推奨事項は？

「女性たちの話に耳を傾けること」だ。[59]

「ヒステリックでミステリー」な女たち

だが、言うは易く行うは難しだ。女性たちが痛みを訴えても、医療従事者がまともに取り合わないのは、それこそ子どものころから始まる根深い問題だからだ。２０１６年のサセックス大学の研究では、実験で3か月の乳児の親たち（25名の父親と27名の母親）に赤ちゃんの泣き声を聞かせた。すると、赤ちゃんの泣き声に性差はないにもかかわらず（思春期までは、声の高さに性差はないため）、低い泣き声は男の子、高い泣き声は女の子の声だと思われていることがわかった。また父親たちは、低い泣き声が聞こえて「いまのは女の子の泣き声です」と言われたときよりも、「いまのは男の子の泣き声です」と言われたときのほうが、赤ちゃんが不安を訴えていると思うことがわかった。

人びとは女性たちが痛みを訴えているのを信じないどころか、頭がおかしいと決めつけてしまう。だが、なぜそれを責められるだろう？　古代ギリシャの哲学者プラトンが、女はヒステリーを起こすと言ったのは有名だ。女性はヒステリックで（hysteraはギリシャ語で子宮を意味する）、頭がおかしく（私がツイッターで少しでもフェミニストっぽい発言をして、男性から「頭がおかしいんじゃないか」と言われるたびに1ポンドもらったら、たぶん一生働かなくてすむだろう）、非理性的で、きわめて感情的な生き物。「クレイジーな元カノ《エックス・ガールフレンド》」という決まり文句は、テイラー・スウィフトのヒットソング「ブランク・スペース」でも皮肉られ、ネットフリックスではレイチェル・ブルーム主演のコメディドラマ、『クレイジー・エックス・ガールフレンド』まで登場した。著名な理論物理学者のスティーヴン・ホーキング博士は、女性は「ミステリー」だと語り、[60]女性のヒステリーの診断で名をあげて富を築いた精神学者のフロイトは、1933年の講演において「人類史が始まって以来、人びとは女性性という謎に立ち向かってきた」と述べている。[61]

女性は謎だというだけではすまされず、ひどい場合は罰を受けることもあった。女性らしさの枠をはみ出すような行動を示した女性たちは（たとえば性欲をもつなど）、何年間も精神病院に収監された。そのような女性たちには、子宮摘出や陰核切除などの手術が行われた。軽度の産後うつになっただけで、監禁された女性たちもいる。私の友人の祖母は、義理の母にたわしを投げつけたせいで、一生、精神病院に入れられたままだった。1970年代に広く使用されていたアメリカの精神医学の教科書では、虐待関係にある女性たちに対する前頭葉切除術《ロボトミー》を推奨している。[62]

もちろん、いまでは女性に対してそんな非人道的な扱いはしなくなっている。監禁したり、脳の一部を切除したりはしない。その代わり、いまは女性たちに薬を与えるのだ。抗うつ剤を服用している女性は、男性の2・5倍にのぼる。[63]抗うつ剤を非難するつもりはない――メンタルヘルスの問題を抱えている人びとにとっては、人生を一変させる効果があるからだ。しかし、抗うつ剤を服用しているのはなぜ女性のほうが多いのか、その理由を問う価値はある。なぜなら、医療の助けを求めるのは、女性のほうが多いわけではないからだ。2017年のスイスの研究では、自分はうつ病ではないかと受診するのは男性のほうが多いことがわかった。[64] それなのになぜ、抗うつ剤を処方されるのは女性のほうが多いのだろう？　女性のほうが「頭が弱い」から？　女性が生きづらい世のなかで暮らしているうちに、メンタルヘルスがやられてしまうから？　それとも、トラウマを抱えている女性たちにとって、抗うつ剤は新しい（そして明らかに好ましい）ロボトミーなのだろうか？

フロイトはかつて、ヒステリーは性的虐待を受けた経験との関連性があるのではないかと考えていた。だがその後、彼はその理論を撤回した。その理論でいくと、あまりにも多くの男性たちに容疑がかかってしまうと考えたからだ。だが最近の研究結果は、性的虐待は女性たちが経験するある種の痛みと関連性があることを示唆している[65]――#MeToo 運動が世界中で湧きおこったことを考えれば、信じがたい話でも何でもない。

こうした問題に十分に答えることは、本書の範疇《はんちゅう》を超えている。しかし、この男女間の差について、部分的にでも当てはまりそうな説明は、実際にはうつ病ではない場合でも、女性たちに抗うつ剤が処方されているということだ。女性の体の痛みは、「精神的なもの」や「心因性」などと片付けられてしまうことが多い。自分はうつ病ではないかと受診するのは男性のほうが多いことを突きとめた、例のスイスの研究では、自分からうつ病ではないかと思って受診したことのない人たちの場合で、抗うつ剤を処方される確率は、女性のほうが男性よりも2倍も高かった。この結果は、1980年代および90年代の複数の研究結果と一致する。男性が痛みを訴えた場合は、鎮痛剤を処方されることが多かったいっぽうで、女性が痛みを訴えた場合は、鎮静剤や抗うつ剤を処方されることが多かったのだ。[66] 2014年のある研究では、医療従事者らに対し、仮に腰痛を訴える患者がいた場合、どんな治療を推奨するかをたずねた。するとこの研究でも、抗うつ剤を処方される確率は、女性患者のほうが男性患者よりも有意に高いことが明らかになった。[67]

どうやら、ここにもイエントル症候群が見られるようだ。女性たちが痛みを訴えても診断が下されず、治療もされなかったケースでも、結果的にはちゃんと身体的原因が見つかり、女性に特有の病気、あるいは男性よりも女性に多い病気であることがわかった。このような事例が非常に多いのは特筆すべきことだ。女性は過敏性腸症候群の罹患率が男性の2倍高く、[68]偏頭痛では3倍高い[69]（偏頭痛については、慢性になること以外はほとんどわかっておらず、消耗性の痛みをもたらす場合もある。アメリカでは3700万人、[70]イギリスでは8人にひとりに偏頭痛が見られる）。[71]それどころか、臨床的に痛みをともなう状態が見られるのは、男性よりも女性のほうが大幅に多く、[72]過去数十年間のいくつかの研究によって、女性のほうが男性よりも痛みに対して敏感であることが明らかになっている（にもかかわらず、女性はなかなか鎮痛剤を処方してもらえないという事実は、なおさら残酷だ）。

さらに、女性と男性では痛みの感じ方が異なることを示す科学的証拠も、枚挙にいとまがない。女性の痛覚感受性は、月経サイクルに従って変化するもので、「女性ホルモンの変動によって、皮膚や皮下組織や筋肉が異なる影響を受ける」。[73]ある動物実験によって、オスとメスでは異なる免疫細胞を使って疼痛信号を送っていることが明らかになった。この研究結果は、謎を解き明かすための端緒となるかもしれない[74]――あくまでも、ほんの糸口にすぎないが。疼痛における性差は研究不足の分野であり、現段階でわかっていることさえ、一般に広まっていない。2015年に引退するまで、イングランドの街レスターで疼痛管理サービスのコンサルタントおよび慢性の痛み政策連合（CPPC）の議長を務めた、ビヴァリー・コレット博士は、オンライン新聞「インディペンデント」に対し、平均的な総合診療医は「パラセタモールやモルヒネ［ともに鎮痛剤］のような薬剤でも、女性に対する効き方が異なることをまったく知らないのです」と述べた。[75]

疼痛治療を受ける場合も、女性は男性よりも長く待たされる。アメリカにおける1997年から2004年の9万2000件の救急診療の分析によって、女性は男性よりも待ち時間が長いことがわかった。[76]また、2004年4月から2005年1月にアメリカのある都市部の救急外来を受診した成人に関する研究では、男性と女性で同程度の痛みの症状があった場合、女性は鎮痛剤がもらえないことが多く、もらえた場合でも時間がかかったことがわかった。[77]2011年の全米医学アカデミーによる慢性の痛みに関する学術誌では、そうした状況があまり変わっていないことを示唆し、痛みを訴える女性たちは「正しい診断がなかなか下されず、不適切な治療や、効果が証明されていない治療を受け」ており、「医療制度のなかで無視され、見捨てられ、差別されている」と報告している。[78]スウェーデンでは、心臓発作で苦しんでいる女性は、痛みが始まってから病院に到着するまで、男性よりも1時間長く待たされる。救急車の順番待ちでも女性は優先順位が低く、病院に到着してからも、受診するまでに男性よりも20分長く待たされる。[79]

重要度の低い研究、高い研究

医療において、女性の体は男性の体ほど注目されていないという現実は、そうは言っても女性のほうが男性よりも平均寿命が長いじゃないか、と跳ねのけられることが多い。たしかに、平均寿命は女性のほうが男性よりも数年長いが（とはいえ、女性の生活形態もさまざまになり、男性中心の業界における労働安全基準が厳格化しているなか、平均寿命の差は縮まってきている）、死亡率における女性の優位性は確実とは言えない状況になっている。

全米3140の郡における、1992年から2006年の死亡率の動向を調査した2013年の論文によれば、ほとんどの郡では死亡率が低下したいっぽう、42・8％の郡では女性の死亡率は上昇した。[80]

そして、男性の健康寿命は平均寿命とともに延びたいっぽう、女性の健康寿命と平均寿命の延び率は低かった。30年間のアメリカ人の健康に関するデータによれば、女性の平均寿命は男性よりも5年長い(ヨーロッパでは3・5年)[81]が、その分、病気や障害を抱えて過ごす年数が長いことが明らかになった。[82]

その結果、アメリカの女性は男性よりも平均寿命は長いが、健康寿命は長くないことがわかった。[83]アメリカ人の65歳以上の人口のうち、女性は57%を占めているが、日常生活で介護が必要な人びとのうち68%が女性である。[84] 1982年の時点で85歳の人びとは、男女ともにさらに2・5年、健康で暮らすことができた。現在も、女性の場合はその数字は変わっていないが、現在85歳の男性は89歳まで健康寿命を期待できる。男性の寿命と健康寿命がともに延びている傾向は、ベルギー[85]でも日本[86]でも見られる。EUにおける女性の健康について調査した2013年のWHOの論文では、「EUのなかでもとりわけ総合的な平均余命が長い国々においても、女性たちは約12年間を不健康な状態で過ごしている」と述べている。[87] もちろん、その理由を探るには、性別に区分されたデータがあるのが望ましい。

イエントル症候群の厄介な副作用は、女性に多い医療問題、あるいは女性にしか影響のない医療問題については、そもそも研究が行われていないため、研究対象に女性を含む必要性さえ考慮しなくてすむことだ。

月経前症候群(PMS)では、気分変動、不安、乳房の圧痛、腫脹、にきび、頭痛、胃痛、睡眠障害など、さまざまな症状が表れる。PMSの影響を受ける女性は90%に及ぶが、満足に研究されたためしがない。ある調査によって、勃起不全(ED)の研究はPMSの研究の5倍も存在することがわかった。[88] EDにはさまざまな治療薬があるいっぽう、[89] PMSの治療薬はほとんど存在しない。PMSで悩んでいる女性の40%以上は、現在の治療法では効果を得られていない。症状が重い場合は、子宮摘出が行われる場合もある。症状があまりにもつらくて自殺を試みる人もいる。[90] ところが、研究者たちが研究助成金を申請しても、「PMSは実際には存在しない」という理由で却下されてしまうのだ。[91]

生理痛（月経困難症）も90％の女性に見られ、[92]米国家庭医療学会（AAFP）によれば、5人にひとりは日常生活に支障をきたしている。[93]女性たちが毎月経験する痛みのレベルは、「心臓発作に匹敵する」場合もある。[94]これほど一般的でこれほど痛いにもかかわらず、医師ができること、あるいは実際にしてくれることはほとんどない。一次性月経困難症の研究のための2007年の助成金申請では、その原因は「ほとんど解明されておらず」、治療選択肢も「限定的」であると述べている。[95]入手可能な処方薬は重い副作用が起こる可能性があり、効果も一般的とは言えない。

私は生理痛がひどくて、（男性）医師の診察を受けた。あまりの痛みに夜も眠れず、昼間も胎児のようにに体をかがめ、うめき声をあげるほどだった。だが医師は一笑に付し、まともに聴いてくれなかった。それ以来、二度と診察は受けていない。だから、2013年の研究によってとうとう治療法が見つかったと知ったときの、私の喜びを想像してほしい。シルデナフィルクエン酸塩の二重盲検ランダム化治験の「一次アウトカム」は――みなさん、落ち着いてよく聴いて――「4時間連続で完全に痛みが和らいだ」うえに、「副作用は観察されなかった」のだ。[96]なんてすばらしいことだろう。

1989年に開発されたシルデナフィルクエン酸塩は、バイアグラの医学名称だ。1990年代の初め、この薬は心臓病の治療薬として治験が行われた。[97]その結果、心臓病にはあまり効果がないことがわかったが、研究の参加者らから勃起力が増すという効果が報告された（そう、すべての治験の参加者は男性なのだ）。

完全な勃起不全の見られる男性は、年齢によって5～15％で、[98]約40％の男性がある程度は経験している。当然ながら、研究者たちはこの薬の思わぬ利用方法の開発に熱心に取り組んだ。1996年、シルデナフィルクエン酸塩は特許薬となり、1998年3月には米国食品医薬品局（FDA）によって認可された[99]。男性にはハッピー・エンドとなったわけだ。

だが、治験の対象に女性も含まれていたら、どうなっていただろう？　２０１３年の研究結果は、じつに示唆的だ。その研究の治験は、資金が尽きたために中止となった。そのため参加者数が不十分で、一次仮説を確認することができなかった。研究結果を裏付けるため、研究者たちは「さらに長期間かつ大規模な研究を、できれば複数の研究機関で」行いたいと要求した。

ところが、いまだに実現していないのだ。その研究を率いているリチャード・レグロ博士から私が聞いた話では、博士は「長期間かつ大規模な研究を行うため、また標準治療である非ステロイド系抗炎症薬とシルデナフィルの比較を行うため、米国国立衛生研究所（ＮＩＨ）に対してすでに2回、助成金申請を行っていた」。だが、2回とも却下された。どちらも申請された案件のなかでは重要度が低いとみなされ、レビューさえも行われなかった。受け取ったコメントからして、「査読者《レビユワー》たちは月経困難症を公衆衛生の優先課題とみなしていないと感じた」とレグロは私に語った。また査読者たちは「月経困難症の治験デザインを完全に理解」していなかった。いつか助成金を獲得できると思いますか、と訊いたところ、彼はこう答えた。

「いや。男は月経困難症なんて歯牙にもかけないし、理解しようともしないから。全員女性の審査委員会に見てほしいよ！」

ここで製薬会社が飛びついて、絶好の商機をものにしないのは不可解だが、これも多分にデータ不足の問題のせいだろう。レグロからメールで聞いた話によれば、製薬業界は「通常、研究者主導型のプロジェクトには資金を出さない」。とくに、一般的に入手可能な薬品の場合はそうだという。データ不足が問題になるのは、ここだ。月経困難症についてはとにかく研究数が少ないため[100]、治療薬をつくったところでどれだけ儲かるのか、製薬会社にとっては判断するのが難しい。だから、治験への資金提供もなかなか決断できないのだ。とくに意思決定者たちが女性でなければ、なおさらだ。レグロはさらに、製薬会社が女性を対象に治験を行うリスクを取りたくないのは、もし悪い結果が出た場合、シルデナフィルの男性向けの使用［バイアグラのこと］まで危うくなってしまうからだ、と語った。つまり、製薬会社はこれを絶好の商機とは思っていないかもしれない。だったら、女性たちはこれからも毎月、痛みに打ちのめされるしかないというのか。

子宮の治療薬の少なさ

資金提供委員会が男性中心だからこそ、子宮の病気の治療薬はこれほど少ないのだろう。世界では毎日８３０人の女性たちが、妊娠や出産にともなう合併症で死亡している[101]（アフリカの国々では毎年、エボラ出血熱の流行時よりも多くの女性が、出産によって死亡している）[102]。死亡の約半数は子宮収縮の問題によるもので、収縮が弱すぎて出産に至らないのだ。子宮収縮が十分でない人たちへの唯一の医療処置はオキシトシンというホルモンの投与で、約50%の確率で効果があり、これが効いた場合は経腟出産を行う。オキシトシンに反応しない女性たちには、緊急帝王切開を行う。イギリスにおける年間10万件の帝王切開のうち大多数は、子宮収縮が弱いことによるものだ。

いまのところ、妊婦がオキシトシンに反応するかどうかを確かめる方法がないのだが、これは明らかに望ましくないことだ。オキシトシンが効かない半数の人たちにとっては、オキシトシンを投与しても意味がなく、時間を無駄にして苦しむだけだからだ。２０１７年、私の友人もまさにそんな経験をした。彼女は病院で2日間、ひどい陣痛に苦しんだあげく（パートナーは家に帰されたので、ひとりぼっちだった）、子宮口は4センチしか開いていなかった。ついに帝王切開が行われ、母子ともに無事に出産した。しかし、彼女にとって出産はトラウマ体験となった。産後数週間、彼女はフラッシュバックに襲われた。内診も処置もまるで暴行のようで、野蛮だったと彼女は語っている。もっとましな方法はなかったのだろうか？　帝王切開を行う必要があることが、最初からわかっていたらよかったのに。

２０１６年、リバプール大学の細胞生理学および分子生理学教授のスーザン・レイは、生理学会で講演を行った。[103]リバプール・ウイメンズ・ホスピタルの安産センターの所長でもある彼女は、最近の研究によって、子宮収縮が出産には不十分な女性たちは、子宮筋層内血（子宮収縮を引き起こす部分の血）の酸が多いことが明らかになった、と説明した。さらに、血液の酸性度の高い女性には、オキシトシンは効果がないこともわかった。したがって、酸性度が高いほど帝王切開が必要となる確率は高くなる。

だがレイの目的は、帝王切開の必要性を予測できるようにすることではなかった。むしろ、帝王切開を避けられるようにしたかったのだ。レイは同僚の研究者、エヴァ・ヴァイベルグ＝イッツェルと共同で、子宮収縮の弱い女性たちを対象にランダム化比較試験を実施した。半数の女性たちには通常のオキシトシンを投与し、もう半分の女性たちには重炭酸ソーダを投与し、その1時間後に通常のオキシトシンを投与した。すると、その差は歴然だった。オキシトシンのみを投与された女性たちの67％が経膣出産を行ったのに対し、オキシトシン投与の1時間前に重炭酸ソーダを投与された女性たちの場合、経膣出産の割合は84％にのぼったのだ。レイが指摘したとおり、重炭酸ソーダの投与量は体重や血中酸性度に関係なく、投与は1回のみだった。となれば、有効性はさらに高い。

この研究結果によって、年間何万人もの女性たちが、実際には不要な帝王切開を受けなくてすむようになるだけではない（言うまでもなく、ＮＨＳも多額の経費節減になる）。帝王切開を受けるのが危険な国々、あるいは容易に受けられない国々において、女性たちの命を救うことができる。帝王切開を受けるのが危険なのは、低所得国だけの話ではない――アメリカで暮らす黒人女性にとっても、危険なことなのだ。[104]

アメリカは、先進国のなかで最も産婦死亡率が高いが、アフリカ系アメリカ人の場合、問題はとりわけ深刻だ。WHOの推計によれば、アメリカの黒人の妊婦および出産して間もない母親の死亡率は、メキシコやウズベキスタンなどの低収入国と変わらない。アメリカの黒人女性は白人女性よりも全体的に健康状態が悪いが、とりわけ妊娠と保育に関してはまったく比較にならない。アフリカ系アメリカ人の女性たちは、妊娠および出産関連の問題による死亡率が、白人女性にくらべて243％も高いのだ。これはアフリカ系アメリカ人に貧しい人が多いからだけではない。ニューヨーク市における出生に関する2016年の分析によって、「地元の病院で出産した大学卒の黒人女性は、妊娠もしくは出産による重度の合併症の罹患率が、高校中退の白人女性よりも高い」ことがわかった。テニス界の世界的スーパースター、セリーナ・ウィリアムズでさえ例外ではなかった。2018年2月、彼女は緊急帝王切開のあと、あやうく死にかけたことを告白した。[105] アフリカ系アメリカ人女性は帝王切開による死亡率も高く、コネティカット州における2015年の研究では、社会経済的状態を考慮してもなお、帝王切開を受けた黒人の女性たちは、術後1か月以内に再入院する確率が2倍以上も高いことがわかった。[106] それならばなおさら、レイの研究は画期的な変化をもたらすはずだ。

しかし、彼女の努力の成果を目の当たりにする日は、近くはなさそうだ。レイは、英国医学研究会議が低収入および中収入の国々に寄与する研究に対し、助成金を提供することを知って申請することにした。ところが、子宮収縮が弱いことがいかに危険かは数々のデータによって明らかであるにもかかわらず、申請は却下された。この研究は「優先順位がそれほど高いとは言えない」というのだ。したがって、子宮収縮の弱い女性への医療処置はいまだにひとつしかなく、その効果は50％ときている。それにひきかえ、心不全の薬は約50種類もあるのです、とレイは語る。

医学界が女性たちを蔑《ないがし》ろにしている証拠は、枚挙にいとまがない。世界人口の半数に影響を及ぼす体の問題や症状や疾病は、看過され、疑われ、無視されている。すべてはデータ・ギャップのせいであり、実際に科学的証拠を突き付けられてもなお、しつこくはびこっている思い込み――男性が人間のデフォルトであるという考え方のせいだ。もちろん、そうではない。言うまでもないが、男性は男性にすぎない。そして男性に関するデータは、女性に当てはまるものではない。適用可能でもないし、すべきでもない。医学研究と医療には大改革が必要であり、遅すぎるくらいだ。医師たちは、女性たちの話に耳を傾ける訓練をする必要がある。そして自分たちが女性患者をうまく診断できないのは、患者が嘘をついているせいでも、ヒステリックだからでもないことを認識すべきだ。問題なのは、データにおけるジェンダー・ギャップの影響を受けている、医師たちの知識のほうではないだろうか。もういいかげん、女性たちを排除するのはやめ、救いの手を差し伸べるべきだ。

第5部
市民生活

第12章　費用のかからない労働力

GDPには含まれない無償労働

「費用はどれくらいかかるか?」政策を提案する者は誰でもまず、この問いに答えなければならない。そしてすかさず続く、「予算に余裕はあるか?」という問いにも。最初の問いに対する答えはきわめて単純かもしれないが、2番目の問いに対する答えはやや微妙だ。国の景気動向に左右されるからだが、じつは景気動向を示す数値は、意外にもかなり主観的なものなのだ。

国の経済指標として一般的なのは国内総生産(GDP)だ。もし経済がひとつの宗教なら、GDPはその神だろう。GDPは広範な調査によって収集されたデータをもとに算出され、財(何足の靴が生産されたか)やサービス(レストランで何食が提供されたか)によって生み出された付加価値の総額を表す。さらに、雇用者報酬と支出(政府や企業の支出も含む)も含まれる。こう説明すると科学的に聞こえるが、GDPには女性に関する問題がある。

国の公式GDP数値の策定は、本質的に主観的なプロセスである、とマンチェスター大学の経済学部教授、ダイアン・コイルは説明する。

「多くの人は(GDPには)実態があると思っています。でも実際は、手の込んだでっちあげです。さまざまな判断が入り込んでいるし、不確定要素も多い」

彼女に言わせれば、GDPを算出するのは「山の高さを測るのとはわけがちがう」のだ。「今四半期GDP0・3％上昇」などとニュースの見出しで謳っていても、その0・3％は「数字に含まれる不確定要素の大きさにくらべれば、微々たるものにすぎない」ことを忘れてはいけない、とコイルは警告する。

不確定要素が大きいことに加えて、数値の算定に使用されるデータも明らかに不十分だ。財およびサービスには、GDPに含まれないものもたくさんある。GDPにどんな項目を含むかについての議論は、やや恣意的なものだった。1930年代までは、まともな経済指標すらなかったのだ。ところが、世界恐慌が起こって状況は一変した。経済崩壊に対処するため、各国政府は経済動向を正確に把握する必要に迫られた。そして1934年、経済学者・統計学者のサイモン・クズネッツが米国初の国民経済を計算した。[1]かくしてGDPが誕生した。

やがて第二次世界大戦が始まった。コイルによれば、現在も使用している枠組みは大戦中に確立した。つまり、戦時経済のニーズに沿って設計されたのだ。コイルは私に語った。

「おもな目的は、戦争の遂行に必要な物資を確保するために、財やサービスをどれだけ生み出せるか、消費をどれくらい犠牲にすべきかを理解することでした」

こうして政府や企業が生み出すあらゆるものを計算することになり、「政府の事業や企業の活動が経済の定義とみなされるようになったのです」

しかし、やがて「経済尺度として国際的な慣例となったこの計算法では、生産における大きな要素が除外されていた」。その要素とは、料理、掃除、育児など家庭における無償労働による貢献だ。

「家庭における無償労働に経済的価値があることは誰もが認めていますが、〝国の経済〟には含まれないのです」とコイルは語る。

うっかり見落としたわけではなく、活発な論議の結果、あえてそう決めたのだ。

経済学者のポール・ステュデンスキーは、1958年の著書『世界各国の国民所得（The Income of Nations）』（未邦訳）において「主婦による無償労働を国民所得計算から除外するのは、現実の様相を歪めることになる」と主張しており、原則として、「家庭における無償労働はGDPに含まれるべきだ」と述べている。とはいえ、原則とは人間がつくり出すものだ。無償の家事労働をどのように測定し、評価するかについて「すったもんだの議論」が繰り広げられた結果、「この件に関してデータを収集するのは、膨大な手間がかかりすぎる」という結論に達したのだ、とコイルは語った。

そうやって簡明さを優先するあまり、建築から医学研究までさまざまな分野において、女性は除外されてきた。家庭における無償労働をGDPに含まないという決定も、男性を人間のデフォルト、女性をニッチな逸脱とみなす文化であればこその結論である。こんなことがまかりとおるのは、女性を不可欠な存在とみなしていないからだ。女性のことを付属品か厄介な要因とでも思っていなければ、こんなことにはならないだろう。人類の半数を占める人たちのことを話しているとは、とても思えない。正確なデータを求めているとは、到底思えない。

女性を除外することで、実際に数字はおかしくなる。1970年代半ばくらいまでの戦後の時代は「生産性上昇率の黄金期のように見える」が、じつは根拠のない幻想のようなものだ、とコイルは語る。実際に起こっていた大きな変化は、女性たちが外に出て働き始めたために、以前は家庭でやっていたことが――そのため、GDPに含まれなかったことが――市販の物やサービスに取って代わられただけなのだ。

「たとえば、食事のしたくを最初からするよりも、手軽な冷凍食品をスーパーで買うようになり、家で服を手づくりする代わりに、既製服を買うようになったわけです」

つまり生産性そのものは、実際には上昇していなかった。家庭という見えない女性の領域から、男性が支配する公的な領域に移動したせいで、GDPに計上されるようになっただけなのだ。

家庭の無償労働を測定しないことは、データにおける最大のジェンダー・ギャップをもたらすものだろう。推計によれば、無償のケア労働は、高収入国ではGDPの最大50％を占め、低収入国では80％を占める。[2] これをもし計算に含めれば、イギリスの2016年のGDPは約3・9兆ドル[3]（世界銀行の公式統計では2・6兆ドル）、インドの2016年のGDPは約3・7兆ドル[4][5]（世界銀行の公式統計では2・3兆ドル）となる。

国連の推計では、アメリカにおける2002年の無償の育児ケアの総価値は3・2兆ドルで、GDP（その年では16・2兆ドル）の約20％に相当する。[6] また、2014年、アルツハイマー病患者の家族による無償のケア労働は、合計180億時間に達している（アメリカでは、65歳以上の9人にひとりはアルツハイマー病の診断を受けている）。この無償のケア労働は2180億ドルに相当するものと推定され、[7] あるいは『アトランティック』誌が指摘しているとおり、「ウォルマートの2013年度正味売上高の約半分」に相当する。[8]

2015年のメキシコにおける無償のケア労働および家事労働は、GDPの約21％に相当し、「製造業、商業、不動産業、鉱業、建設業、運輸業、倉庫業よりも、GDPに占める割合が大きい」。[9] また、オーストラリアのある研究では、無償の育児ケアはオーストラリア最大の産業とみなすべきであることがわかった。（2011年では）その総額は3450億ドルに相当し、「金融業および保険業の約3倍であり、公式経済における最大の産業と言える」。[10] この分析では、金融業および保険業は第2位にもならず、「無償の家事労働」に次ぐ第3位に甘んじることとなった。

だがご承知のとおり、以上はすべて推計だ。こうしたデータを体系的に収集している国は皆無なのだから、致しかたないだろう。ただし、方法がないからではない。女性による無償労働を測定する最も一般的な方法は、時間利用調査だ。朝起きてから夜寝るまで、どこで、なにを、誰としていたか、個人の生活時間の記録をつけてもらうのだ。著名な経済学者のナンシー・フォルブルは、このような形式のデータは「ほぼすべての国において、女性は無償労働の大部分を担わされ、全体の労働時間も男性よりも長い」ことを示すものだ、と述べている。

標準的な時間利用調査の本来の目的は、食事のしたくや家の掃除、子どもに食事を与えるなど、個々の具体的な活動時間を測定することだった。[11] だがそうすると、寝ている子どもの様子を見る、ほかの用事をしながら重病人の様子に気を配るといった、「見守りケア労働」の時間は、測定から漏れることがわかった——これもデータ・ギャップのひとつだ。そのような点を考慮した時間利用調査を行ったところ、「見守りケア労働」の市場価値は、非常に低い時給で換算しても、多額になることがわかった。[12] しかし、移動に関するデータと同様に、見守りケアの時間は、プライベート時間や余暇の時間に埋もれてしまいがちだ。[13] フォルブルはボツワナにおけるＨＩＶ／エイズの在宅介護に関する研究について、「介護者１名当たりの労働市場価値は年間５０００ドルとなり、これを含んだ場合には、医療予算総額は大幅に増えることになる」と指摘している。[14]

朗報としては、このような調査が多くの国々で増えてきていることだ。「21世紀の最初の10年間で87件以上の調査が行われた。これは20世紀全体の合計数よりも多い」とフォルブルは述べている。[15] しかし、世界中の多くの国々では、時間利用に関して信頼できる情報はいまだに不足している。女性による無償労働の測定については、任意のオプションとしか考えていない国も多い。[16] オーストラリアでは、予定されていた２０１３年の時間利用調査が中止となったため、オーストラリアに関しては、最新でも２００

6年のデータしか存在しない。[17]

コイルは、「家庭における無償労働を計算外とする最初の決定は、1940年代から50年代の性差による固定観念の影響によるものではないか、と考えずにはいられない」と私に語った。そう考えるのももっともで、女性の無償労働を計算外とした理由は、最初から根拠に欠けていた。ウィキペディアやオープンソース・ソフトウェアなどデジタルの公共財（百科事典や高価な私有ソフトウェアなど、有料製品に取って代わりつつある）の登場によって、無償労働もようやく経済の推進力として重視されるようになってきた——本来ならば測定し、公式な数字に含むべきものだ。自宅で料理をつくるのと、自宅でソフトウェア開発をするのとで、いったいなにがちがうというのだろう？　前者はおもに女性が、後者はおもに男性がやっているだけだ。

外で働きたくても働けない

つまり、家庭における無償労働のデータを収集してこなかったのは、女性の無償労働は「費用のかからない労働力」とみなされる傾向が強いからだ、と経済学者のスー・ヒメルヴァイトは述べている。[18] したがって、どの国でも政府が歳出の削減にかかると、つけは女性に回ってくる。

2008年の金融危機を受けて、イギリスの公共部門では大幅な予算削減が行われた。2011年から2014年にかけて、児童センター予算は8200万ポンド削減され、2010年から2014年までに285か所の児童センターが統合もしくは閉鎖された。[19] 2010年から2015年には、地方自治体の社会的ケア予算は50億ポンド削減された。[20] インフレ下で社会保障は凍結され、各世帯への給付限度が定められた。介護手当の受給要件は収入基準にもとづいて決められるが、そもそもその基準が、国の最低賃金の値上げに見合ったものではなかった。[21] とにかく、至るところで予算が削減された。

問題は、このような削減が実際の経費節減につながったわけではなく、公共部門の負担が女性たちにのしかかっただけだったことだ。ケアの仕事は、誰かがやらねばならない。ジェンダーの観点から政策を精査する「ウィメンズ・バジェット・グループ」（WBG）による推計では、[22]公共支出の削減によって、2017年にはイギリスの50歳以上の人びとのうち、約10人にひとり（186万人）は、必要なケアを受けられていないことがわかった。こうして公共のケアが行き届かなくなった分、ケア労働が女性たちの肩にずしりとのしかかったのだ。

さらに予算削減の余波は、女性の失業率の上昇にもつながった。緊縮財政が始まって2年後の2012年3月には、女性の失業率は20％も上昇し、過去25年間で最大となる113万人が失業した。[23]いっぽう男性の失業率は、不況が終わりに近づいた2009年からほぼ横ばいだった。英国最大の労働組合ユニゾン（Unison）の調査によれば、2014年には女性の失業率は74％も上昇していた。[24]

2017年、英下院図書館は、政府による2010年から2020年の「財政再建」の累積影響に関する分析を発表した。その結果、予算削減の86％は女性にしわ寄せがいったことが明らかになった。[25]またWBGによる分析[26]では、2010年からの税制および優遇策の改正によって、2020年までに女性は男性の2倍のダメージを受けることがわかった。[27]さらに追い打ちをかけるように、最近の改正は低所得層の女性たち（シングルマザーやアジア系の女性たちへの影響が最も大きい[28]）にとって圧倒的に不利なものとなったいっぽう、富裕層の上位50％の男性たちは、2015年7月からの税制優遇策のおかげで恩恵を被っていたのだ。[29]

イギリス政府はなぜこれほど不公正な政策を実施したのだろう？　答えは単純で、データを見ていないからだ。政府は女性の無償労働をGDPの算出に計上しないだけでなく、（ほとんどの国の政府と同様に）予算のジェンダー分析を行っていない。

予算に関する総合的な平等影響評価（EqIA）の実施を何度も拒否してきたイギリス政府は（最近では2017年12月）、法によって公共機関平等義務（PSED）が定められたことで、明らかに法に触れている。2010年の平等法の一部として、PSEDでは「公的機関は、その役目を果たすに当たって差別をなくし、機会均等を推進する必要性を当然考慮すべきものとする」と定めている。[30]WBG所長のエヴァ・ニーチェルトは『ガーディアン』紙に対し、英国国家財政委員会は公式な評価を行わずに、どのようにして法的義務を果たせるというのか理解できないと述べた。[31]国家財政委員会の大臣たちは「政策が女性に及ぼした影響に関して、不都合な真実を隠そうとしているのではないか」と思ったという。

もしそうだとすれば、とんでもなく愚かしいことだ。公共部門の財政支出を削減するのは不公平なだけでなく、非生産的だからだ。女性たちの無償労働の負担が増えるほど、雇用労働市場への参加率は低くなる。だが、女性の雇用労働市場への参加率はGDPに大きな影響をもたらすのだ。

アメリカでは1970年から2009年までに、およそ3800万人の女性たちが外で働き始め、雇用労働市場における女性の参加率は37％から48％近くまで増加した。マッキンゼーの推計では、この増加がなければ、アメリカのGDPは25％減少する――そして「その額はイリノイ州、カリフォルニア州、ニューヨーク州のGDPの合計に相当する」。[32]世界経済フォーラム（WEF）も、労働市場における女性の参加率の増加は「ヨーロッパの過去10年の経済成長において重要な推進力となった」と述べている。それとは対照的に、「アジア太平洋地域では女性の雇用機会が限定されているため、経済成長の逸失は毎年420億～470億米ドルと推定される」。[33]

そして、伸びしろはさらにある。EU全体における雇用率の男女差は12％（ラトビアの1・6％からマルタ共和国の27・7％まで、各国でばらつきがある）[34]、アメリカでの男女差は13％[35]、世界全体では27

%だ。[36] 世界経済フォーラムの計算では、この差を埋めることは「先進国にも大きな経済効果をもたらし、アメリカのGDPは9%、ヨーロッパのGDPは13%増加する」。[37] 2015年のマッキンゼーの推計では、女性の労働市場参加率が男性と同じまで増加すれば、世界のGDPは12兆ドル増加する。[38]

だが、そうなっていないのは、女性たちには時間がないからだ。経済協力開発機構（OECD）と[39]マッキンゼー[40]のどちらの調査においても、女性が無償労働に費やした時間と雇用労働市場への女性の参加率には、「強い負の相関関係」があることが明らかになった。[41] EUでは、25%の女性が雇用労働に参加できない理由として、ケア労働を挙げている。男性では、この割合は3%にすぎない。

イギリスでは、小さい子どものいる女性は、子どものいない女性よりも勤務時間が短いが、男性の場合はこの逆である。[42] メキシコにおける状況も似たり寄ったりで、2010年の調査では、小さい子どものいる女性の労働市場への参加率は46%なのに対し、子どものいない女性の参加率は55%だった。いっぽう男性の参加率は、子どもがいる場合は99%、子どもがいない場合は96%だった。アメリカでは、若い女性の労働市場参加率はきわめて高いが、出産後は激減する。「そのため、出産年齢はどんどん高くなっている」[43]

女性の無償労働のデータを収集していないせいで、人材開発にも支障が生じている。国連財団のシニア・フェローであるマイラ・ブーヴィニッチは、低収入国における研修プログラムがことごとく失敗続きだったのは、「女性たちがどれだけ働き詰めかを示すデータが不足しているせいで、女性には自由な時間がたくさんあるという誤った認識にもとづいていた」からだと指摘している。[44] 女性たちには子どもを預ける必要があることを、主催者側が考慮していなければ、女性たちがせっかく研修に参加を申し込んでも、修了することはできない。そうなれば研修費が無駄になるだけでなく、女性たちの潜在的な経済力も生かされないままだ。結局、最善の雇用創出プログラムは、世界のすべての国で保育制度を充実させることに尽きるのかもしれない。
当然ながら、女性の雇用労働に影響するのは保育の問題だけではない。高齢者の介護も、女性たちにとって多くの時間を占めており、介護需要はますます増加すると考えられる。[45]予測では、2013年から2050年までに、65歳以上の世界人口は2倍以上に増加する。[46]2020年には、歴史上初めて60歳以上の人口のほうが、5歳以下の子どもの人口よりも多くなる。[47]さらに世界中で高齢化が進むだけでなく、病気の人も増えていく。2014年には、世界疾病負担の4分の1近くは60歳以上の人びとで、ほとんどは慢性疾患があった。[48]2030年には、イギリスの600万人の高齢者(全人口の9%近く)は長期疾患をもっていると推計されている。[49]EUはすでにそれが現実となっており、人口の10%[50](約5000万人[51])は、ふたつ以上の慢性疾患をもっていると推計されている。[52]アメリカの65歳以上の人口の80%には、少なくともひとつは慢性疾患があり、50%にはふたつ以上の慢性疾患がある。[53]
このように介護の必要性があるため(アメリカでは4000万人が病気や高齢の親族の世話をしている[54])、女性の労働能力にも影響が出ている。女性の介護者は男性の介護者にくらべて、フルタイムの仕事を辞めてパートタイムに切り替える人が7倍も多い。[55]アメリカで高齢の親の介護をしている55歳から67歳の女性のうち、雇用労働時間を減らしている人は平均で41%となっている。[56]また、認知症の親族の世話をしている女性の10%は、退職により福利厚生の資格を失った。[57]イギリスでは、認知症の親族の世話をしている女性の18%は休職しており、19%は介護に専念するため、あるいは介護を最優先させるため、しかたなく退職した。また女性介護者の20%は、フルタイムの仕事からパートタイムの仕事に切り替えた。いっぽう男性介護者の場合、その割合はわずか3%にすぎない。[58]

経済のデザインを考える

ＧＤＰの推進力である女性の雇用労働参加率の向上を、政府が本気で目指すなら、女性の無償労働を減らすべきなのは当然のことだ。マッキンゼーの調査によって、イギリスの女性たちの無償労働を5時間から3時間に減らすことと、女性の雇用労働参加率が10％増加したことには、相関関係があることが明らかになった[59]。本書でも見てきたとおり、母親の出産休暇と父親の育児休暇を適切に付与することは、女性の無償労働を減らすための重要なステップでもあり、それによって女性の有給労働が増えるだけでなく、男女の賃金格差を縮めることにもつながるはずだ[60]――それ自体、ＧＤＰにとって大きな利益となる。女性政策研究所（ＩＷＰＲ）の研究によれば、もし２０１６年に、男性と同等の賃金が女性に支払われていたら、米国経済は５１２６億ドルの増収となることがわかった。これは２０１６年のＧＤＰの２・８％に相当し、「連邦政府および州政府が２０１５年度の貧困家庭一時扶助において支出した総額の約16倍」に相当する[61]。

親たちに有給の育児休暇を付与する以外に、もっと思い切った行政介入を行うとすれば、社会インフラへの投資だろう。インフラストラクチャーというと、一般的には道路、鉄道、水道管、電力供給など、現代の社会機能を支える物理的インフラを思い浮かべる人が多いはずだ。保育や高齢者介護など、現代の社会機能を支える公共サービスも、同じくインフラに含まれると考える人は少ない。

だが、そう考えるべきだとＷＢＧは主張している[62]。なぜならＷＢＧが社会インフラと呼んでいるものは、物理的インフラと同じように「将来にわたって、人びとがよりよい教育を受け、健康で、十分な介護を受けることができ、経済と社会に利益をもたらす」からだ。だとすれば、「インフラストラクチャー」の一般概念にケアサービスを含まないことは、私たちの経済構造においても、無条件の男性中心主義が幅を利かせることは、ほぼ確実である。

たとえば、幼児教育と乳幼児向けの質の高い保育に投資することによって、補習教育への投資が減るため、教育全体にかかる費用を減らすことができる。[63] さらに、子どもたち（とくに、社会経済的に不利な立場の子どもたち）の認知発達、学業成績、健康状態[64]の向上にも役立つ。[65] こうしたすべてのことが、長期的には生産性の向上につながる。[66]

幼児教育の2件のパイロット研究に関する報告書によって、アメリカで幼児教育を受けた人たちは40歳になったとき、職に就いている割合が高く（平均62％に対し、76％）、年収が中央値よりも高い（中央値1万５３００ドルに対し、2万８００ドル[67]）ことがわかった。さらに、持ち家率も高く（平均28％に対し37％）、自家用車の所有率も高く（平均60％に対し、82％）、普通預金口座の所有率も高い（平均50％に対し、76％）ことがわかった。また、幼児教育によって、犯罪率の低下など間接的な幅広い効果がもたらされるため、法執行機関や警察のコスト削減につながる。その報告書では、企業への助成金を出すよりも幼児教育に投資したほうが、長期的な経済成長にとってプラスの影響をもたらし、２０８０年にはＧＤＰの３・５％増加につながるという結論に達した。

このように多くの潜在的利益が見込めるにもかかわらず、社会インフラへの投資がおろそかになっているのは、無償労働に関するデータ不足が大きな理由となっている。このデータにおけるジェンダー・ギャップのせいで、社会インフラへの投資による「利益《ペイオフ》」が低く見えてしまうのだと、ナンシー・フォルブルは説明する。[68] ところが実際、その利益は巨大になる可能性がある。イギリスでは最大１５０万件の雇用が生まれる可能性があるが、これに対し、建設業に同額の投資をした場合に生まれる雇用は75万件だ。アメリカでは、ＧＤＰの２％をケアサービス業界に投資した場合は、「新規雇用が１３００万件生まれるが、同額を建設業に投資した場合の新規雇用は７５０万件」だ。[69] そして、（いまのところ）ケアサービス業界は女性中心だから、新規雇用の大部分は女性が占めることになる——そして女性の雇用労働の増加は、ＧＤＰの推進力となる。

ＷＢＧの研究によれば、イギリス、アメリカ、ドイツ、オーストラリアがＧＤＰの2％をケアサービス業界に投資すれば、「建設業界に匹敵する数の男性の雇用を創出することができるだけでなく（中略）、女性の雇用も4倍に増やすことができる」[70]。現状、アメリカではケアサービス業界の新規雇用の3分の2は女性向けであるいっぽう、建設業界の新規雇用のうち女性向けは3分の1にすぎない[71]。ＧＤＰの2％をケアサービス業界に投資すれば、アメリカでは女性の雇用率は8ポイント増加し、雇用率における男女差は半減する[72]。イギリスでは、雇用における男女差を4分の1は縮めることができる（緊縮財政の影響をもろに受けたのが女性の雇用であることを考えれば、これでもないよりはましだ）[73]。

女性向けの新規雇用を積極的に創出することで、女性の就業率を上げる（それによりＧＤＰも増える）のと同様に、社会インフラへ投資することによって女性の無償労働を減らし、雇用率を上げることができる。イギリスにおいて3〜5歳の子どもをもつ母親たちの就業率は6％で、ＯＥＣＤの平均よりも低い。２０１４年の調査では、4歳以下の子どもをもつ母親たちのフルタイム勤務での就業率は41％だったのに対し、子どものいない女性では82％、父親たちでは84％だった[74]。母親と父親の就業率に性差があるのは、母親がおもに面倒を見るのが当然だという社会的期待のせいもあるだろう（母親の出産休暇と父親の育児休暇は法的にも不平等だ）。しかし、性別による賃金格差のせいもある。異性同士のカップルの場合は、女性のほうが収入が低いことが多いため、女性の労働時間を減らすほうが経済的に理にかなっているからだ。

そして、保育費の問題がある。イギリス教育省の最近の調査によれば、外で働いていない母親のうち54％は、「便利で、安心で、手ごろな保育サービスを利用できるなら」外で働きたいと回答した[75]。しかし全体的に、そうなってはいない。この10年から15年はインフレにもかかわらず、イギリスでは保育費も上がるいっぽうで、[76]イギリスでは保育費が家計において占める割合は平均で33％となっているが、ＯＥＣＤの平均は13％だ。[77]したがって当然ながら、ＯＥＣＤ諸国にくらべて、イギリスでは保育費が家計に占める割合は、社会経済的な地位によって極端な差がある。[78]そしてこのことは、女性の雇用率にも影響を及ぼしている。マッキンゼーの調査では、イギリスの母親たちの29％（低〜中所得層の母親たちの場合は50％近く）は、「子どもを産んでから復職するのは、経済的に割に合わないと回答しており、この割合は男性の2倍となっている」。[79]

ニューヨークの状況も似たようなもので、２０１2年のピュー研究所の調査によって、全米で最も保育費が高い州であることがわかった。[80]アメリカ進歩センターの調査では、ニューヨーク市長が保育園制度を導入するまで、「子どものいる世帯の3分の1以上は保育支援サービスの順番待ちで、働けなくなったり失業したりした」。ロサンゼルスでは保育園への助成金が大幅に削減されたことにより、推計では６０００人の母親が１５０万時間の勤務を諦め、逸失賃金の年間合計は２４９０万ドルとなった。

この問題には簡単な解決策がある。ある研究によって、一貫して保育サービスを受けることができれば、母親たちの就業継続率は2倍に上昇することが明らかになった。べつの研究では、「政府出資による保育プログラムによって、母親たちの就業率は10％上昇する」ことが明らかになった。[81]１９９７年、カナダのケベック州政府は、保育サービス助成金制度の導入に当たって自然実験を実施した。すると助成金の導入後、保育費は値下がりした。２００2年には、1〜5歳のひとり以上の子どもをもつ母親たちの雇用率は8％上昇し、勤務時間は1年当たり２３１時間増加した。[82]以後、いくつかの研究によって、公共保育サービスの提供は女性の有給雇用の上昇と「強い関連性がある」ことが明らかになっている。[83]

女性たちが目に見えない無給労働で担っていた保育を、公共保育園による有給の業務に移すことによって、好循環が生まれる。５歳以下の子どものいる女性でフルタイム勤務の人が30万人増えると、税収は推計で150億ポンド増加する。[84] WBGの推計では、税収の増加分によって（社会保障給付金の支出が減ることもあいまって）、保育サービスへの年間投資の89～95％は回収できるのだ。[85]

ただし、現在の賃金にもとづく推計だから、これでも控えめな見積もりだ。そして父親の有給育児休暇と同様に、公共資金による育児サービスにも、男女の賃金格差を縮める効果があることがわかっている。デンマークでは、生後26週から6歳になるまで、すべての子どもをフルタイムの保育園に預けることができる。2012年のデンマークにおける男女の賃金格差は約7％だったが、年々下がっている。アメリカでは、子どもが5歳になるまで公共の保育サービスは受けられず、2012年の男女の賃金格差はデンマークの約2倍で、その差は縮まっていない。[86]

私たちはつい女性の無償労働というのは、女性たちがそれぞれの家庭の事情によって、子どもや親の面倒を見ているのだと思ってしまいがちだ。だが、それはちがう。女性たちの無償労働は、社会を支え、社会に利益をもたらしているものだ。私たちの税金で運営されている、保育や介護などの公共サービスを政府が削減したところで、サービスの需要がなくなるわけではない。その負担は女性たちの肩にのしかかり、女性の雇用労働参加率にも悪影響が生じ、GDPも減少する。女性の無償労働はたんなる「選択」の問題ではなく、私たちがつくり上げた制度に組み込まれてしまっているのだ。だったら、それを取り外すのも簡単なことだ。私たちに必要なのは、ただちにデータの収集を開始し、男性中心主義のまやかしをやめ、現実にもとづいて経済をデザインしようとする意思だけなのだ。

第13章　妻の財布から夫の財布へ

しぶといゾンビ統計値

２０１７年イギリス総選挙当日の夜11時、投票は１時間前に締め切られ、ソーシャルメディアでは早くもあるうわさが飛び交っていた。どうやら、若者の投票率が急上昇したらしい。人びとはこのうわさに沸き立った。

「知り合い筋による情報だが、18～24歳の投票率が72～73％にのぼるらしい！　ついに若者たちが投票したーーー!!　#GE2017」

これはイギリスの若者に政治への参加をうながす選挙運動「ザ・ユース・ヴォート」のＣＥＯ兼創設者、アレックス・ケインズのツイートだ。[1] その２時間後、イギリス学生組合連合会の当時の会長、マリア・ブアティアが同じ統計値に言及したツイートは、７０００回以上もリツイートされた。[2] 翌朝、ロンドン北部のトッテナム地区の労働党下院議員、デイヴィッド・ラミーもツイートで祝意を表した。

「18～25歳の若者の投票率72％。自分たちをほめ讃えよう　#GE2017」[3] このツイートは２万９０００回リツイートされ、「いいね」が４万９０００件もついた。

ただし、ひとつ問題があった。裏付けとなるデータがどこにもないようなのだ。そのせいでこのニュースの勢いが衰えることはなかったが、どれも信憑性の確認できないツイートや伝聞が情報源だった。[4]その年のクリスマスには、「ユースクエイク」〔若者の行動が社会、文化、政治にもたらす重大な変化〕が『オックスフォード英語辞典』の「今年の言葉」に選ばれ、総選挙を振り返って「若年有権者たちが労働党を予想外の勝利に導いた」と評した。[5]私たちはゾンビ統計値の誕生を目撃していたのだ。

ゾンビ統計値とは、なぜか不滅の誤った統計値のことだ。それほどしぶとい理由のひとつには、直感的に正しい感じがするからだろう。2017年イギリス総選挙のケースでは、ほぼすべての選挙予測とは裏腹に、労働党がなぜあれほどの快進撃を見せたのか、人びとには納得できる説明が必要だった。若者の投票率が前例のない伸びを示したというのは、まさにうってつけの筋書きだったのだ。労働党は若い有権者たちに強烈にアピールして成功を収めた、というストーリーが定着するかに見えた。ところが2018年1月、英国選挙調査による新しいデータが登場した。[6]そのデータの信頼性については議論も起こったが、[7]有名な「ユースクエイク」〔クエイクは地震の意〕は格下げされ、せいぜい「ユーストレマー」〔トレマーは揺れ、震えの意〕だったと揶揄された。3月には、信頼できるコメンテーターたちは「若者の投票率向上」についてはきわめて慎重な見方を示すようになっており、72%という統計値の信憑性はかなりあやしくなっていた。[8]

実態を伴わないイギリスのユースクエイクは、ゾンビ統計値と呼ぶには短命だった。秘密投票では絶対的に確実な投票データは入手不可能であるとはいえ、少なくとも投票に関しては膨大なデータ収集が行われている——選挙はけっして研究の不十分な分野ではない。ところが、データが不足している分野でゾンビ統計値が表れた場合には、論破されずにしつこく生き残る場合が多い。

たとえば、「生活困窮者の70%は女性だ」という主張を見てみよう。この統計値の出典は誰も正確には知らないが、最初の記述はおそらく国連による1995年版「人間開発報告書」で、出典が明記されていない[9]。以来、この主張は新聞記事、慈善団体や活動家のウェブサイト、プレスリリースなど至るところで散見されるほか、国際労働機関（ＩＬＯ）や経済協力開発機構（ＯＥＣＤ）などの公的機関の声明や報告書にも登場している[10]。

これを根絶させようとする動きもあった。『貧困から立ち上がって世界を変えよう（From Poverty to Power）』（未邦訳）の著者、ダンカン・グリーンは、貧困層の70％は女性という統計値を「あやしい」と決めつけ[11]、ファクトチェック・ウェブサイト「ポリティファクト」のスタッフライター、ジョン・グリーンバーグは、世界銀行のデータを引用して[12]「貧困層の性別による割合は半々」であると主張し、どちらかといえば、男性のほうがやや困窮していると述べた。世界銀行の「ジェンダー・グローバル・プラクティス」のシニアディレクター、カレン・グラウンは、そんな主張は「まちがっている」と断言したうえで、性別に区分されたデータが不足しているのだから（それに、「貧困」がなにを意味するかについても、世界共通の認識がないのは言うまでもない）、いずれにせよ、確かなことは言えないはずだと述べた[13]。

まさにそれこそ、反論における問題点だ。数値はまちがっているかもしれないし、正しいかもしれない。いまのところ、確かめようがないのだ。グリーンバーグが引用したデータは、たしかに貧困は性別に関係ないことを示している。だが彼が言及した調査は、サンプルサイズは膨大だが（73か国における約600件の調査をまとめたもの）、女性の貧困化のレベルを見きわめるにはまったくもって不十分だ。そしてデータを作成するうえで正確な測定が重要なのは、資源の配分はデータにもとづいて決定されるからだ。データが不良ならば、資源配分もうまくいくはずがない。そして現在利用可能なデータは、信じがたいほど不良なのだ。

現在、性別による貧困を見きわめる[14]には、男性が家計を管理している世帯（男性世帯主の世帯）と女性が家計を管理している世帯（女性世帯主の世帯）の相対的貧困を評価する。[15] そして、ここにふたつの仮説がある。第1の仮説は、家計は家族全員に平等に分けられ、家族は全員、同じ生活水準で暮らしている。第2の仮説は、家庭における家計の分配のしかたについては、性差による違いはない。だがどちらの仮説も、控えめに言っても根拠が薄弱だろう。

では、家族は全員、同じ生活水準で暮らしているという第1の仮説から見ていこう。貧困を世帯単位で測定するのは、個人単位のデータがないことを意味する。だが、1970年代の後半、イギリス政府は簡単な自然実験を思いつき、研究者らに対して、代替測定値を用いて例の仮説を検証するよう求めた。[16] イギリスでは1977年まで、児童手当はおもに父親の給与に対する減税方式で給付されていた。ところが1977年以降は、この減税方式が廃止され、母親に現金で支給されるようになった。もし以前から家計が平等に分けられていたのであれば、児童手当を「夫の財布から妻の財布へ」移しても、家計の用途に影響は表れないはずだ。ところが、そうではなかった。研究者たちがイギリス国内の被服費を代替測定値として調べたところ、政策変更後は国内全体で「男性の被服費にくらべて、女性と子どもの被服費が大幅に増加した」ことが明らかになったのだ。

とはいえ、1977年はかなり昔のことだから、いまでは状況が変わっているはずだと思いたくもなるだろう。だが残念なことに、イギリスにはそれ以降の性別に区分されたデータが存在しないため、評価できないのだ。国外にはもっと最近のデータがあるものの（アイルランド、ブラジル、アメリカ、フランス、バングラデシュ、フィリピンなど）、明るい兆しは見えない。

家計はいまだに夫婦間で平等に分けられておらず、女性が管理するお金は、男性が管理するお金よりも、子ども（ジェンダー・ニュートラルな言葉だが、ここにも多くの不平等が潜んでいる）[17] のために使われがちだ。[18] したがって、イギリスが知られざるフェミニストの楽園でもないかぎり（そうではない、と私が太鼓判を押そう）、状況は昔とほとんど変わっていないと言ったほうが安全だろう。

そんなわけで、イギリス政府が「ユニバーサル・クレジット（ＵＣ）」という新しい公的扶助制度を導入する決断を下したのは、残念なことだった。ＵＣは数種類の給付金と税額控除（児童税額控除を含む）を統合したもので、以前の給付金とは異なり、各世帯の主たる所得者の銀行口座に振り込まれる決まりになっている。[19] 男女の賃金格差を考えれば、異性同士の夫婦の場合、ほぼ例外なく男性だろう――「ほぼ例外なく」としか言いようがないのは、イギリスの労働・年金省は給付金の振込先について、性別で区分されたデータを収集していないからだ。したがって、少なくともイギリスでは、性別による貧困に関するデータ・ギャップはますます深刻化するばかりだ。

男性と女性では支出の優先順位が異なることは立証済みだから、男性世帯主の家庭と女性世帯主の家庭で家計の分配のしかたは変わらないという、第２の仮説に大きな疑問符がつくのは明白だ。ルワンダとマラウイにおける調査では、女性世帯主の家庭の子どもたちのほうが、男性世帯主の子どもたちよりも、健康状態がよいことがわかった。しかも、男性世帯主の家庭のほうが収入が多い場合でも、結果は同じだった。[20]

２０１０年のインドのカルナータカ州世帯資産調査の分析によって、インドの状況はさらにひどいことがわかった。[21] 女性世帯主の世帯と男性世帯主の世帯を単純に比較した場合は、男女の貧困レベルに大差はなかった。しかし、個人の貧困レベルを比較した場合は著しい男女差が見られ――驚いたことに、貧困層の71％は女性だった。そして貧困層のなかで、最も搾取されているのは女性たちだ。性差による貧困を世帯資産によって測定する方法が信頼できない最大の理由は、貧困層の女性たちの大半は、「非貧困」世帯の人たちだからだ。

貧困は世帯単位で測定できるとか、「女性世帯主の世帯」から浮かび上がる男性の貧困と、「男性世帯主の世帯」から浮かび上がる女性の貧困に差はない、などというゾンビ仮説は、いいかげん根絶すべきだ。どちらの仮説も、まちがったデータや性差を考慮していない分析にもとづいている。しかも、データにおけるジェンダー・ギャップをさらに助長するものだ。すでに、女性にとっては大きなマイナスとなる政策決定につながってしまっている。

性差を考慮しない税制

アメリカでは、婚姻関係にあるカップルのほとんどは合算所得税申告を行っている。これは義務ではなく、個人で申告するか、カップルで合算申告するかは選択できるが、合算申告をしたほうが節税になり、税制控除も受けられるなどの優遇制度があるため、96%のカップルは合算申告をしている。[22]そして結果的に、アメリカの既婚女性のほとんどは所得税を払いすぎているのだ。

アメリカは累進税で、いくつかの所得帯がある。1万ドル程度の所得までは税率が低く、さらに1万ドル稼いだ場合は税率が上がる。たとえば、Aさんは2万ドル、そのガールフレンドのBさんは6万ドル稼いでいるとしよう。Bさんの稼ぎのうち2万ドルについては、Aさんが稼いだ2万ドルと同じ税率なので、所得税も同額となる。だが残りの4万ドルについては、所得税が高くなる。だがAさんがBさんと結婚していて、ふたりで合算申告をしたら話は別だ。その場合は、ふたりでひとつの経済単位とみなされ、合算収入が8万ドルとなり、課税計算が変わってくる。

カップルの合算所得申告では、ふたりの収入を「累計」する。所得が高いほう（男女の賃金格差があるため、通常は男性）が「主たる所得者」に指定され、所得が低いほう（通常は女性）が「二次所得者」となり、ふたりのうち高いほうの所得帯に当てはめる仕組みだ。たとえば夫が6万ドル、妻が2万ドル稼いでいるカップルが確定申告をする場合、妻が稼いだ2万ドルは、8万ドルのうちの2万ドルとして課税されてしまう。つまり、彼女が個人で申告する場合よりも、自分よりも所得の高い夫と合算申告した場合のほうが、課税率が高くなるのだ。

合算所得申告のほうがよいと主張する人たちは、カップルで合算申告したほうが全体的には税額が低くなると指摘する。たしかにそのとおりだ。だが、さきほど述べたとおり、家計は平等に配分されるという仮定は、控えめに言っても欠陥があるのだから、カップルで支払う税額が下がったとしても、二次所得者のものになるお金が、個人で納税した場合よりも増えるとは限らない。そして経済的虐待が行われている場合には、この合算所得申告は女性にとってさらに不利に働くのではないか、という懸念に対処する以前に、この税制は導入されてしまった。つまり、カップルを対象とする現在のアメリカの課税制度は、就労女性にとっては実質的に不利であり、実際に複数の研究によって、合算所得申告は既婚女性の就労意欲をそぐという結果が出ている（すでに見てきたとおり、これはGDPにとってもよくない）。[23]

税制において性差を考慮しないせいで、結果的に女性を差別しているのはアメリカだけではない。最近のある論文では「多くのOECD諸国」は男女の賃金格差を減少させるための法案を可決するいっぽうで、婚姻にもとづく配偶者を対象とする税金控除制度によって、実質的には格差を増大させている、と矛盾を指摘した。[24] まさにイギリスとオーストラリアもそうで、所得税申告はカップルで別々に行うものの、ほとんどの給付や税額控除については、いまなお個人単位課税の原則に反している。

イギリスの婚姻控除では、カップルのうち二次所得者の所得が1万1500ポンド以下の場合は、主たる所得者（通常は男性）に対して税額控除を行う。[25] これは、ふたつの面において男女の賃金格差を助長している。男性の所得は増えるいっぽうで、女性たちは労働時間を抑制しようとするからだ。これと同様に、日本にも男性中心型の扶養控除がある。1961年に始まったこの配偶者控除制度では、配偶者の年収が103万円以内であれば、「世帯主」（通常は男性）は「38万円」の税額控除を請求することができる。日本の厚生労働省による2011年の調査によれば、「既婚女性の3分の1以上は、税額控除を受けるために、パートタイムの労働時間をあえて抑制している」ことがわかった。[26]

それとはやや異なる、目立ちにくい性差別の例を挙げよう。アルゼンチンの税制では、雇用者への所得税の割戻金は自営業者の4倍となっている。ここにもジェンダーの問題が絡んでくるのは、男性は公式経済の雇用者となる人が多いが、女性は非公式経済で自営業の人が多いからだ。[27]したがって、じつはこの税制は女性よりも男性を優遇していることになる。

このように多くの税制が女性を差別している理由はいたって単純で、税制が女性に及ぼしている影響を示すデータが、体系的に収集されていないからだ。言い換えれば、データにおけるジェンダー・ギャップのせいなのだ。2017年の欧州議会報告書は、女性への課税の影響に関して、「研究が遅れている分野」であり、この問題に関しては性別で区分されたデータがもっと必要であると述べている。[28]一歩進んで、ジェンダーの観点から予算編成を分析し始めたスペイン、フィンランド、アイルランドのような国々でさえ、財政支出には注目しても税制には目を向けていない。オーストリアは、「政府が税制について具体的な目標を設定している、EUでも数少ない国のひとつで、有給労働と無償労働を男女でもっと平等に分担することを推進し、男女の賃金格差を減らそうとしている」。いっぽう、EU加盟国を対象とした2016年の調査では、所得税の個人課税を厳密に実施しているのは、フィンランドとスウェーデンのみであることがわかった。[29]

税制が女性に及ぼす問題は、家計は男女平等に配分されるというゾンビ仮定を超えて拡大し、個人単位課税の原則に反している――少なくとも、いまの税制ではそうだ。1980年代以来、各国の政府は資源を再配分する手段としての税金には興味を持っておらず、むしろ税金を経済成長に対する遅延剤とみなしていた。その結果、資本や企業や高所得者に対しては減税となり、抜け穴やインセンティブが増え、多国籍企業や大富豪が節税や脱税をしやすくなった。「それ以外の点では効率的な市場プロセスをゆがめないようにする」という考え方だ。[30]

この枠組みにジェンダーが絡んでくるのは、課税によって女性たちの就業意欲がそがれ、経済成長が阻害される可能性があるという点においてのみだ。ここで考慮されていないのは、「成長」を促進することのみに焦点を置いた税制は、女性を犠牲にして男性に利益をもたらしていることだ。男女の賃金格差のせいで、所得税率の高い層に減税を行った場合、得をするのは圧倒的に男性たちだ。同じ理由で、高額な費用を要する税理士たちが教えてくれるさまざまな税制の抜け穴も、世界の大多数の女性たちには利用できない。富裕税や資産税の減税（もしくは免除）にしても、財産や資産を管理しているのは男性が多いため、得をするのは圧倒的に男性が多い。[31]

だがこれは、男性が女性よりも得をするだけの問題ではない。男性を優遇するこのような制度は、女性を犠牲にすることで成り立っているからだ。これまで見てきたとおり、ケアサービス業の人手が足りない分、女性たちは無償労働によってその穴埋めをさせられている。2017年、「ウィメンズ・バジェット・グループ」（WBG）は、イギリスの緊縮政策のしわ寄せをもろに受けているのは女性たちであり、「男性に対する大幅な減税によって、毎年の財政支出は2020年までに440億ポンドに達する」と指摘している。[32] ここに含まれるのは、燃料税およびアルコール税の減税90億ポンド、法人税の減税130億ポンド。さらに所得税および国民保険料の課税最低限の引き上げによる220億ドルの損失も含まれている。これらの減税の合計は、社会保障費の年間削減額を上回っている――つまり、これはリソースの問題ではなく、（性差による）支出の優先順位の問題なのだ。

低収入国の税収が減ってしまう問題は、国境を越えた税金回避策によってさらに悪化する。多国籍企業は「発展途上国への誘致に応じる条件として、免税期間やインセンティブにおいて交渉する」ため、途上国の税収には推定で年間１３８０億ドルの損失が出ている。そうなると、巨大企業は安い労働力を搾取しながら税金は納めないということか……だが、そうではないのだ。ＯＥＣＤの調査によって、「そうしたインセンティブが、発展途上国に投資するおもな理由となることはほとんどない」ことがわかっている。[33] それよりも、お目当ては女性たちの安い労働力なのだ。しかし、このような税制は「国際金融機関によって、発展途上国に対し条件として押し付けられる」場合が多い。[34]

イギリスの支出削減を上回る減税と並んで、ＩＭＦの推計では、税金回避策によって発展途上国には年間２１２０億ドルの損失が生じており、発展途上国が受け取る財政支援の総額をはるかに上回っている。[35] 世界の金融簿外資産の総額の3分の1以上は、スイスに隠されていると考えられており、国連は最近、「税制や金融政策における秘匿性が世界中の女性たちに被害を及ぼしているのではないか」と疑問を呈した。[36] 経済社会的権利センター（ＣＥＳＲ）による２０１６年の分析によれば、スイスに本社を置く多国籍企業「グレンコア」などの鉱山開発会社による、ザンビアにおける脱税の総額は、ザンビアの公衆衛生予算の60％にも相当する。さらにＣＥＳＲの推計では、スイスの某銀行の1支店にある資金だけでも、インド政府の直接税収における損失額は、最大12億ドルにのぼる。この金額は、インド政府による女性の権利のための財政支出の44％、あるいは２０１６年の社会保障支出の総額の６％に相当する。[37]

政府には資金が必要だから、こうした損失をどうにかして補塡しようとする。多くの場合、消費税に頼るのは、徴税が簡単で回避しにくいからだ。低収入国では「税収の3分の2を付加価値税（ＶＡＴ）などの間接税から、4分の1以上を所得税から得ている」。[38] ＩＬＯによる最近の分析では、１３８か国の政府（93の発展途上国と45の先進国）はおもに付加価値税による消費増税および／もしくは課税対象の拡大を計画していることがわかった。[39]

増税の影響を受けるのは、圧倒的に女性たちだ。貧困層に女性が多いからだけでなく（貧しい人ほど、収入の大部分が消費に回るため）、食べ物や日用品を買うのはおもに女性の役割だからだ。そして女性の雇用労働の供給には波があるため（男女の賃金格差のせいもある）、付加価値税を増税すれば、女性たちは物を買うのを控えるために家でつくろうとして、家庭での無償労働に費やす時間が多くなる。

　この問題がさらに悪化するのは、付加価値税の対象となる商品、対象から外す商品を決める際に、ジェンダーへの考慮が欠けているからだ。そうなってしまうのも、具体的な消費税率や非課税がもたらす影響について、性別で区分したデータにもとづく研究が完全に不足しているからだ。[40] 付加価値税は通常、「生活必需品」には適用されない。したがってイギリスでは、生活に必要な食料品には付加価値税は課税されないが、アイフォーンは生活必需品ではないため課税される。しかし、男性にとってはどうでもよくても、女性には必要なものもある。世界各地で多くの女性たちが、男性が大部分を占める国会議員らに対し、生理用品は贅沢品ではないことを認識するようキャンペーン運動を行っており、なかには成功した例もある。

　世界各国の税制は、市場主導の力によるトリクルダウンを目的として制定されるが、税制が及ぼす影響には性別によって顕著な差があることは明らかだ。こうした税制は、性別に区分されていないデータと、男性をデフォルトとする考え方にもとづいている。ＧＤＰや公共支出に関して女性をまったく考慮していないやり方とあいまって、世界の税制は性差による貧困を緩和するどころか、逆に助長している。世界から不平等をなくそうと本気で考えるなら、可及的速やかにエビデンスにもとづいた経済分析を採用すべきである。

第14章　女性の権利は人権に等しい

「野心家すぎる」ヒラリー・クリントン

直前のふたつの章で明らかになったのは、政府の考え方にはデータにおける著しいジェンダー・ギャップが見られること、その結果として、女性にしわ寄せがいく男性中心の政策が打ち出されていることだ。性別によるデータの偏りや不足が生じているのは、データをきちんと収集していないから、そして世界中の政府が男性中心だからでもある。男性中心の政府のせいで性別によるデータの偏りが生じるというのは、ピンとこないかもしれないが、女性の視点が重要であることはエビデンスからも明らかだ。

1980年代から2000年代のアメリカの複数の研究によって、女性たちのほうが女性に関する問題に優先的に取り組んだり、発案の発起人になったりすることがわかった。[1] イギリスでは最近、1945年以降に女性国会議員らが国会にもたらした影響を調査したところ、女性議員たちは女性に関する問題や、家族政策、教育、ケア問題についての発言が多いことがわかった。[2] また、ある研究[3]では経済協力開発機構（OECD）加盟国のうち19か国[4]において、1960年から2005年に女性議員の割合の増加がもたらした影響を分析した結果、女性に影響を及ぼす問題に取り組むのは、女性政治家のほうが多いことがわかった。

さらにその研究によって、女性議員は有言実行型であることがわかった。ギリシャ、ポルトガル、スイスでは、女性政治家の数が増えるとともに教育への投資が増加した。それとは逆に、アイルランド、イタリア、ノルウェーでは、1990年代後半に女性国会議員の数が減少するとともに、「GDPに占める教育支出額が減少した」。女性議員の割合がわずか1％増えるだけで、教育支出額が増えることが明らかになったのだ。同じく2004年のインド西ベンガル州とラージャスターン州の地方議会に関する研究でも、女性議員の議席を3分の1確保した結果、女性のニーズに関連したインフラへの投資が増加したことがわかった。[5]また、1967年から2001年のインドにおける女性議員数を調査した、2007年のある論文では、女性政治家が10％増えると「都市部の子どもが初等教育を受けられる可能性が6％上昇する」ことがわかった。[6]

要するに、数十年間のエビデンスが示しているとおり、女性の政治家が増えたことによって、可決される法案に明らかな変化が表れている。だとすれば、ひょっとしてバーニー・サンダースがヒラリー・クリントンのことを、『私は女性よ！　私に投票して！』なんて主張するだけでは十分とは言えない」などと批判したのは、まちがっていたのではないだろうか？　問題は、みんながそれで十分だと思っていることではない。問題は、誰もそう思っていないことなのだ。それどころか候補者が女性というだけで、投票したくないと思う人たちもたくさんいる。2016年アメリカ大統領選挙の直前、『アトランティック』誌は浮動票に関する調査結果を発表した。[7]おもな結論は、ヒラリー・クリントンはあまりにも野心家だ、ということだった。

なにも驚くべき意見ではない。歴史家でジャーナリストのアン・アップルバウム（「ヒラリー・クリントンの途轍もない、理不尽な、圧倒的な野心」[8]）から、ハリウッドの有力者で民主党支援者であり、「かつてクリントンの協力者でもあった」[9]デイヴィッド・ゲフィン（「この世にヒラリー・クリントン以上の野心家が存在するのか、神のみぞ知る」)[10]、そしてコリン・パウエル(「とどまるところを知らない野心」)[11]、バーニー・サンダースの選挙運動本部長(「あの国務長官の野心を満足させるために、民主党を崩壊させるわけにはいかない」)[12]、それにウィキリークスの共同創設者ジュリアン・アサンジ(「彼女の野心に食い物にされる」)[13]まで、さまざまな人の発言から見えてくる共通点(この多極化の時代にめずらしい)は、ヒラリー・クリントンの野心は見苦しい、ということだ。こうした見方があまりにも広まった結果、アメリカの風刺報道機関「ジ・オニオン」のニュースにはこんな見出しが躍った。「野心家すぎるヒラリー・クリントンは、初の女性大統領にはなれない」[14]

世界の最高権力の座に就く最初の女性になるには、たしかに並外れた野心が必要だろう。だがそれを言うなら、ビジネスの世界で大成しなかった人物やテレビの有名人が、政治経験もないのにいきなり大統領選に立候補するのだって、たいした野心ではないか——だがトランプは、野心という言葉でこき下ろされたりはしなかった。

カリフォルニア大学バークレー校の心理学准教授、ロドルフォ・メンドーザ゠デントンは、人びとがクリントンの野心を「病的」とみなす理由について、経験的知識にもとづく説明をしている。[15]クリントンは「人びとのイメージにおいて圧倒的に男性の領域だったところに踏み込もうとした」。その結果、有権者たちは、彼女が大統領選に立候補したのは常軌を逸していると思った。そのような常軌を逸した行動は、「単純に人びとの反感を買い、否定的な強い感情を生じさせることもめずらしくない」、とメンドーザ゠デントンは述べている。

権力をもつ女性が常軌を逸しているとみなされるのには、非常に単純な理由がある。それは、データにおけるジェンダー・ギャップのせいだ。私自身、子どものころは、女性は取るに足りない存在だと信じ込まされていた。もちろん、女性に対するメディアの取り上げ方(浪費家、くだらない、非理性的など）にも責任はあるが、表舞台で活躍している女性があまりにも少ないせいもある。学校のカリキュラムにも、ニュースにも、ポピュラーカルチャーにも女性がほとんど登場しないので、私もまわりの女子たちと同じように、自分には才能がないと思い込まされていた。過去の人物であれ、現代の人物であれ、尊敬できる女性たちとの出会いがなかった。女性の政治家や、活動家、作家、アーティスト、弁護士、CEOの話など、聞いたこともなかった。子どものころに習った尊敬すべき人物はみな男性だったから、私の頭のなかでは、権力も影響力も野心も男性と結びついていた。だから正直言って、私もかつては「常軌を逸している」と思ってしまった経験がある。女性の上司は野心家すぎる――つまり嫌な女――という考え方が、知らぬまに身についていたのだ。

受け入れがたい事実だが、女性が大統領を目指すのはいまだに淑女らしくないとみなされる。2010年の研究では、政治家は男性も女性も権力志向とみなされるが、それが問題となるのは女性政治家の場合だけだ。[16]同じように、メンドーザ＝デントンが行った実験では、男性も女性もどのくらい「自己主張が強い」とみなされるかは、状況《コンテクスト》によることが明らかになった。[17]いかにも「男性らしい」コンテクスト（自動車修理工、ウォール街、アメリカ合衆国大統領など）では、たとえ男性とまったく同じように振る舞ったとしても、女性のほうが自己主張が強いとみなされることがわかった。いっぽう、「女性らしい」コンテクスト（カーテンを選ぶ、子どもの誕生日パーティーを計画するなど）において男性が出しゃばっても、やや好奇の目で見られるくらいで問題にはならない。ところが、女性の場合はどんな状況であれ、出しゃばるのはよしとされない。出しゃばる女は、偉そうに思われるのだ。

権力志向の女性たちが嫌味を言われるのは、女性の社交上の長所（温厚で思いやりのある人柄など）こそ、「男性と張り合うことを諦めた女性たちに与えられる残念賞」だからだ、と心理学教授のスーザン・フィスクとミナ・チカラは述べている。[18]女性の社交上の長所と職業上の権力は、本質的に両立しない。つまり女性が有能に見られたかったら、温厚な人柄などと思われているようではだめなのだ。

それがどうした？　嫌われようが冷酷だと言われようが、愚痴をこぼすな。プレッシャーに耐えられないなら、さっさとキッチンに戻れ——つまりは、そういうことだろうか？

いいや、そうではない。それではまるで男性も同じように冷酷だと陰口をたたかれ、プレッシャーにさらされているみたいではないか。男性は、そんな目には遭わないのだ。また、2010年の研究では、「女性の政治家は思いやりがない」とみなされる傾向が強いことがわかった。さらに、その研究の参加者たちは、男性も女性もそのような見方に賛同し、思いやりのない女性に対して軽蔑や怒りを覚え、嫌悪感を示す人もいた。ところが思いやりのない男性については、そのような反応は示さなかった。オックスフォード大学の実験心理学の准教授モリー・クロケットは、女性の場合は思いやりがないと「常軌を逸している」とみなされるいっぽうで、男性の場合はそうは思われないことについて、私に次のように説明した。

「一般的に、女性は男性よりも向社会的なはずだという期待があるからです」

だから、女性がそのような「道徳的な」立場から少しでも逸脱すると、（きわめて非論理的な話だが）私たちはショックを受けてしまうのだ。

白人男性の投影バイアス

こうした問題ではジェンダーが明らかに重要であることを考えれば、さすがにこの分野においては、データにおけるジェンダー・ギャップはないだろうと思うかもしれない。だが、そうはいかないのだ。だから、私が偶然、2017年1月に発表された、「排除に直面して——顔の表情から読み取る温厚さや能力は、社会的排除の道徳的判断に影響する（Faced with exclusion: Perceived facial warmth and competence influence moral judgments of social exclusion)」という論文を見つけたとき、どれほど興奮したか想像してみてほしい[19]。女性の場合、温厚な人柄と有能さは両立しないことになっている、というフィスクとチカラの研究結果を考えれば、この論文はきわめて有益にちがいない。論文の著者たちは、次のように説明している。「社会的排除に関する人びとの道徳的判断は、顔の表情に影響される可能性があり、群間比較研究においても多くの意味合いが生じる」

つまり、人びとが誰かを仲間外れにしたり、いじめたりしてもいいと思うかどうかは、相手の外見にもよるということだ。

まさにそのとおりだろう。残念ながら、この論文の著者たちは「試験の効率性を鑑み、男性の顔のみを対象とした」ため、この問題に最も大きな影響を受けている集団――つまり女性たち――にとっては、この研究はまったく役に立たない。フィスクとチカラの説明によれば、ジェンダーは「際立った、おそらく最も重要な社会的カテゴリー」であり、ジェンダーについての固定観念は安直で無意識的なものが多い。したがって、「女性の姿を見ただけで、その場の状況《コンテクスト》にふさわしい、こうあるべきという特徴や特性が想起される」。例の男性の顔だけを対象とした実験も、いちおう意味はあったわけだ。

「道徳に関する学術文献において、ジェンダーがほとんど注目されてこなかったのは、ほとんど衝撃的です」と、クロケットは語った。だがいっぽうで、驚くべきことではないのかもしれない。道徳の研究は「人間の普遍性を明らかにしようとする試み」だと、クロケットは言った。「普遍性」という言葉が聞こえた瞬間、私の頭のなかで男性中心警報が鳴り始めた。クロケットはさらに説明を続けた。道徳を研究している多くの学者たちは、「なにが正しいかについて、非常に平等主義的で、功利主義的で、公平なものの見方」を心がけている。そのため、自分たちの基準を「私たちの研究にも押し付けて」しまうのかもしれない――警報がますます激しく鳴り響く。

だが彼女のつぎの説明を聞けば、女性が半分を占めるこの世界で、なぜ男性中心主義がこれほどはびこっているのか、その理由がわかるだろう。自分が経験することは、人びとが一般的に経験することと似ているはずだと思ってしまうのは、「人間の心理的特徴のひとつ」だと、クロケットは説明する。社会心理学ではこれを「素朴実在論」と呼んだり、「投影バイアス」と呼んだりする。人間は基本的に、自分の考え方や物事のやり方が典型的であり、ふつうだと思いがちだ。白人男性の場合、それが経験的にも肯定される文化によって、このバイアスはさらに強くなり、ますます典型的だと思うようになる。投影バイアスは、ある種の確証バイアスによって増幅されたものとも言えるだろう。そう考えれば、男性中心主義がジェンダー中立性の仮面をかぶっていることが多い理由もわかってくる。権力者の多くが男性であれば——実際にそうだ——大多数の権力者は、男性中心主義の存在に気づきもしないだろう。彼らの目には、ただの常識としか映らないはずだ。だがその「常識」は、データにおけるジェンダー・ギャップの産物なのだ。

　男性が男性中心主義という偏見を、公平で普遍的な常識だと思い込んでいるということを踏まえると、対等の立場を要求する人間［つまり女性］に出くわしたときに、初めて偏見の存在に気づくのだろう（そのような女性の行動こそ、偏見だと思うわけだ）。2017年のある論文では、白人男性のリーダーが多様性《ダイバーシティ》を推進するのは称賛されるいっぽう、女性やマイノリティのリーダーの場合は、不利益を被ることが明らかになった[20]。その理由のひとつとして、女性やマイノリティの人がダイバーシティを推進するリーダーになることで、白人男性たちは、その人が女性であること、あるいはマイノリティであることを強く意識するようになる。そして、その人に対し、偉そう、自己主張が強い、冷酷といった固定観念を、顕著に感じるようになる。それとは逆に、マイノリティや女性のリーダーたちは、「ダイバーシティを重視した基本的な行動に取り組むときは、ネガティブな固定観念が入り込まないように配慮する」。ついに、女性たちが以前から（少なくともそれとなくは）気づいていたことが、経験によって裏付けされたわけだ。家父長制に調子を合わせたところで、女性が恩恵にあずかるのは個人的かつ一時的なことでしかなく、そんな慣習はとっくに廃れるべきだったにもかかわらず、いまだにはびこっているのだ。

女性が「ダイバーシティを重視した行動」に取り組むことで、女はやっぱり女なのだと意識する人が多いという研究結果を考えると、サンダースが、クリントンの主張は「私は女性よ、私に投票して」なのだと思い込んだ理由が見えてくるだろう――データを見れば、彼女がそんなことは言っていないのは明白だからだ。アメリカのニュース解説メディア「ヴォックス・ドットコム（Vox.com）」のジャーナリスト、デイヴィッド・ロバーツがクリントンのスピーチにおける頻出単語を分析した結果、クリントンが「おもに語っていたのは、労働者、仕事、教育、経済など、取り組みが不十分だと彼女自身が責められていた分野についてだった。仕事に言及したのは約600回、人種差別、女性の権利、堕胎についてに、それぞれ数十回言及している」。しかし、アメリカの作家レベッカ・ソルニットが、『ロンドン・レビュー・オブ・ブックス』誌の大統領選に関する記事において指摘したとおり、「彼女［クリントン］はいつもジェンダーのことばかり話題にしているような思い込みが広まったが、実際にジェンダーにやたらと固執していたのは、ほかの人間たちだった[21]」。

民主主義は公平な競争の場ではない

これが大きなスケールではなにを意味するかというと、民主主義は公平な競争の場ではない――女性を選出するのには抵抗があるということ。これが困ったことになるのは、同じ国会議員でも男性と女性では、政治にもたらす視点が異なるからだ。性別もジェンダーも異なるため、女性の生活は男性とは異なっている。世のなかでの扱われ方もちがうし、体験することも異なるため、女性は男性とは異なるニーズや優先順位をもっている。ところが男性中心の議会では、男性中心の商品開発チームと同様に、データにおけるジェンダー・ギャップのせいで、女性たちのニーズに対しては不十分な対応しかできない。そして、世界のほとんどの国の政府は男性中心なのだ。

２０１７年12月現在で、世界の国会に占める女性議員の割合の平均は23・5％だが、この数字には大きな地域差が含まれており、北欧諸国の平均は41・4％なのに対し、アラブでは18・3％だ。[22] 女性議員の割合が10％以下の国も31か国あり、そのうち４か国には女性議員がまったくいない。そして大半の国では、この問題に対する改善策はほとんど取られていない。

２０１７年、イギリス下院の女性・平等委員会は報告書を作成し、政府に対して女性国会議員の数を増やすよう求め、６つの提言を行った。[23] ところが、提言はすべて却下された。[24] そのひとつは、全女性候補者リスト（ＡＷＳ）〔男女間の不平等を解消するため、女性だけを候補者として掲載する〕を地方選挙だけでなく総選挙にも導入し、その期限を２０３０年以降も延長することを求めたものだった。イギリスの選挙制度では、各政党がすべての選挙区について党内選挙を実施し、総選挙への立候補者を決定する。政党が総選挙への立候補補者を確実に女性にしようと決めた場合は、党内選挙においてＡＷＳを利用するのだ。

イギリスでＡＷＳが最初に利用されたのは、１９９７年の総選挙だった。１９９７年１月、イギリスは女性国会議員数の世界ランキングにおいて、セントビンセント及びグレナディーン諸島〔英連邦王国のひとつ〕およびアンゴラ共和国と同位の第50位に並んだ。[25] 当時のイギリス下院の女性議員の割合は９・５％だった。ところが同年12月、イギリスは20位に急上昇した。じつは５月に選挙があり、その選挙でイギリスの最大野党である労働党が、初めてＡＷＳを利用したのだ。その効果は絶大で、労働党女性議員の数は37名から１０１名に急増した（国会全体では60名から１２０名への増加となった）。

２０１７年イギリス総選挙において、労働党は勝算のある議席の50％についてＡＷＳを利用し、労働党が擁立した候補者のうち41％は女性だった。ＡＷＳを利用しなかったトーリー党と自由民主党の場合は、擁立した候補者における女性の割合はそれぞれ29％だった。現在（２０１８年）、イギリス下院における女性議員の割合は32％で、世界ランキングでは39位となっている。順位が下落したのは、ほかの国々が順位を追い上げてきたせいもあるが、ＡＷＳを利用しない保守党が優勢だからでもある（労働党では議員の43％が女性なのに対し、保守党では21％だ）。

労働党がＡＷＳを利用したことによって、女性議員の増員が加速したのは明らかだ。政府がＡＷＳの期限を２０３０年以降も延長することを却下したのは、イギリスの民主主義において男性中心主義を合法的に復古させるにも等しい。女性議員たちが行政に与える影響を示すデータを、政府は把握していないのだろうか？　あるいは、把握したうえでのことかもしれない。

しかし、政府がＡＷＳの利用を地方選挙にも拡大することを却下したのは、やや理解しがたい。というのも、地方政府では女性議員の割合はさらに低いからだ。イギリスのデボルーションは、地方自治体への権限移譲を目的とする改革だ（イギリス政府が毎年９４０億ポンドを支出している地方政府は、女性にとって欠かせないサービスを提供するうえで重要な役割を果たしている）。ところが、女性慈善団体フォーセット・ソサエティの２０１７年の報告書によって、その実態は、男性への権限移譲になっていることが明らかになった。[26]

また、その報告書によって、イングランドおよびウェールズには、いまだに内閣が全員男性の地方議会が９つあり［英国政府、すなわち中央政府とは別に、地方分権政府にも内閣制を有するものがある］、評議会議長における女性の割合もわずか33％であることがわかった。イングランドにおける女性議員の割合は３人にひとりで、過去20年間で５％しか増えていない。新たに選出された６名の直接公選首長《メトロメイヤー》は全員男性であり（最近のリバプールでの選挙では、おもな政党はどこも女性の立候補者を擁立しなかった）、権限委譲地域［ウェールズ、スコットランド、北アイルランドなど］の内閣構成員に占める女性の割合はわずか12％だった。

フォーセットの報告書しかエビデンスがないのは、政府がデータを収集していないからだ。したがって、フォーセットがデータの収集を続けてくれないかぎり、進捗状況を把握することができない。それなのに政府は、ＡＷＳの利用を地方選挙や公選首長選挙にも拡大することを却下したのは、「科学的根拠が不十分であるため」としている。[27] しかし政府は、女性・平等委員会の最も基本的な提言、すなわち、各政党に対し、候補者の多様性に関するデータの収集および公表を義務付けることも（「行政への負担が増えるため」という理由で）却下したことを考えれば、イギリス政府の姿勢は、男性中心主義からより脱却した民主主義がこの国で定着するのを見たい、と望む人びとにとっては好ましくない。

女性・平等委員会による提言のうち３つはクオータ制の導入に関するもので、この３つが却下されたのは驚くべきことではなかった。イギリス政府は昔からそのような方法に反対し、反民主的であるとみなしてきたからだ。しかし、世界各国の実例によるエビデンスを見れば、選挙にジェンダー・クオータ制を導入したところで、無能な女性たちによる異常な執政［『婦人の異常な執政に反対する第一声』１５５８年、ジョン・ノックス著を踏まえている］につながらないのは明らかだ。[28] それどころか、職場におけるクオータ制に関するロンドン・スクール・オブ・エコノミクス（ＬＳＥ）による研究結果と同じように、政治におけるクオータ制は「政治指導層の能力向上につながる」ことが研究によって明らかになっている。だとすれば、ジェンダー・クオータ制は、ひそかな男性中心主義に対する是正手段にすぎない。反民主主義的なのは、むしろ現行制度のほうだ。

どのようなクオータ制を採用しているかは、その国の選挙制度によって異なる。イギリスには６５０

の選挙区があり、総選挙では1選挙区につき1名が選出される。その方法は単純多数代表制（FPTP）で、ほかの候補者より多くの票を獲得した人が当選し、下院へ送られる仕組みだ。各選挙区につき1名と限られているため、先着順当選制においてAWSを利用することは、男性中心主義に対する唯一実践的な是正手段となる。

スウェーデンは、比例名簿方式を採用している。この制度では、各選挙区は比例代表制によって割り当てられた国会議員のグループによって代表される。各政党は各選挙区について候補者名簿を作成し、望ましい順に並べる。政党が多くの票を獲得するほど、その政党の名簿から多くの候補者が選出され、その選挙区の代表となる。そのため、候補者名簿の下のほうに並んでいる候補者ほど、議席を獲得できる見込みは低い。

1971年当時、スウェーデンの国会における女性議員の割合はわずか14％だった。[29]スウェーデン社会民主労働党はこの格差に対処するため、手始めとして1972年に、各政党地区は選挙名簿における「女性の数を増やす」よう提言を行った。[30]さらに1978年には、選挙名簿に女性の党員割合を反映させるよう提言を行い、1987年には最低40％の目標が設定された。ところが、これらの提言によって女性国会議員の選出数が大きく伸びることはなかった。たしかに名簿の50％は女性が占めていても、すべての女性が下のほうに固まっているのなら、女性が議席を獲得する見込みは低い。

そこで1993年、社会民主労働党は「ジッパー」と呼ばれるクオータ制を導入した。まず、男性候補者リストと女性候補者リストを作成する。そして、そのふたつをジッパーの目のように組み合わせる――つまり、男女の候補者を交互に並べるのだ。そのあと実施された1994年の選挙では、国会に占める女性議員の割合は8ポイントも跳ね上がり、[31]以来、40％を割っていない[32]（ただし、ジェンダー・クオータを採用しない右翼政党への投票数が増加するにつれ、女性議員の割合は下がっている）。

これを韓国の例と比較してみよう。選挙制度のようにジェンダーとは一見、無関係に見えるものが、実際には女性の参画に大きな変化をもたらすことを示す好例だ。韓国の選挙制度では、議席の18％は比例代表制、[33]残りの議席はイギリスと同じく、ＦＰＴＰによって1選挙区につき1名を選出する小選挙区制に割り当てられている。比例代表制にも、小選挙区制にも、女性の参画を確保するためのクオータ制が導入されている。

２００4年の選挙で、比例代表制におけるクオータが30％から50％に引き上げられたことで、韓国の国会では女性議員数が2倍以上に増加した。快挙に思えるが、支持者の数は少ない。各政党は比例代表制のクオータは順守しているいっぽう、小選挙区制では状況が異なるからだ。小選挙区制では候補者の30％が女性に割り当てられているが、最近の選挙では、自由韓国党における女性候補者の割合はわずか7％、民主党でも10％にとどまっていた。もし小選挙区制と比例代表制で同じようにクオータが順守されていれば、韓国の国会における女性議員の割合は約33・6％になっているはずだが、実際には、現在の割合は15・7％となっている。

比例代表制と小選挙区制でクオータ制の順守にこれだけの差があるのは、理解しにくいことではない。先着順当選制による小選挙区選挙はゼロサムゲームだからだ。[34]勝者が独り勝ちする。したがってＡＷＳの利用は、マクロレベルでは不公平な制度に対する公正な是正手段となっているが、ミクロレベルではあまり公正な感じがしない――とくに、闘うことを許されなかった男性候補者にとってはなおさらだ。

すなわち、労働党の落選した2名の候補者、ピーター・ジェプソンとロジャー・ダイアス＝エリオットのことだ。１９９６年、このふたりはイギリス労働党に対し、ＡＷＳは１９７５年性差別禁止法に抵触するとして、法的に異議を申し立てた。しかし、これまで見てきたとおり、男性はむしろ目に見えない部分で優遇されているわけだから、それこそ性差別禁止法の精神にそぐわないはずだが、ジェプソンとダイアス＝エリオットは勝訴した。その結果、AWSは一時的に非合法化されたが、２００２年に労働党内閣が復活させた。AWSの期限はもともと２０１５年だったが、２００８年、当時の労働党の副党首ハリエット・ハーマンが２０３０年まで延長すると宣言した。[35] ちなみに最近、ダイアス＝エリオットは、ライバルの下院議員の妻に鳥の死体を送りつけたかどで、法廷で禁止命令を受けている。[36]

口をふさがれる女性議員たち

世界のなかでも議員数に女性の占める割合が高い国々では、比例代表制を採用している場合が多い。[37] これを念頭に置き、韓国およびスウェーデンの例を考えれば、イギリスの女性・平等委員会は、最初の手段としてクオータ制の導入を求めるべきではなかったのかもしれない。国会における女性議員の割合を本気で増やそうと思ったら、最初に要求すべきなのは、選挙制度の抜本的な改革だろう。それに女性の割合を増やすだけでは、やるべきことはまだ半分しか終わっていない。女性議員たちが当選したところで、国会で思うように活躍できなければ、あまり意味はないからだ。そして往々にして、女性議員たちは活躍できない。

脆弱国家の専門家であるクレア・カスティエホは、政府における女性の影響力が限定的なのは、男性中心の後援ネットワークから排除されているからだと述べている。[38] 男性たちが秘密のネットワークを形成し（対立が生じた場合はとくにそうなりやすい、とカスティエホは警告している）[39]、「女性たちを締め出した非公式な場所」[40] で本格的な話し合いを行っている場合は、女性たちが正式な会談に出席したところで、たいして意味はないのだ。

意思決定から女性たちを排除するのはよくあることで、男性中心のシステムにおいて、女性の生活体験や女性の視点というジェンダー関連のデータを取り除くには、最も効率的な方法だ（２番目は女性をまったく選出しないこと)。アメリカの国会議員を対象とした2011年の調査では、女性議員の40%はつぎのコメントに「そうは思わない」と回答した。

「私の議会の指導部は、重要な意思決定を行う際、男性議員の意見と同じように女性議員の意見を求める」(興味深いことに、男性議員で「そうは思わない」と回答したのは、わずか17%だった)[41]。それと同様に、イギリスの地方自治体に関する2017年の報告書も「地方自治体において実権をもつ非公式のネットワーク」に言及しており、女性議員は「ほとんど含まれていない」と述べている[42]。

だが、男性議員たちは女性議員たちを脇に追いやるために、わざわざ男性専用の安全地帯へ逃げ込む必要などないのだ。男女が同席する場で女性議員らの勢いを挫くため、男性議員らはさまざまな策略をもっており、実行している。そのひとつが、相手の話を遮ることだ。

2015年のある研究では「女性のほうが話を遮られることが多い」という結論を下している。その研究によって、女性が男性の話を遮るよりも、男性が女性の話を遮るほうが2倍も多いことがわかっている[43]。2016年のアメリカ大統領選挙の前哨戦における90分間のテレビ討論会で、ドナルド・トランプはヒラリー・クリントンの話を51回も遮ったのに対し、クリントンがトランプの話を遮ったのは17回だった[44]。トランプだけではない。ジャーナリストのマット・ラウアーも、トランプの話を遮った回数よりも、クリントンの話を遮った回数のほうが多かった(ラウアーはその後、複数のセクハラ疑惑によって解雇された)[45]。さらにラウアーはトランプの発言よりも「クリントンの発言に疑義を示した」が[46]、2016年大統領選挙の候補者のなかで、最も率直な発言をしていたのはクリントンであったことが明らかになっている[47]。

女性に対して先輩風を吹かせるのも、ひとつの手だ。2011年、当時のイギリス首相デイヴィッド・キャメロンが労働党の下院議員アンジェラ・イーグルに対し、「まあ、落ち着き《カーム・ダウン》なさいよ《ディアー》」などと失言したのは有名な話だ。[48] 列国議会同盟（ＩＰＵ）による２０１６年女性政治家に対する性差別、暴力、ハラスメントに関するグローバル調査において、欧州議会のある議員はこう語っている。

「議会で女性が大声で発言すると、まるで子どもに対するように、人差し指を唇に当てて『シー！』と注意されるんです。でも男性が大声で発言したって、そんなことは絶対にされません」[49]

　別の女性議員はこう述べている。

「とにかく、しょっちゅう訊かれるんです――我が党の男性の同僚でさえそうなんですが――君が言おうとしていることは本当に重要なのかな、できれば発言を控えてもらえないかって」

　もっと恥知らずな策略もある。アフガニスタンの国会議員、フォージア・クーフィーは『ガーディアン』紙に対し、男性議員たちは女性議員を脅して黙らせようとすると述べた。それが失敗した場合は、「指導部が勝手にマイクの音声をオフにしてしまうのです」[50]。

　国会の質疑で持ち時間を管理する担当者（ほとんどは男性）を決めるに当たっても、ジェンダーの問題が潜んでいることが浮き彫りになった。サハラ以南のアフリカのある国の女性国会議員がＩＰＵに語った話によれば（報告書では、女性の匿名性を確保するため国名を明記していない）、彼女の同僚の女性議員に対し、議長が性的関係を迫った。彼女が拒絶したところ、「議長は二度と彼女に発言させなかった」。それほど極端な例でなくても、議長が女性議員に発言させない場合もある。あるアジアの国の女性国会議員はこう述べている。

「私が１期目の新人のとき、指導部はつねに男性の発言に注意を向け、発言の機会を与えるときは男性を優先していました」

　そのＩＰＵの報告書は結論において、女性政治家に対する性差別、ハラスメント、暴力は「際限なき現象であり、程度の差こそあれ、どの国にも存在する」と述べている。その報告書によれば、女性国会議員のうち66％は、つねに男性の同僚議員らによるミソジニー的な発言にさらされている。その内容は侮辱的なものから（「ポルノ映画にでも出たほうがいいんじゃないか」）脅すようなもの（「外国人がどんな連中か思い知るために、彼女はレイプされたほうがいい」）までさまざまだ。

政治家への誹謗中傷にも、ジェンダーによる影響が顕著に表れている。[51]２０１６年民主党予備選挙の期間中、ヒラリー・クリントンへの誹謗中傷のツイート数は、バーニー・サンダースへの誹謗中傷の約2倍だった。クリントンに対して最もよく使われた言葉は「ビッチ」で、これは元オーストラリア首相のジュリア・ギラードに対して最もよく使われた言葉でもある。２０１０年から２０１４年まで、ギラードもまた政敵のケヴィン・ラッドの約2倍の誹謗中傷のメッセージを受けていた。あるヨーロッパの女性国会議員がＩＰＵに語った話では、彼女はツイッターでレイプの脅迫を受け、その数は4日間で５００回以上にものぼった。[52]ある女性議員のもとには、息子に関する情報が送られてきた。「息子の年齢、通っている学校やクラスなどが書かれていました――誘拐すると脅してきたんです」

ときには脅迫だけですまないこともある。ＩＰＵの調査対象である女性国会議員の5人にひとり以上は、「性的暴行を一度ならず受けており」、3人にひとりは同僚の女性議員が性的暴行を受けているのを目撃したことがある。アフガニスタンでは２０１０年の選挙期間中に、ほぼすべての女性候補者が脅迫電話を受けており、[53]数名の女性国会議員は24時間態勢の身辺警護を必要としている。[54]

「命の危険を感じない日はないほどです」

２０１４年、アフガニスタンの国会議員、フォージア・クーフィーは『ガーディアン』紙にそう語った。[55]その1年後、同僚の女性議員のひとりが自動車爆弾攻撃で命を落とした。アフガニスタンの女性政治家が攻撃によって死亡したのは、3か月間で2度目だった。[56]

女性政治家の割合が増えるにしたがって、女性への攻撃は苛烈になっていくようだ。世界中の研究によって（聖なるスカンジナビア諸国も含む）、女性の参画が向上するほど、女性政治家に対する敵意も増幅することがわかっている。[57] とくに強い敵意を抱くのは、同僚の男性議員たちだ。アメリカのニュージーランドの研究[58]によれば、「国会における女性議員の割合が増えたあとは、男性議員たちの女性議員に対する言葉の攻撃が激しくなり、男性たちは委員会公聴会や国会の討論の場を牛耳ろうとした」。またべつの研究では、アメリカの連邦議会において女性議員の割合が増えるほど（とはいえ、連邦議会における女性の割合はわずか19・4％だ[59]）、女性議員たちは党内で指導者の地位に就くのが難しくなっていることがわかった。[60] さらに、アメリカとアルゼンチンによる研究[61]では、女性国会議員の数が増えるほど、「女性議員が法案を可決させる可能性は低くなり、『男性的』で『強力』な委員会メンバーに指名される見込みも低くなる」傾向が見られた。[62] それと同じく、アメリカの分析では、人権問題を女性の権利の問題として打ち出した場合は、男性議員たちがその法案を支持する可能性は低いことがわかった。また、権利に関する法案がおもに女性議員の支持しか得られなかった場合は、その法案は骨抜きにされ、国からの予算支出はほとんど期待できないことがわかった。[63] 民主主義は――少なくとも女性に関するかぎり――崩壊している。

そんな苛烈な心理戦を闘っているせいで、女性たちの仕事の能力に影響が出ないわけがない。多くの女性議員はできるだけ移動を減らし、暗くなる前に帰宅するようにしている、あるいはひとりで出歩かないようにしている、とIPUに述べた。[64] また、とくに女性の問題[65]（攻撃を受ける可能性が最も高い）[66]について主張しようとすると、心理的に自己検閲［周囲の反応によって、自分の意見の表明を控えること］が働いてしまう、と述べる人たちもいた。ソーシャルメディアの使用をことごとくやめてしまう人たちもおり、「自分の考えを広め、議論し合うための場をみずから捨ててしまっている」。

なかには、身を引く人たちもいる。アジアおよびラテンアメリカでは、女性国会議員たちは暴力を受けたことによって、再選に向けた立候補を諦めてしまう場合が多い。また、ほんの数期で辞職してしまう議員が男性議員にくらべて多い[67]。あるアジアの国会議員はIPUに語った。
「次の選挙では立候補するかわかりません。家族に害が及ぶようなことは、なるべく避けたいので」[68]
スイスでも、女性政治家の3人にひとりは「脅迫事件に遭って、辞職を考えたことがある」という[69]。女性政治家らが誹謗中傷にさらされるのを見て、女性たちはそもそも立候補することを躊躇している。女性リーダー志望者プログラムに参加したイギリス人女性の75%は、女性政治家に対するネット上の誹謗中傷は「公職を目指すことを考えるうえで、気がかりな点」だと述べた[70]。オーストラリアでは、18〜21歳の女性の60%と、32歳以上の女性の80%が、女性政治家に対するメディアの扱いを見ていると、公職選挙に立候補したいとは思わなくなると述べた[71]。ナイジェリアでは、2011年から2015年のあいだに、女性の国会議員の当選者数が「激減」した。アメリカの非政府組織、全米民主国際研究所（NDI）がその理由を調査したところ、「女性公職者が直面している暴力やハラスメントに原因がある」可能性が高いことがわかった[72]。だが、これまで見てきたように、女性議員の割合が少なくなれば、データにおけるジェンダー・ギャップが生じ、その結果、女性のニーズに対処するための法案が可決されにくくなってしまう。

男性は女性の話を遮る

エビデンスが明解に示しているとおり、いまの政界は女性が活躍しやすい環境ではない。建前上は平等であるとしても、現実には、女性は男性よりも不利な立場に置かれている。ジェンダーを考慮せずに制度を考案してきた結果がこれなのだ。

シェリル・サンドバーグは著書『リーン・イン』（日本経済新聞出版）において、困難な職場環境を乗り切っていくために、女性たちは覚悟を決めてやり遂げるべきだと述べている。もちろん、それもひとつの解決策だ。私は女性政治家ではないが、世間に名を知られている女性として、脅迫や誹謗中傷を受けている。いまから言うことを支持する人は少ないかもしれないが、立ち向かう責務は、自分にはこの困難を乗り越えられる、と思える人たちの肩にかかっていると私は思う。相手を威嚇するのは、恐怖を感じるから——それは、データにおけるジェンダー・ギャップがもたらす恐怖だ。男性が幅を利かせ、男性の意見で埋め尽くされた文化のなかで育った男性たちは、自分たちのものであるべき権力や公職が女性たちに奪われていくのを目にして、恐怖を感じるのだ。私たちがデータにおけるジェンダー・ギャップを埋め、その結果として、「公職には男性が就くのが当たり前」と思って育つ男性たちがいなくならないかぎり、恐怖が消えることはない。だからある程度までは、これは私たちの世代が女性として乗り越えなければならない試練なのだ——あとに続く女性たちが、同じような思いをしなくてすむように。

だからと言って、構造的方略がまったくないわけではない。たとえば、女性は話を遮られやすいという問題を見てみよう。最高裁判所における15年間の口頭弁論を分析した結果、「男性は女性よりも相手の話を遮ることが多く、男性の話を遮るよりも、女性の話を遮るほうが多い」ことがわかった。[73]これは男性弁護士や判事にも当てはまる（女性弁護士は相手の話をまったく遮らなかった）。判事が話し始めたら、弁護士は話をやめなければならないにもかかわらずだ。そして政治の世界でも、女性議員の割合が増えるにしたがって、この問題は悪化しているようだ。

これに対する個人主義的な解決策としては、相手に話を遮られたら、同じようにやり返しなさいということになるだろう[74]——「礼儀正しく相手の話を遮る[75]」スキルを磨くのだ。しかし、一見ジェンダー・ニュートラルに思えるこの方法には、問題点がある。それは、実際にはジェンダー・ニュートラルではないことだ。同じように相手の話を遮っても、女性の場合は受け止められ方がちがうのだ。２０１７年

6月、アメリカの上院議員カマラ・ハリスは、逃げ腰の司法長官ジェフ・セッションズに対し、厳しい質問を浴びせた。言葉を濁しているだけの司法長官に対し、ハリスは彼の話を遮って、質問に答えるよう厳しく迫った。すると、こんどは（別々のふたつの会議で）上院議員ジョン・マケインがハリスの話を遮り、質問のしかたがなっていないなどと注意した。[76] ところがマケインは、彼女の同僚であるロン・ワイデンに対しては、そんな態度は取らなかった。ワイデンもセッションズ司法長官に対して執拗な質問で迫ったのだが、あとで「ヒステリック」呼ばわりされたのはハリスだけだった。[77]

女性たちがなかなかやり返せないのは、やたらと礼儀正しいからではない。女性たちはわかっているのだ——意識していようがいまいが、「礼儀正しく」相手の話を遮るなど、女性には許されないと。だから、男性の振る舞いこそ人間の基準だと言わんばかりに、女性に対して「もっと男性のように振る舞え」などと言うのは、役に立たないどころか、かえって害になる可能性がある。いま本当に必要なのは、男性は女性よりも相手の話を遮るという事実を認識し、女性が同じことをすれば不利な立場に置かれることを考慮したうえで、政治環境や労働環境を整備することだ。

組織における根深い非平等主義

現代の職場では、いまほど平等主義でなかった過去の遺物を取り払って、ゆるくやるのが流行っている。堅苦しい階層型組織《ヒエラルキー》は時代遅れで、フラットな組織構造がかっこいいというわけだ。しかし困るのは、形式上の階層はなくなっても、組織から完全に階層がなくなるわけではないことだ。暗黙のうちに、根深い非平等主義がふたたび頭をもたげ、白人男性らがトップに君臨し、残されたわずかな地位をめぐってその他大勢が争うようになる。女性リーダーシップ研修の講師、ゲイナ・ウィリアムズは、ブレイン・ストーミングのようなグループディスカッション方式は、「多様な意見を表明するには課題が多い」

と説明する。なぜなら、もともと有力な意見が幅を利かせてしまうからだ。[78] しかし、ひとの話を遮らないよう注意喚起するといった単純な方法[79]も、各人の発言時間をきちんと設けるといった方法も、議論が男性中心になるのを防ぐ効果があることがわかっている。FXテレビのドラマ『ザ・シールド』の制作総指揮者グレン・マザーラは、実際にこれを行った。ライターの会議で、女性のライターたちが発言しないことに気づいたのだ――あるいは、たとえ女性ライターが発言しても、話を途中で遮られたあげく、アイデアを潰されたりする。そこでマザーラは、誰かがアイデアを語っているときは（男性であれ女性であれ）、相手の話を遮らないという規則を設けた。これが功を奏したのだ。「チーム全体としても、さらに有能になった」と彼は語っている。[80] もっと大胆なやり方としては、ガバナンス構造を、多数決から全員一致の意思決定に変更することだ。この方法には女性たちの発言を促進し、肩身の狭い思いを和らげる効果があることがわかっている[81]（2012年のアメリカのある研究では、女性が男性と同じくらい議論に参加するのは、そのグループで女性が「大多数」を占めている場合だけであることがわかった。[82] ところが興味深いことに、グループのなかで女性が少数である場合は、女性はあまり発言しないのに対し、男性はグループのジェンダー比率にかかわらず、同じように発言することがわかった）。

なかには女性の意見を権力の場から強引に排除することを、法律で禁止した国々もある。ボリビアでは2012年から、女性議員や女性公職者に対する政治的暴力は刑法上の罪となった。さらに2016年には、過去に女性に対して暴力をふるった者を公職に就けなくする法律も可決している。

しかし全体的に見れば、大半の国々では、女性政治家たちが一様に不利な立場に置かれている現実など、目に入らないかのようだ。ほとんどの国の国会では行為規範が定められているが、これらは一般的に性別にかかわらず、「規律の正しさ」を維持するためのものだ。セクハラの苦情申し立てに関する正式な対応手続きを定めている国はほとんどないため、性差別を無作法で規則に反する行為とみなすかどうかは、そのときの責任者（通常は男性）の一存で決まってしまう。だが多くの場合、そうはみなさない。ある女性国会議員がＩＰＵに語った話では、彼女が同僚の男性から性差別的な侮辱を受け、異議を申し立てたところ、議長は一言のもとに却下した。

「ほかの議員が君のことをどう思うかまで、コントロールすることはできません」

かつてイギリスの地方議会では、ジェンダーに関する行為規範が定められ、議員らに対して出席停止権を発動できる独立機関が監視を行っていた。しかし、これは連立政権による２０１０年の「レッド・テープ・チャレンジ」という規制簡素化の取り組みによって、廃止となった。現在では、どのような基準を設けて実施するかは、各地方自治体が決定する。これに関する政府の提言は「高い基準の行為」を推奨するという曖昧な言及にとどまり、無差別についてはまったく言及していない[83]。そのため現在では、犯罪に該当しない違反行為をした議員を出席停止にするための、公正な制度が存在しない[84]。

したがって、２０１７年、フォーセット・ソサエティによる地方議会に関する報告書によって明らかになった内容も、驚くべきことではなかった。

「地方議会政治の一部では、性差別による有害な文化が認められる。１９７０年代には不適切とはされなかったであろうが」、「当時は性差別が黙認され、政治生活の一部とみなされ」ており、およそ女性議員の10人に4人はほかの議員たちから性差別的な暴言を浴びせられた経験があった[85]。ある女性議員は「若い女性たちを貶《おとし》め、女性たちによる貢献を認めない文化」だと述べている。男性議員らは女性議員のグループを「奥様クラブ」と呼び、このグループがベテランの国会議員を講演者として招聘し、夕食会を開催したときには、「〝奥様がた〟がドレスアップする機会を設けた」と揶揄した。それに対し、彼女と仲間の女性議員が異議を唱えたところ、「攻撃的」だと言われ、「侮蔑的かつ性差別的なあだ名で呼ばれた」という。その後、彼女のメールの質問は無視され、ミーティングの開催通知の宛先からも除外された。彼女が議論に参加することがあっても、「しかたなく我慢してやっているという雰囲気」だった。ソーシャルメディアでは同僚の男性にこう言われた。

「お嬢さんはさっさと逃げ出して、大人たちの仕事をさせてくれ」

このセクションから学ぶべき重要なポイントはふたつある。第1のポイントは、人口の半数を占める女性を政治の場から除外することは、国のトップにおいてデータにおけるジェンダー・ギャップを生むということ。政治に関して「最高《ベスト》」なのは、必ずしも名門校および超一流大学の出身で、金と時間と労せずして得た自信に恵まれた者ではないことを、私たちは理解しなければならない。政治において最高なのは、全体として、ワーキンググループとして、最高であるということだ。その意味において最高とは、多様性《ダイバーシティ》のことだ。これまで本書で見てきたとおり、物事に対する視点は、まぎれもなく非常に重要である。女性の一生から見えてくるデータは重要であり、政治の中心に置かれるべきものだ。

第2のポイントは、既存のデータからもきわめて明白であるとおり、女性政治家たちは平等な立場に置かれていないこと。男性のほうが選出されやすいということは、世界の指導的立場において、データにおけるジェンダー・ギャップを助長することを意味する。それにともなう悪影響は、世界人口の半数に及ぶのだ。私たちは、かえって男性を優遇している積極的差別に対し、あえて目をつぶるのをやめなければならない。そして理論上および法律上の機会均等が、本物の機会均等であるかのように振る舞うのをやめなければならない。すべての人に関わる法律を制定する際には、多様な人びとが確実に意思決定の場に含まれるようにするため、私たちはエビデンスにもとづいた選挙制度を実施する必要がある。

第6部

災害が起こったとき

第15章　再建は誰の手に

女性抜きの災害復興計画

ヒラリー・クリントンが、1995年に北京で開催予定の国連第4回世界女性会議では、ぜひとも女性の権利について講演したい、と希望を述べたとき、彼女の味方でさえもが懐疑的な反応を示した。[1]「みんなこう言っていました。『アメリカ政府にとって重要な問題ではない。たしかによいことだし、あなたが気にかけているのは結構なことだと思うが、いまのこの状況でアメリカ合衆国のファーストレディが、わざわざ女性の権利について講演するというのは――ソ連の崩壊、旧ソ連圏の国々の経済移行、ワルシャワ条約機構加盟国、ルワンダおよびボスニアなど――世界ではじつにさまざまなことが起こっているのだから、もっと重要なことについて話すべきでしょう』」

これから見ていくとおり（アメリカ政府は当時すでに知っていたのだが）、ルワンダとボスニアで「起こっていた」ことは、女性たちへの組織的な集団レイプだった。

戦争、自然災害、パンデミックをはじめとする災害が発生すると、都市計画から医療まで、ありとあらゆる分野のデータにおけるジェンダー・ギャップがひときわ悪化し、増幅する。これは女性を含めるのを忘れるといった問題よりも、知らぬ間に進行する。世のなかが平和なときに、女性の視点を取り入れたり、女性のニーズに対応したりするのを嫌がっていると、いざ災害や混乱や社会的崩壊が起こった場合には、古くからの偏見がなおさら正しいように思えてしまうのだ。「我々は経済の再建に注力しなければならない」（すでに見てきたとおり、経済は誤った前提にもとづいている）。「我々は人びとの命を救うために注力しなければならない」（これから見ていくとおり、医療もやはり誤った前提にもとづいている）。だが実際、もうそんな口実は通用しない。社会が女性を排除する本当の理由は、人口の50％がもっている権利をマイノリティの利益と思っているからだ。

災害後の復興の取り組みにおいても、女性が関わっていない場合はお粗末な結果になりかねない。「彼らはキッチンのない家を建てたのです」

災害レジリエンスが専門のモーリーン・フォーダム教授は私に言った。２００１年、インド西部のグジャラート州で地震が発生した。数千人が死亡し、約40万軒の家屋が崩壊した。そこで新たに家屋を建設することになったが、グジャラート州復興プロジェクトには、著しいデータ・ギャップという問題があった――計画段階で女性がいっさい関わっていないどころか、意見すら訊かれなかったのだ。その結果できたのが、キッチンのない家だ。頭が混乱した私は、でもいったいどうやって料理するつもりだったんでしょうね、とフォーダムに訊いてみた。

「まったくねえ」。彼女は言った。そして、新しい家にはもうひとつ足りないものがあったのだと教えてくれた。それは「軒つなぎの別棟で、家畜を飼育する場所」だった。「家畜の世話は女性の仕事」で、男性たちはほとんど手を出さないため、頭になかったのだ。

そんなのは、たまたま起こった極端な例だろうと思うかもしれないが、そうではない。４年後、スリランカでも同じことが起こった。[2] ２００４年のボクシングデー［12月26日］に起こった津波がインド洋沿岸の14か国を襲い、25万人が亡くなった。インドのグジャラート州と同じく、スリランカの復興プログラムでも女性たちは関わっていなかった。その結果、またしてもキッチンのない家屋が建設された。似たような問題は避難所でも起こった。人道支援組織が調理の必要な食料を配布したのだが、燃料を用意するのを忘れたのだ。[3]

アメリカでも、災害後の復旧活動において女性のことを考慮してこなかった歴史がある。フォーダムが私に語ったのは、1992年のハリケーン・アンドリューによる被害を受けたマイアミにおける再開発計画のことだ。

「『我々の再建プロジェクト』という名称でした」

問題は、再建を計画する〝我々〟がほとんど男性だったことだ。意思決定を行う委員会の56名のメンバー（報道によれば「招待者限定かつマイアミの内部関係者のみ」[4]）のうち、女性はわずか11名だった。このように男性が大半を占める「我々」は当時、「郊外《アップタウン》の連中が繁華街《ダウンタウン》の問題に首を突っ込もうとしている」と批判された。ある女性はこんな見解を述べている。「保守的で偏狭な白人男性《グッド・オールド・ボーイズ》たちのグループが返り咲いて、なにが問題なのかもわからないまま、とくに女性たちが直面している問題などまったく知らないくせに運営をやっている。ビジネスのつもりなのだ」

グッド・オールド・ボーイズが再建しようとしていたのは、ビジネスセンター、高層ビル、商工会議所施設だった――まだ「基本的な生活必需品やコミュニティ・サービスが不足して、数千人の人びとが苦しんでいた」ときにだ。「保育園や地域医療センターなどの施設」や、女性たちにはとりわけ必要な小規模な非公式の職場も、彼らの頭にはまったくなかった、とフォーダムは語っている。マイアミでは、不満を募らせた女性人権活動家たちが「女性たちによる再建プロジェクト」を設立し、公式のプロジェクトからこぼれ落ちた問題に対処することにした。

「我々の再建プロジェクト」はかなり前の話になるが、その13年後にハリケーン・カトリーナがニューオーリンズを直撃したとき、社会は教訓から学んでいなかったことが明らかになった。2005年8月、ハリケーンの被害を受けた3万人以上もの人びとが住む場所を失い（当時のアメリカは、「住む場所を失った被災者が最も多い国の上位10か国」に入っていた）[5]、国内で住む場所を失った人々のなかでも群を抜いて多かったのが、アフリカ系アメリカ人の女性たちだった。このように被災者のうち多くの割合を占めていたにもかかわらず、アフリカ系アメリカ人の女性たちの声が届くことは、ハリケーンの前後を問わず、ほとんどなかった。[6]そのせいでデータにおけるジェンダー・ギャップが拡大した結果、最も弱い立場にある人びとのために、資源が投入されることはなかった。しかし、これは女性政策研究所（IWPR）の2015年の報告書が述べているとおり、適切な研究を行ってさえいれば、容易に予測できたはずのことだった。女性のニーズを訊かなかった計画担当者たちには、IWPRの言うとおり、ハリケーンと洪水というふたつの災害に追い打ちをかけた「第3の災害」を招いた責任がある。この第3の災害は、「堤防の不備と同じく人災」だった。

ニューオーリンズの公営住宅に住んでいた人たちは、清掃作業が終わり次第、元の住居に戻りたかったし、戻れるものと思っていた。「ブリックス」と呼ばれる4つの巨大な公営住宅の建物は、災害後も残っていた。それどころか、アメリカ合衆国住宅都市開発省の調査では、構造がしっかりしており、清掃後は住めるようになるとのことだった。ところが、そうはいかなくなった。「家賃が手ごろで構造のしっかりした住居は、ニューオーリンズでは高い需要があるにもかかわらず」、公営住宅は取り壊されることになったのだ。しかも、新たに別の土地に建設予定のミックスト・インカム住宅［低所得層向けの賃貸住宅と低中所得層向け住宅を組み合わせたプロジェクト］では、以前は4534戸あった公営住宅の戸数が706戸にまで減っていた。

女性の命と「人間」の命

マイアミの「我々の再建プロジェクト」と同じで、計画担当者たちはビジネス上の利益を優先し、「住む場所を失った何千人もの人びと」のニーズを顧みなかった。みな低所得で、そのほとんどは黒人の女性たちだった。2007年に訴訟が起こると、ニューオーリンズの住宅当局は、公営住宅の住民たちを対象に調査を行ったところ、大半の人びとはニューオーリンズには戻りたくないと回答したのだ、と主張した。これはIWPRの調査結果とは正反対であり、多くの人びとは疑念を抱いた。「取り壊しが決定したのは、災害被害からの復旧を目指すためでも、喪失やトラウマを経験して苦しんでいる人びとのニーズに応えるためでもなく、都市再開発の絶好のチャンスだと思ったからなのでは？」

住民たちがブリックスに戻りたかったのは、ブラジルのファヴェーラと同じように、公営住宅はたんなる住処《すみか》ではなかったからだ。そこには社会的インフラが存在し、政府の放任主義がもたらしたさまざまな不足を埋め合わせていた。

「公営住宅が最高ってわけじゃなかったかもしれないけど、あそこでは誰もが誰かのママだったから」ある女性はIWPRにそう語った。ハリケーンでみな散り散りに避難したあげく、やがて公営住宅の取り壊しに遭った女性たちは、すべてを失った。しかし、女性たちの無償労働の実態はいまだに理解されていないため、再建計画において、住民同士のつながりを維持する必要性は考慮されなかった。また、以前の公営住宅では住民同士のネットワークのおかげで、女性たちは安心して気軽に出かけることができた。ある女性はこう語った。

「あの街は悪くなかったですよ、みんな顔見知りだから。ニューオーリンズに着いて、クレイボーン通りに入れば、もう知ってる人ばかりだから安心だったんです」

ブリックスに住んでいた女性たちが気軽に出かけられたのは、バスの便がよく、歩いていける範囲にさまざまな商店があったからでもある。だが、状況は一変した。ほとんどの女性たちが移住したところは、最寄りの商店まで何マイルも離れており、もはや歩いて移動するという選択肢はなくなった。バスの運行状況もまったく異なり、以前は15分おきにバスが来ていたが、移住先では1時間待ちもざらだった。そのせいで職を失った女性もいた。ブラジルの公営住宅の建設計画と同じく、ニューオーリンズの復興計画においても、低収入世帯の女性たちの通勤手段の確保が、重要な課題として考慮されることはなかったのだ。

災害後の復興計画において、女性の意見を取り入れることを義務付けた国際法は存在しないが、エビデンスから考えても、あってしかるべきだろう。しかし、紛争終結後の平和構築に関しては、「女性・平和・安全保障に関する国連安保理決議第1325号」が存在する。

国連安保理決議第1325号は「国連のあらゆる平和と安全の取り組みにおいて、女性の参加を増やし、ジェンダーの視点を取り入れることをすべての関係者に求める」としている。女性人権活動家らによる「数十年に及ぶロビー活動」の結果、[7]2000年にこの画期的な決議が行われた。ところが、それから18年が経っても、ほとんど実行に移されていないのだ。公開されているデータからして乏しく、[8]それ自体、加盟各国がどの程度真剣にこの決議を受け止めたかを示唆している。公開されているデータを見るかぎり、とても順調とは言い難い。交渉責任者を務めた女性は2名しかおらず、また交渉責任者として、和平交渉の最終合意に署名した女性はわずか1名だった。[9]紛争終結後、女性の権利に関する政策を実施するための資金はいまだに「不十分」であり、[10]あらゆるレベルの意思決定に女性の関与を求めるという基本的な要求に関しても、進捗はほとんどない。[11]たとえ女性が関与している場合でも、依然として少数派であり、権力ある地位からは締め出されている。しかも、後退が見られるケースもあった。2015年に締結された和平協定のうち、70％には性差を考慮した条項が含まれていたが、2016年にはこの割合が50%に低下した。2017年6月のアフガニスタン和平協議において、交渉者のうち女性はわずか6%、調停役では0%、署名者でも0%だった。

2016年から2017年にかけて急激に後退した原因を示すデータは存在しないが、2014年にニューヨークで開催された、国際平和研究所による女性・平和・安全に関する非公式のラウンドテーブルの参加者の話から、手がかりが見えてくる。

「国連をはじめ政治に影響力をもつ機関は、女性を関与させるな、という要求に屈してしまうのです」。その参加者は語った。

「加盟国に『女性は関与させたくない』と言われたら、国連はあっさりと『了解』するんです[12]」

災害後の状況と同じように、理屈はさまざまだが（文化的相違のため、女性が関わると交渉が遅れる、女性は合意締結後に関与すればよい）、煎じ詰めれば、何世紀も前から女性を締め出してきたセリフは同じだ――我々が革命を起こしたあとに、参加させてやろう。

そんなものは性差別者の理屈であり、女性の命が「人間」の命よりも軽んじられる世界、そして「人間」とはすなわち男性を意味する世界ならではの現象だ。けれども、国際機関が国連安保理決議第1325号をいともあっさりと投げ捨てたのは、性差別的であるだけではなく、愚行である。女性が交渉のテーブルに着けば、合意に至る可能性が増すだけでなく[13]、平和が長続きする可能性も高くなるのだ。1989年から2011年までに締結された182件の和平協定を分析した結果、和平交渉に女性が関与した場合は、協定が2年以上継続する確率が20%上昇し、さらに15年以上継続する確率が35%上昇することが明らかになっている[14]。

これは必ずしも、女性のほうが交渉能力に長《た》けているからではない。むしろ、女性たちが何のために交渉するか、という点にカギがありそうだ。脆弱国家におけるガバナンスと権利を研究しているクレア・カスティエホは、「女性たちは平和構築において、男性たちが見過ごしがちな重要な議題を提起することが多い」と指摘している。たとえば、プロセスにおける公平な参画や、施設のアクセスの良さ、地方および非公式な場の重要性などだ。[15] 言い換えれば、やはり女性たちが参加することで、データ・ギャップを解消できるのだ——しかも、この点は重要である。最近の量的データ分析によって、女性を権力の座から締め出し、二流市民のように扱っている国々では、平和が長続きしない傾向にあることがわかった。[16] すなわち、データにおけるジェンダー・ギャップを解消することは、すべての人にとって、よりよい世のなかをつくるために役立つのだ。

第16章　死ぬのは災害のせいじゃない

極限状況の女性たち

災害時や非常時に女性の意見を排除するのが皮肉なのは、そのような極限状況では、女性に対する昔からの偏見は容認されるべきではないからだ。紛争やパンデミックや自然災害によって、女性たちはただでさえ著しい被害を受けている。紛争時に女性が受ける被害に関するデータ（死亡率、疾病率、強制退去など）はきわめて少なく、性別で区分されたデータはさらに僅少だ。だがそれらのデータは、武力紛争によって女性たちが甚大な被害を受けていることを示している。[1] 現代の武力衝突においては、最も死者が多いのは戦闘員ではなく市民だ。[2] 男性も女性も同じように強制退去やトラウマを経験し、負傷者や死者が出ているが、女性たちはさらに女性特有の被害に遭っている。

紛争が勃発すると、女性への家庭内暴力が増える。紛争関連の性暴力よりも家庭内暴力のほうが一般的であったほどだ。[3] 3年に及んだボスニア紛争においてレイプされた女性たちは推定6万人、100日間のルワンダ虐殺では25万人にのぼる。国連機関の推定では、シエラレオネ内戦（1991～2002年に2度の内戦）でレイプされた女性たちは6万人以上、リベリア内戦（1989～2003年）では4万人以上、コンゴ民主共和国では1998年以来、少なくとも20万人にのぼる。[4] データ不足のため

(最たる原因は、女性たちが被害を報告できる相手がいないから)、実際の数字ははるかに大きいものと予想される。そして、家庭内暴力はもっと多かったのだ。

戦争によって社会秩序が崩壊すると、女性は男性よりも深刻な影響を受ける。紛争後も、女性に対するレイプや暴力の横行は収まらない。「暴力を振るうのに慣れてしまった兵士たちは、復員して家庭に戻っても夫や父親としての役割になじめなかったり、失業状態に苛立ったりする」からだ。[5] 1994年のルワンダ虐殺以前、女性の平均結婚年齢は20〜25歳だったが、虐殺期間およびその後の難民キャンプでは、女性の平均結婚年齢は15歳にまで下がった。[6]

戦争の間接的な影響によって死亡するのも、女性のほうが男性よりも多い。世界の妊産婦の死亡のうち半数以上は、紛争地域や脆弱国家で起こっている。妊産婦の死亡率が最も高い10か国は、紛争状態あるいは紛争後の状態にあり、妊産婦の死亡率は平均で通常よりも2・5倍も高くなっている。その原因のひとつは、紛争後および災害後の救援活動において、女性特有の医療ニーズが考慮されていないことが多いためだ。危機的状況におけるリプロダクティブ・ヘルス研究協議会では、20年以上にわたって、紛争地帯や被災地域の女性たちに対し、出産用キットや避妊具、産科検診やカウンセリングの提供が必要であると訴えてきた。しかし、『ニューヨーク・タイムズ』紙の報道では、「過去20年間、そのような支援はごく散発的にしか行われていない」。[7] ある報告書では、妊婦たちは産科検診を受けておらず、「流産も多く、きわめて非衛生的な環境での出産を余儀なくされている」。

これは被災地でも同じく問題となっている。フィリピンでは、2013年の台風によって400万人が住居を失ったが、推定では1日当たり1000人の女性たちが出産し、そのうち150人は命に関わる状態になった。[8] 出産設備や器具は台風によって破壊され、女性たちが次々に死んでいった。[9] しかし、国連人口基金が衛生キットの購入や、臨時分娩室のスタッフや、レイプ被害者のカウンセリング要員のための資金を募ったところ、援助国からは「鈍い」反応しか得られず、集まった資金は必要額のわずか10％だった。[10]

また、紛争後および被災後の地域では、感染症がきわめて蔓延しやすい。パンデミックが発生した場合、女性の死者数は男性よりもはるかに多い。[11] たとえば、シエラレオネは世界で最も妊産婦死亡率が高い国だが、2014年のエボラ出血熱の発生時には、生児出生1万件当たりの産婦死亡数は1360人にのぼった（これに対し、経済協力開発機構（OECD）諸国では10万件につき14人である）。[12] また、母親の17人にひとりには、出産に関連する死亡の生涯リスクがある。[13] 政府が発表した最近のデータによれば、シエラレオネでは、毎月少なくとも240人の妊婦が死亡していることが明らかになった。[14]

エボラ出血熱の発生によって、ふたつの死の恐怖が女性たちを襲った——出産による死、そしてエボラ出血熱による死だ。実際、事態は思っていた以上に深刻だった。妊婦は医療サービスを受ける機会や医療従事者との接触が多いため、エボラ出血熱の感染リスクが高くなっていたのだ。[15]『ワシントン・ポスト』紙の報道によれば、エボラ出血熱の3件の大規模な集団発生のうち2件には、「妊産婦施設におけるウイルス感染が含まれていた」。[16] エボラ出血熱によって多くの医療従事者（大半は女性）が死亡したことによって、女性たちの感染リスクはさらに高くなった。医学雑誌『ランセット』の推計によれば、このウイルスに感染した3か国では、医療従事者の不足により、1年当たり4022人の女性たちが死亡したことになる。[17]

救援活動においてジェンダーを考慮しないのは、感染症の影響は男性も女性も受けるのだから、疾病のコントロールと治療に集中するのが最善だという考え方が、依然として根強いからだ。そのため、「大流行が収まったあとも社会にはびこる、男女不平等などの社会問題への対応については、他人任せになっている」[18]。これに関しては、学者たちにも落ち度がある。ジカ熱とエボラ出血熱の流行時に発表された、1万5000人以上の査読を受けた290万件の論文に関する最近の分析の結果、感染症による影響に関する性差を調べたものは、1%以下しかないことがわかった。[19] しかし、WHOのある報告書では、ジェンダーは重要ではないという思い込みは危険であり、感染症の予防努力や封じ込めの妨げとなるだけでなく、病気が知らぬ間にどのように蔓延するかについて、重要な洞察が得られない恐れがある。[20]

2009年新型インフルエンザ(H1N1豚インフルエンザウイルス)の発生時に、ジェンダーの問題が考慮されなかったのは、「実際には、家畜の世話の大部分は女性たちが行っていたにもかかわらず、政府関係者がやりとりをしたのは農場所有者である男性ばかりだった」からだ。[21] 2014年、シエラレオネでエボラ出血熱が発生したとき、「当初の隔離対策として、女性たちのもとには食料が届けられたが、水や燃料は供給されなかった」。だが、シエラレオネをはじめとする途上国では、燃料と水を運んでくるのは女性たちの仕事なのだ(そして当然、水と燃料は生活に欠かせない)。したがって新たな対策が打たれるまで、「女性たちは家から出て焚き木を拾いに行かざるを得ず、感染症の蔓延リスクが高まった」のだ。[22]

女性たちがケア労働を担っていることも、パンデミック時には致命的な結果を招きやすい。家族に病人が出た場合は、ほとんどは女性が世話をする。また、「昔ながらの助産師や病院の看護師、清掃員や洗濯員なども、ほとんどは女性であり、いずれも暴露リスクの高い職場で働いている。このような職種の人びとは、大半を男性が占める医師たちのようにサポートや予防措置を受けていない」ため、なおさら危険が高い。[23] また女性たちは、葬儀の際には遺体の処置をするが、伝統的な葬儀を行った場合、多くの人が感染する可能性がある。[24] 2014年のエボラ出血熱の蔓延時、リベリアでは死者の75%は女性だった。[25] またユニセフの調査によれば、この感染症の「発生地」であるシエラレオネでは、死者の最大

60％は女性であったと推定される。[26]
また、2016年のある論文では、[27]最近のエボラ出血熱およびジカ熱の蔓延時における国際社会による医療提言では「女性たちには感染症から身を守る能力が不足していることを考慮」していなかったことが明らかになった。[28]提言はいずれの場合も、女性たちは国際医療提言にあるような経済力、社会的権力、監督権限をもっていて自主性を発揮できる、という（まちがった）前提にもとづいていた。そのため、すでに存在していた男女不平等が「さらに増幅された」結果となったのだ。

性差がわける生死

災害後の救援活動についても、データにおけるジェンダー・ギャップの問題に早急に対処する必要がある。気候変動によって世界にさらなる危険が迫っているのは、ほとんど疑いのない事実だからだ。世界気象機関によれば、世界は40年前にくらべておよそ5倍も危険になっている。1970年代の自然災害の数は743件だったのに対し、2000年から2010年には、洪水、嵐、干ばつ、熱波など3496件の自然災害が起こった。[29]気候変動が紛争[30]やパンデミック[31]の発生の要因になりうるという分析をはるかに超えて、気候変動そのものが死因となっているのだ。科学雑誌『ランセット・プラネタリーヘルス』で発表された2017年の報告書では、2071年から2100年の30年間で、ヨーロッパでは気候関連の災害によって毎年15万2000人が死亡すると予測している。[32]1981年から2010年の30年間の死者数3000人と比較すれば、その差は歴然だ。[33]そして、これから見ていくとおり、自然災害における死者数においても、女性のほうが圧倒的に多い。

自然災害における死亡率に関しては、性別に区分された確実なデータが存在しなかったが、2007年にようやく体系的かつ定量的な分析が発表された。[34]1981年から2002年の141か国のデータを調査した結果、自然災害における死者数は女性のほうが男性よりもはるかに多いこと、そして人口に対する死者数の割合が大きいほど、平均寿命の性差が大きいことが明らかになった。さらに重要なことに、女性の社会経済的地位が高い国ほど、死者数における性差は小さいことがわかった。

女性たちが死ぬのは災害のせいではない、とモーリーン・フォーダムは説明する。性差のせいであり、性差によって女性たちの生活がどれだけ制限を受けているかを考慮していない社会のせいなのだ。インドで夜間に発生した地震において、男性のほうが生存確率が高かったのは、「暑い夜には、男性たちは屋外や屋根の上で寝ることが多いためだが、女性にはほとんど無理なこと」だ。[35] スリランカでは、水泳や木登りを習うのは男性や少年たちと決まっている。その結果、２００４年12月の津波の際も（女性の死者は男性の４倍も多かった）、[36] 多くの男性たちは洪水から身を守ることができた。[37] バングラデシュでも、女性が水泳を習うことについては社会的な偏見があり、女性たちが洪水の際に生き延びる確率は「著しく」低くなっている。[38] 女性は男性の親族と一緒でなければ外出を許されないことによって、社会的な理由による脆弱性はいっそう深刻になっている。[39] その結果、サイクロンに襲われて一刻も早く避難すべきときでも、女性たちは親類の男性がやってきて避難させてくれるのを待つしかないのだ。

そもそもサイクロンがやってくること自体、男性が知らせに来なければ、女性たちには知りようがない。フォーダムの説明によれば、サイクロン警報が放送されるのは市場やモスクなど公共の場所だ。しかし、女性たちは公共の場所には姿を見せない。

「女性たちは家から出ません。だから、男性が避難しろと知らせに来るのを待つしかないんです」

だが多くの女性たちには、その知らせすら届かない。

バングラデシュのサイクロン対策において、女性たちのニーズをまったく考慮していないのは、警報だけではない。避難所も「男性によって、男性のために」建てられたものだ、とフォーダムは語る。状況は徐々に変わってきてはいるが、ただの「巨大なコンクリートの箱」のような従来の避難所が「莫大な遺物」として残っている。従来の避難所は男女混合のオープンスペースで、仮設トイレも男女別になっていない。「避難所には1000人あまりの人びとがいるのに、隅っこにバケツがひとつ置いてあるだけ」なのだ。

1000人に対してバケツが1個しかないという問題以前に、男女別になっていないせいで、女性たちは避難所に入ることができない。

「バングラデシュの文化では、女性は家族以外の男性や男子と同席してはならないのです」。フォーダムは説明する。そんなことをすれば、家族に恥をかかせることになるという。家族以外の男性と同じ場にいるような女性は「セクハラの恰好の的になり、もっとひどい目に遭う可能性もある。だから女性たちは避難所へは行かない」。その結果、女性の死亡率は男性よりもはるかに高くなってしまう（1991年のサイクロンと洪水では、女性の死亡率は男性の約5倍にものぼった）[40]。それもひとえに、男女別の避難所が足りないせいなのだ。

被災時に女性が遭遇する暴力については、「自然災害の発生によって起こる混乱や社会秩序の崩壊」によって、女性に対する暴力が増加することはわかっているが、具体的な件数まではわかっていない。ハリケーン・カトリーナによる被災時には、地元のレイプ被害者救援センターは一時閉鎖された。つまり、閉鎖中にレイプされた女性の数は確認されず、記録にも残っていないのだ[41]。家庭内暴力被害者シェルターも同じく閉鎖されたため、閉鎖中の被害件数の記録も残っていない。いっぽう男女共用の避難所では、バングラデシュと同様に、女性たちは性的暴力に遭っていた。ハリケーン・カトリーナの襲撃前にニューオーリンズを脱出できなかった何千もの人びとが、ルイジアナ・スーパードームに一時避難していた。まもなく、暴力やレイプなど、身の毛もよだつようなうわさ話が広まり始めた。女性たちがパートナーから虐待されたという報告も相次いだ。[42]

「叫び声や、助けを求めてわめく声が聞こえてくるんです。『お願い、やめて、誰か助けて』って」。ある女性は女性政策研究所（ＩＷＰＲ）のインタビューで、当時のことを思い出して語った。[43]「スーパードームではなにも起こらなかった、なんて言う人たちもいるけど。実際に起こったんです。実際に起こったことなんですよ。たくさんの女性がレイプされました。怒鳴り声や、女性の叫び声が聞こえてきました。照明がないから、真っ暗なんです」。女性はさらに言った。「きっと手当たり次第、やりたい放題やっていたんでしょう」

ハリケーン・カトリーナの被災時に誰がどんな被害に遭ったかについては、結局、詳しい調査は一度も行われていない。

難民キャンプの暴力

世界では、戦争や災害から逃れて難民キャンプに身を寄せた女性たちが、やはり男女共用の施設のせいで悪夢のような体験をすることがある。アムネスティ・インターナショナルのヨーロッパ・中央アジア事務局次長、ガウリ・ヴァン・グリは、「私たちが過去の多くの過ちから学んだことは、バスルームが男女別になっていない場合、女性に対する性的ハラスメントや暴力のリスクが高くなることです」と語っている。[44]実際、国際的なガイドラインでは、難民キャンプではトイレを男女別にし、性別をマークで表示し、カギがかかるようにすることを要件としている。[45]しかし、こうした要件が満たされていない場合が多いのだ。

イスラム女性慈善団体グローバル・ワンによる２０１７年の研究では、レバノンにおける難民女性の98％は、男女別の仮設トイレを利用できていないことが明らかになった。[46]また女性難民委員会による調査によって、ドイツおよびスウェーデンの難民施設では、仮設トイレやシャワー設備や寝るところが男女別になっていないせいで、女性や少女たちがレイプや性的暴行や暴力を受けやすい状況にあることがわかった。起きているときも寝ているときも周りに男性がいるせいで、何週間もヒジャブを被り続けていた女性たちの肌には、湿疹ができていた。

　難民の女性たちがつねに[47]不満を述べるのは、仮設トイレの場所が遠い[48]だけでなく、トイレへ行くまでの道のりにも、トイレ自体にも、ほとんど照明がないことだ。たとえば、ギリシャでもひどく評判の悪いイドメニ難民キャンプは、広大な敷地の大部分が夜になると「漆黒の闇」に包まれていた。そこで、太陽光発電の照明を設置し、携帯用のソーラーライトを女性たちに配布したところ、女性たちは大きな安心感を得ることができた。しかし、この解決策はまだあまり広まっていない。[49]

　したがって、女性たちは自分なりの解決法を見出すしかない。２００４年の津波から1年経っても、インドの仮設避難所の女性や少女たちは、男性からのハラスメントを避けるため、共用トイレや浴場への行き帰りはふたり一組で歩いた。[50]イスラム過激派組織ＩＳＩＳの性奴隷として拘束され、その後逃亡したヤジディ教徒の女性たちは、ギリシャ北部のネア・カヴァラの難民キャンプにたどり着いた。互いの身を守るため、トイレに行くときはみんなで手をつないで輪になって歩いていった。トイレに行く回数の多い妊婦をはじめとする人びとは（２０１６年の研究では69％[51]）、夜間はトイレに行くのを避けた。ドイツの収容所では、トイレに行かなくてすむよう、飲まず食わずで過ごした女性たちもいた。当時ギリシャ最大の非公式の難民キャンプであったイドメニでも、同様の例が報告されている。[52]２０１８年の『ガーディアン』紙の報道によれば、しかたなく成人用のおむつを使った女性たちもいた。[53]

　ヨーロッパの難民キャンプで、女性たちを男性による暴力から守れなかったのは、ドイツやスウェーデン（ほかの国々よりはるかに多数の難民を受け入れていた）などが、このような危機的状況に対し、迅速な対応を行わなかったせいもある。[54] だが、理由はそれだけではない。世界各地の収容所で、女性たちは男性警備員からも嫌がらせや暴行を受けていたからだ。２００５年、アメリカの入国管理施設の女性たちが報告した事件には、彼女たちが寝ているときや、シャワー室やバスルームから出てきたときに、警備員たちに携帯のカメラで写真を撮られたというものがあった。[55] ２００８年、ケニアの警察所で拘留されていた17歳のソマリ族の難民の少女は、監房から出てトイレに行ったとき、ふたりの警察官にレイプされた。[56] イギリスのヤールズウッド難民移送センターは、数年間に何件もの性的虐待や暴行があったとして追及されている。[57]

世界中でこのような虐待の報告が相次いでいることを考えれば、男性スタッフが男性専用施設と同様に女性専用施設でも働けるという前提を見直すべきだろう。なぜなら、そのような性的中立性がかえって性差別につながっているからだ。おそらくは衛生施設以外の場所も男女別にすべきであり、男性スタッフは立場の弱い女性たちに権力を振りかざす地位に就くべきではない。しかし、これを実現するためには、男性の役人たちが手助けや保護をするべき女性たちに対し、搾取等の不当な扱いをする可能性があることを、まずは当局が認める必要がある。だがいまのところ、当局は認めようとしていない。

難民問題ベルリン地方事務所（ＬＡＦ）の報道官は、人道問題の報道機関である統合地域情報ネットワーク（ＩＲＩＮ）へのメールにおいて、つぎのように述べている。

「シェルターの責任者らと何度も話し合った結果、緊急シェルターやコミュニティ・シェルターの側から、（性暴力に関する）異例の事件が報告されたことは、皆無であると保証いたします」[58]

性的ハラスメントや虐待の報告が何件も上がっていたにもかかわらず、彼らは「重大な問題はないと確信」していた。またニュースサイトの「バズフィード」は、ヨーロッパにおいて、男性の国境警備員が入国を認める代わりに性行為を要求している可能性は、ほぼ否定されていると報道した。[59] だが２０１

7年、『ガーディアン』紙の報道によって、「国境や検問所では、組織的な性的暴行や虐待が横行している」ことが明らかになった。調査対象の女性や子どもたちの3分の1は、襲撃者たちは制服を着ていた、あるいは軍の関係者と思われる連中だったと回答している。[60]

LAFは、「重大な問題はない」というみずからの主張を立証するため、警察への届け出がほとんどないことを指摘した。難民シェルターの女性たちに対する「人の性的自由を脅かす犯罪」としてベルリン警察署に届け出があったのは、2016年全体でわずか10件だった。[61] しかし、この問題の重大性を見きわめるうえで、警察による統計は信頼できるだろうか？ それとも、ここにもやはりデータにおけるジェンダー・ギャップが存在するのだろうか？ 「バズフィード」の記者たちがヨーロッパの通過国（ギリシャ、北マケドニア、セルビア、クロアチア、ハンガリー）の国家警察に対し、性差の問題による暴力に関する情報を「繰り返し請求した」のに対し、国家警察からはほとんど返答はなかった。そんななか、ハンガリー国家警察からは返答があったものの、「レイプや性的暴行未遂事件等の通報を含め、難民や庇護希望者に関する情報は収集していない」という回答にすぎなかった。クロアチア国家警察からは、「犯罪報告を犠牲者のカテゴリー別に区分することはできかねる」が、いずれにせよ「庇護希望者らが性差による暴力に遭ったという通報は受けていない」という回答だった。通報を受けていないのは本当かもしれないが、それは犯罪が起こっていないからではない。難民問題に取り組んでいる複数の女性団体の指摘によれば、多くの女性たちはシェルターで痴漢行為やハラスメントに遭っているが、文化と言語という二重の障害のせいで、「性的な動機による暴行は無数に起こっているにもかかわらず、ほとんど通報されない」のだ。[62]

性的暴行に関して、データ不足がさらに著しいのは、危機的な状況において権力を握っている男性たちが、支援活動と性的暴行の境界線を曖昧にしてしまうからだ。つまり男性たちは自分たちの立場を悪用し、女性たちに食料を配給する代わりに性行為を要求する。[63] データが不足しているのはそうした特殊な状況のせいだが、エビデンスが示しているとおり、このような事態は災害後の環境でもよく起こっている。[64] 最近、世界中のニュースで報道されたとおり、オックスファムをはじめとするさまざまな国際援助団体が、職員らに性的暴行の容疑がかけられたあげく、それを隠蔽しようとしたことが明らかになった。[65]

難民女性用のシステムを設計するに当たって、男性による暴力の可能性を無視しているのが皮肉なのは、女性たちがそもそも難民になったのは、男性による暴力が原因である場合が多いからだ。[66] 私たちはふつう、人びとの住むところがなくなったのは戦争や災害のせいだと思うだろう。男性が避難する場合は、まさにそのとおりだ。だが、この考え方は男性中心主義にとらわれている。女性も戦争や災害の際に避難するが、女性がホームレスになるのは、男性の暴力が原因である場合が最も多いのだ。女性たちが逃げ出す理由は、「矯正」レイプ（男性がレズビアンの女性を「ストレートにしてやる」と言ってレイプする）、慣行化したレイプ（ボスニアで起こったようなレイプ）、強制結婚、児童結婚、家庭内暴力など、さまざまだ。貧しい国々でも、豊かな国々でも、女性たちが家を出て逃げるのは、男性による暴力が原因であることが多い。

「ジェンダー・ニュートラル」の罠

昔から、ホームレスは男性に見られる問題だと考えられてきたが、この問題に関しては、公式なデータを疑うべき理由がある。ヨーク大学住宅政策センターの主任研究員、ジョアン・ブレザトンは、実際には女性のほうが「男性よりもはるかにホームレスになる確率は高い」と説明している。[67] 現在、オーストラリアでは、「典型的なホームレスの人」は「25～34歳の若い女性で、子どもがいる場合も多く、暴力から逃げてきたケースが増加している」[68]。ただし、この「深刻な社会問題」[69]の集計は実際よりも大幅に低く推定されている。この場合のデータにおけるジェンダー・ギャップは、ホームレスの定義および集計のしかたによる部分が大きい。[70] カナダ代替政策センター（CCPA）によれば、「ホームレスに関する研究のほとんどは（中略）ジェンダーにもとづいた包括的な分析が欠けている」[71]。

ホームレスの集計は、ホームレス用サービスの利用者数によって算出されるが、この方法が有効となるには、男女が均等にサービスを利用していなければならない。だが現実は、そうではない。家庭内暴力によってホームレスになった女性たちは、ホームレスのシェルターよりも、家庭内暴力センターに避難することが多い。そのため、イギリスではこのような女性たちはホームレスとして集計されないのだ。[72] さらに、女性たちは他人と一緒に不安定な状況で生活しており、「ドアのついた戸別の住空間もなければ、プライバシーもなく、住宅の所有権を持てる見込みもない」[73]。最近、イギリスでは「家賃を性行為で支払う」ケースが増加していることが判明したが、難民キャンプの女性たちと同じように、性搾取されてしまう女性たちもいる。[74]

カナダの研究によれば、女性たちがこうした不安定な状況に陥ってしまうのは、公的な緊急宿泊施設、とくに男女共用の施設では、安心して暮らせないからだ。[75] このような安全に関する問題意識は、けっして女性たちの妄想のせいではない。CCPAは、女性たちがシェルターで体験した暴力のレベルは「衝撃的」だと述べており、「男性も女性も均等に利用できる」はずの「ジェンダー・ニュートラル」なサービスは、「実際には、女性たちを重大なリスクにさらしている」という結論に達している。

したがって、女性がホームレスになったのは暴力を受けた結果であるだけでなく、その後も暴力に遭いやすいことを示す、おもな予測因子でもある。[76] アメリカの女性たちは、危険なシェルターに身を寄せるよりは、あえて苦しい生活を選ぶ。[77] 危険にさらされている女性たちのための慈善団体「アジェンダ」

の事務局長、キャサリン・サックス＝ジョーンズの話によれば、イギリスのホームレス用施設の多くは「男性を想定してつくられた」場合が多く、「虐待や暴力を経験して傷ついた女性たちにとっては、ぞっとするような場所であることが多い」。[78]

ジェンダーに配慮した物資の供給は安全上の問題だけでなく、健康上の問題でもある。イギリスでは、ホームレスシェルターは国民保健サービス（ＮＨＳ）に対し、無料のコンドームの支給を要求できるが、[79]生理用品は要求できない。その結果、シェルターが生理用品を無料で供給できるのは、たまたま予算が余っている場合か（そんなことはめったにない）、寄付金があった場合しかない。「ホームレス・ピリオド」というキャンペーン団体がイギリス政府に対し、コンドームと同様に生理用品も無料で支給してほしいと嘆願した。[80]国会で疑問が提起されたにもかかわらず、政府から前向きな援助は得られなかったが、２０１７年３月、そのキャンペーン団体は生理用品ブランド「ボディフォーム」と協力して、２０２０年までに20万個の生理用品を寄付すると宣言した。[81]いっぽう、アメリカでのキャンペーンはもっと成果が出ている。２０１６年、ニューヨークは全米の都市で初めて、公立学校やホームレスシェルターや矯正施設で、タンポンや生理用ナプキンを無料で配布した。[82]

世界的にも、女性には生理があるという事実はまともに考慮されておらず、難民の女性たちもその影響は免れない。必需品である生理用品のための資金は提供されないことが多く、[83]その結果、生理用品を何年間も使えない女性や少女たちがいる。[84]衛生用品が配布される場合でも、昔から「世帯ごとの配布内容が一律に決まっており、世帯ごとに生理用品の必要な女性の数に応じて配るといった対応はしていない」。[85]さらに配布方法についても、生理をめぐる文化的なタブー等に配慮しておらず、たとえば女性たちが家族の男性たちの前で、施設の男性職員に対して「生理用品をください」などと平気で言えると思っている。[86]さらに、生理用品やその捨て方についても、文化的な配慮が欠けている場合がある。[87]

生理用品が十分に供給されないために、女性たちの健康や自由度には影響が出ている。しかたなく非衛生的な代用品を使っているせいで（「古い敷物、苔のかたまり、マットレスの端切れなど」[88]）、ある研究によれば、研究対象の50％以上の女性は「尿路感染症にかかったまま、治療もできずにいた」ことが明らかになった。[89] さらに「生理を知られるのは恥ずかしく、また漏れるのを恐れて」、女性たちはほとんど身動きが取れなくなり、「食料を受け取ったり、サービスや情報を受け取ったり、人びとと交流したり」できなくなってしまう。

データにおけるジェンダー・ギャップを縮めても、女性たちがその境遇にかかわらず直面する問題が、すべて魔法のように解決されるわけではない。解決のためには、社会を抜本的に再構築し、男性による暴力を根絶する必要がある。だが、「ジェンダー・ニュートラルは必ずしも男女平等を意味しない」という現実をしっかりと認識することは、重要な最初の一歩となる。性別に区分されたデータが存在すれば、「社会の大義のためには女性たちのニーズは黙殺しても問題ない」などと、あらゆるエビデンスとは真逆のことを主張し続けるのは、明らかに難しくなるだろう。

おわりに

教皇や国王たちの争いや、戦争や疫病のことばかりで、男はみんなろくでなしで、女はほとんど出てこなくて、ほんとにうんざりするわ。

『ノーサンガー・アビー』ジェイン・オースティン

1世紀以上にわたって数学者たちがたどり着けなかった解を、ダイナ・タイミナが見出すのに要したのは、約2時間だった。1997年、ラトビアの数学者であるタイミナは、アメリカのコーネル大学で開催された幾何学学会に参加していた。主催者のデイヴィッド・ヘンダーソン教授は、輪っか状の紙をテープでとめた双曲平面の模型をつくってみせた。それを見たタイミナは、あるインタビューで苦笑しながら「あれはひどい出来でした」と述べている。[1]

ヘンダーソンは美術文化雑誌『キャビネット』のインタビュー記事において、双曲平面とは、幾何学上で「球体とは正反対」であると述べている。[2]

「球体は、球面がカーブしている閉球体です。双曲平面というのは、平面があらゆる点において逆方向にカーブしているのです」［球体は正の曲率、双曲面は負の曲率をもつ。双曲面は馬の鞍型にたとえられる］

それはフリル状のレタスの葉や、サンゴ礁、ウミウシ、がん細胞など、自然界にも存在する。統計学者たちは、多次元データを使うときに双曲平面を用いる。ほかにも、ピクサーのアニメーターたちは衣服の布地をリアルに見せるために、自動車産業のエンジニアたちは空気抵抗の少ない車をデザインするために、音響工学のエンジニアたちはコンサートホールを設計するために、双曲平面を用いる。双曲平面は相対性理論の土台であり、「宇宙の形状を理解するうえで、最も似ているもの」である。[3] 要するに、双曲平面はとてつもなく壮大なテーマなのだ。

しかし、何千年ものあいだ、双曲平面は存在しなかった――少なくとも、空間には2種類しかないと信じていた数学者たちにとっては、存在しなかった。その2種類とは、テーブルのように平らなユークリッド空間と、ボールのような球面空間だ。19世紀、ついに双曲平面が発見されたが、理論上でしかなかった。以来、1世紀以上にわたって、数学者たちはどうにかこの空間を物理的に表現しようと試みたが、誰も成功した者はいなかった――タイミナがコーネル大学の学会に参加するまでは。タイミナは数学者であるだけでなく、かぎ針編みの愛好家だったのだ。

タイミナがかぎ針編みを覚えたのは、学生のころだった。旧ソ連の一部だったラトビアで育った彼女は、「車から水道の蛇口まで、何でも自分たちで修理するのが当たり前」だった、と語っている。[4]「私が育った時代は、編み物や裁縫ができるということは、誰の服とも似ていない、たったひとつしかない服やセーターがつくれるということでした」

タイミナは棒針編みやかぎ針編みをしながらも、つねにパターンやアルゴリズムを見出していたが、この伝統的で家庭的な女性ならではの手芸を、職業である数学と結びつけて考えたことはなかった――1997年の例の学会までは。ヘンダーソンが紙でつくった不細工な模型を使って双曲平面を説明しようとしたのを見て、はっと気づいたのだ――これならかぎ針編みでつくれるじゃない。

そこで、さっそく実行に移した。ひと夏のあいだ、タイミナはプールサイドで「双曲線形の教材セットを編んで過ごした」。

「通りがかった人たちが『なにしてるの?』って訊くんですよ。だから『ちょっとね、双曲平面を編んでるの』と答えました」[5]

そうやってかぎ針編みでつくった模型はすでに数百個に達しており、つくっているうちに「空間が幾何級数的に拡張していくようすをまざまざと実感できる」のだという。最初の列はすぐに編めるが、次の列からは編み目の数がぐっと増えるため、それこそ何時間もかかる。編んでいるうちに「双曲線」がどういう感じなのか理屈抜きにわかるのだ。[6]彼女の模型を見た人たちにも、同じような効果が表れている。『ニューヨーク・タイムズ』紙のインタビュー記事によれば、双曲平面について何年間も教えてきたある大学教授が、タイミナの模型を見て、思わずつぶやいた。

「そうだよ、まさにこんな感じだ」[7]

いまでは彼女の模型は、双曲平面を説明するための標準モデルとなっている。

双曲平面の研究に対するタイミナの重要な貢献は、もちろん、女性に関連するデータ・ギャップを直接的に埋めるものではない。だがこのストーリーは、データにおけるジェンダー・ギャップを埋めることは、女性の権利の問題にとどまらないことを示している。これまで見てきたとおり、女性たちが政治や、和平交渉や、デザインや、都市計画にもたらす影響は、すべての人に効果をもたらす——数学者たちの役にも立つのだ。

人類の半数を知の生産から排除すれば、世のなかを変えるような重要な洞察を見逃してしまうことになる。タイミナが見出したエレガントかつシンプルな解決策を、はたして男性数学者には思いつけただろうか？　かぎ針編みが好きな男性はめったにいないことを考えれば、その可能性は低いだろう。タイミナのなかで、昔から女性たちが慣れ親しんできたかぎ針編みの技術と、伝統的に男性の領域である数学がぶつかり合った。その衝突によって、多くの数学者たちが匙を投げていた難問がついに解決したのだ。男性の数学者たちが見失っていた手がかり《リンク》を、タイミナは見出した。

しかし、女性たちには手がかりを見出す機会が与えられないことが、あまりにも多い。そのせいで、世界の多くの問題が未解決のままとなっている。まるでフロイトのように、謎のような難問に「頭を打ちつけている」だけだ。だがもし、双曲平面を具現化することができたように、世界のさまざまな難問も解決不可能ではないとしたら？　科学コンテストにおける問題点のように、女性の視点が欠けているだけだとしたら？　私たちがこれから世界を構築し、計画し、発展させていくうえで、女性たちの生活を考慮する必要があるのは、データを見れば議論の余地などないことだ。なかでも、女性たちが今後、世界とどのように関わっていくかを左右する3つのテーマについては、とりわけ考慮する必要がある。

第1のテーマは、女性の体について——正確に言えば、その不可視性についてだ。医学、テクノロジー、建築などのデザインや設計において、女性の体の特徴を考慮してこなかったせいで、世界は女性たちにとって非快適な、危険な場所になっている。女性の体への考慮を怠ることは業務上のケガにもつながり、女性の体格に合わない自動車の生産にもつながる。女性には効かない薬のせいで、死んでしまう場合もある。女性たちにとって、本当に生きにくい世界になっているのだ。

データの収集に関して、女性の体の問題が見えてこないのは皮肉なことだ。というのも、女性の生活に大きな影響を及ぼしている第2のテーマでは、女性の体が見えることが重要な点だからだ。そのテーマとは、女性に対する性的暴力である。性的暴力の件数をきちんと集計せず、性的暴力への対策を踏まえてインフラや制度の設計を行ってこなかったせいで、女性たちの自由は大きく制限されている。女性たちがレイプされるのは、女性に生まれついたせいではない。女性たちが公共スペースを通るときに脅されたり、暴行されたりするのも、女性に生まれついたせいではない。そういうことが起こるのは、生物学的な性差のせいではなく、ジェンダーのせいだ——男性の体と女性の体に押し付けられた、社会的意味のせいなのだ。ジェンダーが意味をもつには、どちらの性がどう扱われるかが明確になっている必要がある——そして実際、そうなっているのは明らかだ。これまで見てきたとおり、「女性の姿を目にしただけで」、「はっきりとした特徴や属性を思い浮かべる」男たちがいる。[8] つまり、相手が女性と見ればとたんに見下して、声をかけたり、口笛を吹いたり、あとをつけてレイプしたってかまわないと思っているのだ。

あるいは、お茶くみくらいにしか思っていない。ここで、第3のテーマが登場する。おそらく世界中の女性たちの生活に最大の影響を及ぼしている、無償のケア労働の問題だ。女性たちは理不尽なほど過大な労働を担っている——ケア労働は、もしそれがなかったら私たちの生活が破綻してしまうくらい、社会にとって必要不可欠なものだ。女性に対する暴力と同じことで、女性が下働きのように見下されるのは、女性に生まれついたせいではない。しかし、子どもを「女なんだから」と思って育てれば、本人も下働きをやるのが当然だと思って大きくなる。そして周囲からも、「女なんだから」オフィスの後片付けをするくらい当然だと思われてしまう。夫の家族にクリスマスカードやバースデーカードを書くなんて当たり前。彼らが病気になったら、面倒を見るのも当たり前。女は給料が低いのも、子どもが生まれたらパートの仕事に切り替えるのも、すべて当たり前になってしまう。

女性や女性の生活に関するデータの収集を怠るということは、今後も性差別やジェンダー差別が当然のように続くということだ。だが同時に、そうした差別はなぜか目に入らない。というより、当たり前だと思っているから、気づかないのだ――あえて口にするまでもないほど、わかりきった、ごくありふれた、至極当然のことだから。女性であることの皮肉は、まさにそこにある。従属的な性として扱われる場合はやたらと人目につくのに、肝心なときは――データを集計すべきときには、見えない存在になってしまうのだ。

そしてもうひとつ、本書の執筆中に出くわしたテーマがある。言い訳だ。なかでもいちばん多いのが、「女性は複雑すぎて計測できない」という言い訳である。交通計画の担当者も、医学研究者も、技術開発者も、誰もがそう言っていた。フロイトよろしく、女性という謎に頭を打ちつけ、途方に暮れ、匙を投げていた。女性の体はあまりにも調和が取れておらず、月経もホルモンもあまりにも厄介だ。女性の移動パターンは複雑すぎるし、勤務スケジュールもめちゃくちゃだし、声だって高すぎる。20世紀初め、多大な影響力をもつスイスの建築家、ル・コルビュジエが人体の標準モデルを作成したときも、女性の体については「あとから検討されたものの、均整や調和の点で問題があるとして採用されなかった」[9]。そのため、人体の標準は身長182センチメートルの男性となり、片手を伸ばせば届く範囲で棚などが設置されたのだ（私などには絶対に届かない、高い棚にも手が届くように）。

つまり、女は異常で、非定型で、明らかにまちがっている、という意見で一致しているわけだ。なぜ女は男のようになれないのだろう？　まあ、女性がそれほど謎めいているのはおあいにくさまだが、私たちは男のようになんてなれないし、なりたいとも思わない。科学者も、政治家も、オタク連中も、この現実にしっかりと向き合う必要がある。たしかにシンプルなほうが楽だし、安上がりだろう。だが、現実を反映していない。

２００８年、当時『ワイアード』誌の編集者だったクリス・アンダーソンは、「理論の終焉――大量のデータが科学的モデルに取って代わる」という記事を執筆した。[10] 僕たちは「モデルを探すのをやめる」ことができる、とアンダーソンは主張した。もっとよい方法がある。ペタバイト（1テラバイトの1000倍）あればこう言える——「相関関係さえあれば十分だ」。仮説を立てる必要はなく、ただ計算すればいい——もっと正確に言えば、「統計アルゴリズムに」計算させればいいのだ。だが、トランプやブレグジットやケンブリッジ・アナリティカ〔選挙統計会社〕の時代には、それは控えめに言っても楽天的すぎる。しかし、そのようなデータをめぐるスキャンダルが起こる以前から、アンダーソンの主張が不遜であることはわかりきっていたはずだ。なぜなら2008年当時、女性に関するデータは現在よりもはるかに少なかったからだ。統計アルゴリズムを用いる数値に世界人口の半分が含まれていなければ、でたらめな結論しか導き出せない。

アンダーソンは、自身が名づけた「ペタバイト時代」の例としてグーグルを挙げ、その「創立理念」を称賛してつぎのように述べている。

「なぜこのページよりもあのページのほうがいいのかなんて、僕たちにはわからない。統計がそう示しているなら、それで十分だ。意味解析も原因分析も必要ない。だからこそグーグルは、たとえ実際には知識がなくても、世界各国の言語を翻訳することができる（コーパスのデータが同じだけあれば、グーグルではフランス語からドイツ語へ翻訳するのも、クリンゴン語〔映画『スター・トレック』に出てくる宇宙人の言語〕からペルシャ語へ翻訳するのも、同じくらいたやすいことだ）」

だが、これまで見てきたとおり、実際にはグーグル翻訳はあまり上手ではないし、10年経っても変わらないだろう。つまり、言語データには女性たちが含まれていないことを、きちんと考えないかぎりは。

やはり、どう考えてもシンプルな問題ではない。

ただしアンダーソンの「もっとよい方法がある」という言葉だけは、正しかった。たしかに、もっとよい方法がある。それこそきわめてシンプルだ――生活のあらゆる分野において、女性の参画を増やすこと。権力や影響力の大きな地位に就く女性が増えるほど、もっと明確に見えてくるパターンがある。それは、この世には女性も存在することを、男性たちとはちがって、女性たちは忘れたりしないことだ。

映画業界の女性たちは、多くの女性たちを積極的に起用する。[11] 女性ジャーナリストたちは女性の視点を中心に置き、女性たちの言葉を引用する。[12] 女性作家たちも同じで、2015年、アメリカでは女性伝記作家の69%は女性の人物について執筆したが、男性伝記作家で女性の人物について執筆したのは、わずか6%だった。[13] 女性たちが女性の意見や視点の重要性を強調する動きは、学問の世界にも広がっている。1980年から2007年の37年間で、アメリカの大学の歴史学教員における女性の割合は、15%から35%に上昇した。[14] いっぽう同様の期間において(1975年から2015年までの40年間)、アメリカの大学で歴史学を専門とする教員のうち、女性史を専門とする教員の割合は1%から10%に伸びている[15]――つまり10倍も増えたのだ。また、女性の学者は学生たちに対し、女性の著者を研究課題として指定することが多い。[16]

それから、女性たちが歴史をどのように解釈するかという問題がある。2004年の『ガーディアン』紙の記事で、作家やコメディアンなど多彩な顔をもつサンディ・トクスヴィグが、大学で人類学を学んでいた当時のことを回想している。あるとき女性の教授が、シカの枝角の写真を学生たちに見せた。その枝角には28個の印がついていた。教授は言った。

「これは、人間(man)がつくった最初のカレンダーではないかと考えられています」

学生たちは感嘆のまなざしを向けた。教授は言葉を続けた。

「でも、男性(man)だったら、28日経ったことを把握しておく必要なんてあるでしょうか? ですから私は、これは女性が初めてつくったカレンダーなのではないか、と考えているのです[17]［女性の月経周期は約28日］」

2017年、イギリスがEUからの離脱を宣言したとき、人権法［1998年］はブレグジットに伴う法改正から明確に除外された。だがそれは、イングランドのハンプシャー州にあるベイジングストークの保守党議員、マリア・ミラーが、ブレグジットは平等法［2006年、2010年］と両立可能であることを要求する声明に対して賛成するよう、政府に迫ったおかげだったのだ。[18]これが容認されなければ、［イギリスがEU加盟国であった間は保障されていた］女性の権利は、ブレグジット後には法的な救済措置もないまま、ことごとく廃止されてしまう可能性があった。また職場においても、男性のリーダーたちが何十年ものあいだ見過ごし、無視してきた、構造的な男性中心主義に対する解決策をもたらすのは、女性である場合が多い。たとえば、発生生物学者のクリスティアーネ・ニュスライン＝フォルハルトがみずから財団を設立し、博士課程にいる子持ちの女性たちを助けたように。

また、データにおけるジェンダー・ギャップを埋めるに当たっても、女性たちが先頭を切っている。2008年から2015年に発表された150万件の論文を対象とした最近の分析では、研究がジェンダーや性差の分析を含んでいる確率は、「論文の著者グループにおける女性の割合に比例して大きくなる」ことが明らかになった。[19]女性が筆頭著者である場合には、その影響はとりわけ顕著に表れる。女性たちの健康に対する懸念は、政治の世界でも広がっている。2016年、ある女性議員（デューズバリーの労働党議員、ポーラ・シェリフ）がイギリスで初めて、女性の健康問題のための議員連盟を立ち上げた。アメリカでは、共和党の気骨のある2名の女性議員たちが、オバマケアを廃止しようとしたトランプに対し（廃止された場合、甚大な影響を受けるのは女性たちだった）、3回も反対票を投じて頓挫させた。[20]

政治において大きな変化を起こしているのも、女性たちだ。国連主導の組織「データ2X（Data2X）」の陣頭指揮を執ったのはふたりの女性、メリンダ・ゲイツとヒラリー・クリントンで、世界のデータにおけるジェンダー・ギャップをなくすためのロビー活動を行っている。そして1995年、北京で開催された国連第4回世界女性会議において、女性の権利について講演したいと主張し、いまでは有名な宣言を行った女性は、ヒラリー・クリントンだった。

「人権は女性の権利であり、女性の権利は人権である」

そして最悪の事態においても、男性中心の災害救援活動では及ばない点を補うために、女性たちが活躍している。ハリケーン・カトリーナの被災後、メディアを席捲していた「救援隊の男らしい力強いイメージ」は、舞台裏で精力的に勇気をもって奮闘する女性たちの姿によって覆された。[21] 2017年、プエルトリコはハリケーン・マリアによって壊滅的な被害を受けたあげく、アメリカ政府に見捨てられた。「実際にコミュニティの様子を見に行くと、リーダーやオーガナイザーとして活躍しているのは女性たちです」

低収入世帯に法的援助を行う非営利団体の事務局長、アディ・マルティネス＝ロマンは、ジャーナリストのジュスティーヌ・カルマに語った。[22] この団体の女性たちは「浸水地域に入っていき」、孤立したコミュニティを訪ねて回った。[23] そして、エビデンスにもとづいた解決策を考案し、提供した。彼女たちはスープキッチンを設立し、資金を募って道路を再建した。「太陽光発電の照明、発電機、ガス、衣服、靴、タンポン、バッテリー、薬、マットレス、水」などを配布した。さらに、「アメリカ合衆国連邦緊急事態管理庁（FEMA）に対し、各世帯が被害届等を提出する際に、煩雑でわかりにくい手続きをスムーズに行えるよう支援するため、無料相談を実施する法律扶助協会」を設立した。そのうえ、太陽光発電による共同の洗濯機まで調達したという。

性差やジェンダーにおけるデータ・ギャップに対する解決策は、明白だ。女性参画における格差を縮めること。女性たちが意思決定や、研究や、知の生産に関わっていれば、女性の存在が忘れられることはない。陰に埋もれていた女性たちの生活や視点が、ついに日の目を見る。これは世界中の女性たちのためになるだけでなく、編み物の得意な数学教授、タイミナのストーリーが示しているとおり、人類全体の役に立つこともある。したがって、フロイトの「女性性の謎」に戻れば、答えはつねに目の前にあったのだ。すべての「人びと」にとって必要なのは、女性たちの意見を訊くことである。

謝辞

本の執筆はいかにも孤独な営みに思えるし、実際にそうであることも多い。だが多くの点で、みんなの力を合わせて達成するものだ。まず感謝を捧げたいのはレイチェル・ヒューイットで、彼女が私をワイリー・エージェンシーの敏腕エージェント、トレイシー・ボーハンに紹介してくれた。それがなければ、本書の刊行はおそらく実現しなかっただろう。トレイシーと一緒に仕事をするのは、最高にすばらしかった。彼女が私の担当を引き受けてくれ、本書のプロポーザルの作成に力を貸してくれたおかげで、私は初めて著作のオークションを体験することができて、大変感謝している。そしてなにより、問題が発生するたびに（そのうちのいくつかは私自身のせいだが）、彼女はすぐに相談に乗ってくれ、穏やかに、礼儀正しく、カナダ人らしく対処してくれた。トレイシーの優秀なアシスタントで、こまやかなサポートをしてくれたジェニファー・バーンスタインにも感謝したい。

続いて感謝を捧げたいのは、ふたりのすばらしい編集者、ポピー・ハンプソンとジェイミソン・ストルツだ。ふたりとも、誰にも思いつかないようなアイデアを次々に出してくれた。どの段階でも、ふたりが徹底的に理路整然としたやり方で原稿を読み込み、さまざまな質問をしてくれたことにより、私はテーマに沿って、自分の主張を明確にすることができた。本書がこのような形に仕上がったのは彼らのおかげであり、よりよいものを目指すべく奮起させてくれたことに感謝している。とくにポピーは、私がいちばん辛かったとき、2回ほどコーヒーに付き合ってくれたことに心から感謝したい——執筆が永遠に終わらないような気がして、ノイローゼ気味になっていたのだ。そして、チャット＆ウィンダス社とエイブラハム・ブックス社のみなさんにも、本書の企画を採用していただき、最後まで尽力してくださったことに心から感謝したい。

貴重な時間と専門知識を与えてくださった多くの方々にも感謝したい。ニシャット・シディキは心臓の働きについて集中講義をしてくれ、心臓血管系に関する私の明らかにくだらない質問にも、丁寧に答えてくれた。ジェイムズ・ボールは統計に関する質問について、同じように丁寧に答えてくれたうえに、執筆が終わらない、と弱音を吐く私に、よき友人として毎日のように耳を傾けてくれた。そしてやはり統計のことを教えてくれ、私がしょっちゅう弱音を吐くのを辛抱強く聞いてくれた素敵な友人、アレックス・キーリーにも感謝したい。アレックス・スコットには医療に関する章の原稿を読んでもらい、とんでもない間違いがないかチェックしていただいた。同じくグレッグ・キャラスには、法律上のファクトチェックでお世話になった。厚くお礼申し上げたい。

ヘレン・ルイスには「吐き出し原稿」という名言を造ってくれたことに感謝したい。この言葉を胸に刻んだおかげで、とりあえず最初の言葉を書き出すことができ、非常に役に立った。サラ・ダイタム、アリス・フォード、ニッキー・ウルフ、ルーク・マギーには、粗削りだった初めのほうの部分を読んでもらったことに深く感謝したい（とくにヘレンには、専門家の目でややこしい部分をチェックしてもらった）。みんながひどく懲りていませんように、と願っている。

大好きな友人たちには私を支えてくれたことに、そして何か月も引きこもっていたあげく、約束を何度もキャンセルしたにもかかわらず、我慢してくれたことに感謝したい。忍耐強く支えてくれ、話を聴いてくれてほんとうにありがとう。これ以上の友人たちは望めないし、みんなに出会えて心から感謝している。とくに親愛なる猛女連盟とアヒル組の仲間たちは、本書の執筆中、毎日のように、私とともに苦しみを分かち合ってくれた。みんなの名前はあえて明かさないでおこう。

そして最大の感謝を、最高の友人でありチアリーダーのトレイシー・キングに捧げたい。彼女は私の無鉄砲なフェミニスト・キャンペーンに協力してくれただけでなく、本書の「吐き出し原稿」を最も早い段階で読んでくれ、つねに私を励まし、絶対に書き上げられる、と断言してくれた。彼女がいなかったらやり遂げることも、（比較的）正気を保つこともできなかっただろう。

最後にもうひとり、私の愛犬ポピーにも感謝を。私がこうして働けるのは、まさに彼女のおかげだ――ひざの上でじっとしているだけでなく、私が長時間パソコンに向かいすぎのときは、そっと腕を舐めてくれた。彼女という最高の相棒がいなかったら、私にはなにもできないだろう。

訳者あとがき

本書（原著『Invisible Women: Exposing Data Bias in a World Designed for Men』）は、２０１９年3月、イギリス（チャットー&ウィンダス）とアメリカ（エイブラムス）で発売されるや、たちまち話題の書となり、英『サンデー・タイムズ』紙のベストセラー第1位に輝いた。さらに、２０１９年王立協会科学図書賞（優れた科学書に授与される賞）や、英『フィナンシャル・タイムズ』紙とマッキンゼー・アンド・カンパニーによる、２０１９年ビジネスブック・オブ・ザ・イヤーなど、数々の栄えある賞を受賞。米『スミソニアン』誌の10ベスト・サイエンス・ブックス２０１９にも選ばれた。国内外の主要メディアで取り上げられ、大きな反響を呼んでおり、世界26か国で刊行が予定されている。

前述のフィナンシャル・タイムズ&マッキンゼーによる、２０１９年ビジネスブック・オブ・ザ・イヤーの審査委員長を務めたライオネル・バーバーは、本書をいみじくも「データを携《たずさ》えたシモーヌ・ド・ボーヴォワール」と評した。さらに、「日常に潜んでいる性差別を解き明かした画期的な本だ。クリアド＝ペレスがこれでもかと列挙するデータは圧倒的であり、人びとの行動を求める彼女の声には非常に説得力がある」と述べている。詳しくは本文に譲るが、世界各国の広範な分野における事例の数々、それを裏打ちする膨大なデータやエビデンスがとにかく圧倒的で、読み物としても抜群に面白い。また、著者のイギリス人ならではの皮肉やユーモアが、随所にぴりりと効いている。

著者のキャロライン・クリアド＝ペレスは、オックスフォード大学で英語および英文学を学んだのち、ロンドン・スクール・オブ・エコノミクス（LSE）で行動経済学およびフェミニスト経済学を専攻。気鋭のジャーナリスト、フェミニスト活動家として世界的に注目を集めている。2013年には、イギリスの人権団体リバティによる年間最優秀人権活動家賞を受賞。2015年の女王誕生記念叙勲では、大英帝国勲章4等勲爵士（OBE）を授与された。そして今年、2020年には、男女平等推進に貢献した功績を讃えるフィンランドのハン賞を受賞している（「ハン」すなわち hän とはフィンランド語で彼、彼女などを意味する中性の三人称で、性別の区別がない点で平等を象徴している）。なお、社会学者で日本のフェミニズムを牽引してこられた上野千鶴子氏も、2019年にこの賞を受賞している。

フェミニスト活動家として、クリアド＝ペレスが立ち上げたおもなキャンペーンを紹介しよう。まずは本書でも言及されているとおり、英国の紙幣に女性の肖像も採用することを要求したキャンペーンだ。2013年、イングランド銀行は5ポンド札の肖像を社会活動家のエリザベス・フライから、元首相のウィンストン・チャーチルに変更すると発表した。これに対し、それでは英国の紙幣からエリザベス2世以外の女性の肖像がひとつもなくなってしまうとして、クリアド＝ペレスはジェイン・オースティンの肖像を採用するよう、迅速かつ精力的な署名活動を実施。これが功を奏し、新しい10ポンド札にジェイン・オースティンの肖像が採用された。

また2016年、英国の国会議事堂前広場にある11体の銅像（ウィンストン・チャーチル、マハトマ・ガンジー、ネルソン・マンデラなど）に、女性の銅像がひとつも含まれていないことに気づいたクリアド＝ペレスは、英国における女性参政権の獲得から100周年となる2018年に、女性参政権運動に大きく貢献したミリセント・フォーセットの銅像を建立するよう求め、署名活動を実施。これが成功し、国会議事堂前広場に初めて女性の銅像が建立された。除幕式では、テリーザ・メイ首相（当時）がフォーセットの偉大な功績を讃えた。

ほかにも、メディアで取り上げられる専門家は男性のほうが多く、女性がはるかに少ない状況を改善するため、各分野における女性の専門家を登録するデータベース「ウィメンズ・ルーム（The Women's Room）」を立ち上げるなど、数々の功績をあげている。

クリアド＝ペレスが本書の執筆を決意したきっかけは、最初の著書、『女ならではのやり方で、世界を変えよう（Do It Like a Woman ... and Change the World）』（未邦訳）の執筆中、医療分野のデータにおけるジェンダー・ギャップに気づき、衝撃を受けたことだった。臨床試験における女性のデータが著しく不足しているせいで、女性患者たちは健康上の重大なリスクにさらされているのだ。これは医療に限った話ではあるまい、と思った著者が次々に調べていくうちに、都市計画、交通システム、公衆衛生、社会制度、労働環境、消費者製品など、ありとあらゆる分野で女性に関するデータが著しく不足していることがわかった。そして官民を問わず、意思決定者はもちろん、設計者や計画担当者の大部分を男性が占めているために、女性の意見やニーズを取り入れることなく、計画や開発が行われている。つまりあらゆる分野において、女性は姿の見えない存在《インビジブル》のごとく無視されており、そのせいで女性たちの生活や健康やキャリアに大きな被害が生じているのだ。

このような問題を解決するためには、まず性別に偏らないデータを収集する必要がある。当然のように思えるが、実際はいかにそうなっていないか、驚くべき実態を本書は明らかにしていく。そしてつぎに、収集したデータを性別によって区分し、活用する必要がある。せっかくデータを収集しても性別による区分をしておらず、活用されていないケースが多いのだ。データの集計や区分のしかたも重要であり、不適切な集計や区分によって、実態が見えにくくなっている場合も多い。

また、「ジェンダー・ニュートラルは必ずしも男女平等を意味しない」という現実を認識することも重要だ。女性と男性では、体格や生理現象も、薬に対する反応や病気の症状も、性暴力や性的ハラスメントを受けるリスクも現実に異なっているため、女性に適した対策が求められている。さらに、女性は控えめな態度を取るべき、育児や介護などのケア労働や家事は女性が担うのが当たり前、といった社会的な根深い男女差別も、女性たちにとって大きな負担となっている。

著者が繰り返し述べているとおり、多くの男女差別は悪意によるものではなく、認識の欠如によって生じている。だが、「悪気はないが、気づかなかった。思い至らなかった」では、いつまでたっても問題は解決しない。それに、自分が差別を感じていないからといって、差別が存在しないことにはならない。それどころか差別に対する認識の欠如は、差別の助長につながってしまう。これはあらゆる差別について言えることだろう。だからこそ、まずは実際に差別が存在することを認識し、それによってどのような問題が生じ、誰がどのような被害を受けているかを知り、解決や改善に向けて行動を起こすことが重要だ、と著者は説く。

世界経済フォーラムによる「ジェンダー・ギャップ指数2020」において、日本は153か国中121位という過去最低の順位となり、主要7か国(G7)で最下位となった。経済、教育、保健、政治のなかで、日本が後れを取っているのは政治と経済の分野だ。政府は2020年までに社会の指導的地位に占める女性の割合を30%程度にするという目標を、今年までの達成は困難であるとして先送りし、2030年代に指導的地位にある男女の比率が同水準になることを目指すとしている。これを実現するには、トップダウン式の「目標」では無理なのではないだろうか。日本において女性の政治家や管理職を増やすには、女性が出産後も働き続けられる環境を整えるとともに、会議やプロジェクト、ＰＴＡ、会合の幹事、登壇者や執筆者の男女比率など、身近なところから男女の参加率を平等にするのを当たり前にしていく必要がある。これからの世代のためにも、私たち一人ひとりが世界の状況に目を向け、日本でもジェンダー平等を推進すべく、具体的な変化を起こしていく必要があるだろう。

現在、著者はすでに本書の続編となる『もう見えないとは言わせない――データにおけるジェンダー・ギャップをなくし、すべての人にやさしい世界を設計する方法（Now You See Us: How to Close the Gender Data Gap and Design a World That Works for Everyone）』（邦題仮訳）の執筆に取りかかっているそうだ。今度はいったいどんな本になるのか、いまから興味津々である。

最後に、お世話になった方々にお礼を申し上げたい。まず、本書に引き合わせてくださり、編集の労を執ってくださった河出書房新社の町田真穂さんに、心より感謝申し上げたい。私事になるが、かつて英文科の学生だった私が選んだ卒論のテーマは「『ダーバヴィル家のテス』にみる結婚と社会」だった。19世紀ヴィクトリア朝時代、女性にとって多難な時代に、自己に忠実に生きようとしたテスは、貧困のために家族の犠牲となり、欺瞞に満ちた社会の道徳と因習によって追いつめられ、破滅へと追いやられた。21世紀の現在でも、男女の不平等は厳然と存在する。それを暴露し、世界を変えようとする、イギリスのフェミニスト活動家による画期的な本書を翻訳できたことは、私にとって非常に意義深く、大きな喜びであった。

そして、円水社の校正者の方々にも厚くお礼申し上げたい。本書の翻訳においては、つねにも増して膨大な数の調べ物に追われたが、訳文を丹念に読み込んでくださった校正者の方々から、鋭いご指摘やきめ細かいご提案をいただき、大変助けられた。原著の語句の解釈についての質問に丁寧に答えてくださったアメリカのカルヴァン・チャンさんと、各専門分野のプロフェッショナルとして、貴重なアドバイスをいただいた先生方、友人、叔父、いとこたちやその友人にも、心よりお礼申し上げたい。

本書が多くの人びととの会話や活発な議論の端緒となり、社会をよい方向に変える行動へとつながっていくことを、訳者として願ってやまない。

2020年9月

神崎朗子

Schmitt, Michael T. (eds.), *The glass ceiling in the 21st century: Understanding barriers to gender equality*, Washington DC

9 https://link.springer.com/content/pdf/10.1007%2Fs00004-000-0015-0.pdf

10 https://www.wired.com/2008/06/pb-theory/

11 http://womenintvfilm.sdsu.edu/wp-content/uploads/2017/01/2016_Celluloid_Ceiling_Report.pdf

12 http://wmc.3cdn.net/dcdb0bcb4b0283f501_mlbres23x.pdf

13 http://www.slate.com/articles/news_and_politics/history/2016/01/popular_history_why_are_so_many_history_books_about_men_by_men.html?via=gdpr-consent#methodology

14 https://www.historians.org/publications-and-directories/perspectives-on-history/may-2010/what-the-data-reveals-about-women-historians

15 https://www.historians.org/publications-and-directories/perspectives-on-history/december-2015/the-rise-and-decline-of-history-specializationsover-the-past-40-years

16 http://duckofminerva.com/2015/08/new-evidence-on-gender-bias-in-irsyllabi.html

17 https://www.theguardian.com/world/2004/jan/23/gender.uk

18 *Sex Discrimination Law Review* (January 2018), https://www.fawcettsociety.org.uk

19 Nielsen, Mathias Wullum, Andersen, Jens Peter, Schiebinger, Londa and Schneider, Jesper W. (2017), 'One and a half million medical papers reveal a link between author gender and attention to gender and sex analysis', *Nature Human Behaviour*, 1, 791-6

20 https://www.vox.com/policy-and-politics/2017/7/18/15991020/3-gop-women-tank-obamacare-repeal

21 Ransby, B. (2006), 'Katrina, Black Women, and the Deadly Discourse on Black Poverty in America', *Du Bois Review: Social Science Research on Race*, 3: 1, 215-22, DOI: 10.1017/S1742058X06060140

22 https://grist.org/article/hurricane-maria-hit-women-in-puerto-rico-thehardest-and-theyre-the-ones-building-it-back/

23 https://www.vogue.com/projects/13542078/puerto-rico-afterhurricane-maria-2/

76 http://journals.sagepub.com/doi/abs/10.1177/088626001016008001
77 https://www.bustle.com/articles/190092-this-is-how-homeless-womencope-with-their-periods
78 https://www.theguardian.com/housing-network/2016/aug/22/sex-inreturn-for-shelter-homeless-women-face-desperate-choices-governmenttheresa-may
79 https://www.telegraph.co.uk/women/womens-health/11508497/TheHomelessPeriod-Campaign-for-homeless-women-to-have-free-tampons.html
80 http://thehomelessperiod.com/
81 https://www.change.org/p/help-the-homeless-on-their-period-thehomelessperiod/u/19773587
82 https://www.thecut.com/2016/06/nyc-will-provide-tampons-in-schoolsshelters.html
83 http://www.unhcr.org/uk/news/latest/2008/4/4815db792/corporategift-highlights-sanitation-problems-faced-female-refugees.html; http://www.reuters.com/article/us-womens-day-refugees-periodsfeature-idUSKBN16F1UU
84 https://www.womensrefugeecommission.org/images/zdocs/Refugee-Women-on-the-European-Route.pdf; https://www.globalone.org.uk/wp-content/uploads/2017/03/SYRIA-REPORT-FINAL-ONLINE.pdf; https://globalone.org.uk/2017/05/a-14-year-olds-heart-wrenching-tale/
85 http://www.ifrc.org/en/news-and-media/news-stories/africa/burundi/upholding-women-and-girls-dignity-managing-menstrual-hygiene-in-emergency-situations-62536/
86 https://www.womensrefugeecommission.org/images/zdocs/Refugee-Women-on-the-European-Route.pdf; http://www.nytimes.com/2013/12/11/world/asia/effort-to-help-filipino-women-falters-un-says.html
87 http://www.ifrc.org/en/news-and-media/news-stories/africa/burundi/upholding-women-and-girls-dignity-managing-menstrual-hygiene-in-emergency-situations-62536/
88 http://www.reuters.com/article/us-womens-day-refugees-periods-feature-idUSKBN-16F1UU
89 https://www.globalone.org.uk/wp-content/uploads/2017/03/SYRIA-REPORT-FINAL-ONLINE.pdf

おわりに

1 http://discovermagazine.com/2006/mar/knit-theory
2 http://www.cabinetmagazine.org/issues/16/crocheting.php
3 https://www.brainpickings.org/2009/04/24/margaret-wertheiminstitute-for-figuring/
4 http://discovermagazine.com/2006/mar/knit-theory
5 Ibid.
6 http://www.cabinetmagazine.org/issues/16/crocheting.php
7 https://www.nytimes.com/2005/07/11/nyregion/professor-lets-her-fingersdo-the-talking.html
8 Cikara, Mina and Fiske, Susan T. (2009), 'Warmth, competence, and ambivalent sexism: Vertical assault and collateral damage', in Barreto, Manuela, Ryan, Michelle K. and

blogs.cdc.gov/global/2014/11/17/implications-of-latrines-onwomens-and-girls-safety/
48 http://refugeerights.org.uk/wp-content/uploads/2017/03/RRDP_Hidden-Struggles.pdf
49 http://www.wame2015.org/case-study/1124/; https://blogs.cdc.gov/global/2014/11/17/implications-of-latrines-on-womens-and-girls-safety/
50 https://www.hrw.org/sites/default/files/report_pdf/wrdsanitation0417_web_0.pdf
51 http://refugeerights.org.uk/wp-content/uploads/2017/03/RRDP_Hidden-Struggles.pdf
52 https://qz.com/692711/the-radically-simple-way-to-make-female-refugees-safer-from-sexual-assault-decent-bathrooms/
53 https://www.theguardian.com/lifeandstyle/2018/jul/09/i-couldnt-evenwash-after-giving-birth-how-showers-are-restoring-the-dignity-of-femalerefugees
54 IRIN and women's refugee council
55 https://www.hrw.org/sites/default/files/report_pdf/wrdsanitation0417_web_0.pdf
56 Ibid.
57 http://www.bbc.co.uk/news/uk-england-beds-bucks-herts-36804714
58 https://www.irinnews.org/investigations/2017/05/10/women-refugeesrisk-sexual-assault-berlin-shelters
59 https://www.buzzfeed.com/jinamoore/women-refugees-fleeing-througheurope-are-told-rape-is-not-a?utm_term=.lmMmNv6vBq#.tgnEGvDv89
60 https://www.theguardian.com/world/2017/feb/28/refugee-womenand-children-beaten-raped-and-starved-in-libyan-hellholes
61 https://www.irinnews.org/investigations/2017/05/10/women-refugeesrisk-sexual-assault-berlin-shelters
62 Ibid.
63 http://www.huffingtonpost.com/soraya-chemaly/women-and-disasterrelief_b_5697868.html
64 http://odihpn.org/magazine/linking-food-security-food-assistance-and-protection-from-gender-based-violence-wfp%C2%92s-experience/
65 https://www.telegraph.co.uk/news/2018/02/17/oxfam-warned-decadeago-crisis-sex-abuse-among-worlds-aid-workers/
66 https://wssagwales.files.wordpress.com/2012/10/asawoman.pdf
67 https://phys.org/news/2017-04-uk-hidden-homeless-lone-women.html
68 https://www.theguardian.com/society/2017/dec/14/homelessness-womenseeking-support-outnumber-men-for-first-time?CMP=share_btn_tw
69 https://phys.org/news/2017-04-uk-hidden-homeless-lone-women.html
70 http://www.feantsa.org/download/feantsa-ejh-11-1_a1-v045913941269604492255.pdf
71 https://www.policyalternatives.ca/publications/commentary/fast-facts-4-things-know-about-women-and-homelessness-canada
72 http://www.feantsa.org/download/feantsa-ejh-11-1_a1-v045913941269604492255.pdf
73 https://phys.org/news/2017-04-uk-hidden-homeless-lone-women.html
74 https://www.theguardian.com/commentisfree/2017/apr/19/sex-rent-logicalextension-leaving-housing-to-market
75 https://www.policyalternatives.ca/publications/commentary/fast-facts-4-things-know-about-women-and-homelessness-canada

11e4-8593-da634b334390_story.html?utm_term=.51eb39dc57dc

24 https://www.buzzfeed.com/jinamoore/ebola-is-killing-women-in-fargreater-numbers-than-men?utm_term=.gpzKwwzJze#.wce6ww292m

25 Ibid.

26 https://www.washingtonpost.com/national/health-science/2014/08/14/3e08d0c8-2312-11e4-8593-da634b334390_story.html?utm_term=.51eb39dc57dc

27 https://www.chathamhouse.org/publication/ia/gendered-humanrights-analysis-ebola-and-zika-locating-gender-global-health#

28 http://theconversation.com/zika-and-ebola-had-a-much-worse-effect-onwomen-we-need-more-research-to-address-this-in-future-64868

29 https://www.theguardian.com/environment/blog/2014/jul/14/8-chartsclimate-change-world-more-dangerous

30 https://www.washingtonpost.com/news/energy-environment/wp/2016/07/25/how-climate-disasters-can-drive-violent-conflict-aroundthe-world/?utm_term=.8b5c33ad65e7

31 https://www.washingtonpost.com/opinions/another-deadly-consequence-of-climate-change-the-spread-of-dangerous-diseases/2017/05/30/fd3b8504-34b1-11e7-b4ee-434b6d506b37_story.html?utm_term=.e49b6bd86143

32 http://www.thelancet.com/journals/lanplh/article/PIIS2542-5196(17)30082-7/fulltext?elsca1=tlpr

33 http://edition.cnn.com/2017/08/04/health/climate-change-weather-disasters-europe/index.html

34 Neumayer, Eric and Plumper, Thomas (2007) 'The gendered nature of natural disasters: the impact of catastrophic events on the gender gap in life expectancy, 1981–2002', *Annals of the Association of American Geographers*, 97: 3, 55–66

35 Ibid.

36 https://www.theguardian.com/society/2005/mar/26/internationalaidanddevelopment.indianoceantsunamidecember2004

37 http://eprints.lse.ac.uk/3040/1/Gendered_nature_of_natural_disasters_%28LSERO%29.pdf

38 Ibid.

39 https://thewire.in/66576/economic-growth-bangladesh-challengechange-women/

40 http://www.bridge.ids.ac.uk/sites/bridge.ids.ac.uk/files/reports/Climate_Change_DFID.pdf

41 https://www.globalfundforwomen.org/wp-content/uploads/2006/11/disaster-report.pdf

42 Ibid.

43 https://iwpr.org/wp-content/uploads/wpallimport/files/iwpr-export/publications/D506_GetToTheBricks.pdf

44 https://qz.com/692711/the-radically-simple-way-to-make-female-refugees-safer-from-sexual-assault-decent-bathrooms/

45 https://www.womensrefugeecommission.org/facts-and-figures

46 https://www.globalone.org.uk/wp-content/uploads/2017/03/SYRIA-REPORT-FINAL-ONLINE.pdf

47 https://www.amnesty.ie/greece-refugee-women-coping-fear-violencecamps/; https://

vq3NnLEu.dpuf; O'Reilly, Marie, Suilleabhain, Andrea O and Paffenholz, Thania (2015), 'Reimagining Peacemaking: Women's Roles in Peace Processes', International Peace Institute, New York

15 Castillejo (2016)

16 O'Reilly, Suilleabhain and Paffenholz (2015)

第16章　死ぬのは災害のせいじゃない

1 http://www.securitycouncilreport.org/atf/cf/%7B65BFCF9B-6D27-4E9C-8CD3-CF6E4FF96FF9%7D/WPS%202010%20Sidebar2.pdf

2 http://www.un.org/en/preventgenocide/rwanda/about/bgsexualviolence.shtml

3 O'Reilly, Marie, Suilleabhain, Andrea O and Paffenholz, Thania (2015), 'Reimagining Peacemaking: Women's Roles in Peace Processes,' International Peace Institute, New York, June 2015, https://www.ipinst.org/wp-content/uploads/2015/06/IPI-E-pub-Reimagining-Peacemaking.pdf

4 http://www.un.org/en/preventgenocide/rwanda/about/bgsexualviolence.shtml

5 O'Reilly, Suilleabhain and Paffenholz (2015)

6 http://www.unwomen.org/en/what-we-do/peace-and-security/facts-andfigures#sthash.vq3NnLEu.dpuf

7 http://www.nytimes.com/2013/12/11/world/asia/effort-to-help-filipinowomen-falters-un-says.html

8 http://www.unfpa.org/press/women%E2%80%99s-health-critical-recoveryaftermath-typhoon-haiyan-says-unfpa-executive-director

9 Ibid.

10 http://www.nytimes.com/2013/12/11/world/asia/effort-to-help-filipinowomen-falters-un-says.html

11 O'Reilly, Suilleabhain and Paffenholz (2015)

12 http://www.indexmundi.com/facts/oecd-members/maternal-mortalityratio

13 https://www.unicef.org/childsurvival/sierraleone_91206.html

14 http://www.thesierraleonetelegraph.com/?p=16261

15 https://www.washingtonpost.com/national/health-science/2014/08/14/3e08d0c8-2312-11e4-8593-da634b334390_story.html?utm_term=.51eb39dc57dc

16 Ibid.

17 http://www.thelancet.com/journals/langlo/article/PIIS2214-109X(15)00065-0/fulltext

18 http://www.wpro.who.int/topics/gender_issues/Takingsexandgenderintoaccount.pdf

19 http://theconversation.com/zika-and-ebola-had-a-much-worse-effect-onwomen-we-need-more-research-to-address-this-in-future-64868

20 Ibid.

21 http://foreignpolicy.com/2014/08/20/why-are-so-many-womendying-from-ebola/

22 http://www.unwomen.org/en/news/stories/2016/5/ed-statement-on-whs#sthash.xmKE-sOBX.dpuf

23 https://www.washingtonpost.com/national/health-science/2014/0814/3e08d0c8-2312-

Gender, Deliberation and Institutions, https://mobile.nytimes.com/2016/10/27/upshot/speaking-while-female-and-at-a-disadvantage.html?em_pos=small&emc=edit_up_20161028&nl=upshot&nl_art=3&nlid=67555443&ref=headline&te=1&_r=0&referer=http://m.facebook.com

80 http://time.com/3666135/sheryl-sandberg-talking-while-female-manterruptions/

81 Mendelberg

82 Karpowitz, C., Mendelberg, T. and Shaker, L. (2012) 'Gender Inequality in Deliberative Participation', *American Political Science Review*, 106: 3, 533–47

83 https://www.fawcettsociety.org.uk/Handlers/Download.ashx?IDMF=2e149e34-9c26-4984-bf64-8989db41a6ad

84 https://www.bindmans.com/insight/updates/when-can-the-law-remove-acouncillor-without-an-election; http://localgovernmentlawyer.co.uk/index.php?option=com_content&view=article&id=17463%3Acouncil-blames-localism-act-for-inability-to-remove-councillor-from-office&catid=59%3Agovernance-a-risk-articles&Itemid=27

85 https://www.fawcettsociety.org.uk/Handlers/Download.ashx?IDMF=2e149e34-9c26-4984-bf64-8989db41a6ad

第15章　再建は誰の手に

1 http://www.makers.com/once-and-for-all

2 https://www.globalfundforwomen.org/wp-content/uploads/2006/11/disasterreport.pdf

3 https://www.womensrefugeecommission.org/gbv/firewood

4 http://gdnonline.org/resources/women_will_rebuild_miami.pdf

5 Murakami-Ramalho, E. and Durodoye, B. (2008), 'Looking Back to Move Forward: Katrina's Black Women Survivors Speak', *NWSA Journal*, 20(3), 115–37

6 https://iwpr.org/wp-content/uploads/wpallimport/files/iwpr-export/publications/D506_GetToTheBricks.pdf

7 https://www.theguardian.com/global-development/2015/jan/22/womenrights-war-peace-un-resolution-1325

8 http://www.peacewomen.org/assets/file/NationalActionPlans/miladpournikanalysisdocs/igis_womeninpeaceandsecuritythroughunsr1325_millerpournikswaine_2014.pdf (Data2x)

9 https://www.cfr.org/interactive/interactive/womens-participation-inpeace-processes/explore-the-data

10 https://reliefweb.int/sites/reliefweb.int/files/resources/UNW-GLOBALSTUDY-1325-2015.pdf

11 United Nations Security Council (2017) 'Report of the Secretary-General on women and peace and security'

12 Clare Castillejo (2016), 'Women political leaders and peacebuilding', Norwegian Peacebuilding Resource Centre

13 Ibid.

14 http://www.unwomen.org/en/what-we-do/peace-and-security/facts-andfigures#sthash.

54 http://www.medicamondiale.org/fileadmin/redaktion/5_Service/Mediathek/Dokumente/English/Documentations_studies/medica_mondiale_-_Report_on_Women__Peace_and_Security_-_October_2007.pdf
55 https://www.theguardian.com/politics/2014/feb/09/fawzia-koofiafghanistan-mp-turn-off-microphones
56 https://www.reuters.com/article/us-afghanistan-women/bomb-attack-ineastern-afghanistan-kills-female-politician-idUSKBN0LK1EI20150216
57 O'Brien and Rickne (2016)
58 Ibid.
59 http://archive.ipu.org/wmn-e/classif.htm
60 Kanthak, Kristin and Krause, George A. (2012), *The Diversity Paradox: Political Parties, Legislatures, and the Organizational Foundations of Representation in America*, New York, http://www.pitt.edu/~gkrause/Kanthak%20&%20Krause.Diversity%20Paradox.Book%20Manuscript.09-10-10.pdf
61 O'Brien and Rickne (2016)
62 Kanthak and Krause (2012) - once women threaten the majority, there is a male back-lash
63 Wittmer, Dana and Bouche, Vanessa (2010), 'The Limits of Gendered Leader ship: The Public Policy Implications of Female Leadership on Women's Issues', *The Limits of Gendered Issues*, APSA 2010 Annual Meeting Paper
64 http://archive.ipu.org/pdf/publications/issuesbrief-e.pdf
65 http://www.medicamondiale.org/fileadmin/redaktion/5_Service/Mediathek/Dokumente/English/Documentations_studies/medica_mondiale_-_Report_on_Women__Peace_and_Security_-_October_2007.pdf
66 http://archive.ipu.org/pdf/publications/issuesbrief-e.pdf
67 https://www.cfr.org/article/violence-against-female-politicians
68 http://archive.ipu.org/pdf/publications/issuesbrief-e.pdf
69 https://www.cfr.org/article/violence-against-female-politicians
70 https://www.ndi.org/sites/default/files/not-the-cost-program-guidance-final.pdf
71 Ibid.
72 https://www.cfr.org/article/violence-against-female-politicians
73 Jacobi, Tonja and Schweers, Dylan (2017), 'Justice, Interrupted: The Effect of Gender, Ideology and Seniority at Supreme Court Oral Arguments' (14 March 2017), *Virginia Law Review*, 1379, *Northwestern Law & Econ Research Paper No. 17-03*
74 http://www.bbc.com/capital/story/20170622-why-women-should-interrupt-men
75 http://www.bbc.com/capital/story/20160906-how-rude-the-secret-tosmart-interrupting
76 https://www.nytimes.com/2017/06/13/us/politics/kamala-harris-interruptedjeff-sessions.html
77 http://edition.cnn.com/2017/06/13/politics/powers-miller-kamalaharris-hysterical-sessions-hearing-ac360-cnntv/index.html
78 http://interactions.acm.org/archive/view/january-february-2014/are-you-sure-your-software-is-gender-neutral
79 Tali Mendelberg, a Princeton University professor who is co-author of *The Silent Sex:*

Leadership', *American Political Science Review*, 110: 1 (February 2016), 112–26

29 https://blogs.eui.eu/genderquotas/wp-content/uploads/sites/24/2015/03/Executive-summary-Sweden-Freidenvall1.pdf

30 Ibid.

31 http://www.europarl.europa.eu/RegData/etudes/note/join/2013/493011/IPOL-FEMM_NT(2013)493011_EN.pdf

32 https://blogs.eui.eu/genderquotas/wp-content/uploads/sites/24/2015/03/Executive-summary-Sweden-Freidenvall1.pdf

33 Yoon, J. and Shin, K. (2015), 'Mixed effects of legislative quotas in South Korea', *Politics & Gender*, 11: 1, 186–95

34 O'Brien and Rickne (2016)

35 https://web.archive.org/web/20110605021810/; http://www.parliament.the-stationery-office.co.uk/pa/cm200708/cmhansrd/cm080306/debtext/80306-0007.htm

36 https://www.worksopguardian.co.uk/news/politics/man-who-sent-mp-swife-dead-bird-in-post-is-given-restraining-order-1-4777574

37 https://christinescottcheng.wordpress.com/publications/women-in-politics/mixed-member-proportional-leads-to-more-women-mps/how-the-electoralsystem-matters-for-electing-women/; http://www.europarl.europa.eu/workingpapers/femm/w10/2_en.htm

38 Castillejo, Clare (2016), 'Women political leaders and peacebuilding', http://noref.no/var/ezflow_site/storage/original/application/6ccaf3f24b120b8004f0db2a767a9dc2.pdf

39 http://reliefweb.int/sites/reliefweb.int/files/resources/6ccaf3f24b120b8004f0db2a767a9dc2.pdf

40 Castillejo (2016)

41 http://www.capwip.org/readingroom/cawp-womenstateleg.pdf

42 https://www.fawcettsociety.org.uk/Handlers/Download.ashx?IDMF=2e149e34-9c26-4984-bf64-8989db41a6ad

43 Hancock, Adrienne B., Rubin, Benjamin A. (2015), 'Influence of Communicationn Partner's Gender on Language', *Journal of Language and Social Psychology*, 34: 1, 46–64

44 http://www.pbs.org/newshour/rundown/for-many-women-watching-trumpinterrupt-clinton-51-times-was-unnerving-but-familiar/

45 https://www.vanityfair.com/news/2017/11/inside-the-fall-of-todaysmatt-lauer

46 https://hbr.org/2016/09/why-hillary-clinton-gets-interrupted-more-thandonald-trump

47 https://www.theguardian.com/commentisfree/2016/mar/28/hillaryclinton-honest-transparency-jill-abramson

48 http://www.bbc.co.uk/news/uk-politics-13211577

49 http://archive.ipu.org/pdf/publications/issuesbrief-e.pdf

50 https://www.theguardian.com/politics/2014/feb/09/fawzia-koofiafghanistan-mp-turn-off-microphones

51 https://www.theguardian.com/technology/datablog/ng-interactive/2016/jun/27/from-julia-gillard-to-hillary-clinton-online-abuse-of-politiciansaround-the-world

52 http://archive.ipu.org/pdf/publications/issuesbrief-e.pdf

53 Ibid.

5 https://economics.mit.edu/files/792
6 https://web.stanford.edu/group/peg/Papers%20for%20call/nov05%20papers/Clots-Figueras.pdf
7 https://www.theatlantic.com/politics/archive/2016/09/clintontrust-sexism/500489/
8 http://www.telegraph.co.uk/comment/3558075/Irrational-ambition-is-Hillary-Clintons-flaw.html
9 https://www.psychologytoday.com/blog/are-we-born-racist/201010/is-hillary-clinton-pathologically-ambitious
10 http://query.nytimes.com/gst/fullpage.html?res=9807E3D8123EF932A-15751C0A9619C8B63&sec=&spon=&pagewanted=2
11 http://www.weeklystandard.com/colin-powell-on-hillary-clinton-unbridledambition-greedy-not-transformational/article/2004328
12 http://www.teenvogue.com/story/hillary-clinton-laughs-too-ambitious-attack
13 http://www.dailymail.co.uk/news/article-3900744/Assange-says-Clintoneaten-alive-ambitions-denies-Russia-Democratic-email-hacks-interview-Kremlin-s-TV-channel.html
14 http://www.theonion.com/blogpost/hillary-clinton-is-too-ambitiousto-be-the-first-f-11229
15 https://www.psychologytoday.com/blog/are-we-born-racist/201010/is-hillary-clinton-pathologically-ambitious
16 http://journals.sagepub.com/doi/10.1177/0146167210371949
17 http://www.sciencedirect.com/science/article/pii/S0022103108000334
18 Cikara, Mina and Fiske, Susan T. (2009), 'Warmth, competence, and ambivalent sexism: Vertical assault and collateral damage', in Barreto, Manuela, Ryan, Michelle K. and Schmitt, Michael T. (eds.), *The glass ceiling in the 21st century: Understanding barriers to gender equality*, Washington
19 https://www.sciencedaily.com/releases/2016/08/160829095050.htm
20 Hekman, David, Johnson, Stefanie, Foo, Maw-Der and Yang, Wei (2017), 'Does Diversity-Valuing Behavior Result in Diminished Performance Ratings for Non-White and Female Leaders?', *Academy of Management Journal*, 60: 2, 771
21 https://www.lrb.co.uk/v39/n02/rebecca-solnit/from-lying-to-leering
22 http://archive.ipu.org/wmn-e/world.htm
23 https://www.parliament.uk/business/committees/committees-a-z/commons-select/women-and-equalities-committee/news-parliament-2017/govt-response-women-hoc-2017-19/
24 https://www.gov.uk/government/uploads/system/uploads/attachment_data/file/642904/Government_Response_-_Women_in_the_House_of_Commons.pdf
25 http://archive.ipu.org/wmn-e/arc/classif010197.htm
26 https://www.fawcettsociety.org.uk/Handlers/Download.ashx?IDMF=2e149e34-9c26-4984-bf64-8989db41a6ad
27 https://www.gov.uk/government/uploads/system/uploads/attachment_data/file/642904/Government_Response_-_Women_in_the_House_of_Commons.pdf
28 Diana Z. O'Brien and Johanna Rickne (2016), 'Gender Quotas and Women's Political

Policy, 4: 2

23 European Parliament (2017), *Gender Equality and Taxation in the European Union*, http://www.europarl.europa.eu/RegData/etudes/STUD/2017/583138/IPOL_STU%282017%29583138_EN.pdf

24 Andrienko, Yuri, Apps, Patricia and Rees, Ray (2014), 'Gender Bias in Tax Systems Based on Household Income', Discussion Paper, Institute for the Study of Labor

25 https://www.gov.uk/marriage-allowance/how-it-works

26 https://www.bloomberg.com/news/articles/2016-08-18/japan-may-finallyend-10-000-cap-on-women-s-incentive-to-work

27 http://www.undp.org/content/dam/undp/library/gender/Gender%20and%20Poverty%20Reduction/Taxation%20English.pdf

28 European Parliament (2017), *Gender Equality and Taxation in the European Union*, http://www.europarl.europa.eu/RegData/etudes/STUD/2017/583138/IPOL_STU%282017%29583138_EN.pdf

29 Ibid.

30 Ibid.

31 Institute of Development Studies (2016), 'Redistributing Unpaid Care Work - Why Tax Matters for Women's Rights'

32 https://wbg.org.uk/wp-content/uploads/2017/11/taxation-pre-Budget-nov-2017-final.pdf

33 Ibid.

34 Ibid.

35 Institute of Development Studies (2016), 'Redistributing Unpaid Care Work - Why Tax Matters for Women's Rights'

36 http://www.taxjustice.net/2016/11/03/switzerland-un-hot-seat-impacttax-policies-women-s-rights/

37 http://cesr.org/sites/default/files/downloads/switzerland_factsheet_2nov2016.pdf

38 http://www.undp.org/content/dam/undp/library/gender/Gender%20and%20Poverty%20Reduction/Taxation%20English.pdf 2010

39 Institute of Development Studies (2016), 'Redistributing Unpaid Care Work - Why Tax Matters for Women's Rights'

40 European Parliament (2017), *Gender Equality and Taxation in the European Union*

第14章　女性の権利は人権に等しい

1 https://www.politicalparity.org/wp-content/uploads/2015/08/Parity-Research-Women-Impact.pdf

2 http://www.historyandpolicy.org/policy-papers/papers/women-inparliament-since-1945-have-they-changed-the-debate

3 https://www.diva-portal.org/smash/get/diva2:200156/FULLTEXT01.pdf

4 Australia, Austria, Belgium, Canada, Denmark, Finland, France, Greece, Ireland, Italy, the Netherlands, New Zealand, Norway, Portugal, Spain, Sweden, Switzerland, the United Kingdom and the United States

7 https://www.prospectmagazine.co.uk/blogs/peter-kellner/the-britishelection-study-claims-there-was-no-youthquake-last-june-its-wrong
8 https://twitter.com/simonschusterUK/status/973882834665590785
9 https://oxfamblogs.org/fp2p/are-women-really-70-of-the-worlds-poor-howdo-we-know/; http://www.politifact.com/punditfact/article/2014/jul/03/meetzombie-stat-just-wont-die/
10 https://www.americanprogress.org/issues/poverty/news/2013/03/11/56097/gender-equality-and-womens-empowerment-are-key-to-addressingglobal-poverty/; https://www.theguardian.com/global-development-professionalsnetwork/2013/mar/26/empower-women-end-poverty-developing-world; https://www.globalcitizen.org/en/content/introduction-to-the-challenges-of-achievinggender/; https://www.pciglobal.org/womens-empowerment-poverty/; https://reliefweb.int/report/world/women-and-development-worlds-poorest-are-women-and-girls; http://www.ilo.org/global/about-the-ilo/newsroom/news/WCMS_008066/lang-en/index.htm; https://www.oecd.org/social/40881538.pdf
11 https://oxfamblogs.org/fp2p/are-women-really-70-of-the-worlds-poor-howdo-we-know/
12 http://www.politifact.com/punditfact/article/2014/jul/03/meet-zombiestat-just-wont-die/
13 http://ideas4development.org/en/zombie-facts-to-bury-about-women-andgirls/
14 https://www.researchgate.net/profile/Rahul_Lahoti/publication/236248332_Moving_from_the_Household_to_the_Individual_Multidimensional_Poverty_Analysis/links/5741941d08aea45ee8497aca/Moving-from-the-Household-to-the-Individual-Multidimensional-Poverty-Analysis.pdf?origin=publication_list
15 世帯主について一言。世帯主の性別は、同居の家族らの性別によって決まるとも言える。男性世帯主の世帯の場合、同居の家族に成人の女性が含まれている場合が多い。いっぽう、女性世帯主の世帯の場合は、同居の家族に成人の男性が含まれていない場合がほとんどだ。女性世帯主の世帯はデフォルトではない。
16 Lundberg, Shelly J., Pollak, Robert A. and Wales, Terence J. (1997), 'Do Husbands and Wives Pool Their Resources? Evidence from the United Kingdom Child Benefit', *Journal of Human Resources*, 32: 3, 463–80, http://www.jstor.org/stable/146179
17 http://www.cpahq.org/cpahq/cpadocs/Feminization_of_Poverty.pdf; http://eprints.lse.ac.uk/3040/1/Gendered_nature_of_natural_disasters_%28LSERO%29.pdf
18 https://www.jstor.org/stable/145670?seq=1#page_scan_tab_contents; https://blogs.wsj.com/ideas-market/2011/01/27/the-gender-of-money/; Francois Bourguignon, Martin Browning, Pierre-Andre Chiappori and Valerie Lechene (1993), 'Intra Household Allocation of Consumption: A Model and Some Evidence from French Data', *Annales d'Economie et de Statistique*, 29, Progres recents en theorie du consommateur / Recent Advances in Economic Theory, 137–56; http://jezebel.com/5744852/money-has-a-gender
19 https://www.theguardian.com/commentisfree/2017/may/01/conservativesuniversal-credit-hard-work
20 https://docs.gatesfoundation.org/documents/gender-responsive-orientationdocument.pdf
21 Ibid.
22 Gauff, Tonya Major (2009), 'Eliminating the Secondary Earner Bias: Lessons from Malaysia, the United Kingdom, and Ireland', *Northwestern Journal of Law and Social*

70 http://wbg.org.uk/wp-content/uploads/2016/11/De_Henau_Perrons_WBG_CareEconomy_ITUC_briefing_final.pdf
71 http://newlaborforum.cuny.edu/2017/03/03/recognize-reduce-redistributeunpaid-care-work-how-to-close-the-gender-gap/
72 http://wbg.org.uk/wp-content/uploads/2016/11/De_Henau_Perrons_WBG_CareEconomy_ITUC_briefing_final.pdf
73 Ibid.
74 http://wbg.org.uk/wp-content/uploads/2016/11/De_Henau_WBG_childcare_brief-ing3_2017_02_20-1.pdf
75 http://www.mckinsey.com/global-themes/gender-equality/the-powerof-parity-advanc-ing-womens-equality-in-the-united-kingdom
76 http://wbg.org.uk/wp-content/uploads/2016/11/De_Henau_WBG_childcare_brief-ing3_2017_02_20-1.pdf
77 http://www.mckinsey.com/global-themes/gender-equality/the-powerof-parity-advanc-ing-womens-equality-in-the-united-kingdom
78 http://wbg.org.uk/wp-content/uploads/2016/11/De_Henau_WBG_childcare_brief-ing3_2017_02_20-1.pdf
79 Ibid.
80 http://www.gothamgazette.com/city/6326-pre-k-offers-parents-opportunityat-econom-ic-gain
81 Ibid.
82 https://ourworldindata.org/women-in-the-labor-force-determinants
83 http://wbg.org.uk/wp-content/uploads/2016/11/De_Henau_WBG_childcare_brief-ing3_2017_02_20-1.pdf; http://progress.unwomen.org/en/2015/pdf/UNW_progressre-port.pdf
84 http://www.mckinsey.com/global-themes/gender-equality/the-power-of-parity-advanc-ing-womens-equality-in-the-united-kingdom
85 http://wbg.org.uk/wp-content/uploads/2016/11/De_Henau_WBG_childcare_brief-ing3_2017_02_20-1.pdf
86 http://newlaborforum.cuny.edu/2017/03/03/recognize-reduce-redistributeunpaid-care-work-how-to-close-the-gender-gap/

第13章　妻の財布から夫の財布へ

1 https://twitter.com/alex6130/status/872937838488281088
2 https://twitter.com/MaliaBouattia/status/872978158135508992
3 https://twitter.com/DavidLammy/status/873063062483357696
4 https://www.buzzfeed.com/ikrd/we-dont-actually-know-how-many-youngpeople-turned-out-to?utm_term=.yw9j2lr8l#.cqOlx8Aa8
5 https://blog.oxforddictionaries.com/2017/12/14/youthquake-word-ofthe-year-2017-commentary/
6 http://blogs.lse.ac.uk/politicsandpolicy/the-myth-of-the-2017-youthquake-election/

39 Ibid.
40 Ibid.
41 http://progress.unwomen.org/en/2015/pdf/UNW_progressreport.pdf
42 Himmelweit (2002)
43 http://cep.lse.ac.uk/pubs/download/dp1464.pdf
44 https://www.researchgate.net/publication/269288731_Business_training_plus_for_female_entrepreneurship_Short_and_medium-term_experimental_evidence_from_Peru
45 http://www.salute.gov.it/imgs/C_17_pagineAree_431_listaFile_itemName_1_file.pdf
46 http://progress.unwomen.org/en/2015/pdf/UNW_progressreport.pdf
47 http://www.who.int/mediacentre/news/releases/2014/lancet-ageing-series/en/
48 Ibid.
49 https://www.kingsfund.org.uk/projects/time-think-differently/trendsdisease-and-disability-long-term-conditions-multi-morbidity
50 http://ec.europa.eu/eurostat/tgm/table.do?tab=table&language=en&pcode=tps00001&tableSelection=1&footnotes=yes&labeling=labels&plugin=1
51 http://www.salute.gov.it/imgs/C_17_pagineAree_431_listaFile_itemName_1_file.pdf
52 Ibid.
53 http://caringeconomy.org/wp-content/uploads/2015/08/care-crisis-meansbig-trouble.pdf
54 Ibid.
55 http://www.slate.com/blogs/xx_factor/2017/06/20/the_gop_s_plan_to_slash_medicaid_will_shift_a_costly_burden_onto_women_who.html
56 http://progress.unwomen.org/en/2015/pdf/UNW_progressreport.pdf
57 https://www.alzheimersresearchuk.org/wp-content/uploads/2015/03/Women-and-Dementia-A-Marginalised-Majority1.pdf
58 Ibid.
59 http://www.mckinsey.com/global-themes/gender-equality/the-powerof-parity-advancing-womens-equality-in-the-united-kingdom
60 http://www.nytimes.com/2010/06/10/world/europe/10iht-sweden.html
61 https://iwpr.org/publications/impact-equal-pay-poverty-economy/
62 http://wbg.org.uk/wp-content/uploads/2016/11/De_Henau_Perrons_WBG_CareEconomy_ITUC_briefing_final.pdf
63 http://wbg.org.uk/wp-content/uploads/2016/11/De_Henau_WBG_childcare_briefing3_2017_02_20-1.pdf
64 http://progress.unwomen.org/en/2015/pdf/UNW_progressreport.pdf
65 http://wbg.org.uk/wp-content/uploads/2016/11/De_Henau_WBG_childcare_briefing3_2017_02_20-1.pdf
66 Kim, Kijong and Antonopoulos, Rania (2011), 'Working Paper No. 691: Unpaid and Paid Care: The Effects of Child Care and Elder Care on the Standard of Living', Levy Economics Institute of Bard College
67 Ibid.
68 http://hdr.undp.org/sites/default/files/folbre_hdr_2015_final_0.pdf
69 http://newlaborforum.cuny.edu/2017/03/03/recognize-reduce-redistributeunpaid-care-work-how-to-close-the-gender-gap/

13 Sanchez de Madariaga, Ines, 'Mobility of Care: Introducing New Concepts in Urban Transport', in Marion Roberts and Ines Sanchez de Madariaga (eds.) (2013), *Fair Shared Cities: The Impact of Gender Planning in Europe*, Farnham
14 http://hdr.undp.org/sites/default/files/folbre_hdr_2015_final_0.pdf
15 http://progress.unwomen.org/en/2015/pdf/UNW_progressreport.pdf
16 2011年のOECD社会指標に関する報告書には無償労働についての章が含まれていたが、それ以降は取り上げられていない。http://www.oecd-ilibrary.org/docserver/download/8111041e.pdf?expires=1500914228&id=id&accname=guest&checksum=CD8E8A5F41FA84BE66F2291FF893E9F0
17 https://theconversation.com/gender-neutral-policies-are-a-myth-why-weneed-a-womens-budget-55231
18 Himmelweit, Susan (2002), 'Making Visible the Hidden Economy: The Case for Gender-Impact Analysis of Economic Policy', *Feminist Economics*, 8: 1, 49-70, http://dx.doi.org/10.1080/13545700110104864
19 https://www.unison.org.uk/content/uploads/2014/06/On-line-Catalogue224222.pdf
20 http://wbg.org.uk/wp-content/uploads/2017/03/WBG_briefing_Social-Care_Budget-2017_final_JDH_SH_EN_20Mar.pdf
21 Ibid.
22 Ibid.
23 https://www.theguardian.com/lifeandstyle/2012/mar/18/public-sectorcuts-hit-prudent-houseife
24 https://www.unison.org.uk/content/uploads/2014/06/On-line-Catalogue224222.pdf
25 http://wbg.org.uk/wp-content/uploads/2017/03/WBG_briefing_Soc-Security_pre_Budget.pdf
26 https://www.theguardian.com/commentisfree/2017/may/01/conservativesuniversal-credit-hard-work
27 https://wbg.org.uk/news/low-income-women-lose-2000-tax-benefitchanges/
28 http://progress.unwomen.org/en/2015/pdf/UNW_progressreport.pdf; http://wbg.org.uk/wp-content/uploads/2016/12/WBG_Budget2017_Fullresponse-1.pdf
29 http://wbg.org.uk/wp-content/uploads/2016/12/Budget_pressrelease_9Mar17.pdf
30 https://www.legislation.gov.uk/ukpga/2010/15/section/149
31 https://www.theguardian.com/commentisfree/2017/may/01/conservativesuniversal-credit-hard-work
32 Barsh, Joanna and Yee, Lareina (2011), 'Unlocking the full potential of women in the U.S. Economy', McKinsey
33 http://reports.weforum.org/global-gender-gap-report-2015/the-case-forgender-equality/
34 http://ec.europa.eu/eurostat/statistics-explained/index.php/Gender_statistics#Labour_market
35 https://data.worldbank.org/indicator/SL.TLF.CACT.FE.ZS?locations=US
36 Ibid.; https://data.worldbank.org/indicator/SL.TLF.CACT.MA.ZS
37 http://reports.weforum.org/global-gender-gap-report-2015/the-casefor-gender-equality/
38 McKinsey (2015), 'The Power of Parity: how advancing women's equality can add $12 trillion to global growth'

90 https://www.health.harvard.edu/womens-health/treating-premenstrualdysphoric-disorder
91 https://www.researchgate.net/blog/post/why-do-we-still-not-knowwhat-causes-pms
92 http://grantome.com/grant/NIH/R03-TW007438-02
93 https://qz.com/611774/period-pain-can-be-as-bad-as-a-heart-attack-sowhy-arent-we-researching-how-to-treat-it/ (2016)
94 Ibid.
95 http://grantome.com/grant/NIH/R03-TW007438-02
96 Dmitrovic, R., Kunselman, A. R. and Legro, R. S. (2013), 'Sildenafil citrate in the treatment of pain in primary dysmenorrhea: a randomized controlled trial', *Human Reproduction*, 28: 11, 2958-65
97 http://edition.cnn.com/2013/03/27/health/viagra-anniversary-timeline/index.html
98 http://www.clevelandclinicmeded.com/medicalpubs/diseasemanagement/endocrinology/erectile-dysfunction/
99 http://edition.cnn.com/2013/03/27/health/viagra-anniversary-timeline/index.html
100 http://www.telegraph.co.uk/women/life/period-pain-can-feel-badheart-attack-ignored/
101 http://www.who.int/mediacentre/factsheets/fs348/en/
102 https://www.pri.org/stories/2017-05-05/how-trumps-latest-budgetimpacts-women-and-girls-classrooms-cops
103 https://livestream.com/refinerytv/physiology2016/videos/131487028
104 https://www.propublica.org/article/nothing-protects-black-women-fromdying-in-pregnancy-and-childbirth
105 https://edition.cnn.com/2018/02/20/opinions/protect-mother-pregnancy-williams-opinion/index.html
106 https://www.ncbi.nlm.nih.gov/pubmed/26444126

第12章　費用のかからない労働力

1 https://www.thetimes.co.uk/article/review-the-growth-delusion-the-wealthand-wellbeing-of-nations-by-david-pilling-b322223kc
2 https://www.chathamhouse.org/expert/comment/g20-must-push-moreinclusive-gdp
3 https://www.theguardian.com/uk-news/2016/nov/10/doing-the-choresvalued-at-1tn-a-year-in-the-uk
4 http://databank.worldbank.org/data/download/GDP.pdf
5 http://www.oecd.org/dev/development-gender/Unpaid_care_work.pdf
6 http://progress.unwomen.org/en/2015/pdf/UNW_progressreport.pdf
7 https://www.theatlantic.com/business/archive/2016/03/unpaidcaregivers/474894/
8 Ibid.
9 http://progress.unwomen.org/en/2015/pdf/UNW_progressreport.pdf
10 http://www.pwc.com.au/australia-in-transition/publications/understandingthe-unpaid-economy-mar17.pdf
11 http://hdr.undp.org/sites/default/files/folbre_hdr_2015_final_0.pdf
12 Ibid.

61 https://www.birdvilleschools.net/cms/lib/TX01000797/Centricity/Domain/1013/AP%20 Psychology/Femininity.pdf
62 Showalter, Elaine (1985) *The Female Malady: Women, Madness and English Culture 1830–1980*, London 1987
63 https://www.health.harvard.edu/blog/astounding-increase-inantidepressant-use-by-americans-201110203624
64 http://pb.rcpsych.org/content/pbrcpsych/early/2017/01/06/pb.bp.116.054270.full.pdf
65 https://academic.oup.com/painmedicine/article/10/2/289/article
66 Hoffman and Tarzian (2001)
67 Fillingim, R. B., King, C. D., Ribeiro-Dasilva, M. C., Rahim-Williams, B. and Riley, J. L. (2009), 'Sex, Gender, and Pain: A Review of Recent Clinical and Experimental Findings', *Journal of Pain: Official Journal of the American Pain Society*, 10: 5, 447–85
68 https://www.med.unc.edu/ibs/files/educational-gi-handouts/IBS%20in%20Women.pdf
69 https://www.npr.org/sections/health-shots/2012/04/16/150525391/why-women-suffer-more-migraines-than-men
70 https://migraine.com/migraine-statistics/
71 http://www.independent.co.uk/life-style/health-and-families/health-news/will-this-hurt-doctor-much-more-if-you-are-a-woman-907220.html
72 Greenspan, Joel D. et al. (2007), 'Studying sex and gender differences in pain and analgesia: A consensus report', *Pain*, 132, S26–S45
73 Hoffmann and Tarzian (2001)
74 Clayton, Janine Austin (2016), 'Studying both sexes: a guiding principle for biomedicine', *The FASEB Journal*, 30: 2, 519–524
75 http://www.independent.co.uk/life-style/health-and-families/health-news/will-this-hurt-doctor-much-more-if-you-are-a-woman-907220.html
76 http://www.npr.org/templates/story/story.php?storyId=18106275
77 Ibid.
78 https://www.ncbi.nlm.nih.gov/books/NBK92516/
79 http://www.gendermedicine.com/1st/images/Oral02.pdf
80 Kindig, David A. and Cheng, Erika R. (2013), 'Even As Mortality Fell In Most US Counties, Female Mortality Nonetheless Rose In 42.8 Percent Of Counties From 1992 To 2006', *Health Affairs*, 32: 3, 451–8
81 'Gender and Health Knowledge Agenda', May 2015 (ZonMw, Netherlands)
82 http://ajph.aphapublications.org/doi/10.2105/AJPH.2016.303089
83 Ibid.
84 https://www.newscientist.com/article/2081497-women-live-longer-thanmen-but-suffer-more-years-of-poor-health/
85 https://link.springer.com/article/10.1007%2Fs10433-008-0082-8
86 http://www.demographic-research.org/volumes/vol20/19/20-19.pdf
87 http://www.euro.who.int/__data/assets/pdf_file/0006/318147/EWHR16_interactive2.pdf?ua=1
88 https://www.researchgate.net/blog/post/why-do-we-still-not-knowwhat-causes-pms
89 https://www.nhs.uk/conditions/erection-problems-erectile-dysfunction/treatment/

35 United Nations Development Programme (2015), *Discussion Paper: Gender and Tuberculosis*
36 ACTION (Advocacy to Control TB Internationally), 'Women and Tuberculosis: Taking a Look at a Neglected Issue', ACTION, Washington DC, 2010.
37 Ibid.; United Nations Development Programme (2015), *Discussion Paper: Gender and Tuberculosis*
38 ACTION (Advocacy to Control TB Internationally), 'Women and Tuberculosis: Taking a Look at a Neglected Issue', ACTION, Washington DC, 2010; United Nations Development Programme (2015), *Discussion Paper: Gender and Tuberculosis*
39 http://www.wpro.who.int/topics/gender_issues/Takingsexandgenderintoaccount.pdf
40 ACTION (Advocacy to Control TB Internationally), 'Women and Tuberculosis: Taking a Look at a Neglected Issue', ACTION, Washington DC, 2010
41 United Nations Development Programme (2015), *Discussion Paper: Gender and Tuberculosis*
42 ACTION (Advocacy to Control TB Internationally), 'Women and Tuberculosis: Taking a Look at a Neglected Issue', ACTION, Washington DC, 2010.
43 Schiebinger (2014)
44 http://genderedinnovations.stanford.edu/case-studies/hiv.html#tabs-2
45 https://www.scientificamerican.com/article/autism-it-s-different-in-girls/
46 https://www.um.edu.mt/library/oar/handle/123456789/15597
47 https://www.scientificamerican.com/article/autism-it-s-different-in-girls/
48 https://www.um.edu.mt/library/oar/handle/123456789/15597
49 https://www.scientificamerican.com/article/autism-it-s-different-in-girls/
50 https://www.theguardian.com/society/2016/oct/21/m-in-the-middle-girlsautism-publish-novel-limpsfield-grange
51 https://www.gov.uk/government/consultations/adult-autism-strategyguidance-update
52 https://www.theguardian.com/society/2016/oct/21/m-in-the-middle-girlsautism-publish-novel-limpsfield-grange
53 https://www.theatlantic.com/health/archive/2013/04/adhd-is-differentfor-women/381158/?utm_source=quartzfb
54 Hoffman, Diane E. and Tarzian, Anita J. (2001), 'The Girl Who Cried Pain: A Bias Against Women in the Treatment of Pain', *Journal of Law, Medicine & Ethics*, 29, 13–27
55 http://thinkprogress.org/health/2015/05/11/3654568/gender-roleswomen-health/
56 https://www.theguardian.com/society/2017/sep/06/listen-to-womenuk-doctors-issued-with-first-guidance-on-endometriosis
57 https://www.endofound.org/endometriosis
58 https://www.theguardian.com/society/2015/sep/28/endometriosishidden-suffering-millions-women
59 https://www.theguardian.com/society/2017/sep/06/listen-to-womenuk-doctors-issued-with-first-guidance-on-endometriosis
60 http://www.independent.co.uk/news/science/stephen-hawking-sayswomen-are-the-most-intriguing-mystery-in-reddit-ama-a6687246.html

8 Wu, J. et al. (2016), 'Impact of initial hospital diagnosis on mortality for acute myocardial infarction: A national cohort study', *European Heart Journal*, 7: 2
9 https://www.nytimes.com/2014/09/28/opinion/sunday/womens-atypicalheart-attacks.html?_r=0
10 http://heart.bmj.com/content/102/14/1142
11 Ibid.
12 Yoon et al. (2014)
13 http://circ.ahajournals.org/content/133/9/916?sid=beb5f268-4205-4e62-be8f-3caec4c4d9b7
14 https://www.england.nhs.uk/wp-content/uploads/2013/06/a09-cardiprim-percutaneous.pdf
15 https://www.hqip.org.uk/wp-content/uploads/2018/02/nationalaudit-of-percutaneous-coronary-intervention-annual-public-report.pdf
16 https://www.sciencedaily.com/releases/2016/03/160304092233.ht
17 http://heart.bmj.com/content/102/14/1142
18 https://www.sciencedaily.com/releases/2016/03/160304092233.htm
19 Motiwala, Shweta R., Sarma, Amy, Januzzi, James L. and O'Donoghue, Michelle L. (2014), 'Biomarkers in ACS and Heart Failure: Should Men and Women Be Interpreted Differently?', *Clinical Chemistry*, 60: 1
20 'Gender and Health Knowledge Agenda', May 2015 (ZonMw, Netherlands)
21 http://media.leidenuniv.nl/legacy/leru-paper-gendered-research-andinnovation.pdf
22 Ibid.
23 'Gender and Health Knowledge Agenda', May 2015 (ZonMw, Netherlands)
24 Schiebinger, Londa (2014), 'Gendered innovations: harnessing the creative power of sex and gender analysis to discover new ideas and develop new technologies', *Triple Helix*, 1: 9
25 Dijkstra, A. F, Verdonk, P. and Lagro-Janssen, A. L. M. (2008), 'Gender bias in medical textbooks: examples from coronary heart disease, depression, alcohol abuse and pharmacology', *Medical Education*, 42: 10, 1021-8; 'Gender and Health Knowledge Agenda', May 2015 (ZonMw, Netherlands); https://link.springer.com/article/10.1007/s10459-008-9100-z; Holdcroft (2007)
26 Sakalihasan, N., Limet, R. and Defawe, O. D. (2005), 'Abdominal aortic aneurysm', *Lancet*, 365, 1577-89
27 'Gender and Health Knowledge Agenda', May 2015 (ZonMw, Netherlands)
28 http://genderedinnovations.stanford.edu/case-studies/colon.html#tabs-2
29 Ibid.
30 Ibid.
31 http://www.wpro.who.int/topics/gender_issues/Takingsexandgenderintoaccount.pdf
32 United Nations Development Programme (2015), *Discussion Paper: Gender and Tuberculosis*
33 ACTION (Advocacy to Control TB Internationally), 'Women and Tuberculosis: Taking a Look at a Neglected Issue', ACTION, Washington DC, 2010
34 Ibid.

126 Whitley and Lindsey (2009)
127 https://www.washingtonpost.com/news/wonk/wp/2014/06/07/badmedicine-the-awful-drug-reactions-americans-report/?utm_term=.1a7067d-40dce
128 Tharpe, N. (2011), 'Adverse Drug Reactions in Women's Health Care', *Journal of Midwifery & Women's Health*, 56, 205-13
129 https://www.washingtonpost.com/news/wonk/wp/2014/06/07/bad-medicine-the-awful-drug-reactions-americans-report/?utm_term=.1a7067d-40dce
130 Marts and Keitt (2004)
131 Carey, Jennifer L. et al. (2017), 'Drugs and Medical Devices: Adverse Events and the Impact on Women's Health', *Clinical Therapeutics*, 39: 1
132 Yoon et al. (2014)
133 'Gender and Health Knowledge Agenda', May 2015 (ZonMw, Netherlands)
134 https://www.ncbi.nlm.nih.gov/pmc/articles/PMC198535/
135 https://www.hindawi.com/journals/bmri/2011/187103/
136 Ibid.
137 Anderson (2005)
138 Wang, Lishi et al. (2017), 'Sex Differences in Hazard Ratio During Drug Treatment of Non-small-cell Lung Cancer in Major Clinical Trials: A Focused Data Review and Meta-analysis', *Clinical Therapeutics*, 39: 1
139 Ibarra, Vazquez and Fagiolino (2017)
140 Whitley and Lindsey (2009)
141 Ibid.
142 Ibid.

第11章　イエントル症候群

1 https://www.georgeinstitute.org/media-releases/disadvantaged-womenat-greater-risk-of-heart-disease-than-men-0
2 https://www.ncbi.nlm.nih.gov/pmc/articles/PMC4800017/; http://circ.ahajournals.org/content/133/9/916?sid=beb5f268-4205-4e62-be8f-3caec4c4d9b7
3 http://heart.bmj.com/content/102/14/1142
4 http://circ.ahajournals.org/content/133/9/916?sid=beb5f268-4205-4e62-be8f-3caec4c4d9b7 (2016)
5 Ridker, Paul M. et al. (2005), 'A Randomized Trial of Low-Dose Aspirin in the Primary Prevention of Cardiovascular Disease in Women', *New England Journal of Medicine*, 352, 1293-304
6 Johannes, A. N. et al. (2011), 'Aspirin for primary prevention of vascular events in women: individualized prediction of treatment effects', *European Heart Journal*, 32: 23, 2962-9
7 Kruijsdijk, R. C. M. van et al. (2015), 'Individualised prediction of alternateday aspirin treatment effects on the combined risk of cancer, cardiovascular disease and gastrointestinal bleeding in healthy women', *Heart*, 101, 369-76

98 Jutte, Lisa S., Hawkins, Jeremy, Miller, Kevin C., Long, Blaine C. and Knight, Kenneth L. (2012), 'Skinfold Thickness at 8 Common Cryotherapy Sites in Various Athletic Populations', *Journal of Athletic Training*, 47: 2, 170–7
99 Costello, Joseph T., Bieuzen, Francois and Bleakley, Chris M. (2014), 'Where are all the female participants in Sports and Exercise Medicine research?', *European Journal of Sport Science*, 14: 8, 847–51; https://www.sciencenews.org/blog/scicurious/women-sports-are-often-underrepresented-science
100 Faulkner, S. H., Jackson, S., Fatania, G. and Leicht, C. A. (2017), 'The effect of passive heating on heat shock protein 70 and interleukin-6: A possible treatment tool for metabolic diseases?', *Temperature*, 4, 1–13
101 https://theconversation.com/a-hot-bath-has-benefits-similar-to-exercise-74600; http://www.huffingtonpost.com/entry/hot-bath-may-have-similarbenefits-as-exercise_us_58d90aa8e4b03692bea7a930
102 'Gender and Health Knowledge Agenda', May 2015 (ZonMw, Netherlands); http://www.health.harvard.edu/heart-health/gender-matters-heart-diseaserisk-in-women; Dallongeville, J. et al. (2010), 'Gender differences in the implementation of cardiovascular prevention measures after an acute coronary event', *Heart*, 96, 1744–9
103 'Gender and Health Knowledge Agenda', May 2015 (ZonMw, Netherlands)
104 https://theconversation.com/medicines-gender-revolution-how-womenstopped-being-treated-as-small-men-77171
105 https://orwh.od.nih.gov/clinical/women-and-minorities/
106 https://orwh.od.nih.gov/sites/orwh/files/docs/NOT-OD-15-102_Guidance.pdf
107 Yoon et al. (2014)
108 Rees, Teresa (2011), 'The Gendered Construction of Scientific Excellence', *Interdisciplinary Science Reviews*, 36: 2, 133–45
109 Howard, Ehrlich, Gamlen and Oram (2017)
110 Holdcroft (2007)
111 Ibid.
112 Marts and Keitt (2004)
113 http://www.nature.com/news/infections-reveal-inequality-between-the-sexes-1.20131?WT.mc_id=TWT_NatureNews
114 Ortona, Delunardo, Baggio and Malorni (2016)
115 http://www.goretro.com/2014/08/mothers-little-helper-vintage-drug-ads.html
116 https://www.ncbi.nlm.nih.gov/pmc/articles/PMC198535/
117 Ibid.
118 'Gender and Health Knowledge Agenda', May 2015 (ZonMw, Netherlands)
119 https://www.ncbi.nlm.nih.gov/pmc/articles/PMC198535/
120 Ibid.
121 Ibid.
122 http://www.ajmc.com/newsroom/women-taking-stains-faced-increaseddiabetes-risk
123 http://www.health.harvard.edu/heart-health/gender-matters-heart-diseaserisk-in-women
124 Pollitzer (2013)
125 https://www.ncbi.nlm.nih.gov/pmc/articles/PMC4800017/

1254-8
76 https://www.accessdata.fda.gov/drugsatfda_docs/label/2015/022526REMS.pdf
77 https://www.ncbi.nlm.nih.gov/pmc/articles/PMC4800017/; https://www.ncbi.nlm.nih.gov/pubmed/20799923; Howard, Louise M., Ehrlich, Anna M., Gamlen, Freya and Oram, Sian (2017), 'Gender-neutral mental health research is sex and gender biased', *Lancet Psychiatry*, 4: 1, 9-11
78 Marts and Keitt (2004)
79 Parekh, A., Sanhai, W., Marts, S. and Uhl, K. (2007), 'Advancing women's health via FDA Critical Path Initiative', *Drug Discovery Today: Technologies*, 4: 2
80 http://www.nature.com/news/infections-reveal-inequality-between-the-sexes-1.20131?WT.mc_id=TWT_NatureNews
81 Yoon et al. (2014)
82 http://genderedinnovations.stanford.edu/case-studies/colon.html#tabs-2
83 Devries, Michaela C. (2016), 'Sex-based differences in endurance exercise muscle metabolism: impact on exercise and nutritional strategies to optimize health and performance in women', *Experimental Physiology*, 101: 2, 243-9
84 Schiebinger (2014)
85 Zusterzeel, R. et al. (2014), 'Cardiac Resynchronization Therapy in Women: US Food and Drug Administration Meta-analysis of Patient-Level Data', *JAMA Internal Medicine*, 174: 8, 1340-8
86 Woodruff, Teresa K. (2014), 'Sex, equity, and science', *PNAS*, 111: 14, 5, 063-4
87 Nowak, Bernd et al. (2010), 'Do gender differences exist in pacemaker implantation?-results of an obligatory external quality control program', *Europace*, 12, 210-15
88 http://www.smithsonianmag.com/innovation/the-worlds-first-true-artificial-heart-now-beats-inside-a-75-year-old-patient-180948280/?no-ist
89 http://www.syncardia.com/medical-professionals/two-sizes-70cc-50cc.html
90 Sardeli, Amanda Veiga and Chacon-Mikahil, Mara Patricia T. (2016), 'Exercise-Induced Increase as a Risk Factor for Central Arterial Stiffness', Journal of Archives in Military Medicine; http://circ.ahajournals.org/content/110/18/2858; http://www.medscape.com/viewarticle/728571; https://www.ncbi.nlm.nih.gov/pubmed/22267567
91 Collier, Scott R. (2008), 'Sex Differences in the Effects of Aerobic and Anaerobic Exercise on Blood Pressure and Arterial Stiffness', *Gender Medicine*, 5: 2
92 Ibid.
93 Devries (2016)
94 Tarnopolsky, M. A. (2008), 'Sex Differences in Exercise Metabolism and the Role of 17-Beta Estradiol', *Medicine and Science in Sports and Exercise*, 40: 4, 648-54
95 Dick, R. W. (2009), 'Is there a gender difference in concussion incidence and outcomes?', *British Journal of Sports Medicine*, 43, Suppl. I, i46-i50, DOI: 10.1136/bjsm.2009.058172
96 https://thinkprogress.org/scientists-avoid-studying-womens-bodiesbecause-they-get-periods-3fe9d6c39268/
97 Hunter, Sandra K. (2016), 'Sex differences in fatigability of dynamic contractions', *Experimental Physiology*, 101: 2, 250-5

51 http://www.sciencedirect.com/science/article/pii/S0002870310000864
52 Labots, G., Jones, A., Visser, S. J. de, Rissmann, R. and Burggraaf, J. (2018), 'Gender differences in clinical registration trials: is there a real problem?', *British Journal of Clinical Pharmacology*
53 McGregor, Alyson J. (2017), 'The Effects of Sex and Gender on Pharmacologic Toxicity: Implications for Clinical Therapy', *Clinical Therapeutics*, 39: 1
54 Ibid.
55 Ibid.
56 Ibid.
57 Bruinvels, G. et al. (2016), 'Sport, exercise and the menstrual cycle: where is the research?', *British Journal of Sports Medicine*, 51: 6, 487–488
58 Zopf, Y. et al. (2008), 'Women encounter ADRs more often than do men', *European Journal of Clinical Pharmacology*, 64: 999
59 https://www.ncbi.nlm.nih.gov/pmc/articles/PMC198535/
60 Soldin, Offie P., Chung, Sarah H. and Mattison, Donald R. (2011), 'Sex Differences in Drug Disposition', *Journal of Biomedicine and Biotechnology*, 2011: 187103; Anderson, Gail D. (2005), 'Sex And Racial Differences In Pharmacological Response: Where Is The Evidence? Pharmacogenetics, Pharmacokinetics, and Pharmacodynamics', *Journal of Women's Health*, 14: 1, http://online.liebertpub.com.libproxy.ucl.ac.uk/doi/pdf/10.1089/jwh.2005.14.19
61 Anderson (2005)
62 Hughes (2007)
63 Yoon, Dustin Y. et al. (2014), 'Sex bias exists in basic science and translational surgical research', *Surgery*, 156: 3, 508–16
64 https://thinkprogress.org/scientists-avoid-studying-womens-bodiesbecause-they-get-periods-3fe9d6c39268/
65 Yoon et al. (2014)
66 Karp (2017)
67 Hughes (2007)
68 Yoon et al. (2014)
69 Ibid.
70 Ibid.
71 Ortona, Elena, Delunardo, Federica, Baggio, Giovannella and Malorni, Walter (2016), 'A sex and gender perspective in medicine: A new Mandatory Challenge For Human Health', *Ann Ist Super Sanita*, 52: 2, 146–8
72 J. Peretz et al. (2016), 'Estrogenic compounds reduce influenza A virus in primary human nasal epithelial cells derived from female, but not male, donors', *American Journal of Physiology*, 310: 5, 415–425
73 http://protomag.com/articles/pain-women-pain-men
74 https://www.newscientist.com/article/dn28064-female-viagra-has-beenapproved-heres-what-you-need-to-know/
75 Anderson (2005); Whitley, Heather P. and Lindsey, Wesley (2009), 'Sex-Based Differences in Drug Activity', *American Family Physician*, 80: 11 (December 2009),

trials', *International Journal of Cardiology*, 232, 216–21

31 The Henry J. Kaiser Family Foundation (2014), 'Women and HIV/AIDS in the United States'; women also experience different clinical symptoms and complications due to HIV disease

32 http://www.who.int/gender/hiv_aids/hivaids1103.pdf

33 Curno, Mirjam J. et al. (2016), 'A Systematic Review of the Inclusion (or Exclusion) of Women in HIV Research: From Clinical Studies of Antiretrovirals and Vaccines to Cure Strategies', *Journal of Acquired Immune Deficiency Syndrome*, 1: 71(2) (February 2016),. 181–8

34 http://www.wpro.who.int/topics/gender_issues/Takingsexandgenderintoaccount.pdf

35 Ibid.

36 Hughes, Robert N. (2007), 'Sex does matter: comments on the prevalence of male-only investigations of drug effects on rodent behaviour', *Behavioural Pharmacology*, 18: 7, 583–9

37 http://helix.northwestern.edu/article/thalidomide-tragedy-lessons-drugsafety-and-regulation

38 https://www.smh.com.au/national/the-50-year-global-cover-up-20120725-22r5c.html

39 http://broughttolife.sciencemuseum.org.uk/broughttolife/themes/controversies/thalidomide

40 Marts and Keitt (2004)

41 http://foreignpolicy.com/2014/08/20/why-are-so-many-womendying-from-ebola/

42 R. D. Fields (2014), 'Vive la difference requiring medical researchers to test males and females in every experiment sounds reasonable, but it is a bad idea', *Scientific American*, 311, 14

43 Richardson, S. S., Reiches, M., Shattuck-Heidorn, H., LaBonte, M. L. and Consoli, T. (2015), 'Opinion: focus on preclinical sex differences will not address women's and men's health disparities', *Proceedings of the National Academy of Science*, 112, 13419–20

44 Holdcroft, Anita (2007) 'Gender bias in research: how does it affect evidence based medicine?', *Journal of the Royal Society of Medicine*, 100

45 Ibarra, Manuel, Vazquez, Marta and Fagiolino, Pietro (2017), 'Sex Effect on Average Bioequivalence', *Clinical Therapeutics*, 39: 1, 23–33

46 Mergaert, Lut and Lombardo, Emanuela (2014), 'Resistance to implementing gender mainstreaming in EU research policy', in Weiner, Elaine and MacRae, Heather (eds.), 'The persistent invisibility of gender in EU policy', European Integration online Papers (EIoP), special issue 1, Vol. 18, Article 5, 1–21

47 Ibid.

48 Ibid.

49 Hughes (2007)

50 Pinnow, Ellen, Herz, Naomi, Loyo-Berrios, Nilsa and Tarver, Michelle (2014), 'Enrollment and Monitoring of Women in Post-Approval Studies for Medical Devices Mandated by the Food and Drug Adminstration', *Journal of Women's Health*, 23: 3 (March 2014), 218–23

pharmacology', *Medical Education*, 42: 10, 1021–8

6 http://www.marieclaire.com/health-fitness/a26741/doctors-treat-womenlike-men/

7 Dijkstra et al. (2008)

8 Henrich, Janet B. and Viscoli, Catherine M. (2006), 'What Do Medical Schools Teach about Women's Health and Gender Differences?' *Academic Medicine*, 81: 5

9 Song, Michael M. Jones, Betsy G. and Casanova, Robert A. (2016), 'Auditing sex- and gender-based medicine (SGBM) content in medical school curriculum: a student scholar model', *Biology of Sex Differences*, 7: Suppl 1, 40

10 Marts and Keitt (2004)

11 Karp, Natasha A. et al (2017), 'Prevalence of sexual dimorphism in mammalian phenotypic traits', *Nature Communications*, 8: 15475

12 Martha L. Blair (2007), 'Sex-based differences in physiology: what should we teach in the medical curriculum?', *Advanced Physiological Education*, 31, 23–5

13 Ibid.

14 https://www.ncbi.nlm.nih.gov/pmc/articles/PMC4800017/

15 https://theconversation.com/man-flu-is-real-but-women-get-moreautoimmune-diseases-and-allergies-77248

16 https://www.washingtonpost.com/national/health-science/why-do-autoimmune-diseases-affect-women-more-often-than-men/2016/10/17/3e224db2-8429-11e6-ac72-a29979381495_story.html?utm_term=.acef157fc395

17 http://www.nature.com/news/infections-reveal-inequality-between-thesexes-1.20131?WT.mc_id=TWT_NatureNews

18 Ibid.

19 https://www.ncbi.nlm.nih.gov/pmc/articles/PMC4157517/

20 Ibid.

21 http://docs.autismresearchcentre.com/papers/2010_Schwartz_SexSpecific_MolAut.pdf

22 Clayton, Janine Austin (2015), 'Studying both sexes: a guiding principle for biomedicine', http://www.fasebj.org/content/early/2015/10/28/fj.15-279554.full.pdf+html

23 Ibid.

24 Ibid.

25 https://theconversation.com/not-just-about-sex-throughout-our-bodiesthousands-of-genes-act-differently-in-men-and-women-86613

26 Holdcroft, Anita, Snidvongs, Saowarat and Berkley, Karen J. (2011), 'Incorporating Gender and Sex Dimensions in Medical Research', *Interdisciplinary Science Reviews*, 36: 2, 180–92

27 'Gender and Health Knowledge Agenda', May 2015, ZonMw, Netherlands, http://www.genderportal.eu/sites/default/files/resource_pool/Gender%20%26%20Health%20Knowledge%20Agenda_0.pdf

28 Pollitzer, Elizabeth (2013), 'Cell sex matters', *Nature*, 500, 23–24

29 Londa Schiebinger (2014), 'Gendered innovations: harnessing the creative power of sex and gender analysis to discover new ideas and develop new technologies', *Triple Helix*, 1: 9

30 Cristiana Vitale et al. (2017), 'Under-representation of elderly and women in clinical

term=.5ec23738142a

53 Linder, Astrid and Svedberg, Wanna (2018), 'Occupant Safety Assessment in European Regulatory Tests: Review of Occupant Models, Gaps and Suggestion for Bridging Any Gaps', conference paper, 'Road Safety on Five Continents' South Korea, May 2018

54 http://sciencenordic.com/gender-equality-crash-test-dummies-too

55 Linder and Svedberg (2018)

56 United States Government Publishing Office, 'U.S. Code of Federal Regulations. 2011. 49 CFR U, -2RE Side Impact Crash Test Dummy, 50th Percentile Adult Male'. http://www.gpo.gov/fdsys/granule/CFR-2011-title49-vol7/CFR-2011-title49-vol7-part572-subpartU

57 Linder and Svedberg (2018)

58 http://genderedinnovations.stanford.edu/case-studies/crash.html#tabs-2

59 http://media.leidenuniv.nl/legacy/leru-paper-gendered-research-andinnovation.pdf; Londa Schiebinger and Martina Schraudner (2011), 'Interdisciplinary Approaches to Achieving Gendered Innovations in Science, Medicine, and Engineering', *Interdisciplinary Science Reviews*, 36: 2 (June 2011), 154-67

60 http://genderedinnovations.stanford.edu/case-studies/crash.html#tabs-2

61 'Gendered Innovations: How Gender Analysis Contributes to Research' (2013)

62 http://genderedinnovations.stanford.edu/case-studies/crash.html#tabs-2

63 https://www.washingtonpost.com/local/trafficandcommuting/femaledummy-makes-her-mark-on-male-dominated-crash-tests/2012/03/07/gIQANBLjaS_story.html?utm_term=.5ec23738142a

64 'Gendered Innovations: How Gender Analysis Contributes to Research' (2013)

65 http://content.tfl.gov.uk/travel-in-london-understanding-our-diversecommunities.pdf; http://www.wnyc.org/story/283137-census-data-show-publictransit-gender-gap/

66 https://eur-lex.europa.eu/resource.html?uri=cellar:41f89a28-1fc6-4c92-b1c8-03327d1b1ecc.0007.02/DOC_1&format=PDF

第10章　薬が効かない

1 Marts, Sherry A. and Keitt, Sarah (2004), 'Principles of Sex-based Differences in Physiology: Foreword: a historical overview of advocacy for research in sex based biology', *Advances in Molecular and Cell Biology*, 34, 1-333

2 A Medline search shows that the male norm remains, as practice guidelines and research examples are still often expressed in terms of the typical 70 kg man: Marts and Keitt (2004)

3 Pages 17-18

4 Plataforma SINC (2008), 'Medical Textbooks Use White, Heterosexual Men As A 'Universal Model', *ScienceDaily*, <https:www.sciencedaily.com/releases/2008/10/081015132108.htm>.

5 Dijkstra, A. F, Verdonk, P. and Lagro-Janssen, A. L. M. (2008), 'Gender bias in medical textbooks: examples from coronary heart disease, depression, alcohol abuse and

29 Yin, Hujun et al eds. (2016), *Intelligent Data Engineering and Automated Learning*, Proceedings of the 17th International Conference, Yangzhou China
30 https://www.theatlantic.com/technology/archive/2014/12/how-selftracking-apps-exclude-women/383673/
31 https://www.afdb.org/en/blogs/investing-in-gender-equality-for-africa%E2%80%99s-transformation/post/technology-women-and-africaaccess-use-creation-and-leadership-13999/
32 https://www.bloomberg.com/news/articles/2016-06-23/artificialintelligence-has-a-sea-of-dudes-problem
33 http://interactions.acm.org/archive/view/january-february-2014/areyou-sure-your-software-is-gender-neutral
34 http://foreignpolicy.com/2017/01/16/women-vs-the-machine/
35 https://www.bloomberg.com/news/articles/2016-06-23/artificialintelligence-has-a-sea-of-dudes-problem
36 https://www.ncwit.org/sites/default/files/resources/btn_03232017_web.pdf
37 https://www.ft.com/content/ca324dcc-dcb0-11e6-86ac-f253db7791c6
38 https://www.theverge.com/2016/1/11/10749932/vr-hardware-needs-to-fitwomen-too
39 https://mic.com/articles/142579/virtual-reality-has-a-sexual-harassmentproblem-what-can-we-do-to-stop-it#.ISQgjAanK
40 https://mic.com/articles/157415/my-first-virtual-reality-groping-sexualassault-in-vr-harassment-in-tech-jordan-belamire#.5lnAqHFW1
41 http://uploadvr.com/dealing-with-harassment-in-vr/
42 Ibid.
43 https://www.newscientist.com/article/2115648-posture-could-explain-whywomen-get-more-vr-sickness-than-men/
44 https://www.newscientist.com/article/dn3628-women-need-widescreenfor-virtual-navigation
45 https://qz.com/192874/is-the-oculus-rift-designed-to-be-sexist/
46 https://www.washingtonpost.com/local/trafficandcommuting/femaledummy-makes-her-mark-on-male-dominated-crash-tests/2012/03/07/gIQANBLjaS_story.html?utm_term=.5ec23738142a
47 'Gendered Innovations: How Gender Analysis Contributes to Research' (2013), report of the Expert Group 'Innovation Through Gender' (chairperson: Londa Schiebinger, rapporteur: Ineke Klinge), Directorate General for Research and Innovation, Luxembourg: Publications Office of the European Union
48 https://crashstats.nhtsa.dot.gov/Api/Public/ViewPublication/811766
49 https://www.washingtonpost.com/local/trafficandcommuting/female-dummy-makes-her-mark-on-male-dominated-crash-tests/2012/03/07/gIQANBLjaS_story.html?utm_term=.5ec23738142a
50 http://genderedinnovations.stanford.edu/case-studies/crash.html#tabs-2
51 Ibid.
52 https://www.washingtonpost.com/local/trafficandcommuting/femaledummy-makes-her-mark-on-male-dominated-crash-tests/2012/03/07/gIQANBLjaS_story.html?utm_

they-talk-about-female-entrepreneurs

8 https://www.newyorker.com/business/currency/why-arent-mothersworth-anything-to-venture-capitalists/amp

9 https://www.bcg.com/publications/2018/why-women-owned-startups-arebetter-bet.aspx

10 https://www.bi.edu/research/business-review/articles/2014/03/personalityfor-leadership/

11 https://www.bcg.com/publications/2018/how-diverse-leadershipteams-boost-innovation.aspx

12 http://www.bbc.co.uk/news/health-39567240

13 http://blogs.wsj.com/accelerators/2014/08/08/theresia-gouw-nomore-pipeline-excuses/

14 http://science.sciencemag.org/content/355/6323/389

15 http://www.theverge.com/2014/9/25/6844021/apple-promiseda-n-expansive-health-app-so-why-cant-i-track

16 https://www.theatlantic.com/technology/archive/2014/12/how-selftracking-apps-exclude-women/383673/; http://www.theverge.com/2014/9/25/6844021/apple-promised-an-expansive-health-app-so-why-cant-i-track; http://www.techtimes.com/articles/16574/20140926/apple-healthkit-periodtracker.htm; http://nymag.com/thecut/2014/09/new-iphone-grossed-outby-our-periods.html

17 http://www.telegraph.co.uk/technology/news/8930130/Apple-iPhonesearch-Siri-helps-users-find-prostitutes-and-Viagra-but-not-an-abortion.html

18 https://well.blogs.nytimes.com/2016/03/14/hey-siri-can-i-rely-on-youin-a-crisis-not-always-a-study-finds/

19 https://medium.com/hh-design/the-world-is-designed-for-mend06640654491#.piekpq2tt

20 https://www.theatlantic.com/technology/archive/2014/12/how-selftracking-apps-exclude-women/383673/

21 Lupton, Deborah (2015), 'Quantified sex: a critical analysis of sexual and reproductive self-tracking using apps', *Culture, Health & Sexuality*, 17: 4

22 Nelson, M. Benjamin, Kaminsky, Leonard A., D. Dickin, Clark and Montoye, Alexander H. K. (2016), 'Validity of Consumer-Based Physical Activity Monitors for Specific Activity Types', *Medicine & Science in Sports & Exercise*, 48: 8, 1619–28

23 Murakami, H., Kawakami, R., Nakae, S., Nakata, Y., Ishikawa-Takata, K., Tanaka, S. and Miyachi, M. (2016), 'Accuracy of Wearable Devices for Estimating Total Energy Expenditure: Comparison With Metabolic Chamber and Doubly Labeled Water Method', *JAMA Internal Medicine*, 176: 5, 702–3

24 http://genderedinnovations.stanford.edu/case-studies/robots.html#tabs-2

25 Wolfson, Leslie, Whipple, Robert, Derby, Carl A., Amerman, Paula and Nashner, Lewis (1994), Gender Differences in the Balance of Healthy Elderly as Demonstrated by Dynamic Posturography, *Journal of Gerontology*, 49: 4, 160–167; Stevens, J. A. and Sogolow, E. D. (2005), 'Gender differences for non-fatal unintentional fall related injuries among older adults', *Injury Prevention*, 11, 115–19

26 Ibid.

27 https://www.ncbi.nlm.nih.gov/pmc/articles/PMC4750302/

28 Chang, Vicky C. and Minh, T. (2015), 'Risk Factors for Falls Among Seniors: Implications of Gender', *American Journal of Epidemiology*, 181: 7, 521–31

32 http://www.natcorp.ox.ac.uk/corpus/index.xml?ID=intro
33 http://www.natcorp.ox.ac.uk/docs/URG/BNCdes.html #body.1_div.1_div.5_div.1
34 https://corpus.byu.edu/bnc/5
35 For example: he = 633,413, she = 350,294, himself = 28,696, herself = 15,751
36 He = 3,825,660, she = 2,002,536, himself = 140,087, herself = 70,509
37 Chang, K., Ordonez, V., Wang, T., Yatskar, M. and Zhao, J. (2017), 'Men Also Like Shopping: Reducing Gender Bias Amplification using Corpus-level Constraints', *CoRR*, abs/1707.09457.
38 https://www.eurekalert.org/pub_releases/2015-04/uow-wac040915.php
39 Caliskan, A., Bryson, J. J. and Narayanan, A. (2017), 'Semantics derived automatically from language corpora contain human-like biases', *Science*, 356: 6334, 183-6, https://doi.org/10.1126/science.aal4230
40 Bolukbasi, Tolga, Chang, Kai-Wei, Zou, James, Saligrama, Venkatesh and Kalai, Adam (2016), 'Man is to Computer Programmer as Woman is to Homemaker? Debiasing Word Embeddings', 30th Conference on Neural Information Processing Systems (NIPS 2016), Barcelona, http://papers.nips.cc/paper/6228-man-is-to-computer-programmer-as-woman-is-to-homemaker-debiasing-word-embeddings.pdf
41 Chang et al. (2017)
42 https://www.wired.com/story/machines-taught-by-photos-learn-a-sexistview-of-women?mbid=social_fb
43 https://metode.org/issues/monographs/londa-schiebinger.html
44 https://phys.org/news/2016-09-gender-bias-algorithms.html
45 https://www.theguardian.com/science/2016/sep/01/how-algorithmsrule-our-working-lives
46 https://www.theguardian.com/technology/2018/mar/04/robotsscreen-candidates-for-jobs-artificial-intelligence?CMP=twt_gu
47 https://www.techemergence.com/machine-learning-medical-diagnostics-4-current-applications/
48 http://www.bbc.co.uk/news/health-42357257
49 Bolukbasi et al. (2016)

第9章　男だらけ

1 https://www.bloomberg.com/amp/news/articles/2017-09-21/a-smartbreast-pump-mothers-love-it-vcs-don-t
2 Ibid.
3 https://www.newyorker.com/business/currency/why-arent-mothers-worthanything-to-venture-capitalists/amp
4 Ibid.
5 Ibid.
6 Ibid.
7 https://hbr.org/2017/05/we-recorded-vcs-conversations-and-analyzedhow-differently-

7 'Small hands? Try this Keyboard, You'll Like It', *Piano & Keyboard Magazine* (July/August 1998)
8 Boyle, Boyle and Booker (2015)
9 https://deviceatlas.com/blog/most-popular-smartphone-screen-sizes-2017
10 http://www.telegraph.co.uk/technology/apple/iphone/11335574/Womenmore-likely-to-own-an-iPhone-than-men.html
11 https://medium.com/technology-and-society/its-a-mans-phone-a26c6-bee1b69#.mk-7sjtewi
12 http://www.sciencedirect.com/science/article/pii/S1013702515300270
13 http://www.sciencedirect.com/science/article/pii/S1050641108001909
14 http://www.sciencedirect.com/science/article/pii/S1013702515300270
15 http://ac.els-cdn.com/S0169814115300512/1-s2.0-S0169814115300512-main.pdf?_tid=4235fa34-f81e-11e6-a430-00000aab0f26&acdnat=1487672132_c2148a0040de-f1129abc7acffe03e57d
16 Ibid.
17 http://www.sciencedirect.com/science/article/pii/S0169814116300646; http://ac.els-cdn.com/S0003687011000962/1-s2.0-S0003687011000962-main.pdf?_tid=f0a12b58-f81d-11e6-af6b-00000aab0f26&acdnat=1487671995_41cfe19ea98e87fb7e3e693bdddaba6e; http://www.sciencedirect.com/science/article/pii/S1050641108001909
18 https://www.theverge.com/circuitbreaker/2016/7/14/12187580/keecok1-hexagon-phone-for-women
19 https://www.theguardian.com/technology/askjack/2016/apr/21/canspeech-recognition-software-help-prevent-rsi
20 https://makingnoiseandhearingthings.com/2016/07/12/googlesspeech-recognition-has-a-gender-bias/
21 http://blog-archive.griddynamics.com/2016/01/automatic-speechrecognition-services.html
22 https://www.autoblog.com/2011/05/31/women-voice-command-systems/
23 https://www.ncbi.nlm.nih.gov/pubmed/27435949
24 American Roentgen Ray Society (2007), 'Voice Recognition Systems Seem To Make More Errors With Women's Dictation', *ScienceDaily*, 6 May 2007; Rodger, James A. and Pendharkar, Parag C. (2007), 'A field study of database communication issues peculiar to users of a voice activated medical tracking application', *Decision Support Systems*, 43: 1 (1 February 2007), 168-80, https://doi.org/10.1016/j.dss.2006.08.005.
25 American Roentgen Ray Society (2007)
26 http://techland.time.com/2011/06/01/its-not-you-its-it-voice-recognitiondoesnt-recognize-women/
27 https://www.ncbi.nlm.nih.gov/pmc/articles/PMC2994697/
28 http://www.aclweb.org/anthology/P08-1044
29 https://www.ncbi.nlm.nih.gov/pmc/articles/PMC2790192/
30 http://www.aclweb.org/anthology/P08-1044
31 http://groups.inf.ed.ac.uk/ami/corpus/; http://www1.icsi.berkeley.edu/Speech/papers/gelbart-ms/numbers/; http://www.voxforge.org/

46 Crewe (1997), in Grillo and Stirrat (eds.)
47 http://www.washplus.org/sites/default/files/bangladesh-consumer_preference2013.pdf
48 http://answers.practicalaction.org/our-resources/item/building-a-betterstove-the-sri-lanka-experience#
49 Crewe (1997), in Grillo and Stirrat (eds.)
50 http://www.ideasrilanka.org/PDFDownloads/Cook%20Stoves%20in%20Sri%20LAnka.pdf
51 http://www.gender-summit.eu/images/Reports/Gender_and_inclusive_innovation_Gender_Summit_report.pdf
52 http://www.gender-summit.eu/images/Reports/Gender_and_inclusive_innovation_Gender_Summit_report.pdf
53 http://www.poverty-action.org/study/demand-nontraditional-cookstoves-bangladesh
54 https://www.se4all-africa.org/fileadmin/uploads/se4all/Documents/Abidjan_workshop_2016/SE_gender_GACC.PDF
55 https://news.yale.edu/2012/06/29/despite-efforts-change-bangladeshiwomen-prefer-use-pollution-causing-cookstoves
56 Petrics et al. (2015)
57 http://answers.practicalaction.org/our-resources/item/building-abetter-stove-the-sri-lanka-experience#
58 https://www.se4all-africa.org/fileadmin/uploads/se4all/Documents/Abidjan_workshop_2016/SE_gender_GACC.PDF
59 https://www.thesolutionsjournal.com/article/how-a-simple-inexpensive-device-makes-a-three-stone-hearth-as-efficient-as-an-improvedcookstove/
60 Parigi, Fabio, Viscio, Michele Del, Amicabile, Simone, Testi, Matteo, Rao, Sailesh, Udaykumar, H. S. (2016), 'High efficient Mewar Angithi stove testing in rural Kenya', 7th International Renewable Energy Congress (IREC)
61 http://www.green.it/mewar-angithi/

第8章　男性向け＝万人向け

1 https://www.ncbi.nlm.nih.gov/pubmed/5550584; http://www.who.int/gender/documents/Genderworkhealth.pdf; Boyle, Rhonda and Boyle, Robin (2009), 'Hand Size and the Piano Keyboard. Literature Review and aSurvey of the Technical and Musical Benefits for Pianists using Reduced-Size Keyboards in North America', 9th Australasian Piano Pedagogy Conference, Sydney; Boyle, Rhonda, Boyle, Robin and Booker, Erica (2015), 'Pianist Hand Spans: Gender and Ethnic Differences and Implications For Piano Playing, 15th Australasian Piano Pedagogy Conference, Melbourne 2015
2 Boyle, Boyle and Booker (2015); Boyle and Boyle (2009)
3 Boyle, Boyle and Booker (2015)
4 Ibid.
5 Ibid.
6 http://www.smallpianokeyboards.org/hand-span-data.html

of-development-statistics-doesnt-add-up

19 Doss (2011)

20 Petrics, H. et al. (2015), 'Enhancing the potential of family farming for poverty reduction and food security through gender-sensitive rural advisory services', UN/FAO

21 Ibid.

22 Ibid.

23 Ibid.

24 https://www.gatesfoundation.org/What-We-Do/Global-Development/Agricultural-Development/Creating-Gender-Responsive-Agricultural-Development-Programs We receive some grant proposals that do not account for gender differences and do not consider how agricultural initiatives may benefit or hinder women or men.

25 http://data2x.org/wp-content/uploads/2014/08/What-Is-Wrong-with-Dataon-Women-and-Girls_November-2015_WEB_1.pdf

26 Petrics et al. (2015)

27 http://people.brandeis.edu/~nmenon/Draft04_Womens_Empowerment_and_Economic_Development.pdf

28 https://docs.gatesfoundation.org/documents/gender-responsive-orientationdocument.pdf

29 Doss (2011)

30 http://www.poverty-action.org/study/demand-nontraditional-cookstoves-bangladesh

31 http://greenwatchbd.com/70000−improved-stoves-distributed-to-combatindoor-pollution/

32 http://www.sciencedirect.com/science/article/pii/S0160412016307358

33 Crewe, Emma et al. (2015), 'Building a Better Stove: The Sri Lanka Experience', Practical Action, Sri Lanka

34 http://www.sciencedirect.com/science/article/pii/S0160412016307358

35 Ibid.

36 Ibid.; https://www.unicef.org/health/files/health_africamalaria.pdf

37 http://greenwatchbd.com/70000−improved-stoves-distributed-tocombat-indoor-pollution/

38 https://www.unicef.org/environment/files/Bangladesh_Case_Study_2014.pdf

39 http://www.unwomen.org/en/news/stories/2012/4/green-cook-stovesimproving-women-s-lives-in-ghana#sthash.IZM4RsCG.dpuf

40 http://www.sciencedirect.com/science/article/pii/S0160412016307358

41 Crewe, Emma (1997), 'The Silent Traditions of Developing Cooks', in R. D. Grillo and R. L. Stirrat (eds.), *Discourses of Development*, Oxford

42 Ibid.

43 http://www.gender-summit.eu/images/Reports/Gender_and_inclusive_innovation_Gender_Summit_report.pdf

44 http://www.unwomen.org/-/media/headquarters/attachments/sections/library/publications/2014/unwomen_surveyreport_advance_16oct.pdf?vs=2710

45 Fatema, Naureen (2005), 'The Impact of Structural Gender Differences and its Consequences on Access to Energy in Rural Bangladesh', Asia Sustainable and Alternative Energy Program (ASTAE), Energy Wing of the World Bank Group

2: 6, 84–93

4 Leyk, D., Gorges, W., Ridder, D., Wunderlich, M., Ruther, T., Sievert, A. and Essfeld, D. (2007), 'Hand-grip strength of young men, women and highly trained female athletes', *European Journal of Applied Physiology*, 99, 415–21

5 Lewis, D. A., Kamon, E. and Hodgson, J. L. (1986), 'Physiological Differences Between Genders Implications for Sports Conditioning', *Sports Medicine*, 3, 357–69; Rice, Valerie J. B., Sharp, Marilyn A., Tharion, William J. and Williamson, Tania L. (1996), 'The effects of gender, team size, and a shoulder harness on a stretcher-carry task and post-carry performance. Part II. A mass-casualty simulation', *International Journal of Industrial Ergonomics*, 18, 41–9; Miller, A. E., MacDougall, J. D., Tarnopolsky, M. A. and Sale, D. G. (1993), 'Gender differences in strength and muscle fiber characteristic', *European Journal of Applied Physiology*, 66: 3, 254–62

6 Lewis et al. (1986)

7 Zellers, Kerith K. and Hallbeck, M. Susan (1995), 'The Effects of Gender, Wrist and Forearm Position on Maximum Isometric Power Grasp Force, Wrist Force, and their Interactions', *Proceedings of the Human Factors and Ergonomics Society Annual Meeting*, 39: 10, 543–7; Bishu, Ram R., Bronkema, Lisa A, Garcia, Dishayne, Klute, Glenn and Rajulu, Sudhakar (1994), 'Tactility as a function of Grasp force: effects of glove, orientation, pressure, load and handle', *NASA technical paper 3474* May 1994; Puh, Urška (2010), 'Age-related and sex-related differences in hand and pinch grip strength in adults', *International Journal of Rehabilitation Research*, 33: 1

8 https://www.ft.com/content/1d73695a-266b-11e6-8b18-91555f2f4fde

9 Leyk et al. (2007)

10 Alesina, Alberto F., Giuliano, Paola and Nunn, Nathan (2011), 'On the Origins of Gender Roles: Women and the Plough', *Working Paper 17098*, National Bureau of Economic Research (May 2011)

11 Ibid.

12 Gella, A. A., Tadele, Getnet (2014), 'Gender and farming in Ethiopia: an exploration of discourses and implications for policy and research', FAC Working Paper, *Future Agricultures*, 84: 15

13 http://www.fao.org/3/a-am309e.pdf; http://www.greenpeace.org/international/en/news/Blogs/makingwaves/international-womens-day-2017-change/blog/58902/; https://www.theguardian.com/global-development/2014/oct/16/world-food-day-10-myths-hunger; http://cmsdata.iucn.org/downloads/climate_change_gender.pdf

14 Doss, Cheryl (2011), 'If women hold up half the sky, how much of the world's food do they produce?', *ESA Working Paper No. 11*, Agricultural Development Economics Division, FAO

15 World Bank (2014), 'Levelling the Field: Improving Opportunities for Women Farmers in Africa'

16 https://openknowledge.worldbank.org/bitstream/handle/10986/15577/wps6436.pdf?sequence=1&isAllowed=y

17 Ibid.

18 https://www.theguardian.com/global-development/2016/apr/07/leaving-womengirls-out-

32 https://www.nytimes.com/interactive/2014/08/13/us/starbucks-workersscheduling-hours.html
33 Ibid.
34 https://www.brookings.edu/wp-content/uploads/2017/10/es_121917_the51percent_ebook.pdf
35 https://www.ituc-csi.org/IMG/pdf/women.pdf; https://publications.parliament.uk/pa/cm201719/cmselect/cmwomeq/725/72504.htm
36 https://www.tuc.org.uk/sites/default/files/Women_and_casualisation.pdf
37 http://endviolence.un.org/pdf/pressmaterials/unite_the_situation_en.pdf
38 http://www.scmp.com/news/china/society/article/2054525/young-chinesewomen-dare-say-no-workplace-sexual-harassment-says
39 https://www.ncbi.nlm.nih.gov/pubmed/19862867
40 https://www.tuc.org.uk/sites/default/files/SexualHarassmentreport2016.pdf
41 https://www.elephantinthevalley.com/
42 Brophy, James T., Keith, Margaret M. and Hurley, Michael (2018), 'Assaulted and Unheard: Violence Against Healthcare Staff', *NEW SOLUTIONS: A Journal of Environmental and Occupational Health Policy*, 27: 4, 581–606
43 Ibid.
44 https://www.tuc.org.uk/sites/default/files/SexualHarassmentreport2016.pdf; https://qz.com/931653/indias-long-history-with-sexual-harassment-at-workplaces/; http://economictimes.indiatimes.com/magazines/panache/predators-atthe-workplace-india-inc-yet-to-commit-to-law-against-sexual-harassment/articleshow/57830600.cms; http://indianexpress.com/article/india/38-per-centwomen-say-they-faced-sexual-harassment-at-workplace-survey-4459402/; https://today.yougov.com/news/2017/04/25/nearly-third-women-have-been-sexuallyharassed-work/; https://www.theguardian.com/money/2016/jul/22/sexualharassment-at-work-roger-ailes-fox-news; https://www.elephantinthevalley.com/; https://interagencystandingcommittee.org/system/files/hwn_full_survey_results_may_2016.pdf
45 https://www.theguardian.com/money/2016/jul/22/sexual-harassment-atwork-roger-ailes-fox-news; https://www.elephantinthevalley.com/; https://interagencystandingcommittee.org/system/files/hwn_full_survey_results_may_2016.pdf;
46 https://www.tuc.org.uk/sites/default/files/SexualHarassmentreport2016.pdf
47 https://hbr.org/2014/10/hacking-techs-diversity-problem; https://hbr.org/2008/06/stopping-the-exodus-of-women-in-science

第7章　犂《すき》の仮説

1 https://blog.oup.com/2013/06/agriculture-gender-roles-norms-society/
2 Ibid.
3 Sağğiroğlu, İsa, Kurt, Cem, Omurlu, İmran Kurt and Catikkaş, Fatih (2017), 'Does Hand Grip Strength Change With Gender? The Traditional Method vs. the Allometric Normalisation Method', *European Journal of Physical Education and Sports Science*,

6 https://www.nytimes.com/2015/05/11/nyregion/nail-salon-workers-innyc-face-hazardous-chemicals.html; 'Breast Cancer and Occupation: The Need for Action: APHA Policy Statement Number 20146, Issued November 18, 2014', *NEW SOLUTIONS: A Journal of Environmental and Occupational Health Policy*

7 Vogel, Sarah A. (2009)

8 https://www.nytimes.com/2015/05/10/nyregion/at-nail-salons-in-nycmanicurists-are-underpaid-and-unprotected.html

9 https://www.nytimes.com/2015/05/10/nyregion/at-nail-salons-in-nycmanicurists-are-underpaid-and-unprotected.html

10 https://www.theguardian.com/world/2017/sep/11/slavery-report-soundsalarm-over-vietnamese-nail-bar-workers

11 https://www.theguardian.com/commentisfree/2018/jan/05/nail-barsmodern-slavery-discount-salons-booming-exploitation

12 https://www.theguardian.com/world/2017/sep/11/slavery-reportsounds-alarm-over-vietnamese-nail-bar-workers

13 https://www.tuc.org.uk/sites/default/files/the-gig-is-up.pdf

14 https://www.tuc.org.uk/sites/default/files/Women_and_casualisation_0.pdf

15 https://www.ituc-csi.org/IMG/pdf/Women_8_march_EN.pdf

16 https://www.unison.org.uk/content/uploads/2014/06/On-line-Catalogue224222.pdf

17 Ibid.

18 http://survation.com/women-on-low-paid-zero-hours-contracts-survationfor-fawcett-society/

19 https://www.tuc.org.uk/sites/default/files/the-gig-is-up.pdf

20 http://www.ucu.org.uk/media/6882/Zero-hours-contracts-a-UCU-briefing-Mar-14/pdf/ucu_zerohoursbriefing_mar14.pdf

21 https://www.hesa.ac.uk/files/pre-release/staff_1516_table_B.xlsx

22 Best, Kathinka, Sinell, Anna, Heidingsfelder, Marie Lena and Schraudner, Martina (2016), 'The gender dimension in knowledge and technology transfer - the German case', *European Journal of Innovation Management*, 19: 1, 2–25

23 A. Hellum and H. Aasen (eds.) (2013), *Women's Human Rights: CEDAW in International, Regional and National Law (Studies on Human Rights Conventions)* (Cambridge University Press, Cambridge)

24 https://www.oecd.org/japan/japan-improving-the-labour-market-outcomesof-women.pdf

25 https://krueger.princeton.edu/sites/default/files/akrueger/files/katz_krueger_cws_-_march_29_20165.pdf

26 TUC (2017), 'The gig is up', https://www.tuc.org.uk/sites/default/files/the-gig-is-up.pdf

27 Rubery, Jill, Grimshaw, Damian and Figueiredo, Hugo (2005), 'How to close the gender pay gap in Europe: towards the gender mainstreaming of pay policy', *Industrial Relations Journal*, 36: 3, 184–213

28 https://www.tuc.org.uk/sites/default/files/Women_and_casualisation.pdf

29 Ibid.

30 Ibid.

31 Ibid.

Military Operational Medicine', Office of the Surgeon General, Department of the Army, United States of America; Knapik, Joseph and Reynolds, Katy (2012), 'Load Carriage in Military Operations A Review of Historical, Physiological, Biomechanical, and Medical Aspects', Walter Reed Army Medical Center, US Army Medical Department Center & School

48 https://assets.publishing.service.gov.uk/government/uploads/system/uploads/attachment_data/file/389575/20141218_WGCC_Findings_Paper_Final.pdf

49 Ibid.

50 ibid.

51 http://www.independent.co.uk/news/world/americas/dressed-to-kill-usarmy-finally-designs-a-female-uniform-that-fits-2274446.html

52 https://www.washingtontimes.com/news/2015/may/14/military-pressedto-design-line-of-women-friendly-/

53 https://www.tuc.org.uk/sites/default/files/PPEandwomenguidance.pdf

54 https://blogs.scientificamerican.com/voices/one-more-barrier-facedby-women-in-science/

55 https://www.tuc.org.uk/sites/default/files/PPEandwomenguidance.pdf

56 https://www.wes.org.uk/sites/default/files/WES%20safety%20survey%20results%20March%202010.pdf

57 http://www.prospect.org.uk/news/id/2016/June/21/Women-workers-highlightproblems-with-ill-fitting-protective-equipment

58 https://www.tuc.org.uk/sites/default/files/2016-01299-Leaflet-booklet-Women%27s-PPE-One-Size-Does-Not-Fit-All-Version-26-09-2016%20%282%29.pdf

59 http://nycosh.org/wp-content/uploads/2014/09/Women-in-Constructionfinal-11-8-13-2.pdf

60 http:www.prospect.org.uk/news/id/2016/June/21/Women-workershighlight-problems-with-ill-fitting-protective-equipment

61 https://www.tuc.org.uk/sites/default/files/PPEandwomenguidance.pdf

62 https://www.theguardian.com/world/2016/sep/25/spain-guardia-civil-sexism-womenbulletproof-jackets?client=safari

63 Ibid.

64 https://www.tuc.org.uk/sites/default/files/PPEandwomenguidance.pdf

第6章　片っぽの靴ほどの価値もない

1 Vogel, Sarah A. (2009), The Politics of Plastics: The Making and Unmaking of Bisphenol A 'Safety', *American Journal of Public Health*. 99: 3, 559-566

2 http://www.washingtonpost.com/wp-dyn/content/article/2008/04/15/AR2008041501753.html

3 Vogel, Sarah A. (2009)

4 Ibid.

5 Ibid.

21 Scott, Dayna Nadine and Lewis, Sarah (2014), 'Sex and Gender in Canada's Chemicals Management Plan', in Scott, Dayna Nadine (ed.), *Our Chemical Selves: Gender, Toxics, and Environmental Health*, Vancouver
22 Rochon Ford (2014)
23 Scott and Lewis (2014)
24 Rochon Ford (2014)
25 Scott and Lewis (2014)
26 Ibid.
27 Rochon Ford (2014)
28 Scott and Lewis (2014)
29 'Breast Cancer and Occupation: The Need for Action: APHA Policy Statement Number 20146, Issued November 18, 2014', *NEW SOLUTIONS: A Journal of Environmental and Occupational Health Policy*
30 Rochon Ford (2014)
31 Brophy et al. (2012)
32 'Breast Cancer and Occupation: The Need for Action: APHA Policy Statement Number 20146, Issued November 18, 2014', *NEW SOLUTIONS: A Journal of Environmental and Occupational Health Policy*
33 https://www.theguardian.com/lifeandstyle/2015/may/05/osha-healthwomen-breast-cancer-chemicals-work-safety
34 https://www.theguardian.com/lifeandstyle/2015/apr/30/fda-cosmeticshealth-nih-epa-environmental-working-group
35 Rochon Ford (2014); Brophy et al. (2012); Scott and Lewis (2014)
36 Scott and Lewis (2014)
37 Brophy et al. (2012)
38 Scott and Lewis (2014)
39 http://www.hazards.org/compensation/meantest.htm
40 'Designing Tools and Agricultural Equipment for Women', poster produced by Aaron M. Yoder, Ann M. Adams and Elizabeth A. Brensinger, for 2014 Women in Agriculture Educators National Conference
41 http://nycosh.org/wp-content/uploads/2014/09/Women-in-Constructionfinal-11-8-13-2.pdf
42 Myles, Kimberly and Binseel, Mary S. (2007), 'The Tactile Modality: A Review of Tactile Sensitivity and Human Tactile Interfaces', Army Research Laboratory
43 http://www.afpc.af.mil/About/Air-Force-Demographics/
44 https://www.gov.uk/government/uploads/system/uploads/attachment_data/file/389575/20141218_WGCC_Findings_Paper_Final.pdf
45 https://www.theguardian.com/uk-news/2013/nov/24/female-raf-recruitscompensation-marching-injuries
46 Laperriere, Eve, Messing, Karen and Bourbonnais, Renee (2017), 'Work activity in food service: The significance of customer relations, tipping practices and gender for preventing musculoskeletal disorders', *Applied Ergonomics*, 58, 89–101
47 Friedl, Karl E. (2012), 'Military Quantitative Physiology: Problems and Concepts in

第5章　ヘンリー・ヒギンズ効果

1 Kingma, Boris and Marken Lichtenbelt, Wouter van (2015), 'Energy consumption in buildings and female thermal demand,' *Nature Climate Change*, 5, 1054-6
2 https://www.nytimes.com/2015/08/04/science/chilly-at-work-a-decadesold-formula-may-be-to-blame.html?_r=0
3 http://www.hse.gov.uk/statistics/history/historical-picture.pdf
4 http://www.hse.gov.uk/statistics/pdf/fatalinjuries.pdf
5 https://www.cdc.gov/mmwr/preview/mmwrhtml/mm4822a1.htm
6 https://www.bls.gov/news.release/cfoi.nr0.htm
7 https://www.equaltimes.org/the-invisible-risks-facing-working?lang=en#.W0oUw9gzrOT
8 Ibid
9 http://www.hazards.org/vulnerableworkers/ituc28april.htm
10 https://www.equaltimes.org/the-invisible-risks-facing-working?lang=en#.WsyCV9MbPOS
11 Messing, K. (in press), 'Fighting invisibility in the workplace: the struggle to protect health and support equality in the workplace' In Greaves, Lorraine (ed.) *A History of Women's Health in Canada*, Second Story Press.
12 Cote, Julie (2012), 'A critical review on physical factors and functional characteristics that may explain a sex/gender difference in work-related neck/shoulder disorders', *Ergonomics*, 55: 2, 173-82
13 http://www.hse.gov.uk/statistics/causdis/cancer/cancer.pdf?pdf=cancer
14 Rochon Ford, Anne (2014), "Overexposed, Underinformed": Nail Salon Workers and Hazards to Their Health / A Review of the Literature National Network on Environments and Women's Health', RPSFM (Reseau pancanadien sur la sante des femmes et le milieu)
15 http://www.hazards.org/vulnerableworkers/ituc28april.htm
16 'Breast Cancer and Occupation: The Need for Action: APHA Policy Statement Number 20146, Issued November 18, 2014', *NEW SOLUTIONS: A Journal of Environmental and Occupational Health Policy*; Rochon Ford (2014)
17 'Breast Cancer and Occupation: The Need for Action: APHA Policy Statement Number 20146, Issued November 18, 2014'; Brophy, James T., Keith, Margaret M. et al. (2012), 'Breast cancer risk in relation to occupations with exposure to carcinogens and endocrine disruptors: a Canadian case-control study', *Environmental Health*, 11: 87
18 Rochon Ford (2014)
19 http://www.passblue.com/2017/07/05/females-exposed-to-nuclearradiation-are-far-likelier-than-males-to-suffer-harm/
20 Phillips, Ann M. (2014), 'Wonderings on Pollution and Women's Health', in Scott, Dayna Nadine (ed.), *Our Chemical Selves: Gender, Toxics, and Environmental Health*, Vancouver

54 http://gap.hks.harvard.edu/effects-gender-stereotypic-and-counter-stereotypic-textbook-images-science-performance
55 https://www.cs.cmu.edu/afs/cs/project/gendergap/www/papers/anatomy-WSQ99.html
56 Light, Jennifer S. (1999), 'When Computers Were Women', *Technology and Culture*, 40: 3, 455–483
57 Ensmenger, Nathan L. (2010), *The Computer Boys Take Over: Computers, Programmers, and the Politics of Technical Expertise*, Cambridge MA
58 https://www.theatlantic.com/business/archive/2016/09/what-programmingspast-reveals-about-todays-gender-pay-gap/498797/
59 http://thecomputerboys.com/wp-content/uploads/2011/06/cosmopolitanapril-1967-1-large.jpg
60 https://www.theatlantic.com/business/archive/2016/09/what-programmingspast-reveals-about-todays-gender-pay-gap/498797/
61 Ensmenger, Nathan L. (2010)
62 Ibid.
63 https://www.hfobserver.com/exclusive-content/q4-top-recruitingdepartment-hires-and-an-acquisition/
64 https://www.theguardian.com/science/2016/sep/01/how-algorithmsrule-our-working-lives
65 https://www.theatlantic.com/technology/archive/2013/11/your-job-theirdata-the-most-important-untold-story-about-the-future/281733/
66 https://onlinelibrary.wiley.com/doi/abs/10.1111/j.1471-6402.2008.00454.x; Hannah Riley Bowles, Linda Babcock and Lei Lai (2007), 'Social incentives for gender differences in the propensity to initiate negotiations: Sometimes it does hurt to ask', *Organizational Behavior and Human Decision Processes*, 103, 84–103.
67 https://www.nytimes.com/2012/08/23/technology/in-googles-inner-circlea-falling-number-of-women.html
68 https://www.physiology.org/doi/10.1152/advan.00085.2017
69 https://www.newyorker.com/magazine/2017/11/20/the-tech-industrysgender-discrimination-problem
70 https://medium.com/@triketora/where-are-the-numbers-cb997a57252
71 http://www.independent.co.uk/news/business/news/workplace-genderquotas-incompetence-efficiency-business-organisations-london-schooleconomics-lse-a7797061.html
72 http://web.mit.edu/fnl/volume/184/hopkins.html
73 http://www.cwf.ch/uploads/press/ABusinessCaseForWomen.pdf
74 https://madebymany.com/stories/can-a-few-well-chosen-words-improve-inclusivity
75 Gaucher, D., Friesen, J. and Kay, A. C. (2011), 'Evidence that gendered wording in job advertisements exists and sustains gender inequality', *Journal of Personality and Social Psychology*, 101: 1, 109–28
76 https://www.theatlantic.com/business/archive/2015/12/meritocracy/418074/
77 Castilla, Emilio J. (2015), 'Accounting for the Gap: A Firm Study Manipulating Organizational Accountability and Transparency in Pay Decisions', *Organization Science*, 26: 2, 311–33

39 https://www.theguardian.com/lifeandstyle/womens-blog/2015/feb/13/female-academics-huge-sexist-bias-students

40 http://activehistory.ca/2017/03/shes-hot-female-sessional-instructorsgender-bias-and-student-evaluations/

41 Storage, Daniel, Home, Zachary, Cimpian, Andrei and Leslie, Sarah-Jane (2016), 'The Frequency of "Brilliant" and "Genius" in Teaching Evaluations Predicts the Representation of Women and African Americans across Fields', *PLoS ONE* 11: 3; Leslie, Sarah-Jane, Cimpian, Andrei, Meyer, Meredith and Freeland, Edward (2015), 'Expectations of brilliance underlie gender distributions across academic disciplines', *Science*, 347: 6219, 262-5; Meyer, Meredith, Cimpian, Andrei and Leslie, Sarah-Jane (2015), 'Women are underrepresented in fields where success is believed to require brilliance', *Frontiers in Psychology*, 6: 235

42 Banchefsky, Sarah, Westfall, Jacob, Park, Bernadette and Judd, Charles M. (2016), 'But You Don't Look Like A Scientist!: Women Scientists with Feminine Appearance are Deemed Less Likely to be Scientists', *Sex Roles*, 75: 3-4, 95-109

43 Bian, Lin, Leslie, Sarah-Jane and Cimpian, Andrei (2017), 'Gender stereotypes about intellectual ability emerge early and influence children's interests', *Science*, 355: 6323, 389-391

44 https://genderedinnovations.stanford.edu/institutions/bias.html

45 https://www.theguardian.com/commentisfree/2016/may/31/women-scienceindustry-structure-sexist-courses-careers

46 Grunspan, Daniel Z., Eddy, Sarah L., Brownell, Sara E., Wiggins, Benjamin L., Crowe, Alison J., Goodreau, Steven M. (2016), 'Males Under-Estimate Academic Performance of Their Female Peers in Undergraduate Biology Classrooms', *PLoS ONE*, 11: 2

47 Schmader, Toni, Whitehead, Jessica and Wysocki, Vicki H. (2007), 'A Linguistic Comparison of Letters of Recommendation for Male and Female Chemistry and Biochemistry Job Applicants', *Sex Roles*, 57: 7-8, 509-14; Madera, Juan M., Hebl, Michelle R. and Martin, Randi C. (2009), 'Gender and letters of recommendation for academia: Agentic and communal differences', *Journal of Applied Psychology*, 94: 6, 1591-9; Dutt, Kuheli, Pfaff, Danielle L., Bernstein, Ariel F., Dillard, Joseph S. and Block, Caryn J. (2016), 'Gender differences in recommendation letters for postdoctoral fellowships in geoscience', *Nature Geoscience*, 9, 805-8

48 Madera et al. (2009)

49 https://www.nature.com/news/women-postdocs-less-likely-than-men-toget-a-glowing-reference-1.20715

50 Trix, Frances and Psenka, Carolyn (2003), 'Exploring the Color of Glass: Letters of Recommendation for Female and Male Medical Faculty', *Discourse & Society*, 14: 2, 191-220

51 Ibid.

52 Madera at al. (2009)

53 Nielsen, Mathias Wullum, Andersen, Jens Peter, Schiebinger, Londa and Schneider, Jesper W. (2017), 'One and a half million medical papers reveal a link between author gender and attention to gender and sex analysis', *Nature Human Behaviour*, 1, 791-6

International Organization; Mitchell, Sara McLaughlin, Lange, Samantha and Brus, Holly (2013), 'Gendered Citation Patterns in International Relations', *Journal of International Studies Perspectives*, 14: 4, 485–92

23 King, Molly M., Bergstrom, Carl T., Correll, Shelley J., Jacquet, Jennifer, and West, Jevin D. (2017), 'Men Set Their Own Cites High: Gender and Self-citation across Fields and over Time' *Socius: Sociological Research for a Dynamic World*, 3: 1–22

24 Bagilhole, Barbara and Goode, Jackie (2001), 'The Contradiction of the Myth of Individual Merit, and the Reality of a Patriarchal Support System in Academic Careers: A Feminist Investigation', *European Journal of Women's Studies*, 8: 2, 161–80

25 Krawczyk, Michał (2017), Are all researchers male? Gender misattributions in citations, *Scientometrics*, 110: 3, 1397–1402

26 https://www.nytimes.com/2015/11/12/upshot/even-famous-femaleeconomists-get-no-respect.html

27 https://www.nytimes.com/2016/01/10/upshot/when-teamwork-doesntwork-for-women.html?mcubz=1

28 Knobloch-Westerwick, Glynn and Huge (2013)

29 https://foreignpolicy.com/2016/04/19/how-to-get-tenure-if-yourea-woman-academia-stephen-walt/

30 https://www.chronicle.com/article/Thanks-for-Listening/233825

31 http://www.cbc.ca/news/canada/british-columbia/female-profs-morework-1.4473910

32 Mitchell, Sara McLaughlin and Hesli, Vicki L., 'Women Don't Ask? Women Don't Say No? Bargaining and Service in the Political Science Profession, *PS: Political Science & Politics*, 46: 2, 355–369; Guarino, Cassandra M. and Borden, Victor M. H. (2017), 'Faculty Service Loads and Gender: Are Women Taking Care of the Academic Family?', *Research in Higher Education*, 58: 6 672–694

33 https://hbr.org/2018/03/for-women-and-minorities-to-get-ahead-managersmust-assign-work-fairly; Laperriere, Eve, Messing, Karen and Bourbonnais, Renee (2017), 'Work activity in food service: The significance of customer relations, tipping practices and gender for preventing musculoskeletal disorders', *Applied Ergonomics*, 58, 89–101

34 Guarino and Borden (2017); Baker, Maureen (2012), *Academic Careers and the Gender Gap*, Canada; Gibney, Elizabeth (2017), 'Teaching load could put female scientists at career disadvantage', *Nature*, https://www.nature.com/news/teaching-load-could-put-female-scientists-at-career-disadvantage-1.21839; Women and Science Unit (2011), *White Paper on the Position of Women in Science in Spain*, UMYC

35 Amy Bug (2010), 'Swimming against the unseen tide', *Phys. World*, 23: 08; Boring, Anne, Ottoboni, Kellie and Stark, Philip B. (2016), 'Student evaluations of teaching (mostly) do not measure teaching effectiveness' *ScienceOpen Research*

36 Boring, Anne, Ottoboni, Kellie and Stark, Philip B. (2016)

37 http://activehistory.ca/2017/03/shes-hot-female-sessional-instructorsgender-bias-andf-student-evaluations/

38 MacNell, Lillian, Driscoll, Adam and Hunt, Andrea N. (2015), 'What's in a Name: Exposing Gender Bias in Student Ratings of Teaching', *Innovative Higher Education*, 40: 4, 291–303

Benard, Stephen (2010), 'The Paradox of Meritocracy in Organizations', *Administrative Science Quarterly*, 55: 4, 543–676

5 Reynolds, Jeremy and Xian, He (2014), 'Perceptions of meritocracy in the land of opportunity', *Research in Social Stratification and Mobility*, 36, 121–37

6 Castilla and Benard (2010)

7 http://fortune.com/2014/08/26/performance-review-gender-bias/

8 Castilla and Benard (2010)

9 http://stateofstartups.firstround.com/2016/#highlights-diversity-prediction

10 Uhlmann, Eric Luis and Cohen, Geoffrey L. (2007), '"I think it, therefore it's true": Effects of self-perceived objectivity on hiring discrimination', *Organizational Behavior and Human Decision Processes*, 104: 2, 207–23; Castilla and Benard (2010)

11 https://www.newyorker.com/magazine/2017/11/20/the-tech-industrysgender-discrimination-problem

12 Ibid.

13 https://hbr.org/2014/10/hacking-techs-diversity-problem

14 https://www.theatlantic.com/magazine/archive/2017/04/why-is-siliconvalley-so-awful-to-women/517788/

15 http://www.latimes.com/business/la-fi-women-tech-20150222–story.html#page=1

16 Reynolds and Xian (2014)

17 Handley, Ian M., Brown, Elizabeth R., Moss-Racusin, Corinne A. and Smith, Jessi L. (2015), 'Quality of evidence revealing subtle gender biases in science is in the eye of the beholder', *Proceedings of the National Academy of Sciences of the United States of America*, 112: 43, 13201–13206

18 https://erc.europa.eu/sites/default/files/document/file/Gender_statistics_April_2014.pdf; Wenneras, C. and Wold, A. (1997), 'Nepotism and sexism in peer-review', *Nature*, 387: 341; Milkman, Katherine L., Akinola, Modupe and Chugh, Dolly (2015), 'What Happens Before? A Field Experiment Exploring How Pay and Representation Differentially Shape Bias on the Pathway Into Organizations', *Journal of Applied Psychology*, 100: 6, 1678–712; Knobloch-Westerwick, Silvia, Glynn, Carroll J. and Huge, Michael (2013), 'The Matilda Effect in Science Communication', *Science Communication*, 35: 5, 603–25; Kaatz, Anna, Gutierrez, Belinda and Carnes, Molly (2014), 'Threats to objectivity in peer review: the case of gender', *Trends Pharmacol Sci.*, 35: 8, 371–3; Women and Science Unit (2011), *White Paper on the Position of Women in Science in Spain*, UMYC

19 Women and Science Unit (2011); https://foreignpolicy.com/2016/04/19/how-to-get-tenure-if-youre-a-woman-academia-stephen-walt/

20 Roberts, Sean G. and Verhoef, Tessa (2016), 'Double-blind reviewing at EvoLang 11 reveals gender bias', *Journal of Language Evolution*, 1: 2, 163–67

21 Budden, Amber E., Tregenza, Tom, Aarssen, Lonnie W., Koricheva, Julia, Leimu, Roosa and Lortie, Christopher J. (2008), 'Double-blind review favours increased representation of female authors', *Trends in Ecology & Evolution*, 23: 1, 4–6

22 Knobloch-Westerwick, Glynn and Huge (2013); Maliniak, Daniel, Powers, Ryan and Walter, Barbara F. (2013), 'The Gender Citation Gap in International Relations',

115 https://fivethirtyeight.com/features/why-women-are-no-longercatching-up-to-men-on-pay/
116 European Parliament (2017), *Gender Equality and Taxation in the European Union*
117 http://www.undp.org/content/dam/undp/library/gender/Gender%20and%20Poverty%20Reduction/Taxation%20English.pdf
118 Schiebinger and Gilmartin (2010)
119 https://www.ft.com/content/60729d68-20bb-11e5-aa5a-398b2169cf79
120 http://www.economist.com/news/briefing/21599763-womens-lowlystatus-japanese-workplace-has-barely-improved-decades-and-country
121 http://stats.oecd.org/index.aspx?queryid=54757
122 http://money.cnn.com/2016/10/16/news/economy/japan-companieswomen-careers-nissan/index.html
123 http://www.economist.com/news/briefing/21599763-womens-lowlystatus-japanese-workplace-has-barely-improved-decades-and-country
124 https://www.oecd.org/japan/japan-improving-the-labour-market-outcomesof-women.pdf
125 https://ec.europa.eu/research/science-society/document_library/pdf_06/structural-changes-final-report_en.pdf
126 https://www.theatlantic.com/sexes/archive/2013/07/for-female-scientiststheres-no-good-time-to-have-children/278165/
127 https://work.qz.com/1156034/nobel-prize-winner-christiane-nussleinvolhard-is-helping-women-scientists-pay-to-outsource-household-chores/
128 http://genderpolicyreport.umn.edu/tax-proposals-a-missed-opportunityfor-addressing-implicit-gender-bias/; European Parliament (2017), *Gender Equality and Taxation in the European Union*
129 https://www.irs.gov/businesses/small-businesses-self-employed/deductingbusiness-expenses
130 http://fortune.com/2016/07/23/expense-policies-hurt-women/
131 https://www.gingerbread.org.uk/policy-campaigns/publications-index/statistics/
132 https://singlemotherguide.com/single-mother-statistics/
133 Fawcett Society (2017), *Does Local Government Work for Women?*

第4章　実力主義という神話

1 Goldin, Claudia and Rouse, Cecilia (2000), 'Orchestrating Impartiality: The Impact of 'Blind' Auditions on Female Musicians', *American Economic Review*, 90: 4, 715–41
2 http://www.stltoday.com/entertainment/arts-and-theatre/in-orchestrasa-sea-change-in-gender-proportions/article_25cd8c54-5ca4-529f-bb98-8c5b08c64434.html
3 https://nyphil.org/about-us/meet/musicians-of-the-orchestra
4 Kunovich, Sheri and Slomczynski, Kazimierz M. (2007), 'Systems of Distribution and a Sense of Equity: A Multilevel Analysis of Meritocratic Attitudes in Post-industrial Societies', *European Sociological Review*, 23: 5, 649–63; Castilla., Emilio J. and

89 http://www.slate.com/articles/double_x/doublex/2013/06/female_academics_pay_a_heavy_baby_penalty.html
90 Ibid.
91 https://www.nytimes.com/2016/06/26/business/tenure-extension-policiesthat-put-women-at-a-disadvantage.html
92 Ibid.
93 https://hardsci.wordpress.com/2016/06/28/dont-change-your-familyfriendly-tenure-extension-policy-just-yet/
94 http://ec.europa.eu/eurostat/statistics-explained/images/3/39/Employment_rate_by_sex%2C_age_group_20-64%2C_1993-2016_%28%25%29.png
95 https://qz.com/266841/economic-case-for-paternity-leave/
96 https://www.oecd.org/policy-briefs/parental-leave-where-are-the-fathers.pdf
97 https://www.theguardian.com/world/2015/may/28/swedish-fatherspaid-paternity-parental-leave
98 https://www.oecd.org/policy-briefs/parental-leave-where-are-the-fathers.pdf
99 https://www.theguardian.com/money/2017/mar/22/force-men-totake-fater-only-parental-leave-experts-urge-mps
100 https://qz.com/266841/economic-case-for-paternity-leave/
101 https://www.ft.com/content/f3154b96-e0c5-11e5-8d9b-e88a2a889797
102 https://www.nytimes.com/2014/11/09/upshot/paternity-leave-the-rewardsand-the-remaining-stigma.html
103 http://www.nytimes.com/2010/06/10/world/europe/10iht-sweden.html
104 http://fortune.com/2014/10/25/7-companies-with-the-best-perks-for-parents/
105 https://www.nytimes.com/2012/08/23/technology/in-googles-inner-circlea-falling-number-of-women.html
106 http://www.businessinsider.com/evernote-pays-for-its-employees-to-havetheir-houses-cleaned-2012-10?IR=T
107 https://www.elle.com/culture/career-politics/g28143/the-best-lactationrooms-across-america/
108 http://time.com/money/4972232/12-companies-with-the-most-luxurious-employee-perks/
109 http://www.slate.com/blogs/xx_factor/2017/05/16/apple_s_new_headquarters_apple_park_has_no_child_care_center_despite_costing.html
110 http://www.kff.org/other/poll-finding/kaiser-family-foundationnewyork-timescbs-news-non-employed-poll/
111 https://www.flexjobs.com/blog/post/stats-about-remote-andflexible-work-2017-predictions/
112 https://www.nbcnews.com/business/business-news/why-are-bigcompanies-calling-their-remote-workers-back-office-n787101
113 https://timewise.co.uk/wp-content/uploads/2017/06/Timewise-Flexible-Jobs-Index-2017.pdf
114 Goldin, Claudia (2014), ‘A Grand Gender Convergence: Its Last Chapter,’ *American Economic Review*, American Economic Association, 104: 4, 1091-119

64 Kalb (2018)
65 Strang and Broeks (2016)
66 https://www.nytimes.com/2012/08/23/technology/in-googles-inner-circlea-falling-number-of-women.html
67 https://www.oecd.org/els/soc/PF2_1_Parental_leave_systems.pdf
68 Kalb (2018)
69 https://www.maternityaction.org.uk/2017/03/the-truth-is-that-ukmaternity-pay-is-amongst-the-lowest-in-europe/
70 https://www.oecd.org/els/soc/PF2_1_Parental_leave_systems.pdf
71 https://www.chathamhouse.org/publications/twt/brexit-isn-t-just-blokes
72 http://www.europarl.europa.eu/RegData/etudes/ATAG/2016/593543/EPRS_ATA(2016)593543_EN.pdf
73 https://politicalscrapbook.net/2017/10/mays-new-brexit-minister-wantsto-ditch-eu-laws-protecting-pregnant-women-and-vulnerable-workers/#more-67848
74 https://www.fawcettsociety.org.uk/Handlers/Download.ashx?IDMF=0de4f7f0-d1a0-4e63-94c7-5e69081caa5f
75 https://www.standard.co.uk/news/politics/councillor-dumped-fromauthority-over-time-off-after-giving-birth-prematurely-10122410.html
76 https://www.weforum.org/agenda/2016/08/these-10-countries-havethe-best-parental-leave-policies-in-the-world
77 http://uk.businessinsider.com/maternity-leave-worldwide-2017-8/#us-thefamily-and-medical-leave-act-provides-up-to-12-weeks-unpaid-leave-but-itdoesnt-apply-to-everyone-5
78 https://www.brookings.edu/wp-content/uploads/2017/06/es_20170606_paidfamilyleave.pdf
79 https://www.bloomberg.com/news/articles/2017-11-09/malaysia-sgiving-working-moms-a-better-maternity-deal-than-u-s
80 http://prospect.org/article/beware-paid-family-leave-fig-leaf-gop-tax-plan
81 https://www.bls.gov/ncs/ebs/benefits/2017/ebbl0061.pdf
82 https://www.independent.co.uk/news/world/americas/paid-maternity-leaveus-worst-countres-world-donald-trump-family-leave-plan-women-republican-social-a7606036.html
83 Blau, Francine D. and Kahn, Lawrence M. (2013), 'Female Labor Supply: Why is the US Falling Behind?', *The American Economic Review*, 103: 3, 251-256
84 https://www.nytimes.com/2018/02/20/upshot/why-a-republican-plan-forpaid-leave-has-stirred-concern-about-social-security.html
85 http://crr.bc.edu/working-papers/how-much-does-motherhood-costwomen-in-social-security-benefits/
86 第10章を参照のこと。
87 http://www.slate.com/blogs/xx_factor/2017/05/17/cdc_data_says_women_in_their_thirties_are_having_more_babies_than_women.html
88 https://www.theatlantic.com/sexes/archive/2013/07/for-female-scientiststheres-no-good-time-to-have-children/278165/

40 http://www.fawcettsociety.org.uk/wp-content/uploads/2016/04/Closingthe-Pensions-Gap-Web.pdf
41 Fawcett Society (2018), *Sex Discrimination Law Review*
42 http://www.fawcettsociety.org.uk/wp-content/uploads/2016/04/Closingthe-Pensions-Gap-Web.pdf
43 https://www.closethegap.org.uk/content/gap-statistics/
44 https://www.ons.gov.uk/employmentandlabourmarket/peopleinwork/earningsandworkinghours/bulletins/annualsurveyofhoursandearnings/2017provisionaland2016revisedresults
45 https://www.statista.com/statistics/280691/median-hourly-earnings-forpart-time-employees-in-the-uk-since-2006/
46 Levanon, Asaf, England, Paula and Allison, Paul (2009) 'Occupational Feminization and Pay: Assessing Causal Dynamics Using 1950–2000 U.S. Census Data', *Social Forces*, 88: 2, 865–891
47 Pan, Jessica (2015), 'Gender Segregation in Occupations: The Role of Tipping and Social Interactions', *Journal of Labor Economics*, 33: 2, 365–408
48 https://www.oecd.org/dev/development-gender/Unpaid_care_work.pdf
49 Fawcett Society (2018), *Sex Discrimination Law Review*
50 Ibid.
51 http://newlaborforum.cuny.edu/2017/03/03/recognize-reduce-redistributeunpaid-care-work-how-to-close-the-gender-gap/
52 http://progress.unwomen.org/en/2015/pdf/UNW_progressreport.pdf
53 Ibid.
54 Ibid.
55 https://www.unisa.edu.au/Global/EASS/HRI/Austen,%20Sharp%20and%20Hodgson%202015.pdf
56 http://www.fawcettsociety.org.uk/wp-content/uploads/2016/04/Closingthe-Pensions-Gap-Web.pdf
57 http://www.bbc.co.uk/news/business-39040132
58 http://www.fawcettsociety.org.uk/wp-content/uploads/2016/04/Closingthe-Pensions-Gap-Web.pdf
59 http://progress.unwomen.org/en/2015/pdf/UNW_progressreport.pdf
60 http://newlaborforum.cuny.edu/2017/03/03/recognize-reduce-redistributeunpaid-care-work-how-to-close-the-gender-gap/
61 http://progress.unwomen.org/en/2015/pdf/UNW_progressreport.pdf
62 Kalb, Guyonne (2018), 'Paid Parental Leave and Female Labour Supply: A Review', *Economic Record*, 94: 304, 80–100; Strang, Lucy and Broeks, Miriam (2016), 'Maternity leave policies: Trade-offs between labour market demands and health benefits for children', European Union; https://www.dol.gov/wb/resources/paid_parental_leave_in_the_united_states.pdf (2014)
63 Rossin-Slater, Maya, Ruhm, Christopher J. and Waldfogel, Jane (2011), 'The Effects of California's Paid Family Leave Program on Mothers' Leave-Taking and Subsequent Labor Market Outcomes', *NBER Working Paper No. 17715*; Kalb (2018)

16 Ibid.
17 Ibid.
18 Ibid.
19 https://www.bls.gov/opub/ted/2015/time-spent-in-leisure-activities-in-2014-by-gender-age-and-educational-attainment.htm
20 https://www.ons.gov.uk/peoplepopulationandcommunity/wellbeing/articles/menenjoy-fivehoursmoreleisuretimeperweekthanwomen/2018-01-09
21 Dinh, Strazdins and Welsh (2017)
22 http://www3.weforum.org/docs/GGGR16/WEF_Global_Gender_Gap_Report_2016.pdf
23 http://siteresources.worldbank.org/EXTSOCIALDEVELOPMENT/Resources/244362-1265299949041/6766328-1270752196897/Gender_Infrastructure2.pdf
24 L. Schiebinger and S. K. Gilmartin (2010), 'Housework is an academicissue', *Academe*, 96: 39-44
25 https://www.newscientist.com/article/2085396-childcare-and-houseworkare-what-give-women-more-heart-problems/
26 Kilpi, F., Konttinen, H., Silventoinen, K., Martikainen, P. (2015) 'Living arrangements as determinants of myocardial infarction incidence and survival: A prospective register study of over 300,000 Finnish men and women', *Social Science & Medicine*, 133, 93-100
27 http://www.independent.co.uk/life-style/husbands-create-extra-sevenhours-of-house-work-a-week-a6885951.html
28 https://theconversation.com/census-2016-women-are-still-disadvantagedby-the-amount-of-unpaid-housework-they-do-76008
29 https://www.inc.com/tom-popomaronis/science-says-you-shouldnt-workmore-than-this-number-of-hours-a-day.html?cid=cp01002wired
30 https://www.theguardian.com/lifeandstyle/2018/jan/15/is-28-hoursideal-working-week-for-healthy-life
31 http://www.hse.gov.uk/statistics/causdis/stress/stress.pdf?pdf=stress
32 http://www.ilo.org/dyn/normlex/en/f?p=NORMLEXPUB:12100:0::NO::P12100_ILO_CODE:C030
33 Virtanen, M., Ferrie, J. E., Singh-Manoux, A. et al. (2011), 'Long working hours and symptoms of anxiety and depression: a 5-year follow-up of the Whitehall II study', *Psychological Medicine*, 41: 12, 2485-94
34 Shields, M. (1999) 'Long working hours and health', *Health Reports*, 11: 2, 33-48
35 Dinh, Strazdins and Welsh (2017)
36 Dembe, Allard E. and Yao, Xiaoxi (2016), 'Chronic Disease Risks From Exposure to Long-Hour Work Schedules Over a 32-Year Period', *MPH Journal of Occupational & Environmental Medicine*, 58: 9, 861-7
37 Ibid.
38 https://www.usatoday.com/story/life/entertainthis/2017/01/08/ryangosling-golden-globes-acceptance-speech-eva-mendes/96330942/
39 https://www.theguardian.com/lifeandstyle/2018/mar/03/spot-workingmother-happy-busy-caretaker

why-arent-we-designing-cities-that-work-for-women-not-just-men
85 https://www.theguardian.com/cities/2014/dec/05/if-women-builtcities-what-would-our-urban-landscape-look-like
86 http://www.dailytitan.com/2013/11/workout-culture-subconsciouslyreinforces-sexist-norms/ http://www.telegraph.co.uk/women/womens-life/11587175/Womens-fitness-What-men-really-think-about-women-in-the-gym.html
87 Irschik, Elisabeth and Kail, Eva, 'Vienna: Progress Towards a Fair Shared City', in Roberts, Marion and Sanchez de Madariaga, Ines (eds.) (2013)
88 http://www.wpsprague.com/research-1/2017/1/6/more-girls-to-parkscase-study-of-ein-siedler-park-viennamilota-sidorova
89 http://civitas.eu/sites/default/files/civ_pol-an2_m_web.pdf
90 https://malmo.se/download/18.1388f79a149845ce3b9ff3/1491301765672/F%C3%B6rstudie+j%C3%A4mstalld+stadsplanering+Add+Gender+2013.pdf
91 https://malmo.se/download/18.1388f79a149845ce3b9102b/1491300931437/Presentation+0120913.pdf
92 http://webbutik.skl.se/bilder/artiklar/pdf/7164-987-4.pdf?issuusl=ignore

第3章 長い金曜日

1 https://www.theguardian.com/world/2005/oct/18/gender.uk
2 http://www.bbc.co.uk/news/magazine-34602822
3 https://eng.fjarmalaraduneyti.is/media/Gender_Equality_in_Iceland_012012.pdf
4 http://www.smh.com.au/lifestyle/health-and-wellbeing/wellbeing/what-islife-really-like-for-women-in-iceland-the-worlds-most-womanfriendly-country-20161031-gsez8j.html
5 http://www3.weforum.org/docs/WEF_GGGR_2017.pdf
6 https://www.economist.com/blogs/graphicdetail/2016/03/daily-chart-0
7 McKinsey Global Institute (2015), *The Power of Parity: how advancing women's equality can add $12 trillion to global growth*
8 https://ourworldindata.org/women-in-the-labor-force-determinants
9 Veerle, Miranda (2011), 'Cooking, Caring and Volunteering: Unpaid Work Around the World', *OECD Social, employment and migration working papers no. 116*, OECD
10 http://www.pwc.com.au/australia-in-transition/publications/understandingthe-unpaid-economy-mar17.pdf
11 Chopra, D. and Zambelli, E. (2017), 'No Time to Rest: Women's Lived Experiences of Balancing Paid Work and Unpaid Care Work', *Institute of DevelopmentStudies*
12 Dinh, Huong, Strazdins, Lyndall and Welsh, Jennifer (2017), 'Hour-glass ceilings: Work-hour thresholds, gendered health inequities', *Social Science & Medicine* 176, 42–51
13 Veerle (2011)
14 http://www.oecd.org/dev/development-gender/Unpaid_care_work.pdf
15 https://www.alzheimersresearchuk.org/wp-content/uploads/2015/03/Women-and-Dementia-A-Marginalised-Majority1.pdf

55 https://www.thelocal.fr/20160615/half-of-french-woman-alter-clothes-toavoid-harassment
56 Ibid.
57 http://www.thehoya.com/metro-surveys-sexual-harassment-cases/
58 http://www.huffingtonpost.com/soraya-chemaly/for-women-rape-isnt-amom_b_9997350.html
59 http://www.nbcwashington.com/news/local/Man-Accused-of-Metro-Assault-Was-Indecent-Exposure-Suspect-380782091.html
60 https://www.washingtonpost.com/news/dr-gridlock/wp/2017/10/20/why-the-metoo-movement-is-a-public-transportation-issue/?utm_term=.09b8335a38b6
61 Ceccato, Vania (2017), 'Women's transit safety: making connections and defining future directions in research and practice', *Crime Prevention and Community Safety*, 19: 3–4 (September 2017), 276–87
62 Gardner, Cui and Coiacetto (2017)
63 http://wricitieshub.org/sites/default/files/Final_Report_24082015_0.pdf
64 Ceccato (2017)
65 https://twitter.com/awlilnatty/status/860142443550957568
66 http://www.hindustantimes.com/delhi-news/why-delhi-s-public-transportis-still-a-war-zone-for-women/story-0bzla56HO3BIgI9LQqSSJI.html
67 Ceccato and Paz (2017)
68 http://www.slate.com/articles/double_x/doublex/2016/08/what_happens_when_sexual_assault_happens_on_a_long_haul_flight.html
69 http://www.independent.co.uk/travel/news-and-advice/woman-masturbating-passenger-cabin-crew-american-airlines-paris-a7839186.html?cmpid=facebook-post
70 Ceccato (2017)
71 http://transweb.sjsu.edu/sites/default/files/2611-women-transportation.pdf
72 Gardner, Cui and Coiacetto (2017)
73 https://matadornetwork.com/life/make-public-transportation-safer-women/
74 Ibid.
75 http://wricitieshub.org/sites/default/files/Final_Report_24082015_0.pdf
76 https://link.springer.com/article/10.1057/sj.2014.9; http://wricitieshub.org/sites/default/files/Final_Report_24082015_0.pdf
77 http://content.tfl.gov.uk/travel-in-london-understanding-our-diverse-communities.pdf
78 https://matadornetwork.com/life/make-public-transportation-safer-women/
79 http://news.trust.org//spotlight/most-dangerous-transport-systems-for-women/
80 http://indiatoday.intoday.in/story/delhi-gangrape-victims-friend-relives-thehorrifying-84-minutes-of-december-16-night/1/309573.html
81 https://www.nytimes.com/2017/05/05/world/asia/death-sentence-delhigang-rape.html
82 http://www.reuters.com/article/us-india-rape-attack-idUSBRE8BU02E20121231
83 Goodney, Suzanne, D'Silva, Lea Elsa and Asok, Abhijith (2017), 'Women's strategies addressing sexual harassment and assault on public buses: an analysis of crowdsourced data', *Crime Prevention and Community Safety*, 19: 3–4, 227–39
84 https://www.theguardian.com/global-development-professionals-network/2016/oct/13/

pal-corporations-deadline-in-pil-on-toilets-forwomen-2045476
25 https://broadly.vice.com/en_us/article/the-women-in-india-fightingfor-the-right-to-pee
26 http://mumbaimirror.indiatimes.com/mumbai/civic/BMCs-promise-forwomens-toilets-goes-down-the-drain/articleshow/50801316.cms
27 http://journals.plos.org/plosone/article?id=10.1371/journal.pone.0122244
28 https://www.pri.org/stories/2014-11-25/women-india-agitate-their-right-pee
29 https://www.newsdeeply.com/womenandgirls/articles/2017/02/03/without-access-clean-safe-toilets-women-face-assault-illness
30 Greed (2014)
31 http://www.phlush.org/wp-content/uploads/2009/02/americanrestroomcalltoactionpaper.pdf
32 https://blogs.ucl.ac.uk/ucloo-festival-2013/2013/09/17/toilets-genderand-urbanism/
33 http://transweb.sjsu.edu/sites/default/files/2611-women-transportation.pdf, (2009)
34 http://transweb.sjsu.edu/sites/default/files/2611-women-transportation.pdf
35 Gardner, Natalie, Cui, Jianqiang and Coiacetto, Eddo (2017), 'Harassment on public transport and its impacts on women's travel behaviour', *Australian Planner*, 54: 1, 8-15
36 Ibid.
37 Ibid.
38 http://transweb.sjsu.edu/sites/default/files/2611-women-transportation.pdf
39 Gardner, Cui and Coiacetto (2017)
40 Ceccato, Vania and Paz, Yuri (2017), 'Crime in Sao Paulo's metro system: sexual crimes against women', *Crime Prevention and Community Safety*, 19: 3-4, 211-26
41 http://www.cbgaindia.org/wp-content/uploads/2017/01/Women-safety-indelhi.pdf
42 http://www.hindustantimes.com/delhi-news/need-to-make-public-transport-in-delhi-women-friendly-study/story-Eq8h997zRiq8XTdIr7dQ0H.html
43 Ceccato and Paz (2017)
44 Gardner, Cui and Coiacetto (2017)
45 https://www.bbc.co.uk/news/uk-england-nottinghamshire-44740362
46 Ceccato and Paz (2017)
47 Gardner, Cui and Coiacetto (2017)
48 http://www.huffingtonpost.com/soraya-chemaly/for-women-rape-isnt-amom_b_9997350.html
49 http://www.bbc.co.uk/news/uk-england-london-29818435
50 https://www.itdp.org/wp-content/uploads/2017/01/8.-Beyond-the-Women-Only-Train-Car-Gender-and-Sustainable-Transport.pdf
51 Ceccato and Paz (2017)
52 http://www.nytimes.com/2013/05/25/world/americas/rapes-in-brazil-spurclass-and-gender-debate.html?pagewanted=all&_r=0; http://thecityfix.com/blog/women-public-safety-demands-yasmin-khan/
53 http://www.unwomen.org/en/news/stories/2016/11/improving-womenssafety-in-mexico-city
54 http://thecityfix.com/blog/women-public-safety-demands-yasmin-khan/

1 https://twitter.com/SamiraAhmedUK/status/849338626202886144
2 https://www.barbican.org.uk/about-barbican/people
3 Banks, Taunya Lovell (1991), 'Toilets as a Feminist Issue: A True Story', *Berkeley Women's Law Journal*, 6: 2 263-289
4 Greed, Clara (2014), 'Global gendered toilet provision', in 'More Public than Private: Toilet Adoption and Menstrual Hygiene Management II', AAG Annual Conference, Tampa, Florida, USA, 8-12 April 2014
5 https://www.ncbi.nlm.nih.gov/pmc/articles/PMC3749018/
6 Greed (2014)
7 http://www.unric.org/en/latest-un-buzz/29530-one-out-of-three-womenwithout-a-toilet
8 http://womendeliver.org/2016/yale-study-examines-link-sexual-violenceaccess-sanitation/
9 http://indianexpress.com/article/india/india-news-india/india-has-60-4-per-cent-people-without-access-to-toilet-study/
10 Greed (2014)
11 Ibid.
12 http://www.huffingtonpost.com/rose-george/open-defecation-india_b_7898834.html; https://www.theguardian.com/global-development/2014/aug/28/toilets-india-health-rural-women-safety
13 https://www.hrw.org/sites/default/files/report_pdf/wrdsanitation0417_web_0.pdf (2017)
14 Sommer, Marni, Chandraratna, Sahani, Cavill, Sue, Mahon, Therese, and Phillips-Howard, Penelope (2016), 'Managing menstruation in the workplace: an overlooked issue in low- and middle-income countries', *Int. J. Equity Health*, 15: 86
15 https://www.hrw.org/sites/default/files/report_pdf/wrdsanitation0417_web_0.pdf (2017)
16 http://ohrh.law.ox.ac.uk/bombay-high-court-makes-right-to-clean-toilets-afundamental-right-for-women-in-india/
17 https://www.pri.org/stories/2014-11-25/women-india-agitate-their-right-pee
18 Ibid.
19 http://indianexpress.com/article/cities/mumbai/women-in-slums-forced-todefecate-in-open-say-community-toilets-are-unsafe-at-night/
20 https://www.theguardian.com/global-development/2014/aug/28/toilets-india-health-rural-women-safety; https://womennewsnetwork.net/2012/12/19/india-women-new-delhi-slum-toilets/
21 https://www.newsdeeply.com/womenandgirls/articles/2017/02/03/without-access-clean-safe-toilets-women-face-assault-illness
22 Jadhav, A., Weitzman, A. and Smith-Greenaway, E. (2016), 'Household sanitation facilities and women's risk of non-partner sexual violence in India', *BMC Public Health*, 16: 1139
23 https://www.npr.org/sections/parallels/2014/06/02/318259419/doublerape-lynching-in-india-exposes-caste-fault-lines
24 http://www.dnaindia.com/mumbai/report-right-to-pee-bombay-highcourt-gives-munici-

ment/research-and-publications/Documents/Have%20App%20Will%20Travel%20Uber%20-%20CTA.pdf
32 Ibid.
33 http://webfoundation.org/docs/2015/10/womens-rights-online_Report.pdf
34 http://www3.weforum.org/docs/GGGR16/WEF_Global_Gender_Gap_Report_2016.pdf
35 http://conversableeconomist.blogspot.co.uk/2015/10/unpaid-care-workwomen-and-gdp.html
36 World Bank (2007)
37 https://www.gov.uk/government/uploads/system/uploads/attachment_data/file/576095/tsgb-2016-report-summaries.pdf
38 http://wricitieshub.org/sites/default/files/Final_Report_24082015_0.pdf2015 Bhopal
39 http://civitas.eu/sites/default/files/civ_pol-an2_m_web.pdf
40 https://www.rita.dot.gov/bts/sites/rita.dot.gov.bts/files/TSAR_2016r.pdf
41 Sanchez de Madariaga (2013)
42 http://hdr.undp.org/sites/default/files/chapter4.pdf
43 http://www.imf.org/external/pubs/ft/sdn/2013/sdn1310.pdf (duffle 2012)
44 http://siteresources.worldbank.org/INTAFRREGTOPGENDER/Resources/gender_econ_growth_ug.pdf
45 https://www.habitatforhumanity.org.uk/what-we-do/where-we-work/latin-america-and-caribbean/brazil
46 http://abeiradourbanismo.blogspot.co.uk/2012/02/habitacao-empregoe-mobilidade.html
47 https://lsecities.net/media/objects/articles/relocating-homes-and-livesin-rios-olympic-city/en-gb/
48 https://www.boell.de/en/2014/06/11/we-were-not-invited-party-womenand-world-cup
49 http://www.rioonwatch.org/?p=6527
50 https://www.lincolninst.edu/sites/default/files/pubfiles/koch_wp13jk1.pdf
51 https://www.boell.de/en/2014/06/11/we-were-not-invited-party-womenand-world-cup
52 https://lsecities.net/media/objects/articles/relocating-homes-and-livesin-rios-olympic-city/en-gb/
53 http://www.rioonwatch.org/?p=6527
54 http://www.rioonwatch.org/?p=25015
55 https://www.boell.de/en/2014/06/11/we-were-not-invited-party-womenand-world-cup
56 http://www.citylab.com/commute/2013/09/how-design-city-women/6739/
57 Ibid.
58 http://www3.weforum.org/docs/GGGR16/WEF_Global_Gender_Gap_Report_2016.pdf
59 Alexis Grenell (2015), 'Sex & the Stadt: Reimagining Gender in the Built Environment', http://www.academia.edu/10324825/Sex_and_the_Stadt_Reimagining_Gender_in_the_Built_Environment
60 Architekturzentrum Wien (2008), *Housing in Vienna: Innovative, Social, Ecological*, Vienna
61 http://usatoday30.usatoday.com/news/nation/2007-12-25-Designingwomen_N.htm

Cities

5 http://www.wnyc.org/story/283137-census-data-show-public-transitgender-gap/

6 Ceccato (2017)

7 http://content.tfl.gov.uk/travel-in-london-understanding-our-diversecommunities.pdf 2015

8 http://content.tfl.gov.uk/gender-equality-scheme-2007-2010.pdf

9 Sanchez de Madariaga, Ines, 'Mobility of Care: Introducing New Concepts in Urban Transport', in Roberts, Marion and Sanchez de Madariaga, Ines (eds.) (2013), *Fair Shared Cities: The Impact of Gender Planning in Europe*, Farnham

10 http://media.leidenuniv.nl/legacy/leru-paper-gendered-research-and-innovation.pdf

11 http://ssmon.chb.kth.se/volumes/vol16/5_Rolfsman_Bylund.pdf 2012

12 https://lucris.lub.lu.se/ws/files/6151586/2295991.pdf

13 http://media.leidenuniv.nl/legacy/leru-paper-gendered-research-andinnovation.pdf

14 http://www.chicksontheright.com/feminist-snow-plowing-disrupts-traffic-andnormal-life-for-people-in-sweden/; https://heatst.com/world/feminist-snowplowing-system-brings-stockholm-to-a-standstill/

15 https://heatst.com/world/feminist-snow-plowing-system-brings-stockholmto-a-stand-still/

16 http://www.dn.se/arkiv/stockholm/jamstalld-snorojning-blev-ett-fiasko-iovadret/

17 http://thecityfix.com/blog/brasilia-brazil-women-bus-stop-night-safetysexual-assault-lu-isa-zottis/

18 http://ec.europa.eu/commfrontoffice/publicopinion/index.cfm/ResultDoc/download/DocumentKy/61244

19 Sanchez de Madariaga (2013)

20 https://www.newstatesman.com/politics/uk/2017/07/unless-livingstandards-improve-theresa-mays-cameron-tribute-act-will-continue

21 https://www.unison.org.uk/content/uploads/2014/06/On-line-Catalogue224222.pdf

22 https://www.itdp.org/wp-content/uploads/2014/07/7aGenderUTSept300.pdf; World Bank (2007)

23 Review of World Bank infrastructure projects 1995-2009, http://siteresources.worldbank.org/EXTSOCIALDEVELOPMENT/Resources/244362-1265299949041/6766328-1270752196897/Gender_Infrastructure2.pdf

24 Sanchez de Madariaga (2013); Tran, Hoai Anh and Schlyter, Ann (2010), 'Gender and class in urban transport: the cases of Xian and Hanoi', *Environment and Urbanization*, 22: 1, 139-55

25 http://wricitieshub.org/sites/default/files/Final_Report_24082015_0.pdf; http://content.tfl.gov.uk/travel-in-london-understanding-our-diversecommunities.pdf

26 http://content.tfl.gov.uk/travel-in-london-understanding-our-diversecommunities.pdf

27 http://genderedinnovations.stanford.edu/case-studies/urban.html

28 https://tfl.gov.uk/campaign/hopper-fare

29 http://humantransit.org/2010/02/the-power-and-pleasure-of-grids.html

30 http://humantransit.org/2014/08/charging-for-connections-is-insane.html

31 https://las.depaul.edu/centers-and-institutes/chaddick-institute-formetropolitan-develop-

looked-dna-history-science/
76 http://www.newn.cam.ac.uk/about/history/biographies/
77 Beer (2016).
78 Despite being lauded as a child prodigy, Fanny Hensel was informed by her father that 'Music will perhaps become his [her brother, Felix Mendelssohn] career, whilst for you it can and must only be an ornament.'
79 http://www.telegraph.co.uk/women/womens-life/9790633/Will-Govesposh-white-blokes-history-curriculum-ignore-women.html
80 http://www.telegraph.co.uk/education/educationopinion/9973999/Sorry-NUTGoves-history-reforms-are-no-pub-quiz.html
81 http://www.telegraph.co.uk/culture/tvandradio/5077505/History-hasbeen-feminised-says-David-Starkey-as-he-launches-Henry-VIII-series.html
82 https://teachingwomenshistory.com/teaching-resources/medieval-women/
83 https://www.nytimes.com/2016/11/20/opinion/sunday/the-end-of-identityliberalism.html?_r=0
84 http://www.wbur.org/politicker/2016/11/21/bernie-sanders-berklee
85 http://thehill.com/homenews/campaign/307014-sanders-dems-mustmove-beyond-identity-politics
86 http://www.theaustralian.com.au/opinion/columnists/paul-kelly/donaldtrumps-election-a-rejection-of-identity-politics/news-story/147b11c08b64702d3f9be1821416cb72
87 https://twitter.com/RichardBurgon/status/822417591713075201
88 https://www.theguardian.com/commentisfree/2016/dec/01/blametrump-brexit-identity-liberalism
89 https://www.bls.gov/oes/current/naics4_212100.htm#00-0000
90 https://www.bls.gov/oes/current/oes372012.htm
91 Bourdieu, Pierre (1972) *Outline of a Theory of Practice*, Librairie Droz
92 http://theconversation.com/donald-trump-and-the-rise-of-white-identity-inpolitics-67037
93 http://www.vox.com/2016/11/1/13480416/trump-supporters-sexism

第１章　除雪にも性差別が潜んでる？

1 https://openknowledge.worldbank.org/bitstream/handle/10986/28542/120500.pdf?sequence=6
2 http://planphilly.com/articles/2015/01/26/septa-has-largest-percentageof-female-riders-64-among-large-transit-agencies?utm_content=buffer97258&utm_medium=social&utm_source=twitter.com&utm_campaign=buffer
3 Ceccato, Vania (2017), 'Women's victimisation and safety in transit environments', *Crime Prevention and Community Safety*, 19: 3-4, 163-7
4 http://ec.europa.eu/commfrontoffice/publicopinion/archives/ebs/ebs_422a_en.pdf; World Bank (2007), *Gender and Urban Transport: Fashionable and Affordable Module 7a Sustainable Transport: A Sourcebook for Policy-makers in Developing*

sentation in the public sector schools textbooks of Pakistan', *Educational Studies* 39: 2; 2006, 2007, 2009 and 2010 studies cit. Chiponda, Annie F and Wassermann, Johann (2016)

52 http://www.siliconera.com/2016/12/02/metroid-developers-discuss-decided-make-samus-aran-woman-new-interview/

53 http://www.pewinternet.org/2015/12/15/gaming-and-gamers/

54 http://wmc.3cdn.net/dcdb0bcb4b0283f501_mlbres23x.pdf

55 https://feministfrequency.com/2015/06/22/gender-breakdown-ofgames-showcased-at-e3-2015/

56 http://www.kotaku.co.uk/2015/07/15/fifas-struggle-to-include-womenreveals-a-lot-about-gamings-problems-with-diversity

57 https://feministfrequency.com/2016/06/17/gender-breakdown-ofgames-showcased-at-e3-2016/

58 http://www.nytimes.com/1991/03/03/nyregion/campus-life-georgetownwhite-male-writers-is-the-title-of-english-112.html

59 https://www.theguardian.com/film/2015/sep/05/suffragette-review-historicaldrama-tub-thumps-hard-despite-having-your-vote

60 https://ai2-s2-pdfs.s3.amazonaws.com/05e1/0638aab94ca0d46ddde8083ff69859a0401e.pdf

61 https://www.theguardian.com/lifeandstyle/womens-blog/2016/aug/17/normal-society-means-male-andy-murray-venus-serena-williams?CMP=fb_gu

62 https://www.ussoccer.com/stories/2016/08/05/19/54/160805-wnt-a-historyof-the-usa-at-the-olympic-games

63 http://www.independent.co.uk/arts-entertainment/books/news/thor-aswoman-marvel-reveals-new-incarnation-of-superhero-in-comic-series-9608661.html

64 https://www.wired.com/2015/10/hugo-awards-controversy/

65 http://www.mamamia.com.au/star-wars-movie-features-a-female-lead;http://screencrush.com/rogue-one-female-lead-angry-fans/

66 http://www.telegraph.co.uk/news/2017/07/21/former-doctor-peterdavison-says-female-choice-role-means-loss/

67 http://uk.businessinsider.com/doctor-who-first-woman-jodie-whittaker-sexist-reactions-2017-7

68 https://www.theguardian.com/books/2014/nov/25/readers-preferauthors-own-sex-goodreads-survey

69 https://kotaku.com/ubisoft-cut-plans-for-female-assassins-in-unity-1589278349

70 http://www.kotaku.co.uk/2014/06/16/whole-assassins-creed-thing

71 For more, see Anna Beer (2016): *Sounds and Sweet Airs: The Forgotten Women of Classical Music*, London

72 http://www.bbc.co.uk/news/entertainment-arts-39191514

73 https://www.theguardian.com/commentisfree/2017/sep/18/battleprejudice-warrior-women-ancient-amazons

74 https://www.theguardian.com/world/2017/feb/01/caroline-louisadaly-art-men-attribution

75 https://news.nationalgeographic.com/news/2013/13/130519-womenscientists-over-

32 Ibid.
33 Prewitt-Freilino, Caswell and Laakso (2012)
34 https://www.emogi.com/insights/view/report/1145/2016-emoji-report
35 http://www.adweek.com/digital/report-92-of-online-consumers-use-emojiinfographic/
36 https://unicode.org/L2/L2016/16160-emoji-professions.pdf
37 http://www.adweek.com/digital/report-92-of-online-consumers-use-emojiinfographic/
38 http://www.unicode.org/L2/L2016/16181-gender-zwj-sequences.pdf
39 Bradley, Adam, MacArthur, Cayley, Carpendale, Sheelagh and Hancock, Mark, 'Gendered or Neutral? Considering the Language of HCI', Graphics Interface Conference 2015, 3-5 June, Halifax, Nova Scotia, Canada, http://graphicsinterface.org/wp-content/uploads/gi2015-21.pdf
40 https://genderedinnovations.stanford.edu/institutions/bias.html
41 Naureen Durrani (2008), 'Schooling the 'other': the representation of gender and national identities in Pakistani curriculum texts', *Compare: A Journal of Comparative and International Education*, 38: 5, 595-610
42 Lambdin, Jennifer R., Greer, Kristen M., Jibotian, Kari Selby, Wood, Kelly Rice and Hamilton, Mykol C. (2003), 'The Animal = Male Hypothesis: Children's and Adults' Beliefs About the Sex of Non-Sex-Specific Stuffed Animals', *Sex Roles*, 48: 11-12, 471-482
43 http://www.br-online.de/jugend/izi/deutsch/forschung/gender/IZI_Guidelines_WEB.pdf
44 http://seejane.org/wp-content/uploads/key-findings-gender-roles-2013.pdf
45 http://wmc.3cdn.net/dcdb0bcb4b0283f501_mlbres23x.pdf
46 http://www.news.com.au/finance/money/australia-a-world-leaderin-female-representation-on-banknotes/news-story/3cf7c3b5ed3838075d571a64c7fcdff6
47 http://cdn.agilitycms.com/who-makes-the-news/Imported/reports_2015/highlights/highlights_en.pdf
48 Silvina Bongiovanni (2014), ''No se preocupe la senora marquesa': A study of gender bias in example sentences in the RAE grammar textbook', *IULC Working Papers*, 14: 1 https://www.indiana.edu/~iulcwp/wp/article/viewFile/14-05/146
49 Clark, Roger, Allard, Jeffrey and Mahoney, Timothy (2004) 'How Much of the Sky? Women in American High School History Textbooks from the 1960s, 1980s and 1990s', *Social Education*, 68: 1, 57-62
50 Amy L. Atchison (2017), 'Where Are the Women? An Analysis of Gender Mainstreaming in Introductory Political Science Textbooks', *Journal of Political Science Education*, 13: 2, 185-199
51 Iveta Silova (2016), 'Gender Analysis of Armenian School Curriculum and Textbooks Policy Brief', PhD (June 2016), Arizona State University, https://openknowledge.worldbank.org/bitstream/handle/10986/24948/Gender0analysi0ooks000policy0brief.pdf?sequence=1&isAllowed=y; Chiponda, Annie F and Wassermann, Johann (2016), 'The depiction of women in the verbal text of a junior secondary Malawian history textbook - an analysis', *Yesterday & Today*, 16, 40-59; https://ei-ie.org/en/woe_homepage/woe_detail/15405/curriculum-textbooks-and-gender-stereotypes-the-case-ofpakistan; Durrani (2008); Ullah, Hazir and Skelton, Christine (2013), 'Gender repre-

dna.html

18 https://www.theguardian.com/commentisfree/2017/sep/18/battleprejudice-warrior-women-ancient-amazons

19 https://www.foreignaffairs.com/articles/2015-05-06/warrior-women

20 Hegarty, Peter and Buechel, Carmen (2006), 'Androcentric Reporting of Gender Differences', *APA Journals: 1965-2004 Review of General Psychology*, 10: 4, 377-89; Vainapel, Sigal, Shamir, Opher Y., Tenenbaum, Yulie and Gilam, Gadi (2015), 'The Dark Side of Gendered Language: The Masculine-Generic Form as a Cause for Self-Report Bias', *Psychological Assessment Issue*, 27: 4, 1513-19; Sczesny, Sabine, Formanowicz, Magda, and Moser, Franziska (2016), 'Can Gender-Fair Language Reduce Gender Stereotyping and Discrimination?', *Frontiers in Psychology*, 7, 1-11; Horvath, Lisa Kristina and Sczesny, Sabine (2016), 'Reducing women's lackof fit with leadership positions? Effects of the wording of job advertisements', *European Journal of Work and Organizational Psychology*, 25: 2, 316-28; Stout, Jane G. and Dasgupta, Nilanjana (2011), 'When He Doesn't Mean You: Gender-Exclusive Language as Ostracism', *Personality and Social Psychology Bulletin*, 36: 6, 757-69; Vervecken, Dries, Hannover, Bettina and Wolter, Ilka (2013), 'Changing (S) expectations: How gender fair job descriptions impact children's perceptions and interest regarding traditionally male occupations', *Journal of Vocational Behavior*, 82: 3, 208-20; Prewitt-Freilino, J. L., Caswell, T. A. and Laakso, E. K. (2012), 'The Gendering of Language: A Comparison of Gender Equality in Countries with Gendered, Natural Gender, and Genderless Languages', *Sex Roles*, 66: 3-4, 268-81; Gygax, Pascal, Gabriel, Ute, Sarrasin, Oriane, Oakhill, Jane and Garnham, Alan (2008), 'Generically intended, but specifically interpreted: When beauticians, musicians, and mechanics are all men', *Language and Cognitive Processes*, 23: 3, 464-85; Stahlberg, D., Sczesny, S. and Braun, F. (2001), 'Name your favorite musician: effects of masculine generics and of their alternatives in German', *Journal of Language and Social Psychology*, 20, 464-69

21 Stahlberg, Sczesny and Braun (2001)

22 Sczesny, Formanowicz and Moser (2016); Vervecken, Hannover and Wolter (2013)

23 Stahlberg, D. and Sczesny, S. (2001), 'Effekte des generischen Maskulinums und alternativer Sprachformen auf den gedanklichen Einbezug von Frauen' [The impact of masculine generics on the cognitive inclusion of women], *Psychol. Rundsch.*, 52, 131-40; Horvath and Sczesny (2016); Sczesny, Formanowicz and Moser (2016)

24 Stout and Dasgupta (2011); Sczesny, Formanowicz and Moser (2016)

25 Gygax, Gabriel, Sarrasin, Oakhill and Garnham (2008)

26 Vainapel, Shamir, Tenenbaum and Gilam (2015)

27 Ignacio Bosque, 'Sexismo linguistico y visibilidad de la mujer', http://www.rae.es/sites/default/files/Sexismo_linguistico_y_visibilidad_de_la_mujer_0.pdf

28 Vainapel, Shamir, Tenenbaum and Gilam (2015)

29 https://www.theguardian.com/uk-news/2018/feb/01/dany-cotton-londonfire-chief-sexist-abuse-over-firefighter-sam-campaign

30 Horvath and Sczesny (2016)

31 Ibid.

原　註

はじめに

1 Beauvoir, Simone de (1949), *The Second Sex*, Gallimard〔『第二の性［決定版］Ⅰ：事実と神話』シモーヌ・ド・ボーヴォワール著、『第二の性』を原文で読み直す会訳、新潮文庫、2001〕

イントロダクション　男性が基準《デフォルト》

1 http://science.sciencemag.org/content/164/3883/1045.1
2 Slocum, Sally (1975), 'Woman the gatherer: male bias in anthropology', in Reiter, Rayna R. ed. (1975), *Toward an Anthropology of Women*. Monthly Review Press
3 http://www.independent.co.uk/news/science/human-evolution-violence-instinct-to-kill-murder-each-other-a7335491.html
4 https://www.nature.com/nature/journal/v538/n7624/full/nature19758.html
5 https://www.eurekalert.org/pub_releases/2016-06/uog-mdb061716.php
6 http://www.smh.com.au/lifestyle/news-and-views/social/no-women-arentas-likely-to-commit-violence-as-men-20141118-3km9x.html
7 https://www.ons.gov.uk/peoplepopulationandcommunity/crimeandjustice/compendium/focusoniolentcrimeandsexualoffences/yearendingmarch2015/chapter2homicide#focus-on-domestic-homicides
8 https://www.bjs.gov/content/pub/pdf/htus8008.pdf
9 http://www.unodc.org/documents/gsh/pdfs/2014_GLOBAL_HOMICIDE_BOOK_web.pdf
10 https://news.nationalgeographic.com/news/2013/10/131008-womenhandprints-oldest-neolithic-cave-art/
11 https://www.theguardian.com/science/2017/sep/15/how-the-femaleviking-warrior-was-written-out-of-history
12 https://news.nationalgeographic.com/2017/09/viking-warrior-womanarchaeology-spd/
13 Ibid.
14 https://www.nytimes.com/2017/09/14/world/europe/sweden-vikingwomen-warriors-dna.html
15 Ibid.
16 Walker, Phillip (1995), 'Problems of Preservation and Sexism in Sexing: Some Lessons from Historical Collections for Palaeodemographers', in Saunders, S. R. and Herring A. (eds.), *Grave Reflections, Portraying the Past through Cemetery Studies* (Canadian Scholars' Press, Toronto); https://namuhyou.wordpress.com/2016/06/18/sex-ism-when-sexing-your-skull-cultural-bias-whensexing-the-skull/
17 https://www.nytimes.com/2017/09/14/world/europe/sweden-viking-womenwarriors-

キャロライン・クリアド＝ペレス Caroline Criado Perez

一九八四年ブラジルに生まれ、英国国籍のジャーナリスト、女性権利活動家。オウンドル・スクール、オックスフォード大学ケブル・カレッジで教育を受けたあと、活動家としての初の全国キャンペーン「ウィメンズ・ルーム・プロジェクト」（女性専門家がより多くメディアに登場できるよう働きかけたプロジェクト）が話題となる。また二〇一三年には、イギリス紙幣に「女性の肖像を増やす」キャンペーンを行い、国内外のメディアに広く取り上げられた。著書に"Do It Like a Woman"（二〇一五）がある。

神崎朗子 かんざき・あきこ

翻訳家。上智大学文学部英文学科卒業。おもな訳書にアンジェラ・ダックワース『やり抜く力 GRIT』（ダイヤモンド社）、マイケル・グレガー、ジーン・ストーン『食事のせいで、死なないために』（病気別編・食材別編）（NHK出版）、ケリー・マクゴニガル『スタンフォードの自分を変える教室』、ジェニファー・L・スコット『フランス人は10着しか服を持たない』（大和書房）などがある。

存在しない女たち
男性優位の世界にひそむ見せかけのファクトを暴く

二〇二〇年一一月三〇日　初版発行
二〇二一年　五　月三〇日　5刷発行

著者……キャロライン・クリアド＝ペレス
訳者……神崎朗子
装幀……坂野公一＋吉田友美（welle design）
装画……白尾可奈子
発行者……小野寺優
発行所……株式会社河出書房新社
〒一五一－〇〇五一
東京都渋谷区千駄ヶ谷二－三二－二
電話　〇三－三四〇四－一二〇一［営業］
〇三－三四〇四－八六一一［編集］
http://www.kawade.co.jp/

組版……株式会社創都
印刷・製本……三松堂株式会社

Printed in Japan
ISBN978-4-309-24983-4